河北传媒学院
Hebei Institute of Communications

传媒艺术类
应用型本科教材

尹立波　郑焕然　刘艳欣◎著

实用休闲体育教程

Practical Textbook of Leisure Sports

中国国际广播出版社

本书编委会

主　编： 尹立波　郑焕然　刘艳欣

副主编： 王冰雪　黄　辉

编　委（按姓氏笔画排序）：

王　菁　王　璐　王学满　杨　坡

杨俊刚　张远辉　张智宇　周　婷

郑玉婷　程会娜　潘　磊

前　言

21世纪以来，休闲已成为人们日常生活的重要方式，休闲体育已经成为大众生活方式的重要内容。在日益高涨的休闲体育消费需求刺激下，休闲体育教育和产业正在快速发展，对休闲体育人才的需求急剧增加。本教材旨在为休闲体育专业人才的培养提供教学和训练支撑。教材主要从十三个方面进行阐述：第一章为休闲体育概述；第二章为休闲体育活动策划与管理；第三章为有氧运动；第四章为轮滑；第五章为拓展训练；第六章为体育游戏；第七章为太极拳及健身气功；第八章为体能训练；第九章为私人健身教练实用技术；第十章为网球；第十一章为极限飞盘；第十二章为团课技巧训练及创编；第十三章为瑜伽。

本书基本理论框架完整，内容包括休闲体育重要理论和常见休闲体育项目的教学与训练。教材信息量大，在撰写过程中特别注意与休闲体育项目实践相结合，具有较强的可操作性。

本教材的编写分工如下：前言（郑焕然），第一章（王学满），第二章（尹立波），第三章（张远辉），第四章（刘艳欣、张智宇），第五章（王冰雪），第六章（程会娜），第七章（周婷），第八章（王菁），第九章（杨坡、潘磊），第十章（黄辉），第十一章（杨俊刚），第十二章（郑玉婷），第十三章（王璐）。尹立波负责全书的定稿工作。

在教材的编写过程中，我们查阅了大量的国内外资料，对相关项目进行了准确的动作拍摄，将理论和实践相结合，为休闲体育专业以及从事休闲体育相关工作的人群提供了有益的参考。限于我们的水平，教材中还有一些地方需要进一步强化和完善。我们在今后的工作中将不断优化本教材的内容。

目　录

第一章　休闲体育概述

第一节　休闲与休闲体育基本理论

一、休闲学基本理论

休闲学是一门新兴的人文和社会科学，具有很强的综合性，既有与人性相关的抽象程度较高、类似哲学的高深理论，也有类似社会学、经济学那样的实证性质，还有涉及实业发展的应用性、对策性研究领域。

（一）休闲学的研究对象和研究方法

1. 休闲学及其研究对象

休闲学以人的休闲行为、休闲方式、休闲需求、休闲观念、休闲心理、休闲效益等为研究对象，探索休闲与人的生命意义和价值，以及休闲与社会进步、人类文明的相互关系。休闲学借鉴和采用了哲学、社会学、经济学、行为学、人类学、文化学等多学科的思维方法和理论工具，形成了休闲哲学、休闲社会学、休闲经济学、休闲行为学、休闲心理学、休闲美学、休闲宗教学等。休闲学的核心观点是，休闲是人的一种生命状态，是一种“成为人”的过程，是一个人完成个人与社会发展任务的主要文化空间；休闲不仅是寻找快乐，也是在寻找生命的意义。

简言之，休闲学以人的休闲活动及其各种要素、条件、影响等为研究对象，探究休闲与人的生命、社会发展和文明进步的关系及其意义与价值。

2. 休闲学对象的复杂性

休闲学有自己独特的研究对象，即休闲。它是一种极为复杂的人性现象、心理现象、社会历史现象、经济现象、文化现象乃至社会制度现象、自然现象等。

第一，休闲是一种人性现象。它根源于人性、成长于人性、发展于人性、提升并完善于人性，同时又反过来服务人性、成就人性、完善人性，使人健康幸福，使人达至自由。这样的休闲就是人性的一种和谐状态，是人的自然属性的和谐，人的社会属性的和谐，人的精神属性的和谐，是人的这三种属性之间和谐的整体状态，是人性与各种外部环境和条件之关系的和谐状态。

第二，休闲被认为是一种心理现象。例如，休闲就是愉悦、快乐、畅爽、高峰体验、省悟等，是人的一种内在心理或精神状态，即“心闲”。有学者甚至认为休闲的本质在于心理层面。

第三，休闲是一种社会历史现象。休闲有其自身形成发展的历程和特殊的规律，与人的其他活动特别是劳动和日常生活密不可分。它最初渗透在劳动和日常生活之中，并与其高度融合。因此，人们不能明确区分休闲和劳动、休闲和日常生活。随着社会生产力的发展，休闲开始从必要的劳动和日常生活中分离出来，成为某些社会阶层的特权。随着社会生产力的持续发展，社会必要劳动时间和生存性生活时间的显著减少，休闲得以独立、迅速地发展起来，并进一步与劳动和生活融合。同时，这也是社会发展和历史进步的必然结果。

第四，休闲是一种经济现象。历史进入资本主义工业化之后，随着物质生存资料的日益充裕，物质性和精神性的享受与发展资料（休闲资料）日益丰富，产业结构有了质的飞跃，休闲资料的生产日益占据社会生产的重要地位。与此同时，人们的休闲需求也被激发起来。通过产业形式高效生产休闲资料、提供休闲服务，满足人们的休闲需求，通过休闲消费推动经济社会发展，便成为突出的经济现象。休闲产业、休闲消费、休闲服务、休闲营销等逐渐发展起来，成为现阶段人类休闲发展的社会物质形式。

第五，休闲是一种文化现象。休闲是人们创造文化、传承文化、欣赏文化、享受文化乃至消费文化的活动。文化是直接体现休闲本质的东西，不仅直接属于文化活动的休闲是如此，而且表面看属于物质性活动的休闲也是如此。因为“休闲本质上不在于实用，而在于文化”。休闲的这种文化属性造成了现阶段人类休闲的特殊矛盾，即文化内容与经济形式之间的矛盾。其中文化内容居于主导或中心地位，休闲的经济形式服务于、服从于其文化内容，休闲的文化内容体现休闲的动机、基本要素、目标、内在的人性状态和外显的社会效益等，是体现休闲灵魂的东西。

第六，休闲是一种社会制度现象。在社会发展进程中，人们总是能够找到作为劳动之回馈的休养生息的时间和空间。远古时期人们劳作之余的祭祀、歌舞乃至全民狂欢，后来逐渐演化为全民性的节日、庆典、技艺、民俗等。到了农业社会，随着社会制度的成熟和稳定，上层社会形成了建制性的休闲规制。步入近代工业社会，随着劳动生产率的提高，人们的休闲需求增加，国家对人民休闲权利给予基本保障的要求也更为迫切。对公民休闲权、工作日和劳动时间、休假时限的法律规定，对民族习俗、传统节日及民俗技艺的保护和传承的政策措施，对休闲资源的生产（供给）、分配、消费等方面的规约等，形成关于休闲的制度体系，已经成为一个现代国家社会制度的有机组成部分。

第七，休闲还被认为是一种自然现象。这不仅是指冬季众多植物花叶凋谢，进入休眠期，不少动物收摄生命进入冬眠期，耕地为保持肥力需定期休耕，河海水产则有一定的休渔期等现象，更是指人与自然和谐相处、天人合一的休闲状态。当然，这已经不是纯粹的自然现象，而是社会化了的自然现象。

综上可知，休闲的确是一种十分特殊而又复杂的现象，涉及人的生活和社会历史的方方面面。这既表明休闲学对象自身的特殊复杂性，也表明休闲学作为一门独立的人文社会学科的独特性。这也决定了研究休闲学方法的特殊性：既要根据其特殊性找到属于它自身的核心方法，又要根据其复杂性从不同的角度采用不同的方法，只有将二者综合起来才能形成具有特殊内核的休闲学研究方法体系。

3. 休闲学的一般研究方法

休闲是人的体验性活动。因此，休闲参与法和体验法成为休闲学研究的核心方法。这是一种主体与客体相统一的方法，是不同于其他学科的独特研究方法。实际上，尽管几乎人人都参与休闲，并有实际的休闲体验，但在休闲学术研究领域，这一方法因其不具有可度量的客观性而并不常用。

对主体个人而言，休闲是主体在主动实践中产生的心理现象。心理学的方法是休闲学内在的方法。这既可以是主体自身的心理体验、反思、内省等，也可以是研究者对休闲者的客观实证研究。后者因其显著的主客二分而属于科学研究的方法。

休闲学研究的哲学方法，即把人作为休闲者或休闲主体放到其与周围世界（作为休闲的对象、条件、手段和环境等因素而存在）的关系之中来看待，探究主体与世界构建一种什么样的关系（休闲的关系或状态）以及如何构建这种关系，或者如何达至休闲的状态。哲学的方法主要是辩证思维方法、历史分析方法等，与上述几种方法一样，也是休闲学的一般方法。

4. 休闲学的具体研究方法

休闲是一种社会历史现象，必须用社会学和历史学的方法来研究。社会学的方法是将休闲主体划分为不同的社会阶层，把休闲对象区分为不同的种类，把休闲活动划分为不同的社会类型，把休闲时间区分为不同的用途，探究休闲现象在社会结构的横断面上的特征。这是一种实证性十分突出的研究方法。田野调查、问卷调查、访谈调查、个案调查、参与式调查等以及相应的统计学方法都适用于对休闲的社会学研究。历史学的方法注重对休闲历史的考察及规律性的把握，特别是对相关历史资料的收集和考证，弄清楚曾经发生的休闲事实及其运动变化的规律。这也是一种实证研究，不过是一种对历史遗迹、遗物和历史文献的实证。

休闲作为一种经济现象，也适用于一般的经济学方法。例如，对休闲消费的研究会用到消费经济学的方法，对休闲产业的研究会用到产业经济学的方法，对休闲资源配置的研究会用到市场经济学和制度经济学的方法，对休闲企业的研究会用到管理学、微观经济学等相关方法；再如，休闲供给和需求、休闲生产与消费、休闲产品和服务的营销管理、休闲产业的资本和利润等关系的研究都离不开经济学方法的应用。

把休闲作为一种文化现象来研究，就要用到文化学的方法（也被称为“符号学”方法）。文化是一种符号和象征，含有精神性、意识性或灵魂性的内容，既涉及文化的知识、技能等方面的工具性，也涉及道德、思想、艺术、宗教乃至政治等方面的价值性。文化学的休闲研究既要研究休闲事实，又要研究休闲价值；既要研究休闲知识和技能，又要研究休闲道德和休闲伦理；既要研究休闲的文化形式（如民族、地域、国家的区分），又要研究休闲的文化内容。

休闲作为一种社会制度现象，涉及政治学、法学、管理学、伦理学等领域。制度是一种规范和约束、引导和激励，确立某种惩罚和禁忌，因此，正当合理的休闲制度及其体制的构建需要政治学和法学、管理学和伦理学方法的参与。

此外，在时间的含义上，休闲属于人的生命时间现象，因此需要采用数学的方法进行时间统计和核算。例如，通过休闲者对自己每天的生活时间及活动内容的记录，考察某段时间内其生活时间的分配和使用状况，从中发现休闲在生活中的地位和作用。

（二）休闲学的性质、体系、内容和意义

从休闲学研究对象和研究方法的复杂性可以看出，休闲学并不是一门单一的学科，而是由众多相关学科构成的体系。

1. 休闲学的学科性质

严格意义上的休闲学是指狭义的关于休闲的特殊本质和规律的基础理论学科，具有哲学的学科性质，凸显休闲的人本特质、人文关怀，揭示它与人的生存、享受和发

展的关系及其规律。

广义的休闲学是指一个关于休闲的学术研究和实践应用的庞杂的学科体系，具有综合交叉的跨学科性质。它包含几乎所有的人文学科、社会学科对休闲的研究成果，既有理论性的基础研究，又有实践性的应用研究，甚至包含一些工程技术性的内容，多属于“软科学”的范畴。关于休闲学的概念有如下不同理解。

马惠娣关于休闲学的界定是学术界一般公认的休闲学定义：“休闲学，是以人的休闲行为、休闲方式、休闲需求、休闲观念、休闲心理、休闲动机等为研究对象，探索休闲与人的生命意义和价值以及休闲与社会进步、人类文明的相互关系。休闲学往往借鉴和采用了哲学、社会学、经济学、行为学、人类学、文化学等多学科的思维方法和理论工具，形成了休闲哲学、休闲社会学、休闲行为学、休闲经济学、休闲心理学、休闲美学、休闲政治学、休闲运动学、休闲宗教学等。休闲学的核心观点是，休闲是人的生命的一种状态，是一种‘成为人’的过程，是一个人完成个人与社会发展任务的主要存在空间；休闲不仅是寻找快乐，也是在寻找生命的意义。”这一界定包含狭义和广义两个层面的内容。

有人把休闲学叫作休闲研究，认为：“休闲研究（leisure studies or leisure science），也称休闲学，它以人的休闲行为、休闲方式、休闲需求、休闲心理、休闲观念、休闲动机等为研究对象，以探索休闲与人的生命意义和价值，以及休闲与社会进步、人类文明之间的相互关系为学术追求。”但实际上二者是有区别的。可以说休闲研究的历史比休闲学的历史要长久得多。

例如，古希腊思想家亚里士多德拥有丰富的休闲思想。也就是说，亚里士多德曾经研究过休闲问题，但并不意味着亚里士多德是休闲学的创始人。同样，现在由于学科的细密分化，许多学科都会涉及休闲研究，但不能说那就是休闲学。休闲学可以以自己的基本视角和方法辐射到对各种社会问题的研究，属于休闲学的范畴；休闲研究可以是多个学科从各自的学科视角对休闲问题的研究。二者不是一个学科领域，但是二者的确密切相关。可以说，没有休闲研究就没有休闲学；有了休闲学，休闲研究能够更加广泛深入地开展。

关于休闲学的概念还有以下理解。

李仲广等认为：“休闲学（leisure）是以人们的休闲行为和休闲现象为研究对象，对闲暇时间、休闲、个人休闲行为、休闲与社会的关系等进行研究，目的在于揭示休闲行为的一般规律以及提高休闲满意度和生活质量。休闲学是休闲学科的基础。休闲学科或休闲研究是关于休闲所涉及知识的总称，是一个集合的概念。”

马勇等认为：“休闲学就是将休闲作为一种综合的社会现象，以其所涉及的各项要素的有机整体为依托，以休闲者活动和休闲产业活动在休闲运作过程中的内在矛盾为核心对象，全面研究休闲的本质属性、运行关系、内外条件、社会影响和发生发展规律的新兴学科。”这一界定把休闲提升到产业的角度进行研究，有与时俱进的时代性优点，但过于狭窄，不能涵盖社会休闲生活中众多非产业性的休闲。

总体而言，以上关于休闲学的理解都有较大的重叠之处，没有本质的区别。人们应该求同存异，保持对休闲学概念和学科内容理解上最大的共识。

2. 广义休闲学的基本学科体系

以狭义的休闲学为学科核心，向外展开为休闲哲学（含休闲人学）、休闲社会学（含休闲人类学）、休闲文化学、休闲心理学等专业基础学科；进而展开为休闲美学（可拓展为休闲艺术学）、休闲伦理学、休闲教育学、休闲经济学、休闲政治学（含休闲法学）、休闲行为学、休闲旅游学、休闲体育学等专业拓展学科；再进一步延伸出休闲管理学、休闲历史学、休闲宗教学、休闲民俗学、休闲民族学、休闲生态学、休闲建筑学、休闲地理学、休闲餐饮学、休闲创意学、休闲传播学等理论和应用学科。这可被称为休闲学的外围学科体系。

其中也蕴含着其他研究视角，如主体视角的老人休闲学、女性休闲学、学生休闲学、农民休闲学、残障人休闲学、（某）少数民族休闲学等，功能视角的康复休闲学（对病患或残障人士休闲的研究）、养生休闲学、益智休闲学等，地域视角的乡村休闲学、城市休闲学（对休闲城市和城市休闲的研究）等，以及活动视角的网络休闲学、旅游休闲学、娱憩休闲学、竞技休闲学等。这些学科都围绕休闲展开研究，区别主要在于研究视角和方法及所面向的具体人群、地域等存在显著不同。这可称为休闲学的多维学科体系。

本章所论述的“休闲学”就是在狭义的休闲学基础上，对休闲学学科体系的一个引导性、入门性的概述，属于休闲学的浅显概览和入门向导。

3. 休闲学的基本内容

从上述关于休闲学学科体系的论述可知，休闲学的内容十分庞杂。这里仅简要地介绍休闲学的基本内容。可以说，休闲学其他学科的内容都是从这里延伸拓展出去的，最终形成一个博大精深的休闲学科群。

第一，休闲学的基础理论。这应该属于狭义休闲学的内容，是整个休闲学的基础，包括休闲的劳动发生学，如劳动时间与闲暇、劳动与休闲、闲暇与休闲、闲暇与自由时间、休闲与自由等；休闲作为人的享受和发展形式的人性本质；休闲的人本特质及其内在矛盾和现实表现；表征休闲的核心范畴，如人的生命时间、心理闲暇，休闲需要与休闲动机，体验、畅爽与省悟等心理本质，玩耍、游憩、娱乐、游戏等行为方式；休闲活动、休闲供给、休闲制约（障碍、条件等）、休闲消费等。这是对休闲本体的研究，探讨休闲是一种什么样的社会存在。

第二，休闲文化理论。休闲的文化性也是其本质属性之一。研究休闲文化可以帮助人们更好地理解休闲作为社会意识形态的存在形态。休闲文化理论大致包括休闲与文化的关系，休闲文化的含义、历史轨迹和现实形态，休闲文化与先进文化的历史和现实关系；休闲价值的内涵及其不同等级，休闲道德和休闲伦理，宗教与休闲境界；作为休闲文化传播承续之重要途径的休闲教育的概念，休闲教育的基本理论与实践等。

第三，休闲的社会属性和功能。从宏观的社会结构层面探讨休闲的社会属性和功能，除了休闲文化，主要包括休闲业、公益性休闲事业和营利性休闲产业，各种休闲组织，休闲政策、休闲权利与相关法规，休假制度与休闲建制，休闲的社会性指标，不同人群不同地域的休闲，休闲社会的特征等。

第四，现代休闲及其发展趋势。现代社会是工业化和信息化社会，一方面传统的休闲活动发生了形式的变化，另一方面创生出许多全新的休闲形式，如旅游休闲、文化休闲、体育休闲、网络休闲、娱乐休闲、餐饮休闲等。

4. 休闲学的意义

休闲学的意义主要有理论和实践两个方面。

（1）休闲学的理论意义

休闲学本身作为一门学问的历史并不长，其内容尚未定型，由它衍生拓展的学科体系或学科群目前并不完善，也未取得共识。因此，从理论上说，休闲学的发展就是休闲学本身的完善。它能够丰富人们对休闲这种复杂且日益重要的社会文化和经济现象的认识，端正并增强人们的休闲意识，引导人们积极休闲；它有助于休闲学科体系的完善，对其他相关学科的发展也有重要的借鉴价值。例如，休闲学对旅游学、文化学、社会学及其中的生活方式理论等的进一步发展都有积极意义。

（2）休闲学的实践意义

休闲学的理论意义最终体现在实践上。休闲学的实践意义大致有以下几方面。

一是对休闲主体的意义。这个意义要在主体学习了休闲学的基本知识以后方能彰显，而不是自发的休闲活动带来的收益。学习休闲学有助于主体形成更加自觉、文明、健康并追求真正幸福的休闲意识，进行有益的休闲活动，培养科学的休闲技能，形成积极的休闲趣味，养成良好的休闲习惯，培育崇高的人生情趣和理想追求，从而使自己的生活丰富多彩、志趣乐观向上、家庭和睦美满、事业如虎添翼，使自己的人生圆融通达、幸福自由。休闲是人生必不可少的组成部分，学习休闲学可以使自己的休闲生活由自发变为自觉、由消极转为积极、由低品位提升到高品位、由不健康转化为健康、变奢靡为简朴、变暴殄天物为节约环保等，升华一个人的人格和人生境界。

二是对社会的意义。休闲学的研究和普及，一方面，会促使越来越多的社会成员成为自觉的休闲主体，这与发展休闲产业、推动休闲消费的意义是一致的。另一方面，政府会以科学的休闲理念进行国民休闲决策，国家的休闲政策会更加人性化、更具有大众性，政策的执行和监督力度会更大，相关的法规和制度会更加完善、更具有针对性和实效性；政府或民间举办的公共休闲服务组织也会更加普及、惠及面会更广，其服务也会更加体贴入微、细密周到；营利性的休闲组织也能够在经济效益基础上主动承担更多的社会责任，更加富有人文关怀，更加凸显其人本性、和谐性等。

总之，休闲学的意义不是一般的发展休闲本身的意义，主要是休闲学的研究和普及所带来的独特意义。这需要在大力推进休闲学术研究的同时，推进休闲学的普及教育。只有休闲学的普及，才能彰显休闲学的意义。

（三）休闲研究的思想文化源流

随着人类休闲生活的形成，人们对休闲的认识就开始了。最初，休闲并非一种自觉的研究，而是融汇在浑然一体的人类思想文化的发展之中。

1. 西方的休闲思想源流

古希腊文化和希伯来文化是西方文明的两大根源，也是西方休闲思想的源头。亚里士多德被公认为休闲思想的最早阐述者，享有西方“休闲学之父”的美誉。他对其同时代的思想和知识进行了整理与分类，并融入希伯来文化中的友善、互助、俭朴及波斯人宣扬的理性、自由意志等思想，从而阐述了快乐、幸福、闲暇、美德、安宁生活等休闲问题。他认为：休闲与思考不可分割，休闲的人是思考者、思想家；休闲是建立友谊的方式；休闲与幸福紧密相连，只有休闲的人才是幸福快乐的。在他看来，休闲是对意识、精神、个性的开发，其精髓是处于自由时间中的态度与性情，而时间本身不在考虑之列。相反，当一个人开始筹划时间的时候，就已经不再是休闲了。他把休闲誉为“一切事物为之环绕的中心，是科学和哲学诞生的基本条件之一”。他说，人唯独在休闲时才有幸福可言，恰当地利用闲暇是一生做自由人的基础。亚里士多德的老师柏拉图说："诸神怜悯生来就是劳累的人们，因而赐予他们一系列的节日，并由酒神、诗神、太阳神相伴，由此他们的身心获得滋养，他们变得高大、正直。"约瑟夫·皮珀（Josef Pieper）说，亚里士多德著作中的"闲暇"大多是在生命状态上而非单纯时间意义上使用的，故而与现在所谓的"休闲"基本一致。

亚里士多德的思想对西方人的休闲传统产生了极大影响。在古希腊早期形成的哲学中，犬儒学派、怀疑学派、斯多葛学派、伊壁鸠鲁学派等都主张把学问（知识）与休闲思想联系在一起。他们认为，知识总是同自由相关，自由又同休闲紧密相连；休闲与美德、愉快、幸福密不可分。正是这些要素奠定了希腊哲学家在科学、哲学、教育、艺术、戏剧、诗歌各领域内做出贡献的基础。甚至在亚里士多德诞生的2000多年后，他的思想仍强烈地影响西方的生活并贯穿于每一个领域。

中世纪在人们看来似乎是茫茫的黑夜，但以托马斯·阿奎那（Thomas Aquinas）为代表的经院哲学仍在一定程度上继承并发扬了这些思想。15—16世纪的欧洲文艺复兴可被看作古希腊文化传统在欧洲的全面复兴与升华。文艺复兴之后，真正深入探讨休闲问题的是空想社会主义者。例如，针对工作时间，莫尔（More）认为每人每天只应工作6小时，康帕内拉（Campanella）和欧文（Owen）都主张不超过4小时，魏特林（Weitling）甚至主张每人每天就工作3小时，通过高效技术生产社会必需品并共有共享，其他充分的闲暇时间供每个人自由支配，用来休息、娱乐和发展个性爱好。"人人劳动，个个休闲"是空想社会主义者对未来美好社会的共同描述，只是他们没有找到实现这美好理想的现实途径。

2. 中国的休闲思想源流

中国远古时代关于"休""闲"二字的思想文化含义，在某种意义上也是中国休闲思想的源头。将二字连接起来，休闲的含义不同于"闲暇""消遣"：人靠着树木而休息，缓解疲劳，从紧张辛苦的劳动过程中解脱出来；人于"休"中守"闲"，于"休"中求"闲"，遵规守矩、净化心灵。因此，在中国先秦语言中，休闲不是指平庸懒散、无所作为，而是指人的一种积极的生活方式和生存状态，即闲暇时间中人们追求和享受的一种美好的生活。这表达了人类生存过程中劳作与休闲的辩证关系，也喻示着物质生命活动之外的精神生命活动。休闲既是一种闲暇中的休息，更是一种宁静中的自省和沉思。

总体而言，在中国几千年的文化思想史上，哲学、宗教、医学、武学、修炼、养生、建筑、隐逸等方面都蕴含着丰富的一脉相承的休闲思想。孔孟老庄为先秦休闲思想的源头，之后的《黄帝内经》蕴含了丰富的"天人合一"的防治疾病、修心养生乃至经世济民的休闲之道。之后佛教传入中国，魏晋南北朝时期的玄学及隋唐佛学中国化的结晶——禅宗都展现了精湛深刻的休闲人生之理。三教合流之后的宋明理学更是把主静居敬的工夫人生、修养受用的休闲境界描述得淋漓尽致。中华传统休闲思想深邃广博，并始终渗透于人们的日常生活与实践中，相关内容创作丰富的代表性人物颇多，如张良、淮南子、诸葛亮、王弼、嵇康、惠能、李白、朱熹、陆九渊、程颐、程颢、陆游、苏轼、王阳明等，特别是明清之际的李渔，乃至近代的林语堂。

3. 中国休闲学的崛起与发展

中国文化中的休闲思想丰富而悠久，但大多存在于文学及哲学作品中，虽然出现了李渔及《闲情偶寄》这样的休闲论者和著作，但真正理性的休闲研究起步较晚。直到20世纪70年代末，我国才有学者开始涉足闲暇问题的研究。20世纪80年代后期，研究休闲的人逐渐增多。那时人们对“休闲”价值的认识既片面又浅薄。休闲学作为一门学科于20世纪90年代中期才从西方传入中国，直到21世纪初才受到人们的关注。

我国著名经济学家、哲学家于光远是最早关注休闲的学者之一。早在1983年他就指出：中国对体育竞赛是很重视的，但对体育之外的竞赛和游戏研究很不够。在中国高等院校中没有一门研究游戏的课程，没有一个游戏专业，没有一个研究游戏的学者，这不是优点，而是弱点。1985年，邓伟志的《生活的觉醒：漫话生活方式》一书涉及休闲、休闲时间和休闲活动等内容，并进行了论述。20世纪90年代初，于光远指出，应重视对休闲文化的研究。1992年，王雅林、董鸿杨主编的《闲暇社会学》主要借鉴苏联和东欧国家的方法，从社会学视角对闲暇做了较为深入的研究，开启了中国休闲研究的先河。1994年，于光远在广州讲学时进一步指出：“玩是人类的基本需要之一，要玩得有文化，要有玩的文化，要研究玩的学术，要掌握玩的技术，要发展玩的艺术。”1995年，于光远的专著《竞赛论》出版。同年，他倡导成立了北京六合休闲文化研究策划中心。2002年，他发表《论普遍有闲的社会》，以战略家的眼光论述了休闲与社会进步的关系，深刻指出：“闲”是生产力发展的根本目的之一，生产力的发展意味着闲暇的增长，这与人类文明进步是同步的；劳动时间必将进一步减少，休闲的地位必将进一步提高，这是走向未来的必由之路。从某种程度上说，于光远的《论普遍有闲的社会》一文标志着休闲研究正式进入中国学术界，至此，中国学者才开始有意识地研究休闲这一新的社会经济现象。顺便提及，辽宁师范大学刘晨晔发表的《休闲文明建设初探》(《道德与文明》，1996年第3期）也是对萌芽时期中国休闲研究的贡献。

随着双休日和长假日制度的实施及带薪休假细则的出台，中国人的闲暇时间显著增加，引起了社会经济、文化乃至政治生活的巨大变化，受到学界广泛关注。西方休闲研究文献陆续被引入，一批理论性较强的研究论文和报告相继发表，相关研究机构开始出现。其中，中国自然辩证法研究会自然辩证法研究杂志社的马惠娣研究员对我国休闲学的形成起到了不可估量的推动作用。1996年，马惠娣向第四届世界休闲大会提交了《文化精神之域的休闲理论初探》一文，引起国外学者的关注。她成为第一位参与国际休闲学术研究的中国大陆学者。随后，在1996年第一届中国软科学学术年会上，她又提交了题为《建造人类美丽的精神家园：休闲文化的理论思考》的论文，清晰地论述了休闲在人类文明进化的历史中具有重要的文化价值，是人类精神家园的一种境界；休闲是人类自省与沉思的产物，是探索人的本质、生活目的的一把钥匙；中华民族具有五千余年的悠久历史，在休闲文化方面有着独特的理解方式和行为方式，是世界文化宝库中的一颗璀璨的明珠；继承、发扬中华文化传统的宝贵遗产，构建当代休闲理论，应是中国学者义不容辞的责任。在她的推动下，中国休闲研究迅速发展，一批有分量的学术文章相继发表。2009年，马惠娣任主编，组织一批学者翻译出版了“西方休闲研究译丛”，介绍当时西方休闲研究的最新成果，标志着休闲学正式传入中国。2002年8月，世界休闲组织理事会决定，2006年世界休闲博览会在中国杭州举行。这使越来越多的学者乃至产业界人士参与休闲研究的行列，极大促进了中国自己的休闲学的形成。2002年10月，中国软科学研究会、自然辩证法研究杂志社、中国艺术研究院休闲文化研究中心在北京联合举办“中国：休闲与社会进步学术研讨会”，学术界首次聚焦休闲理论问题研究，这标志着中国休闲学的正式形成。相对于西方，中国休闲研究在很短时间内便初具规模，故谓之“崛起”。

从目前来看，中国的休闲研究主要有四支力量在推动（宋瑞，2010）。

其一，以于光远、成思危、龚育之、马惠娣等为代表的哲学、社会学人的努力。他们凭借对人类发展、社会进步和经济运行的深刻理解以及浓厚的人文精神，敏锐地认识到休闲发展的社会意义，认识到休闲研究的学术价值，从20世纪90年代开始便身体力行地倡导休闲学研究，并集中于“关注国计民生中的休闲，关注休闲中的人文关怀”。这支力量组织的“中国：休闲与社会进步学术年会”作为国内连续性的学术例会，除了2003年因“非典”未举办，每年选取一个专题，带动其他选题，组织和团结了一批休闲学者，开展了视野广阔的理论探讨和对策研究，成为中国休闲学快速发展的核心骨干力量。这极大地推动了较为纯粹的休闲学术研究。在他们的努力和影响下，休闲不仅引起了学界的重视，而且唤起了社会对这一问题的广泛关注，并在国际上发出了中国学人的声音，建立了国际学术交流的网络。

其二，旅游等休闲分支领域内的研究者以各自领域为起点，逐步延伸到休闲研究领域。例如，旅游研究者在对实践的追踪和前瞻性研究中，逐渐将视野扩展到旅游之外更加广阔、与旅游相邻的领域——休闲。这一趋势始于20世纪90年代中后期，特别是2000年之后对“黄金周”集中旅游的反思。人们在关注节假日异地休闲（旅游）的同时，也开始关注平日本地休闲的发展。其中不仅包括诸多学院派研究者的努力，也包括被誉为学者型官员的鼓励与呼吁。旅游研究者对休闲的介入体现了旅游与休闲的密切联系，更重要的是唤起人们对旅游发展中人文关怀的重视，拓宽了旅游界的视野。此外，体育研究者从健身运动发展的角度对人们的健身活动、城乡的健身设施等进行了研究。农业、林业等专业的研究者也基于各自研究领域，对与人们休闲活动相关的供给部分给予了关注。这些研究者从关注相关产业的角度出发，更多地研究休闲的产业化发展和经济贡献，推动了相关教育体系的调整（包括院校专业的设置、高校教材的出版等）。

其三，社会学、统计学等领域的研究者从对人们生活时间分配的关注开始，逐步拓展到对人们自由时间内的活动（休闲活动）的研究。其中以王琪延、王雅林等人为代表。虽然他们最早的研究在名称上并没有直接冠以“休闲”二字，在理论和方法上主要是通过统计学研究人们的生活时间分配，但为了解人的休闲生活提供了科学依据，这恰是休闲研究走向深入、休闲管理科学化的前提。

其四，人文地理、城市规划等领域的学者从人的休闲活动的空间分布、游憩设施和休闲空间的规划与设计、城市发展等角度给予了关注。他们的研究试图解释并解决与人们日常休闲活动密切相关的部分——休闲空间和休闲设施，尤其是公共休闲空间和休闲设施，从而使休闲研究能够最终落地，并指导规划者提供更有利于人们休闲活动的设施和场所。

当然，这些力量在共同推动中国休闲研究向前发展的过程中，从不同的出发点起步，而不断汇聚，并越来越多地相互借鉴、相互交融。此外，有关部门的重视、地方政府的实践、业界企业的推动也为休闲研究提供了更多支持，并扩大了相关研究的社会影响力。

二、休闲体育的定义及发展方向

体育与休闲具有天然的、难以分割的联系。人类玩的文化、游戏的文化都是现代体育产生的重要文化基础，也是现代体育项目产生和繁荣的重要源泉。

（一）休闲体育的定位、定义与内涵

1. 休闲体育的定位

休闲体育的母学科领域主要有两个，即休闲学和体育学。休闲学是一门内容十分广博的学科，是以人们的休闲行为和休闲现象为研究对象，对闲暇时间、休闲问题、休闲文化、休闲事业、个人休闲行为、休闲与社会关系等进行研究，目的在于揭示休闲行为和休闲现象的一般规律，改善人的生活方式，提高人的生活满意度和生活质量。休闲学是休闲学科的核心和基础。体育学同样也是一门内容十分广博的学科，是以人们的体育运动行为和体育运动现象为研究对象，对体育的社会结构、运动和竞赛特点、体育与社会的关系、体育社会问题、体育形态、群众体育、竞技体育及与体育的关系进行研究。体育学是体育学科群的总称。

休闲体育显然是休闲学和体育学交叉衍生出来的新学科，是休闲学和体育学的分支学科。休闲体育主要是以休闲体育现象、休闲体育行为为对象，对休闲体育现象、休闲体育行为、休闲体育结构、休闲体育活动和项目、休闲体育消费、休闲体育教育、休闲体育法规及相互关系等进行研究。

2. 休闲体育的定义与内涵

马惠娣在《休闲与体育的文化渊源及现代意义》一文中认为，如果给休闲体育下定义，它至少含有以下八大要素。

第一，以休闲的方式或心态参与的体育活动。

第二，在活动中表现出人的闲适性、即时性。

第三，参与活动是在自由时间内，具有自愿、自由、兴趣的心理动机。

第四，休闲体育为闲暇时间提供了多样性的体验。

第五，其项目因人而异、因地制宜、因材施教、因趣而设。

第六，是一种沟通与交流方式。

第七，对参与个体有强身健体、调适心理、释放压力、培养情趣、锻炼意志的功能。

第八，是休闲教育的必修课。

肖焕禹认为休闲体育的特征体现在六个方面：时间支配的自由性与参与的自主性，活动基础的兴趣性和活动过程的娱乐性，活动心态的非功利性和活动强度的舒缓性，活动参与的体验性和活动效果的身心一元性，活动形式的多样性和活动选择的个体性，活动意义的社会性与活动项目的阶层性。

续川认为休闲体育以“体育”为主词，是随着休闲活动兴起逐步发展起来的大众体育的一个分支，指人们在余暇时间里以休闲为主要目的，积极自主、表现个性、轻松愉快地进行体育健身娱乐活动。

我国台湾学者高俊雄认为，探讨休闲体育可以从时间的观点、活动的观点、体验的观点、行为的观点和自我实现的观点加以解释。

上述观点或者是一种范围，或者强调了休闲体育的某一方面或某一点，或者没有正面回答究竟什么是休闲体育。

综上所述，休闲体育的定义是：人们在自由支配的时间里，通过体育运动的方式，以直接或间接的体验，满足身心需求的一种自觉自为的社会文化活动。其内涵可以从以下角度来认识。

第一，从时间的角度探讨休闲体育的内涵。自由时间是休闲的核心要素，人们从事“休闲体育”的前提是必须有自由时间。“休闲体育”是人们有自由时间，自愿或者自觉地通过体育或运动的方式达到身体和精神上的自足。

第二，从文化的角度探讨休闲体育的内涵。休闲研究的一个重要特征是以人的精神、情感、体悟等方面为研究对象，加深人的理解、情感，进行内心世界的主体构建，使用意义、价值、理想、意志、人性、善恶、美丑等概念去理解和体验人类精神生活。体育则通过有形的身体形态、动作技能、运动器材、物质以及无形的与社会属性相关的意志、观念、时代精神反映出来，显现了各具特色的存在方式。因此，基于体育与休闲的特征，休闲体育可以理解为：人们为不断满足自身的体育需求而处于运动创造、体育文化欣赏、体育文化构建的一种行为方式。

第三，从休闲体育的重要性和途径探讨休闲体育的内涵。休闲体育是从事体育活动的各种物质、制度、精神现象、过程的总和。它的实现途径主要有五方面：一是以身体练习为手段的体育健身活动，如打羽毛球、户外运动、体育旅游等；二是非身体练习的休闲活动，如打桥牌、垂钓、下棋等；三是欣赏体育文化，参观体育场馆（如鸟巢、水立方），参观体育艺术展览等；四是观赏体育活动，通过电视转播、电脑或现场观看体育表演、体育比赛等；五是体育资讯，包括阅读体育刊物、学习体育知识、参加体育培训等。

第四，从休闲体育的使命探讨休闲体育的内涵。休闲体育有着双重使命：其一是增强体质、消除身体疲劳；其二是获得精神上的慰藉。

休闲体育是为了获得更多幸福感，保持内心平静。体育一般通过玩耍、室内运动、户外运动、竞赛、娱乐、观赏等方面增强体质、加强交流、获得归属感、得到自我实现等。休闲体育是一种紧张工作后的积极休息，是被物质压抑和束缚的解放，是摆脱贫乏与困窘的一种标志，有利于抛弃狭隘与自我封闭后的心灵开放。体育运动是休闲体育的基础，获得精神慰藉和身体刺激是休闲体育的核心。

第五，以休闲体育的目标探讨休闲体育的内涵。从人类自身来说，我们应该树立一种自身进化的责任感，回归到生命本身，真实地体验自我存在的价值。体育作为一种社会文化现象，其休闲参与价值正在越来越多地为人们所认识，成为一种文明、健康、科学的休闲生活方式。同时，体育在一定程度上具有唤起人的“野性”与肉体、精神砥砺的功能。现代休闲体育在西方社会出现的时候，探险、极限运动、挑战大自然等都显示出休闲体育的本质特征，具有一种回归到人类精神家园的目标追求。

（二）休闲体育的发展方向

进入21世纪的社会转型期，随着人们生活水平的提高，人们对生活的质量和生命的延续有了新的更高要求。人们有钱、有闲、有心情去感受休闲体育带来的刺激，原有的单纯的以锻炼身体为目的的简单的运动方式已不能满足日益提高的生活质量和精神文化的需求，而是更多地追求高品位、高质量的生活方式，如体育旅游、康体娱乐、攀岩、滑沙、高尔夫球运动、网球运动等。休闲体育已成为保持旺盛生命活力的有效方式，是体现生命价值、享受快乐生活的重要途径，甚至是敢于接受和应对各种生命挑战的象征。

21世纪是人类社会走向更加文明的新世纪。当我们站在世纪的前头放眼人类生活方式的发展和变化的时候，有三个转变给人以深刻的启示：其一是人们关注和敬畏生命存在，向重视生命价值和质量转变；其二是人们开始从消极的余暇休闲向积极的休闲体育娱乐转变；其三是人们开始从注重心灵的惬意和轻快的休闲方式向注重身心一体的、充满运动和刺激元素的体验型休闲方式转变。

放眼21世纪，休闲体育将对人们的生活方式、人居环境的优化、绿色体育消费的拉动、社会和经济活动、先进文化的进步、基础教育和人的全面发展以及抵御现代文明病等方面产生重要影响。

三、休闲体育的特征

（一）自由时间的特征

可自由支配时间是休闲体育的核心要素，也是休闲体育的重要特征。在闲暇时间中自由地选择休闲体育的活动方式、活动内容、活动项目、参与伙伴和活动地点是这一核心要素的本质特征。

休闲体育中的自由指人们在追求休闲体育体验时是可由自己选择和决定的。自由一直是整个历史长河中人们不断追求的抽象概念。自由地进行休闲体育活动意味着可以毫无阻碍地进行体育活动，可以按照个人的意愿选择或行动。

（二）身体活动的特征

以身体活动为基本手段，谋求身心健康发展，融竞技性、娱乐性、健身性、冒险性、教育性为一体的社会文化活动是休闲体育的核心内容。没有身体活动的休闲体育就不是真正意义上的休闲体育，充其量只能称为休闲娱乐。

（三）体验快乐的特征

休闲体育与从体育活动中得到的满足感是密切联系的。当代社会经常把休闲体育看作给生活带来平衡的一种方法。参与休闲体育活动不仅为了娱乐、增强体质和促进家庭稳定，而且为郊游、探奇、寻求刺激、满足幻想提供手段。在这个以信息、技术、媒体、互联网为主导，充满着竞争和压力的社会中，人们需要通过参与休闲体育活动获得积极的心理体验。这种体验不仅包括活动性体验，也包括观赏体育活动等多种形式的体验活动，以取得愉悦身心、释放压力、恢复体力、放松精神、身心和谐的效果。

一些研究者认为，对休闲体育的体验必须是本质上使人满意或者自发地参与休闲体验。换句话说，参与体育活动是由内部因素驱动的，而非由外部因素驱动的。由内部动机驱动所产生的行为容易形成满足、享受和高兴等种种愉快情感。这正如罗斯曼（Rossman）所说："参与一个本质上令人满意的活动的动机，源自参与过程中所获得的愉快感受。为了体验这种愉快的感觉，人们必须感到被内在欲望所驱动，而非因奖励、恐惧，或其他外在因素。"

（四）最佳状态的特征

休闲是成就人的过程，将休闲上升到文化的层面，是指人在社会必要劳动时间之外，为不断满足自身多方面需求而呈现的一种文化创造、文化欣赏、文化建构的生命状态和行为方式。休闲体育的价值不在于实用，而在于文化。它使人在精神的自由中历经审美的、道德的、创造的、超越的生活方式，呈现自律性与他律性、功利性与超功利性、合规律性与合目的性的高度统一，是人的一种自由活动和生命状态从容自得的境界。它是人们在自由时间自主地选择某项体育活动，以满足自我充实、放松、愉悦的需求。因此，它是人的自在生命的自由体验。在这个过程中，人找到了自我，体验到了自我，实现了自我。

美国的休闲社会学家约翰·R. 凯里（John R. Kelly）教授在其专著《解读休闲：身份与交际》中提到："如果休闲的目标之一是为个人的投入提供在参与的体验中获得最大满足的机会，那么体育也许是处于一系列休闲活动的顶峰。体育是一种能够彻底实现自我的休闲，以至于能让人完全沉浸其中，感觉世界其他一切事物都不复存在。协调运动中身心的统一、技能的节奏和优雅、结构的戏剧性和不确定性使其成为一种非常特别的体验——至少在某些情况下如此。"

（五）主动参与的特征

人们在选择休闲体育活动内容和活动方式的过程中明显带有兴趣性，所选择的项目一定是自己感兴趣的并乐于体验和参与的；个人兴趣越浓厚，参与的热情、愿望和意识就越强烈，参与的频率、时间都会得到长时间的保持。因此，参与性是休闲体育的另一个重要特征。

杰弗瑞·戈比（Geoffrey Godbey）在《你生命中的休闲》一书中研究了20世纪八九十年代美国体育休闲的变化，发现美国出现了非老龄化的运动减少现象。90年代与80年代相比，美国人花在各类体育运动上的时间减少了，20岁左右的年轻人变得不爱动了，年轻人运动时间减少的问题比老年人严重。他认为，这种运动减少现象与年龄、收入和性别无关，可能与负责管理各种体育锻炼活动的公共事务管理机构的减少、人们把体育运动仅仅作为促进健康的手段的观念有关。他发现，那些仅仅是为了有更好的身体而参加健身俱乐部的人，通常会在6个月之内失去兴趣。他还发现，在被放弃的活动中，以锻炼身体为目的的体育活动居多。因此，休闲体育能够延续，在于体育活动是出于自愿的快乐活动。

（六）非功利性的特征

休闲体育的非功利主义概念作为一种解释当代人参与休闲体育的目的已引起休闲理论学界的关注。当然，这个概念并不新颖。席勒-斯宾塞理论中的余力论认为，体育活动是维持人类生存需要之余的活动，是非功利的活动，是实践主体自由选择的结果。这与休闲体育非功利主义概念有一定的相通之处。亚里士多德也将休闲誉为"一切事物环境的中心"，认为其可使人获得幸福感，保持内心安宁，这也在一定程度上体现了非功利的休闲观念。

德国古典哲学家席勒最早明确提出游戏是成就人性的必要途径。他认为，人有两种冲动，即形式冲动（可以理解为理性冲动，即按规范行事）和感性冲动（按本能行事）。在这两种冲动中，人都是不自由的、片面的，或是受到来自形式感或理性的压力，或是受到来自生理本能的压力。只有在游戏冲动中，人才能解除这两种压力，成就真正的人性。对于运动状态，我们也可做如此理解：当运动是为了某种外在的功利目的或生理本能的驱迫去从事的时候，人是不自由的，这些运动未必符合人性的真实需求，甚至会扭曲人的本性和机能。

当人以超功利的态度，以“欣然之态去做所爱之事”的时候，这些运动和活动就会适合人的本然需求，参与主体就会在其中得到由衷的愉悦，在身心俱佳的过程中成就与完善人性。因此，于光远先生在20世纪90年代提出“玩是人类基本需要之一”“要掌握玩的艺术”。休闲体育活动就是玩的活动，在玩的过程中合规律与合目的，科学性与艺术性、创造性与娱乐性得到了有机的内在统一。

显然，以体育为职业的高水平运动员所提供的表演和竞赛或非自愿参与的、带有商业性色彩的体育活动都不属于休闲体育的范畴。

（七）多样化自我实现的特征

休闲体育活动的内容和形式的广泛性与多样性，为人们参与休闲体育提供了丰富的选择余地，尤其是一些新的休闲体育方式更是为人们创造了选择适合自己的休闲方式的机会，并为实现玩的目的提供了多种多样的手段。人们不能在NBA赛场上与迈克尔·乔丹同场竞技，却能在网络游戏中打败NBA的顶级明星；人们无法在悬崖峭壁徒手攀岩，却能在人造攀岩壁上实现攀岩的体验。越来越多的活动内容和活动形式为具有不同爱好、不同技能、不同性别、不同年龄的人们提供了实现各自运动构想的条件。

第二节　休闲体育的起源及中西方休闲体育文化的异同

纵观东西方休闲发展史，无论是古罗马斗兽场中的欢呼，还是陶渊明田园生活的宁静，都表现出人们对休闲的理解与体悟。

一、休闲体育的起源

（一）原始社会的休闲体育

在原始社会时期，生存是人类活动的基本问题。但人类学家和考古学家在对原始部落的研究中发现，人类在进化过程中一直保持娱乐的天性。随着时间的推移，娱乐活动与鲜明的生活、宗教艺术形式、风俗习惯以及穿着、饮食、生存技能和抵御外敌的本领等产生密切的关系。

然而，要十分明确地区分原始社会的人类劳作与游戏是十分不容易的。先民们捕鱼、打猎、划船、滑雪、游泳和骑马等活动，既包括生存技能的习得，又融入了游戏的成分。这些活动为后期休闲体育的发展奠定了基础。

有趣的是，原始社会的人们主要根据生活节奏作息，大都依据当时的身心需要劳作、休息和娱乐。人类考古学家在古埃及坟墓和碑文的遗迹中发现，“在古埃及的原始部落里存在着一个高度发展的阶层体系，较低层的人们从事体育运动，较高层的人们则更倾向于观赏娱乐表演。古埃及游戏中出现了下棋、掷子和格斗，小孩玩弹子、弹力球和陀螺，大人则喜欢摔跤、拳击和斗牛比赛”。

人类考古学家还在古埃及坟墓的绘画中发现有描述人类生活环境的花园，美索不达米亚的宫殿附近建有花园，其中还描述了被认为是古代七大奇迹之一的巴比伦空中花园，“花园建在75米高的地方，由各式各样的花和植物组成，有高大的根基和枝繁叶茂的树”。

在原始社会中，劳作和娱乐是融合在一起的，正如凯伦·布里克森（Karen Blixen）所说：“原始社会人不会对工作和娱乐做明显的区分，相反，当工作有用或必要时，经常是以风俗习惯展开并赋予它丰富多彩的内容和形式，将欢乐的仪式与风俗融合在一起。”

（二）农耕时代的休闲体育

8000多年前，随着人们对动物驯化和植物生长规律的认识，我国的黄河流域和美索不达米亚平原出现农业。6000多年前，华夏民族产生了农业活动，人类由此进入农耕文明时代。

进入农业社会时期，人们逐渐对安全可靠的食物的生产和供给产生了依赖，并逐渐从打猎和采集活动中脱离出来。伴随着耕作和养殖业的发展，个人财产积累也随之增加。为了维持社会的正常运行，阶级开始产生，社会开始分化，政府管理土地，军队保护土地，农民耕种土地，一种较之原始社会更加复杂的社会组织形态出现了。

时间变成了生活的一把尺度，娱乐时间和娱乐活动与诸如庆祝秋收的盛典事件联系在一起。当收割开始，重大的庆祝活动（包括游戏、竞技、跳舞）就会接踵而至。

在许多文明的演进中，人类通过娱乐的方式发展了文化，倡导奥林匹克运动，追求体力和智力的和谐发展，并以艺术形态表达人类追求生活的理想和意境。希腊文明的发展就是一个典型的例子。

按照希腊人的观点：如果没有娱乐就没有文化；如果没有体育就没有人的审美活动；如果没有体育就没有艺术，更没有人的创造力。

毫不夸张地说，没有体育就没有希腊的文明。希腊人相信文明只有通过身体和精神的培养才能提高。古希腊雅典人创造了与人类文明发展相关的诸多文体活动，如体育竞技、阅读写作和艺术创作等。

据文献记载，古希腊的学校要传授各种技能，其中包括写作、阅读、算术、音乐、体操、制图和绘画等。年轻男子还必须进行体育活动，为军事战争做好准备，其主要形式有跑步、打猎、摔跤、投掷标枪等。

古希腊哲学家亚里士多德认为工作和娱乐之间应该有一种平衡，工作是手段，娱乐是目的。娱乐为智力的发展提供了机会，是紧张工作的一种缓解方式，是提高生活乐趣的一种方法。于是，运动游戏一开始在古希腊就作为宗教节日的一项主要内容，以运动游戏增加节日气氛，以竞技比赛庆祝丰收，以橄榄枝向胜利者表示敬意。一年中，希腊人有90天是在游戏中度过的，而竞技场、杂技场和马戏场又是雅典市民的主要游戏场所。

希腊人和罗马人对游戏有不同的看法。希腊人把竞技游戏视为重大节庆活动和宗教仪式，罗马人则把游戏看作娱乐活动。

在古罗马，市民的生活方式丰富多彩。富裕的罗马人以雕刻绘画和艺术创作的方式充实生活。到4世纪，罗马拥有1300多个公共泳池或浴室。浴室变成了罗马市民娱乐社交活动的场所。洗浴和吃饭几乎成了罗马富翁阶层每天既定的生活内容。罗马的浴室是精心制作的，有花岗岩的柱子和墙，有镶嵌着图案的大理石地板。这些浴室都是由富人捐赠或城市公共资金建造起来的。一些大的浴室进而变成了巨大的文化中心，内设图书馆、休息室、艺术长廊和餐厅。富裕的罗马男性市民经常参加各种各样的娱乐活动。史料记载着这样一些场景：浴室以朝气蓬勃的体育锻炼为先导。在浴室里，人们可以跑、跳、玩一种像机械球的球类游戏，还有人提供玩游戏的器具（如骰子和棋），有雕刻和绘画长廊的房间，有与朋友交谈的座椅，有供人阅读的图书馆，有供音乐家和诗人朗诵的大厅。

罗马人的娱乐生活是丰富多彩的。后人继承并延续了先民们传下来的多种娱乐方式，阅读、跳舞、饮酒，并以运动和游戏为生活方式的主体。朗诵、演讲、音乐会、模拟剧则是穿插在游戏和运动中的娱乐。运动竞赛、职业拳击、战车追击等成了罗马人趋之若鹜的“文化大餐”。

在罗马文化中，体育是最受欢迎的。其中最为盛行的是一种马车竞技和人兽大战。至今仍保留着断壁残垣的古罗马竞技场就是当年角斗士战斗的地方。古罗马竞技场方圆约2万平方米，墙高约57米，可容纳9万名观众。地下区域包括角斗士的房间、动物的窝棚和通往竞技场的通道。角斗士大多是奴隶、罪犯和战俘。最初，人兽大战是小型的或由私人赞助的，后来演变成奴隶间的生死搏斗。

历史学家经常描述罗马人的娱乐消遣充斥着享乐主义、庸俗和腐败。人与人、人与兽之间的残害和屠杀在历史上被认为是污秽的。当面对极度奢侈的娱乐生活时，一个强大的民族便逐渐失去文明的美德。

（三）中世纪的休闲体育

从400年到1500年是欧洲中世纪时期。主导这一时期的主要文明力量是基督教。早期的基督教徒们相信工作有益于人类。因此，他们把更多的精力集中于引导人们劳作。这种哲学与早期天主教哲学对体力劳动和脑力劳动的认知有所不同。天主教哲学认为："只要有足够的财富，工作并非必要的，牧师们的祈祷和沉思就是一种高尚的脑力和精神指引，是人类活动的最高境界。"

由马丁·路德发起的宗教改革运动改变了基督教徒对工作、死亡和娱乐的看法。马丁·路德把工作看成有益于人类自身发展的活动，并鼓励人人为上帝工作。他既没有区分宗教工作和其他工作的不同，也不主张宗教工作高于或优于其他工作。他认为任何工作都是受尊重的，但无所事事则是一种罪恶。

后期，清教徒和新教徒的伦理则是基于马丁·路德的信仰，将提高工作效益与勤俭节约融合在一起。"一个人变得越富有，他（她）就会越善良""人们努力工作获取利益，就有可能更好地帮助他人"等新的价值观正是基于这种伦理产生和发展起来的，影响着当时休闲体育娱乐的道德和价值观。

当然，并不是所有的基督教哲学家都建议努力工作，许多文献也提及享受生活和庆祝丰收。随着中世纪宗教逐渐对政府事务的控制，从政治和宗教信仰中延伸出来的社会制度随之出现。在中世纪，若把宗教假期和星期日算在内，西欧部分国家的市民每一年会有170天的假期。在闲暇的时光中，宗教庆典、军队操练、体育比赛的场面和节日组成了中世纪狂欢的一部分。事实上，在圣诞节期间，竞技、魔术、杂技、旅游、吟诗成为人们生活中重要的组成部分。然而，当时的休闲体育是划分阶层和性别的，男性贵族多从事打猎、马上长枪比武、猎鹰、滑冰、骑马赛跑、射箭等活动，而捕鱼、滚木球、曲棍球、掷铁圈、摔跤、拳击和足球则是中下层男性从事的娱乐活动。对女性而言，休闲娱乐是极其有限的，因为中世纪的女性在结婚前被看作父亲的财产，结婚后就变成了丈夫的财产，成家后的女性大多数时间用于相夫教子。

我国不少学者一提起欧洲中世纪，总认为这是一个基督教道德最为严厉的时代，似乎没有人提及，这也是一个娱乐的时代，是一个以宗教庆祝为标志的狂欢时代。我们从历史文献中不难发现，这一时期休闲体育蓬勃发展，民众生活充满生机。

（四）文艺复兴时期的休闲体育

文艺复兴始于1300年的意大利，持续了将近300年。这是一个人才辈出和才华横溢的时代，也是一个创造力爆发的时代。在此期间，人类在绘画、雕塑和建筑上取得了许多创造性的成果。

文艺复兴时期，社会经历了从遵循社会秩序到蔑视道德规范的过程。娱乐活动诸如跳舞、社交和戏剧经常会出现低级趣味场面，一方面是故意反抗中世纪的道德准则，另一方面也是在探索新的娱乐方式。在这一时期，男人开始热衷于击剑、赌博、下棋、斗牛、骑马打猎、拳击、划船和竞走等体育活动；女人有时也被允许和丈夫或父亲一起参加或观赏这些活动。伴随着文学、建筑、雕刻、绘画、音乐和戏剧的诞生，音乐会成了一项富裕阶层娱乐消遣的重要活动。

文艺复兴时期，艺术繁荣直接培育了伟大的艺术家，米开朗琪罗、拉斐尔、达·芬奇、提香等艺术家的作品风靡整个欧洲。在他们的作品中，许多休闲体育的场景被惟妙惟肖地展示出来，成为文艺复兴时期休闲体育文化的一个鲜明写照。

（五）工业革命时期的休闲体育

工业革命又称产业革命，是指资本主义工业化的早期，即资本主义生产完成了从工场手工业向机器大工业过渡的阶段。它是以机器生产逐步取代手工劳动、以大规模工厂化生产取代个体工场手工生产的一场工业与科技的革命，后来又扩展到其他行业。它起源于欧洲，发端于英国西北部一座滨海小城——格林诺克。1736年，工业革命之父——蒸汽机的改良者詹姆斯·瓦特就出生在这里。

工业革命彻底改变了人类的生产方式和生活方式。一方面，它极大地破坏了原有的社会秩序和社会结构，造成了城市人口的激增和移民化浪潮的出现。另一方面，它促进了社会生产力的提高，并极大地提升了人们的生活水平。其间，男人和女人的角色重新开始区分，男人进入工作的世界，而女人的主要责任是照顾家庭。

在工业革命时期，生活以工作为中心，时间成了人们生活的标准，生活不是从个人的愿望和需要出发，而是由劳动的性质和时间决定，自由时间的滥用被看作一种社会问题。随着装配线的建立和机械化的普及，工作变得越来越单调和专业化。人们开始寻求工作环境之外的满足感，于是休闲娱乐成为一种补偿和宣泄途径。

娱乐的商业化并没有因工业革命而烟消云散，相反，由于压抑的生活，偶尔出现了商业娱乐的过度。

（六）现代社会的休闲体育

现代社会最显著的特征是生活方式的城市化。但城市化的生活方式给社会发展带来积极效应的同时，也给人们的身心健康带来许多不利的影响。休闲体育为补偿当代生活方式创造了条件。它可以促进人的身心健康和全面发展，是人们在摆脱劳动限制之后的一种全身心放松方式。因此，人们把休闲体育的发展与自己的生活质量、生命价值实现形式联系得更加紧密。

伴随着休闲体育的悄然兴起，休闲体育产业逐渐成为休闲产业的一个重要组成部分。休闲体育正朝着大众化、娱乐化、普及化、多样化的方向发展，并日益成为大众消费的热点。老年人和妇女的参与度较之以往任何一个历史时期都要高出许多。在美国和欧洲部分国家，休闲体育已经成为国民经济的支柱产业之一，并成为新闻媒体重点关注的文化活动。

休闲体育使人获得一种运动的享受，把人从异化劳动状态或负有责任的其他活动中解脱出来，从表层需要、感官满足的追逐中提升出来，使人的生存本质更加彰显，从而达到身心合一的状态。因此，休闲化是大众体育发展的一个必然趋势。在体育运动中，特别是随着竞技体育的发展，群众体育越来越走向社会化和普及化。这种社会大趋势不但要将群众体育推向休闲化，而且最终可能使竞技体育走向休闲化。因为休闲是人类的追求，也是人类生存的一种最佳状态。也许在不久的未来，休闲体育将带给人一种自我解放与最终的自由。

二、中西方休闲体育文化的异同

中西方文化存在差异，加之休闲价值观不同，导致休闲体育文化表现形式不尽相同。

（一）中国的休闲体育文化

我国休闲思想源远流长，在先秦时期就已经产生，并对休闲体育的发展产生了深远的影响。

1. 传统文化对中国休闲体育文化的影响

中国传统体育文化是中国传统文化的组成部分，它脱胎于中国传统文化，又在传统文化的滋养中发育成长。中华民族曾以灿烂辉煌的传统文化，对人类社会的历史进步做出巨大贡献，而中国古代灿烂的体育文化是传统思想的产物。

（1）儒家文化对中国休闲体育发展的影响

中国传统文化的源头是儒学。儒学以“礼”“仁”为核心，以“礼”规范人们的体育行为，并将“礼”作为人们体育活动中的界限和行为标准。儒学的休闲文化以孔孟为代表的儒家道德伦理为基础。儒家思想提倡“六艺”。“六艺”是指礼、乐、射、御、书、数。“六艺”对规范社会、教育和引导民众具有重要的作用。

从个人的休闲角度来说，一个人不仅要为社会做贡献，具有道德素养，而且要通过个人的人文修养及各种技艺来充分展示自己的才智，展现人格之美，实现自我价值。儒家文化在休闲体育方面表现为个人休闲要注重人际关系的和谐发展，特别强调形体和心智的正直，注重把形体要求与道德要求融合在一起。乡射礼经过儒家的改造，已被注入人文内涵，它体现的是一种道，其基本精神成为一种人生态度和人生哲学。

儒家的体育教育是束之以礼的，“勇而无礼则乱”，如孔子所说：“君子无所争。必也射乎！揖让而升，下而饮。其争也君子。”这是告诉射手要调整好心态，从身心两方面来提高技艺，而不是怨恨超过自己的对手。儒家提倡君子不仅修身，还应尽量提升人文修养，成为博雅之士。除此之外，个人的道德修养、人文素养也是休闲的重要内容。比赛时选手要在人格上互相尊重，上堂和下堂（上场和下场）相互作揖致意，比赛完毕要一起饮酒，因为他们认为比赛是君子之争。乡射礼要求选手正确对待比赛的成败，要做到“发而不中”，“反求诸己”，多从自己身上找原因，不要怨天尤人。可见，乡射礼已经从普通的射箭比赛上升到哲学层面。

（2）佛教文化对中国休闲体育发展的影响

佛教作为外来文化，渗透中国文化的各个领域，是中国传统文化的重要组成部分。中国的佛教尤其是禅宗的休闲理论根植于一种透视主义。佛教的休闲思想更多是自我身与心的统一和谐。“随缘任运”和“以人合天”的自由是佛教休闲思想的典型代表。

禅宗强调，要达到“随缘人生”的境界，首先要破执。人只有在彻底解除一切外部世界和内心世界的种种执着后，才能有放下一切的胸襟和气魄。因此，所谓“随缘人生”，实质上就是要顺其自然。禅宗要人们消除执着，保持一颗平常心，入世而不为世俗所累，做个无心之人、无求之人、无事之人。这种豁达、闲适、洒脱和超然的生活态度和生活方式是中国人的一种生存智慧，有助于消除人们生活中的种种不良情绪，进而摆脱生存困境，让人们生活得无拘无束、自由自在。

（3）道教文化对中国休闲体育发展的影响

道教源远流长，其主要来源有我国古代的宗教和民间巫术，战国、秦汉的神仙方术，先秦老庄哲学和秦汉黄老之学，儒学与阴阳五行思想及古代医学与体育卫生知识。经过魏晋南北朝时期的发展与整顿，道教在隋唐时达到繁荣阶段，到宋元时期达到鼎盛，明清以后道教开始世俗化，其影响进一步扩大。

道家养生学的主旨是清静无为、返璞归真、顺应自然。从静中体会天地自然的奥秘，从动静合一中体会“道”的境界。这种境界是个体意识与宇宙意识的合一，是天人合一的和谐。老子提出“清静无为”的思想，“返璞归真”“以静养生”的理念；庄子提出“恬淡虚无”“任其自然”，并编制了“熊经鸟伸”的导引吐纳等方法。

道家的生命学说和养生方法促进了中国传统保健体育、养生体育的形成和发展。养生学是道家和道教文化的核心内容，很多养生术（如我国传统气功）主要来自道教的内丹术。道家修炼在强身健体、提高心智、防病治病、延年益寿等方面有较为突出的效果。

道家思想丰富了中国传统武术，促进了武术的发展。道教武术在中华武术中独树一帜。宋代武当派内家拳技祖师张三丰悟通太极“以静制动，以柔克刚”之理，仿效太极变化而命名太极十三式。

道家思想以自然恬淡、少私寡欲的生活情趣，以清净虚明、无思无虑的心灵境界，以生活情趣与心灵境界为主、以养气守神等健身方法为辅的良好的生理状态构成的人生哲学，早已成为中国人休闲观的重要精神支柱之一。

2. 中国休闲体育文化的表现形式

休闲体育是休闲的一种活动形式，是以体育为途径和载体、以休闲为目的，为获得休闲体验，实现身体和精神的“畅”而进行的活动。休闲体育文化既体现娱乐性、艺术性，又包含个体性。

我国著名休闲体育学者李相如结合功能和应用场景将休闲体育文化划分为四种类型。

第一，健身保健类。以增强体质为目标，如慢跑、太极拳等，强调个体健康管理。

第二，竞技娱乐类。通过竞技性活动（如篮球、足球）提升技能和团队协作，兼具娱乐性与挑战性。

第三，旅游休闲类。结合自然与人文资源的体育旅游（如登山、滑雪），推动体育与文旅产业的融合。

第四，教育实践类。以休闲体育教育为载体，培养专业人才并传播体育文化，如课程设置中的理论教学与实践结合。

（二）西方的休闲体育文化

1. 古希腊休闲体育文化

古希腊是西方体育的源头。在城邦制度的支持下，古希腊体育取得了很大成就，尤以古代奥林匹克运动会、斯巴达体育和雅典体育以及古希腊哲人的体育思想为最。

古希腊是建立在奴隶制基础上的社会，休闲只属于具有特权的奴隶主和贵族阶级。这使休闲成为特权阶级在经济、政治和文化上尊贵地位的重要标志。到了荷马时期，希腊氏族社会开始瓦解，体育作为祭祀仪式更加趋向一种广泛意义上体现着美的生活。古希腊人把休闲看作锻炼自己、提高修养的途径，认为休闲是自由人的人生基础，是人生的目的，而工作是实现这个目的的手段。古希腊的休闲活动主要包括政治、哲学、教养活动、学问、美术、趣味活动、宗教文化仪式（赞美宙斯神的仪式）、竞技大会及奥林匹克运动会等。

古罗马出现的休闲也只属于少数特权阶级。他们强调消费性休闲，鼓吹奢靡的风气。这成为古罗马没落的重要原因之一。

2. 欧洲中世纪休闲体育文化

欧洲中世纪的人们认为劳动是神圣的，休闲是世俗的。休闲活动更多地被赋予宗教色彩，形成“宗教—个人”型的休闲形式。休闲活动与天主教的宗教秩序一致，包括宗教仪式、周日活动、在教会的广场及村落的公用广场等地举行的仪式等。

这一时期，封建领主热衷骑马竞技、剑术、枪术、跑步、投石等身体运动。信仰基督教的骑士们除了上述运动，还重视修炼骑士精神。

文艺复兴时期形成的“灵肉一致”观对“身心合一”的人的强调，冲破了中世纪以来将人视为灵魂并贬低身体以求灵魂超脱的传统观念束缚。思想的解放带来对人的自然存在——身体的重视。由此，休闲体育成为时代风潮，广泛流行于城市上层社会和市民阶层。为了保持身体健康，人们纷纷以更大的热情和更好的技术从事各种体育活动，攀爬、长跑、投掷、击剑、舞蹈、桌球、滚铁圈、猎鹰、骑马、箭术等活动在社会上十分流行。

文艺复兴时期，意大利年轻的妇女们经常荡秋千，同时还热衷于跳舞、骑马、打球和做游戏。手球和网球被视为是有价值的、高雅的身体活动，适合所有贵族阶层的气质。手球在14世纪成为一项较为普及的体育活动。到了15世纪中期，许多妇女都掌握了娴熟的手球技术。

3. 欧洲近代休闲体育文化

工业革命之后，随着城市人口的集中、城市劳动者的出现、人们生活方式的改变，劳动时间和非劳动时间区分更为明显，从而加剧了社会等级分化。社会不仅制造了一小部分既有钱又有闲的“有闲阶级”，也制造出工人阶级。工人阶级的休闲与过去封建领主等有闲阶级享受的休闲有本质区别。工人阶级的休闲只是用来恢复体力和维持劳动力的方式。

（三）中西方休闲体育文化的差异

全球化背景下中国传统体育与西方体育差异显著。西方体育源于古希腊，而中国传统体育发端于春秋战国时期。分处于欧亚大陆两端的中国和古希腊都创造出了辉煌灿烂而风格迥异的文化。

在休闲体育文化方面，由于地理环境、社会文化背景、种族、政治经济制度、宗教与祭祀、教育等诸方面的差异，中西方休闲体育文化在价值观念、运动形态和运行模式上存在明显差异。这在很大程度上导致后来中国体育与西方体育完全不同的发展道路。

长达数千年的农耕文明培养出中国人趋于封闭和内敛，崇尚静心、保守、和平等特有的性格。在世世代代自给自足以小农经济为基础的社会环境中，人们已习惯于和谐、宁静及相对稳定的生活方式。由此形成的民族特性表现为对大自然的依附性很强而征服性不强。

中国人的性格特点造就了具有自身文化意义的休闲体育方式，如琴棋书画、静坐修道、武术太极、养生及民间的各种神奇技能等，体现了中华文化的特点和中华民族爱好和平、追求和谐的禀赋。这种超越物质功利的休闲体育方式很好地展现了休闲最为核心和关键的人本特质——身心和谐、天人合一。

西方文化源于爱琴海的古希腊、古罗马。艰苦的农业环境使西方人必须从海洋中获取资源。在与大海的不断抗争和较量中，西方人养成了勇于冒险、自强不息的民族性格，造就了西方人较为外向、自由、开放的个性。

西方人的休闲方式往往与领土扩张和侵略战争有关，著名的奥林匹克运动会便由战争兴起。大型体育竞技、节庆活动、宗教盛事都伴随着部落的集体活动展开。西方的休闲体育活动追求感官的刺激，热情奔放，活动频繁，场面宏大。拳击、击剑等具有冒险性、刺激性的活动备受青睐，反映出海洋文化的休闲体育特征。

第三节　休闲体育项目分类

我们可以用不同的标准划分休闲体育。以活动的自然环境为标准，可以把休闲体育分为水上休闲体育、陆地休闲体育和空中休闲体育；以活动的领域为标准，可以把休闲体育分为室内休闲体育和户外休闲体育；以活动目的为标准，可以把休闲体育分为竞技类休闲体育、健身健美类休闲体育、冒险类休闲体育、娱乐类休闲体育；以活动时肢体的动静表现方式为标准，可以把休闲体育分为身体活动主导类休闲体育和心智活动主导类休闲体育；以体育运动项目的项群为标准，可以把休闲体育分为体能类休闲体育和技能类休闲体育。

有些项目既可以在室内运动又可以在户外运动；有些项目既有竞技的成分，又有健身健美的价值，还有冒险的特点和娱乐的作用；有些项目心智主导程度与身体主导程度难以区分；有些项目体能和技能并重。如何在遵循形式逻辑基本分类原则的基础上，更好地吸收各种分类的优点，构建休闲体育的类别体系，就目前的认识水平，我们更倾向于以自然环境为标准对休闲体育活动进行分类。

一、水上休闲体育活动

全世界水上运动的种类繁多，虽然许多项目我们并非耳熟能详，但它们吸引着世界各地的人们沉迷于此。水上休闲体育是各种与水有关的休闲体育运动的统称。依据水上休闲体育项目与水面的关系，又可分为水面下休闲体育项目、水面上休闲体育项目，以及混合两种状况的水中休闲体育项目三大类。水面下休闲体育项目是指活动的主体主要在水面下活动，如潜水、水下曲棍球、水下橄榄球、水下摄影；水面上休闲体育项目是指活动的主体主要在水面上活动，如冲浪板滑水、赤足滑水、独木舟、钓鱼、水上摩托车、风筝冲浪、水上拖伞、泛舟、划船、帆船、浅滩冲浪、立姿划板、激流泛舟、单板滑水、游艇等；水中休闲体育项目主要是指活动主体在活动的主要时间里一部分在水面上活动，另一部分在水面下活动，如游泳、铁人三项、现代五项、水上救生、水球、水上芭蕾、水中有氧运动、水中体操、跳水、同步跳水、水道滑水。

在这些水上休闲体育项目中，有些必须在人造水域中活动，有些必须在自然水域中活动，有些既可以在人造水域又可以在自然水域中活动。在人造水域中进行的水上休闲体育项目又可以分为室内水上休闲体育项目和户外水上休闲体育项目。室内水上休闲体育项目是指一切在屋檐下人造水域中进行的休闲体育活动；户外水上休闲体育项目是指一切在户外自然水域和人造水域中进行的休闲体育活动。需要说明的是，有些相同水上休闲体育活动项目既可在室内进行又可在户外进行。

二、陆地休闲体育活动

陆地休闲体育运动主要是指在地面进行的各类休闲体育活动。根据陆地休闲体育运动与地面质地的关系，又可分为冰上休闲体育项目、雪上休闲体育项目、山地休闲体育项目、丘陵休闲体育项目、沙地休闲体育项目、草地休闲体育项目、公路休闲体育项目、场地休闲体育项目等。冰上休闲体育项目是以自然冰地或人造冰场为依托开展的休闲体育活动，包括溜冰、冰上舞蹈、冰帆等。雪上休闲体育项目是以自然雪地或人造雪场为依托开展的休闲体育活动，包括滑雪、雪橇、高山滑雪等。山地休闲体育项目主要是依托山地资源开展的休闲体育活动，包括登山、攀岩、高山探险、高山速降、越野等。丘陵休闲体育项目主要是依托丘陵地带开展的休闲体育活动，包括狩猎、丛林探险等。沙地休闲体育项目主要是依托沙地开展的休闲体育活动，又可分为滨海沙滩休闲体育项目和沙漠休闲体育项目。滨海沙滩休闲体育项目有沙滩排球、沙滩足球等；沙漠休闲体育项目有滑沙、骑骆驼旅游、沙漠探险旅游等。草地休闲体育项目主要是依托草地、草原开展的休闲体育活动，主要包括高尔夫、骑马、刁羊、滑草、摔跤等。公路休闲体育项目是以人造道路为依托开展的休闲体育活动，一般可包括公路自行车、Fl赛车、摩托车、马拉松、竞走等。场地休闲体育项目是以人造场地为依托开展的休闲体育活动。室内场地休闲体育项目主要有乒乓球、羽毛球、台球、手球、体操、健美操、柔道、瑜伽等。值得一提的是，大多数心智类娱乐项目（如棋、牌、斯诺克等）都应该列入室内场地休闲体育项目。户外场地休闲体育项目主要有棒球、橄榄球、田径、射击、射箭、网球等。

三、空中休闲体育活动

空中休闲体育活动主要是指在大气层以内的、借助飞行器具离开地面或水面在空中进行的各类休闲体育活动。根据飞行器具的动力特征又可分为以生物能为主要动力而进行的空中休闲体育项目和以非生物能（机械能、电能等）为主要动力而进行的空中休闲体育项目。以生物能为主要动力而进行的空中休闲体育项目有滑翔伞、跳伞、蹦极等；以非生物能为主要动力而进行的空中休闲体育项目有热气球、动力滑翔、汽车飞越长城等。

由于这类项目危险性大，对器材要求高，参加此类项目的休闲体育爱好者一般具有较高的技能和专业素养。

第二章　休闲体育活动策划与管理

第一节　休闲体育活动策划概述

一、休闲体育活动策划的概念

策划是个人或者组织为实现一定的目的而制定的策略或者制订的计划。有效的策划需要进行系统、认真的市场调查，掌握策划主体所处的内部环境和外部环境，并在此基础上按照科学的方法和方式，为要完成的任务或者事情制订系统、周密、可行的行动方案。

活动策划指为实现特定活动的目标，在进行内外环境分析的基础上进行的活动策略或者计划，其最直接的表现为活动方案。

休闲体育活动策划是指为实现休闲体育活动特定的目标，在分析特定活动内外环境的基础上，经过策划而形成的休闲体育活动方案。

（一）休闲体育活动策划具有明确的目标

目标是一切活动得以进行的指向，对活动具有一定的统领性。策划的目标在于实现活动实施的目的，能够体现出活动的作用与价值。一般来讲，每一项活动的目标均具有独特性。休闲体育活动的目标具有一定难度，需要活动的组织者和参与者共同努力来实现。休闲体育活动的目标具有可控性，需要在活动的实施中进行合理的过程控制来实现。休闲体育活动的目标具有时效性，应保证活动结束时实现活动的目标。

（二）休闲体育活动策划的前瞻性

休闲体育活动策划是在对现实情况掌握的基础上对未来活动的预测性方案，具有一定的前瞻性。

（三）休闲体育活动策划的不确定性和风险性

休闲体育活动策划是对未进行的活动的筹划，具有一定的不确定性和风险性。在活动策划中对相关风险进行预测是策划的要点之一。例如，漂流活动中存在落水甚至溺水的风险，要提前做好预防措施。

（四）休闲体育活动策划的科学性

休闲体育活动策划是基于对活动实施的现实需求的分析进行的合理性筹划和相关活动策略的制定，具有科学性。

（五）休闲体育活动策划的创意性

休闲体育活动策划是一项创意性活动，凝聚了活动策划者的智慧和创新思维。创意性的活动策划需要以参与者或者消费者的心理特点为基础，创造出新的思路、参与形式、参与体验等。

（六）休闲体育活动策划的可操作性

休闲体育活动策划最终要通过实施来实现活动的目标。因此，休闲体育活动策划必须具有较强的可操作性。

二、休闲体育活动策划的意义

从商业角度来讲，休闲体育活动策划的主要目的之一是提高市场占有率，增加活动组织方的经济效益。一项具有创意性的休闲体育活动策划方案能够提升体育企业的知名度，产生良好的品牌效应。根据现代策划的理念，休闲体育活动策划应该遵循市场策划的整体思路，才能够实现体育企业总的目标。在竞争激烈的体育市场中，为了使自身体育产品和服务保持较强的竞争力与吸引力，需要定期进行活动的策划和创新。第一，休闲体育活动经过策划能够提升活动的气氛。休闲体育活动对参与者来讲具有多种功能，如提高身体素质、改善心理状态、社交、提高生活质量等。但这些功能只有通过有效的活动策划促进参与者积极参与其中才能实现。第二，保持企业的活力。任何体育企业的发展均离不开创新性的工作，体育企业须根据市场规律和企业发展规律开发出新的产品和服务。休闲体育活动的策划是重要的创新性工作，对体育企业的可持续发展而言是必不可少的。第三，吸引更多的参与者和消费者。作为体育市场的主体，体育企业存在的“生命线”是顾客或者会员的保有量。如何吸引更多的消费者是每一家体育企业必须重视的问题。优质的休闲体育活动策划可以吸引更多的参与者进行体育消费，活动策划的创新性、独特性应该给予足够重视。第四，增强活动参与者的体验感。休闲体育活动策划能够增强活动的体验感，带给参与者全新的感受。

三、休闲体育活动策划的任务

任何一项工作都有自身的任务界定。休闲体育活动策划的主要任务体现为以下四方面。

第一，为实现休闲体育活动目标和整体效果提供可行性路径。休闲体育活动必然有其目标和取得整体效果的诉求。如何实现活动的目标和整体效果？这要求通过策划寻求可行性路径。

第二，对整个活动的资源进行分类、整合、包装。休闲体育活动策划首先要做好对自身所拥有的资源（主要包括物质资源、人力资源、信息资源等）的分类、整合，这是进行活动策划的基础和条件。

第三，使休闲体育活动的影响力和体验感明显增强。合理的策划可精准定位目标人群，借助线上线下多元宣传渠道，扩大活动传播范围、提高活动知名度；在内容设计上，融入趣味挑战、主题赛事、互动游戏等元素，如设置亲子运动闯关、潮流运动体验区，增添活动趣味性。同时，优化场地布置、完善配套服务，提供专业指导与特色纪念品，从视觉、体验等多维度提升参与者感受，让休闲体育活动兼具吸引力与记忆点。

第四，使休闲体育活动产生社会效益和经济效益。社会效益是指最大限度地利用有限的资源满足社会上人们日益增长的物质文化需求。社会效益是相对于经济效益而言的，包括政治效益、思想文化效益、生态效益等。经济效益是在商品和劳动的交换中实现的社会劳动节约，其主要特征是耗费较少的劳动获取尽可能多的经营成果。休闲体育活动应该既要重视经济效益，又要重视社会效益。

四、休闲体育活动策划的原则

原则是说话或行事所依据的法则或标准，是做某件事或解决某个问题或在某个领域里不能离开的规定。休闲体育活动策划要保持正确的方向和路径必须遵循合理的原则。

（一）系统性原则

系统性原则也称整体性原则，它要求把策划工作视为一个系统。整个系统的发展有着共同的目标。为了实现目标，我们需要协调系统中各分系统的相互关系，使系统各部分产生合力作用。因此，在进行休闲体育活动策划时，我们应该具有全局性的视野，以整体目标来协调策划的各个部分，包括策划活动资源分析、制定目标、制订策划方案、制订方案实施计划等。

（二）创新性原则

创新是策划的灵魂和关键所在，缺乏创新必然会影响休闲体育活动的整体效果和参与者的体验感。休闲体育活动的创新可以从多个角度展开，包括活动主体、活动的场地设备、活动的规则、活动的内容等。

（三）适时性原则

不同时代人们的物质需求和精神需求不同，时代的变化会导致大众的物质需求和精神需求发生相应的变化。我国现阶段的主要矛盾是人民日益增长的美好生活需要和不平衡不充分的发展之间的矛盾，精神需求是最为突出的特征。现代休闲体育活动应该重视满足大众的精神需求。

（四）可行性原则

策划的方案必须切实可行，即从人力、物力、财力、科学技术能力诸方面来说，策划出的方案能够得到执行。如果休闲体育活动策划不考虑内外环境和现实条件，这样的策划方案显然是不可行的。一份休闲体育策划方案不能实施于行动中，是没有价值的、非科学的，没有任何实际意义。

第二节　休闲体育活动策划整体思路与流程

策划是一项系统性很强的工作，需要依据具体的休闲体育项目的特点和实施规律，并按照合理的流程进行。休闲体育活动策划需要按照步骤安排好每一步做什么工作，每一步骤必须符合事物发展的规律。

一、休闲体育活动策划的整体思路

休闲体育活动策划整体思路包括以下方面。

第一，为休闲体育活动确定合适的名称。休闲体育活动的名称是活动性质、特点的重要标志。现代休闲体育活动的名称往往是活动的亮点、关键点。休闲体育活动的名称需要从活动的背景、特点、参与者动机、市场需求等方面综合考虑。常用的命名方法有谐音法、指代法、嫁接法等。

第二，形成报告，并报领导审批。成功的休闲体育活动策划报告有清晰的主题，报告中的方案具有较强的可操作性，突出活动的重要意义。领导的审批和支持对于活动的实施有着重要的保障作用。负责人需要做好准备工作，利用合适的时机由领导对活动进行批示、提出建议。

第三，形成组织机构。休闲体育活动的实施需要成立组织机构，并确定各个工作岗位的职责与职权，即责任与权力对等。比如，活动的负责人承担整个部门管理的职责，应该具有考核权、奖惩权、人事权等。活动组织应以事为中心，因事设岗，因岗设人。

第四，形成活动的总体框架。休闲体育活动实施之前应该有基本的活动框架，就像盖高楼一样，需要有设计图纸，这样有利于活动保持一定的规范性。

第五，制订活动方案、明确实施的注意事项。每一项活动方案的实施涉及多种因素，休闲体育活动方案的实施应该明确时间、场地、管理等注意事项。

第六，经费来源。经费是休闲体育活动举办的重要保障性条件，需要提前确定经费的来源和到位情况。

第七，工作督导。休闲体育活动需要确定活动监督（如活动质量的监督、风险的监督等）的人员、职责、细则，保障活动按照计划顺利进行。

二、休闲体育活动策划的流程

（一）休闲体育活动策划的准备阶段

休闲体育活动策划需要做好前期准备工作，需要对休闲体育活动策划的内部条件、外部环境等信息进行梳理和总结。

1.休闲体育活动策划的资源分析

休闲体育活动策划是在一定的自然资源、社会资源、文化资源等基础上展开的。对休闲体育活动策划的资源分析可以确定特定的休闲体育活动策划拥有的优势资源，确定所要策划的休闲体育活动的切入点和路径。例如，张家口冰雪资源有利于策划冰雪休闲体育活动。

2. 休闲体育活动策划的市场背景

休闲体育活动策划总要面对特定的消费者和参与者，需要了解消费对象的职业、收入、消费动机以及市场规模、市场竞争等状况。

3. 休闲体育活动的物质基础和社会环境

休闲体育活动策划需要一定的物质基础，分析其物质基础有利于进行切实可行的策划。休闲体育活动策划要重视一定的社会环境，例如，疫情严重时很多户外体育活动不提倡开展。因此，我们对特殊的社会环境要有正确的认识和心理准备。

4. 休闲体育活动策划的时空特点分析

休闲体育活动总是处在一定时空中，我们有必要分析休闲体育活动策划的季节、时间长短、空间特点等要素，同时还要分析在一段时间内和一定空间中是否有同类活动在竞争，以便使休闲体育活动策划具有独特性和较强的竞争力。

（二）休闲体育活动主题策划与确定

休闲体育活动的主题是对活动的高度概括，是休闲体育活动策划的关键环节。我们要在分析内外部条件的基础上，根据活动的目的和宗旨确定活动主题的大致方向。例如，进行团队建设的户外拓展活动，应该围绕团队建设拟定活动主题。主题策划的途径主要包括内部推荐、社会大众征集。我们也可以咨询专家，借鉴专家的意见确定主题。确定的主题要立意高远、主题鲜明，具有明显的唯一性和独特性。

（三）休闲体育活动内容策划

依据目标统领内容的逻辑，休闲体育活动内容要根据活动的目标及活动参与者（特别是消费对象）的特点进行确定。休闲体育活动内容涉及标志物、吉祥物、地点、时间、工作人员职责、项目内容、活动过程划分等。在休闲体育活动内容策划的过程中，我们还应该确定内容展现的方式，如竞赛方式、交流方式、展演方式等。

（四）休闲体育活动策划的实施

休闲体育活动策划的实施需要确定与落实涉及岗位的工作人员和管理人员，明确不同人员的职责。制订活动的进度计划，协调活动的人力、物力、财力等要素。为了安全，休闲体育活动策划要考虑到应急预案和相关人员的组织及培训。

（五）休闲体育活动评估

我们要从经济效益、社会效益两个维度评估活动的效果和活动各个环节的成败得失，总结经验、吸取教训，为了更好地进行休闲体育活动策划打下基础。

第三节　休闲体育活动宣传与推广策略

休闲体育活动策划完成后，下一个环节是活动的宣传与推广。为了达到理想的效果，宣传与推广必须讲究一定的策略。休闲体育活动宣传策略是举办与活动相关、能够展示活动特点、吸引参与者的活动。休闲体育活动宣传策略不同于一般的社会活动，具有明显的策划特点。

一、休闲体育活动宣传策略的要求

第一，具有鲜明的主题。鲜明的休闲体育活动主题是活动的灵魂，使活动呈现出鲜明的特色。休闲体育活动主题可以从体育精神、体育文化、体育品牌、体育科技、体育赛事等方面进行定位。

第二，具有娱乐性特点。休闲体育活动具有愉悦身心的娱乐性特点。因此，休闲体育活动宣传策略应该激发大众的好奇心，应该避免过度商业化而引起大众的反感。追求快乐是每个人的心理特点，活动宣传具有娱乐性，对激发大众的参与动机具有积极的影响。

第三，具有较高的文化性。随着大众教育程度的提高，大众对休闲体育活动的要求越来越高，特别是活动的文化品位。这就要求休闲体育活动宣传策略要重视活动的主题思想、活动现场布置与氛围、活动环节的特点等。

第四，动机激励。休闲体育活动宣传策略的目的是扩大活动的影响力、激发公众参与的动机。激发公众参与的动机可以通过优惠活动、赠送礼品等方式实现。

第五，活动宣传策略应该重视情景化。休闲体育活动宣传要引起轰动效应，必须营造良好的氛围，宣传活动要具有情节性，富有感染力和吸引力。

第六，休闲体育活动宣传策略具有心理特征。通过活动宣传吸引大众现场参与活动还不够，还需要通过活动使大众产生良好的心理体验，提升对活动的认可度。同时应该注意，在活动宣传中避免引起争议的话题。

第七，休闲体育活动宣传应该选择适当的时机。活动的宣传时机选择关系到宣传的效果，一般选在节假日等，因为此时大众具有闲暇时间。例如，青少年游泳活动宣传应该在放假前进行，为其假期参加活动做好预热准备。

第八，活动宣传系列化。休闲体育企业进行活动宣传，活动与活动之间应该具有一定关联性，通过持续的积累产生一定的品牌效应，从而吸引更多公众参与活动。

二、休闲体育活动推广

（一）休闲体育活动推广的要素

休闲体育活动推广是体育企业整合自身的资源，以创意性的活动为平台吸引大众的关注。在信息化社会，借助多种媒体进行活动推广务必得到重视。媒体报道可以更广泛地引起关注，提升企业的形象。以下是休闲体育活动推广的要素。

第一，休闲体育活动推广须有明确的意义和目的。

第二，确定休闲体育活动推广的原则，把握活动的正确方向和框架。

第三，重视推广活动方案的可操作性，保证活动有序进行。

第四，确定组织机构，进行有效分工。

第五，重视现代媒介宣传，扩大活动影响力。

第六，安排好活动的现场执行和控制，协调各种要素，顺利完成活动。

第七，做好预算，确保资金来源。

（二）休闲体育活动推广的时机

第一，休闲体育活动参与的人群规模不大时，需要及时进行活动推广，通过推广稳定客户的保有量，保证一定的经济收益。

第二，新的休闲体育活动策划完成时需要进入市场，推广是必要的。

第三，所在的区域不止一家体育企业，并且存在激烈的竞争，在此背景下必须进行活动推广。

第四，所在区域竞争对手进行活动推广时，为了保证一定的竞争力，需要进行活动推广。

（三）休闲体育活动推广的类型

1. 庆典仪式类活动

庆典仪式类活动要具有一定的高度。比如，店庆类活动应邀请具有一定社会影响力的机构、团体、个人参加。重要人士致辞、介绍活动情况具有一定的权威性，能够扩大活动的影响力。

2. 社会公益活动

通过社会公益活动，体育企业可以实现社会效益。体育企业从事公益活动有利于塑造良好的企业形象，赢得消费者的信任。

3. 社区类活动

休闲体育活动推广进社区可以增强社区的文化内涵。在与社区管理机构沟通并取得支持的基础上，在社区进行活动推广间接强化了消费者进一步消费的动机。

4. 促销类活动

以“让利于消费者”的手段可以扩大消费人群。促销类活动要有针对性的方案，通过促销获得长期利益。

5. 教育成长类活动

教育成长类休闲体育活动（如户外探险、体育旅游等活动）具有特定的教育作用，能够提高人的身心素质。

6. 时势类活动

善用时势环境，进行休闲体育活动推广，实现了外在动力的利用。例如，8月8日全民健身日是一个进行休闲体育活动推广的有利时机。

第四节　休闲体育活动管理概述

一、休闲体育活动管理的概念与特点

为了实现休闲体育活动的目标，达到效果最大化，我们有必要对休闲体育活动进行管理。休闲体育活动管理是活动的实施者整合人力、财力、物力、时间、信息等资源，对休闲体育活动实施的决策、计划、组织、领导、控制、创新等职能。广义的休闲体育活动管理不仅包括活动本身的计划、组织、控制等活动过程，还包括行政管理法律法规等内容；狭义的休闲体育活动管理主要指休闲体育活动本身的管理过程。

休闲体育活动管理有着自身明显的特点。第一，休闲体育活动管理要重视对管理对象的引导，避免强制性的管理。这与管理对象的自由性有着密切关系。第二，休闲体育活动的环境比较特殊。休闲体育活动在户外（如山中、水中、森林等）实施时，要做好活动的安全管理和组织。第三，休闲体育活动管理要实现提升参与者的体验性。休闲体育活动参与者的目的是愉悦身心、消除疲劳。通过活动管理，活动组织者要采取有效措施提升参与者的体验性。

二、休闲体育活动管理的目标与实现路径

（一）休闲体育活动管理的目标

1. 提高大众的生活质量

休闲体育已经成为现代人生活的重要内容，休闲体育活动管理可以为参与者提供高质量的服务。有效的管理有利于更多人体验优质的休闲体育活动，使参与者感受休闲的快乐、生活的美好。

2. 提高活动的安全性

通过休闲体育活动管理，活动组织者必须识别活动中的风险因素，预防风险和控制风险，保证参与者在活动中的安全性。

3. 促进休闲体育消费

我国休闲体育消费以实物型消费为主，大众参与体育活动的消费比例还不高。现阶段我国正在大力发展体育产业，促进大众休闲体育消费需要得到重视。强化休闲体育管理能够促进休闲体育消费。

（二）休闲体育活动管理目标的实现路径

1. 实施针对性的管理

休闲体育活动多种多样，参与人群的年龄、性别等均有差异。由于多样性的特点，休闲体育活动管理必须针对特定的项目、特定的人群实施有针对性的管理策略。例如，户外探险活动重点要做好安全管理，并保证体验探险的乐趣。

2. 利用多种途径进行宣传

休闲体育活动是在业余时间举办的，能够起到放松身心、修身养性的积极作用。有效的宣传有利于更多人参与活动。在此基础上，对活动进行有效管理有利于更多人

体验休闲体育的娱乐性。

3. 管理要起到激发大众兴趣的作用

参与者在休闲体育活动中有较深的体验，该活动才能有回头客，吸引更多人参与。进行休闲体育活动管理要能够激发参与者的兴趣，加强活动的策划和组织。

4. 成立有效的管理组织机构

管理中发挥关键作用的是人。成立高水平的休闲体育活动管理组织机构是实施有效管理的重要环节。这需要选择合适的管理者和组织成员，并赋予相关岗位相应的管理权限与职责。

第五节　休闲体育活动管理的内容

休闲体育活动管理主要包括九个方面的内容：整体管理、范围管理、时间管理、费用管理、质量管理、人力资源管理、沟通管理、风险管理、采购管理。

一、休闲体育活动的整体管理

休闲体育活动的整体管理需要站在全局的高度，规划、组织、协调活动涉及的人员、财物等各种资源。休闲体育活动的整体管理首先要考虑活动是否要向相关部门申报。在公开场所举办的大型活动需要根据相关规定进行活动的申请，待有关部门批准后才能进行活动的相关工作。休闲体育活动的整体管理需要制定相关的章程，要对活动进行说明，明确活动的内容、范围。在此基础上，休闲体育活动要制订整体活动计划。为了保证活动顺利进行，要对休闲体育活动计划的实施进行整体监督。活动计划若有变更，活动组织者要及时对相关环节进行控制和协调，并做好活动的收尾工作。

二、休闲体育活动的范围管理

休闲体育活动的范围是指活动包括什么不包括什么，并制定总体的范围管理目标。有效的范围管理需要将活动进行分解，形成具有结构化的任务体系，这样更有利于范围管理的实施。当休闲体育活动的范围发生变更时，活动组织者应该进行有效的控制和协调。

三、休闲体育活动的时间管理

休闲体育活动的时间管理要遵循以下步骤：第一步，明确活动的任务，对整体任务进行合理分解；第二步，对分解的休闲体育活动任务进行排序和时间分配；第三步，估算在计划时间内完成任务需要何种资源，需要多少资源；第四步，制定休闲体育活动时间管理进度表；第五步，对休闲体育活动时间进行控制。

四、休闲体育活动的费用管理

休闲体育活动的举办需要一定的经费作为保障。休闲体育活动费用管理主要包括费用预算和费用控制两个环节。休闲体育活动费用预算是指为费用支出做的预算，一般根据活动的策划和目标制定费用执行程序。费用控制是在活动进展过程中对计划费用和实际费用进行比较，发现偏差，分析偏差产生的原因，及时采取纠偏措施。费用控制在实操中一般有事前控制、事中控制和事后控制等，分别对应费用发生前、发生过程中、发生后的各个流程。

五、休闲体育活动的质量管理

活动质量管理是在质量方面对活动进行组织协调和控制。休闲体育活动的质量管理围绕活动的全过程和各个要素进行质量控制，通过质量管理目标的制定和实施，提供符合顾客和其他相关方要求的休闲体育活动服务。休闲体育活动的质量管理主要包括制定质量管理目标、制订质量管理计划、实施质量控制、进行质量改进。休闲体育活动的质量管理是一种循环活动，是一个周而复始、不断进步的过程，保证了活动的高质量运行。

六、休闲体育活动的人力资源管理

休闲体育活动的人力资源管理包括以下四个过程。一是休闲体育活动的人力资源规划。二是组建项目团队。三是建设好团队。提高团队成员的工作能力，促进团队成员互动，改善团队整体氛围，以提高项目绩效。四是管理项目团队。考核团队成员的工作表现，并提供有效的反馈，提高休闲体育活动团队的工作效率。

七、休闲体育活动的沟通管理

沟通是休闲体育活动管理中的重要内容。实施沟通管理包括以下步骤。第一步，要确定休闲体育活动中可能会出现的问题，根据问题进一步确定相关人员对信息的需求特征。第二步，及时将有效的信息通过合适的途径传递给休闲体育活动参与人员或者信息需求者。第三步，对信息的传递和沟通进行管理，保证相关人员得到有效信息。

八、休闲体育活动的风险管理

休闲体育活动的风险管理是识别活动风险、分析活动风险、采取风险应对措施的活动，其本质是将休闲体育活动的积极因素最大化、有效控制消极因素及产生的消极影响。休闲体育活动的风险管理主要包括以下几个部分。一是识别风险。找出休闲体育活动实施过程中的风险点。二是对风险进行量化。评估风险程度和影响范围。三是制定风险对策。根据风险的特点确定风险控制的策略。四是实施风险对策。对产生的风险实施相应对策。

九、休闲体育活动的采购管理

为了保证一定的物质资源，休闲体育活动需要进行采购管理。采购管理包括采购规划、发包规划、选择卖方、合同管理、合同收尾。

第六节　休闲体育活动管理的实施

休闲体育活动管理的实施是一个包括休闲体育活动的启动、规划、执行、监控、收尾五个环节的行动过程。这五个环节相互作用、相互影响，共同指向休闲体育活动目标的实现。

一、休闲体育活动的启动

休闲体育活动的启动是活动的开端，包括制定活动目标、活动定位、可行性评估三方面内容。第一，制定活动目标。目标对休闲体育活动起着统领和导向作用。制定活动目标需要对客户（参与者）、活动主办方、社会、其他利益相关人员进行综合考虑，并思考要举办什么性质的活动、达到的目的、谁将获益、如何获益等问题。第二，活动定位。活动定位需要根据目标确定活动的内容和特点，还需要明确活动面临的内外因素，特别是活动面临的竞争态势。在此基础上，确定休闲体育活动的规模、运作方式、时间与地点、场地与设备等要素。这一环节必须重视参与者的体验性。第三，可行性评估。休闲体育活动的可行性是指休闲体育活动能否顺利执行和实现活动目标。休闲体育活动的可行性评估的内容包括确定活动完成需要的时间、活动实施需要的人员、物质资源、场地、活动的工作人员和管理人员的能力素质、活动结束后资源利用的可持续性。

二、休闲体育活动的规划

休闲体育活动的规划包括整体管理规划、范围管理规划、时间管理规划、风险管理规划、成本管理规划、质量管理规划、人力资源管理规划、沟通管理规划、采购管理规划。

三、休闲体育活动的执行

休闲体育活动的执行是指通过协调人、财、物等资源，完成活动计划中的各项工作任务。休闲体育活动的执行涉及对活动的指导、质量保障、组建团队、发布活动信息、接受活动咨询和询价等。

四、休闲体育活动的监控

休闲体育活动的监控是在活动执行过程中识别存在的问题，并及时采取措施，保证活动顺利进行。

（一）活动整体变更监控

为了保证活动按计划执行，要对活动的整体变更进行控制。如果活动变更已经发生，要及时调整各个环节的细节。

（二）活动范围控制

休闲体育活动范围控制是指活动的目标、思路等发生变化，要对相关影响因素进行控制，保证休闲体育活动向着正确的方向进行并产生良好的结果。

（三）活动进度控制

休闲体育活动各项任务的进展关系到活动整体的推进和总目标的实现。因此，对休闲体育活动各项任务的监督、检查、反馈、推进等工作需要得到落实，这便是休闲体育活动的进度控制。

（四）活动费用控制

休闲体育活动需要一定的费用，在活动的策划阶段需要对费用进行预算。活动费用审批之后应该按照费用计划使用费用，需要对费用超过基准进行控制，即使费用超支也应该控制在合理的范围之内。

（五）质量控制

休闲体育活动的各项任务和各个环节必须达到一定的质量标准才能实现活动的目标。因此，要针对休闲体育活动的各个工作环节制定相关质量标准，按照标准进行工作质量控制。

（六）团队管理

团队成员及其工作的质量和成效是休闲体育活动实施的关键因素。在休闲体育活动实施中要对团队成员进行绩效检查、考核，以便进行工作评估和反馈。此外，休闲体育活动团队管理还要重视冲突和问题的处理，协调各种因素，提高团队的工作效率。

（七）沟通管理监控

沟通管理包括两大方面内容：其一是搜集活动的绩效信息，以便对活动进行评估和反馈；其二是与利益关系相关方进行沟通，共同协调和解决活动中存在的问题。

（八）风险控制

不同的休闲体育活动蕴含不同的风险。在休闲体育活动管理中，活动管理者要能够识别风险、监测风险、制定应对措施、应对风险。

（九）采购监控

采购监控是对休闲体育活动所需物品和服务的发包、询价、供应商、合同等进行监管，保证以合理的价格购买合适的物品或者服务。

五、休闲体育活动的收尾

休闲体育活动的收尾是指结束活动的各个环节，并将活动的结果交予相关人员，主要包括行政收尾、合同收尾、确定活动成果、组织资产更新，并完成对活动的评估，通过评估为参加者提供反馈，对活动的组织服务进行分析。可以在休闲体育活动前、中、后通过会议、访谈、问卷等形式完成信息收集和评价。

第三章　有氧运动

第一节　有氧运动概述

有氧运动指由人体大肌肉群参加的中等强度的体育活动。从能量供应的角度来说，有氧运动是指人体在充分供氧的情况下进行的体育锻炼。有氧运动的基本要求如下：第一，每次运动必须达到一定的时间；第二，各年龄段的运动者在有氧运动时必须达到一定的强度，通常用心率来控制运动强度；第三，每周的有氧运动必须坚持一定次数。

一、有氧运动的发展

最初，长跑是为了健康和减肥。20世纪80年代中期，室内有氧操和功率自行车等器械运动开始流行，满足了那些锻炼时间和场所有限、害怕运动的人群。到了80年代后期，运动生理学家建议在进行有氧运动的同时增加力量训练，因为它可同时改善心血管健康、控制体脂、提高肌肉总量及骨密度。

二、有氧运动项目

具有代表性的有氧运动包括慢跑、快步走、游泳、健身操、登山、越野行走、跳绳、各种球类运动等。下面介绍几种健身俱乐部具有代表性的有氧健身项目。

（一）有氧健身操

有氧健身操是最传统的健身操，是人们健身减肥最基础的一项有氧运动，动作简单、基础，节奏感强，运动强度较大。

主要目的：提高身体协调性，促进身体有氧代谢。

适宜人群：因其运动强度较大，较适宜减肥人群。

注意事项：许多人认为运动强度大，减肥效果才会明显。但实际上，由于无法长期保持这一强度的训练，大多数人停练后会导致好不容易减下去的体重反弹，且易生成硬性肌肉块。所以，选择中低强度的有氧健身操，才可能有效地保持减肥效果。

（二）形体训练

为了塑造优美的体态，培养高雅的气质，我们通过舒展优美的舞蹈基础练习（以芭蕾为基础），结合经典音乐以及各个民族的舞蹈进行综合训练。

主要目的：塑造优美的体态，培养高雅的气质，纠正生活中不正确的姿态，改善肥胖、胸部不挺括、臀部下坠、颈部错位等形体缺陷。可以说，它是所有运动项目的基础。

适宜人群：适合的人群比较广泛，尤其适合女性。

（三）跆搏健身操

欧美健身的新热点跆搏（Tae-Bo）是健身房里的一项运动，是由跆拳道和拳击两种运动组合而成的。上肢动作主要参考了拳击的动作特点，腿部动作则以跆拳道的腿法为基本动作。它是一项在节奏强劲的音乐伴奏下，集舞蹈、拳击、跆拳道、空手道、韵律操于一体的运动。

主要目的：促进身体柔韧性及肌肉力量的增强，防身健体。

适宜人群：一般男女都适宜。

（四）拉丁健身操

拉丁健身操是一种在拉丁舞和健美操的基础上创编而成的新颖健身操。它把伦巴、桑巴、斗牛、牛仔、恰恰等拉丁舞的基本舞步与优美的健美操动作科学、巧妙地结合起来，具有浓郁的异国情调，动作优美，热情奔放。

主要目的：锻炼腰部和髋部，使大腿内侧得到充分锻炼。

适宜人群：拉丁有氧健身操热情奔放，节奏明显，更适合年轻人；因它侧重于腰部和髋部的锻炼，所以更适合需要腰、腹、髋局部减肥的人群。

（五）健身球操

1963年，健身球在瑞士出现，当时只是一种康复医疗器材。现在健身球操不仅是一种理疗方法，还成为一项新兴的体育健身运动。

主要目的：减腹、瘦腿，使身体各部分的线条更加优美。

适宜人群：适合所有人（包括需要康复治疗的人）。

（六）街舞

街舞起源于美国街边轻松自由的黑人舞蹈，因为其独特的Hip-Hop风格和无法抗拒的强大魅力，成为街舞健身的主流。街舞拥有爽利的舞姿和多变的动作，具有娱乐和锻炼身体的功效。

主要目的：提升人的表现力，释放人的情绪，增强人的协调性。

适宜人群：因为它节奏感强，非常有个性、时尚，比较适合年轻人。

（七）瑜伽

瑜伽起源于印度，是现代人修身养性的最佳方式，是世界公认的健身美体术。它通过呼吸和伸展的方法调节人的情绪。

主要目的：消除紧张，缓解压力，使人的精神与身体进入纯净的境界，塑造完美体态，焕发生命潜能，减肥，改善睡眠。

适宜人群：适合各个年龄层的人练习。

（八）踏板操

踏板操作为健身操的一种形式在国际上日益成为时尚的减肥方法。踏板操是一种有氧健身操，是在供氧充足的状态下进行的、长时间的、中低强度的练习。

主要目的：减脂，使肌肉线条更优美，有效地解决臀部下垂问题。

适宜人群：踏板操节奏快、强度较大，适宜40岁以下的人群进行锻炼。

（九）舍宾

舍宾是英文SHAPING的音译，其含义就是形体塑造或雕塑。因此，舍宾运动是女性形体的塑造过程。首先，由电脑测评系统对健身者的体形进行全面的测评，得出一个客观科学的评价。其次，再将健身者的资料与SHAPING标准数据库模型进行比较，找出差距。最后，制订出一套完全针对健身者个人形体的方案并进行训练。

主要目的：修塑肌肉线条，雕塑体形。

适宜人群：对形体塑造要求较高的女性。

（十）动感单车

动感单车是一种崭新的有氧运动，是运用特别设计的健身单车，选择性地调校阻力及座位位置，而模拟出平路、山路、比赛等各种路况效果，配合不同的背景音乐，通过每次45分钟的训练，有效消耗卡路里，达到消脂纤体的效果。

主要目的：在动感节奏中，利用健身单车提升有氧运动强度。

适宜人群：有活力的年轻人。

（十一）有氧柔水操

有氧柔水操是一种在轻柔的音乐伴奏下，在齐腰或齐胸的水中进行的有氧运动。健身者可以根据自己的身高选择不同的位置。水位越深，做动作时难度越大，健身者一定要根据自己的身体情况选择动作的难度。一个人在水中运动20分钟所消耗的热量，相当于同样强度在陆地运动一个多小时消耗的热量。

主要目的：提升有氧操动作强度，提升有氧健身效果。

适宜人群：适合喜欢在水中锻炼的人练习。

三、有氧运动的好处

有氧运动是指人体在氧气充分供应的情况下进行的体育锻炼，其运动时间较长（约15分钟或以上），运动强度在中等或中上的程度（最大心率值的60%—80%）。有氧运动具有诸多好处，具体如下。

（一）对心血管系统的益处

第一，增强心脏功能。有氧运动能使心脏肌肉变得更强壮，使心脏每次跳动时泵出的血液量增加，从而减轻心脏在日常活动中的负担。长期坚持，可降低静息心率，使心脏有更多休息时间。

第二，改善血液循环。有氧运动能使血管扩张，降低血液黏稠度，减少血栓形成的风险，确保身体各组织器官能获得充足的氧气和营养物质供应。

第三，降低心血管疾病风险。有氧运动有助于调节血脂，降低胆固醇和甘油三酯水平，同时提高高密度脂蛋白含量，有助于预防动脉粥样硬化，进而降低冠心病、心肌梗死和脑卒中（俗称中风）等心血管疾病的发生概率。

（二）对呼吸系统的益处

第一，提高肺活量。有氧运动过程中，呼吸频率加快、呼吸深度加深，这对肺部是一种有效的锻炼，能使肺泡充分扩张和收缩，增加肺部的通气量，增强气体交换能力，从而提高肺活量。

第二，增强呼吸肌力量。经常进行有氧运动可以锻炼呼吸肌，如膈肌和肋间肌，使其力量增强、呼吸效率提升，让人在日常活动中不易感到气喘吁吁。

（三）对代谢系统的益处

第一，促进新陈代谢。有氧运动能加快身体的能量消耗，提高基础代谢率，即使在休息时也能消耗更多热量，有助于维持健康体重或帮助减肥。

第二，稳定血糖水平。有氧运动可以提高身体对胰岛素的敏感性，使细胞更容易摄取和利用葡萄糖，从而有效控制血糖水平，对预防和控制糖尿病具有重要意义。

（四）对肌肉骨骼系统的益处

第一，增强肌肉耐力。有氧运动主要依靠肌肉的持续收缩来完成。在这个过程中，肌肉纤维得到锻炼和强化，耐力逐渐提升，使人们在进行日常活动时更轻松持久。

第二，维持骨骼健康。一些有氧运动，如跑步、跳绳等，对骨骼施加一定的压力，可刺激骨细胞的生长和发育，增加骨密度，预防骨质疏松症的发生。

（五）对心理健康的好处

第一，减轻压力和缓解焦虑。在进行有氧运动时，身体会分泌内啡肽等神经递质，这些物质具有天然的抗抑郁和镇静作用，能帮助人们放松身心、缓解紧张情绪、减轻压力、减少焦虑感。

第二，改善睡眠质量。规律的有氧运动可以调节生物钟，使人更容易进入深度睡眠状态，提高睡眠质量，让人在白天保持良好的精神状态。

第三，增强自信心和自我认同感。通过坚持有氧运动并取得一定的健身效果，如体重减轻、体能增强等，人们会对自己的身体能力和形象更加满意，从而增强自信心和自我认同感。

四、有氧运动强度的控制

一般来说，有氧运动的强度必须达到最大心率的75%以上。我们可以通过自我身体感觉法控制运动强度，从“很轻松”“比较轻松”逐步过渡到“有点儿累”“比较累”乃至“很累”的感觉。活动中感到“有点儿累”的强度实际上已经达到有氧运动强度的要求。此时，正常人的运动心率为最大心率的70%—75%。

我们还可以通过谈话试验控制运动强度。谈话试验是指进行有氧运动时，锻炼强度如果适中，锻炼者还能与身边的同伴进行交谈。

五、有氧运动时间和频率的控制

有氧运动的最低要求是：每天持续运动的时间不能少于30分钟，每周运动次数不能少于3次。我们只有达到这样的运动时间和频率，才能有效提高耐力素质。每周少于3次，每次少于30分钟的运动很难提高人的耐力素质。

六、运动疲劳的判断

基础心率比平时增加5—10次，可认为有疲劳的现象。如果连续几天基础心率都在增加，应该调整运动负荷，但必须排除惊吓、噩梦、失眠等因素的影响。

如果在运动后感觉不适、疲倦或运动后15分钟心率仍未恢复到安静状态，即为运动量偏大，应及时加以调整。

一般情况下，如果在定量负荷情况下，运动时的心率增加，表明身体机能状态不佳。如进行30秒20次深蹲的定量负荷运动，一般心率可在运动后3分钟内恢复到运动前水平。疲劳时恢复时间延长。

七、有氧健身的损伤与预防

健身是为了健康，但不正确的锻炼方法造成运动损伤就不值得了。因此，我们必须了解一些运动损伤产生的原因和预防措施。参加有氧运动，首先要了解自己是否有不适合有氧运动的家族病（如心脏疾病、哮喘等），并了解自己的身体健康情况。有心脏病或其他因参加有氧运动会使病情加重的人，应该先治病或参加康复锻炼，之后才能参加有氧运动。但是，所有伤害都是可以预防的。防止伤害发生的最佳方法就是在训练中严格按照以下方法运动。

第一，充分热身。运动前进行5—10分钟的热身，如慢跑、动态拉伸等，可以帮助身体进入运动状态。

第二，选择合适的运动鞋。穿着合适的运动鞋可以提供足够的支撑和缓冲，减少关节压力。

第三，保持正确姿势。注意运动时的姿势，避免因错误姿势导致的损伤。

第四，逐步增加强度。初学者应从低强度运动开始，逐步增加运动强度和时间，避免突然加大负荷。

第五，加强核心肌群训练。通过核心肌群训练，我们可以增强腰腹部力量，减少腰部受伤风险。

第六，合理安排休息。避免连续高强度训练，确保肌肉有足够的时间恢复。

第七，运动后拉伸。运动后进行静态拉伸可以帮助肌肉放松，减少肌肉紧张和酸痛。

第八，倾听身体信号。如感到疼痛或不适，应立即停止运动，避免进一步损伤。

第二节　有氧健身——形体训练

形体训练是操舞的基础训练内容和提高学生专项身体素质的手段，是增强舞蹈美感的有效途径。它不仅可以纠正身体姿态、塑造优美的体形、提升气质和鉴赏能力，还可以培养学生学习舞蹈的兴趣，提高学生学习舞蹈所需的专项身体素质。形体训练首先要抓学生全身各关节的柔韧性、灵活性和身体各部位基本姿态的规范训练，并通过各种走、跑、舞步、摆动、绕环、屈伸、弹性、波浪、旋转、跳跃及组合动作等的练习，掌握身体各部位协调运动的方法，培养学生优美的姿态，使肌肉得到均衡发展，有效改善关节的灵活性，增强动作的协调性、节奏感，控制身体平衡能力。学生只有具备以上训练基础，才有可能使动作达到优美、舒展、协调（见图3-1、图3-2）。

图3-1　一位脚

图3-2　三位手

一、形体训练基本动作

（一）站姿动作要领

1. 以一位脚站立，即两脚跟相对，脚尖向外侧展开，双脚尽量呈“一”字形。
2. 膝盖绷直，腿部内侧肌肉收紧。
3. 背部挺直，腹部收紧，不要刻意挺胸，而是感觉整个躯干向上提。
4. 双肩下沉打开，肩胛骨夹紧。
5. 双臂下沉置于身前，肘部轻轻弯曲，双手手臂内侧相对。
6. 抬头正视前方，拉长颈部线条，保持呼吸平稳。

（二）七种基本手位

手的形态：大拇指尖不必碰到中指的指根处，朝向手心即可。

一位手：手自然下垂，胳膊肘和手腕处稍圆一些。手臂与手呈椭圆形，放在身体的前面，手的中指相对，并留有一拳距离。

二位手：手保持椭圆形，抬到胸腹横膈膜的高度（上半身的中部，腰以上，胸以下的位置）。在运动过程中，要注意保持肘关节和手指这两个支撑点的稳定。

三位手：在二位手的基础上继续上抬，放在额头前上方，不要过分向后摆。三位手就像是把头放在椭圆形的框子里。

四位手：左手不动，右手切回到二位手，组成四位手。它已是舞姿了。

五位手：左手不动，右手保持弯度，呈半圆形。从手指尖开始慢慢向旁打开。在此过程中，肘关节和手指两个支撑点要保持在一个水平面上。手要放在身体的前面一点，不要过分向后打开，起到延续双肩线条的作用。

六位手：右手不动，左手从三位手切回到二位手，组成六位手，形成舞姿。双臂自然下垂，肘关节和手腕处稍圆一些。

七位手：右手不动，左手打开到旁边，双手相同地放在身体的两侧。

结束时，双手从七位手（手心朝前）画一个小半圈，手心朝下，向两边伸展后，肘关节先弯曲下垂，逐渐收回到一位手。

二、形体训练动作组合

（一）组合一

1. 第一个八拍

1—4拍：右脚向前擦地，两手臂向前抬平，手心向下，收回后右脚向右出脚，两手臂向两侧平举。

5—8拍：右脚向前擦地，两手臂向前抬平，手心向下，收回后右脚向右出脚，两手臂向两侧平举。

2. 第二个八拍

1—4拍：右脚脚背点地，双手经过胸前，在两肩的斜上方打开，右臂向右侧打开，右脚向右侧跨出，重心在右脚。

5—8拍：右脚退回，向后撩腿，手臂从后向前划，向前吸腿，手臂从前向后划。

3. 第三个八拍

1—4拍：右跨一步，手臂向上水平打开，由手臂带动身体向下俯身。

5—8拍：由腰带动身体从右向左转动，转到8点位置，双臂水平打开，出右脚。

4. 第四个八拍

1—4拍：进行右腿的前后摆动，1向后，2向前，3向后，4向前。

5—8拍：5向后，6向前，7向后，8将腿向腹部收回，控住。

1—2落右脚，蹲住，3—4向左转，转到2点钟位置。

（二）组合二

1. 第五个八拍

1—4拍：落右脚，蹲住，向左转，转到2点钟位置，向后撤。

5—8拍：向右跨一步，身体从右向左画圆后，立直身体。

2. 第六个八拍

1—4拍：向后撤两步，1—2右脚撤，3—4左脚撤。

5—8拍：右手从上向下，左手跟上，下蹲后，抱腿。

3. 第七个八拍

1—4拍：左脚从右向左划，然后立正，双臂伸直，跟随腿一起还原。

5—8拍：右腿向后撤，右手画大圆。

4. 第八个八拍

1—4拍：双手打开，换脚跳，左腿向旁出，右腿收回来。

5—8拍：左手向前打平，左腿向后抬平，立起，左脚先出，右脚跟上，面向8点钟方向。

（三）组合三

1. 第九个八拍

1—4拍：左腿向上撩，右手臂向上划，右腿向上撩，左手臂向上划。

5—8拍：鹿跳，左脚向前，左手向前打平。

2. 第十个八拍

1—4拍：右腿吸腿，手臂与耳朵平行，面向7点钟方向，小碎步。

5—8拍：向5点钟方向迈步，再折回来，两脚分开站立。

3. 第十一个八拍

1—4拍：画圆，右腿向左划，向左转身。

5—8拍：右腿吸腿，双手经过胸前画圆，右手臂高于左手臂。

4. 第十二个八拍

第十一个八拍的动作，进行反方向动作。

（四）组合四

1. 第十三个八拍

1—4拍：右腿从前向后划，左手向后划，右手向前。

5—8拍：身体从右向左转，脚踝立起来，然后俯身。

2. 第十四个八拍

1—4拍：左腿向上撩，右腿向上撩。

5—8拍：向后转身，面向8点钟方向。

3. 第十五个八拍

1—4拍：1—2向前，3—4向后退，并俯身。

5—8拍：俯身向下。

4. 第十六个八拍

1—4拍：向7点钟方向做水平伸展，俯身与地面平行，双腿分开。

5—8拍：5收回冲向5点钟方向，6再次展开冲向5点钟方向，7收回，8立正，向前伸手。

第三节　有氧健身——民族健身操

民族健身操是以众多民族典型的舞蹈元素为动作素材，把健身作为第一要素，将民族舞蹈的柔美与健身操的力度自然、流畅、合理地结合在一起，突出动作的健、力、美，使民族传统文化与现代健身完美结合。民族健身操融入维吾尔族、蒙古族、傣族、土家族、藏族等20多个民族的舞蹈元素，每个动作都具有民族风格和韵味，将健身操的韧性与民族舞蹈进行了完美的融合。少数民族能歌善舞，在他们的舞蹈中有许多健身的元素，舞蹈中有体育，体育中有舞蹈。从弘扬少数民族优秀传统文化出发，以健身娱乐为目的，将众多民族舞蹈的经典动作与健身需求相结合，用大众耳熟能详的民族音乐将民族舞蹈健身动作流畅地串联起来，在美妙的乐曲和优美的舞蹈中达到锻炼身体、愉悦身心的目的（见图3-3、图3-4）。

图3-3　傣族手

图3-4　后屈腿

一、民族健身操基本动作元素

（一）下肢动作

V字步：一脚向侧前方迈一步，另一脚随之向另一方迈一步，两脚开立，屈膝，然后再依次退回原位。

侧点地：一条腿稍屈膝站立，另一条腿伸出，脚尖点地，然后还原到并腿姿势。

漫步：一脚往前迈出，屈膝，重心再前移，另一脚稍抬起，然后原地落下，或向后撤一步，重心后移，另一脚稍抬起，然后原地落下。

侧并步：一脚向侧迈出，另一脚随之并拢屈膝点地；再向反方向迈步。

后屈腿跳：一条腿站立跳起，另一条腿向后屈膝，放下腿还原。

（二）上肢动作

维吾尔族云手：云手是古典舞身韵主干教材五大典型动作之一。做云手时，立身中正，以腰为轴，慢慢转动。两臂要随腰运转，圆活自然。两臂一上一下一左一右先后运转。左手为主的右手相随，右手为主的左手相随，绵绵不断，行似流水。

维吾尔族托帽手：托帽就是用手去托住帽子。右手臂弯曲向上，手掌对着上面，左手臂手掌向上，左手指尖在左耳的略上方弯曲，仰头，眼睛看右手。在正面看，两只手臂与身体位于一个平面，手、头的姿势正确到位。

傣族一位手：双手掌形，置于两边胯旁，指尖正对身体，保持胳膊肘、手腕的弯曲，指尖上翘，呈三道弯。

傣族六位手：一只手放置于二位，另一只手在五位的基础上，手心上翻，手肘和手腕呈三道弯。

蒙古族叉腰手：四指握拳，拇指伸直打开。

蒙古族软手：准备时，双手按掌于胸前，提腕随后下压，微架起手肘。再次提压腕时，手指微微卷曲逐渐伸展后，将双臂向体侧与肩平行展开。连续不断保持提压腕、架肘、卷曲延伸至指尖的运动路线。

二、民族健身操动作组合

（一）组合一

1. 第一个八拍

1—4拍：左脚做漫步，两手心向外，由上向下沉至耳侧，在肩上打开至侧平举。

5—8拍：左脚做漫步，双手由下交叉至上，经两侧还原至体侧。

2. 第二个八拍

1—4拍：左脚开始侧并步，同时双手在胸前屈肘，掌心相对，向正前方敲打，3、4拍动作相同，方向相反。

5—8拍：左脚开始做V字步，双手背在体后。

3. 第三个八拍

1—4拍：左脚向右前方迈步，双手向前摆动至与地面平行，同时低头；左脚向后迈步，同时双手打开，右手斜上45°，左手侧平举。

5—8拍：右脚向左前方上步，保持不动，左手背后，右手做蒙古族软手。

4. 第四个八拍

1—4拍：右脚开始后踢腿，同时右臂在体侧屈肘，手掌向上，左臂同右臂；右手经体前，成蒙古族叉腰手，左手同右手。

5—8拍：左脚向前迈步，同时向前抖肩。

反方向动作同正方向动作一样，方向相反。

（二）组合二

1. 第一个八拍

1—4拍：左脚向前上步，右脚向侧点地，左脚点地，第四拍不动，手部做维吾尔族云手动作。

4—8拍：动作相同，方向相反。

2. 第二个八拍

1—4拍：1—2拍右脚向左上步，右手经体前到上方45°，左手自然向后摆；3—4

拍向右侧并步，同时双手经胸前向两侧打开至侧平举，身体前倾。

5—8拍：5—6拍同1—2拍动作一样，方向相反；7—8拍踏步还原至立正姿势。

3.第三个八拍

1—4拍：左脚向前上步，右脚侧点地，同时双手经胸前打开绕腕，成维吾尔族托帽手位。

5—8拍：右脚尖点地两次，同时推手两次。

4.第四个八拍

1—4拍：右脚向侧点地，坐胯，双腿微微屈膝；左手成傣族一位手，右手成傣族六位手。以左腿为轴，向左转一圈，上身姿势保持不变。

5—8拍：5、6拍右脚开始向右前方侧并步跳，同时左手经胸前向上摆。7、8拍动作一样，方向相反。

反方向动作与正方向动作一样，方向相反。

第四节 健美操的编排

健美操的编排是在健美操基本步伐的基础上加以变化，并结合上肢及身体的动作进行设计的。健美操的基本动作是有限的，但其动作形式是千变万化的。根据健美操的基本动作，我们可以编排出形式多样的健美操。当然，健美操的编排必须遵循一定的规律和原则。

一、大众健美操的编排原则及方法

（一）编排原则

1.目标性原则

（1）明确锻炼目的

根据目标人群的需求来确定编排方向。如果是针对中老年人，可能更侧重于动作的舒缓性、关节活动度的提升以及身体柔韧性和平衡能力的锻炼；若是为年轻人设计，则可以增加一些节奏感强、活力充沛的动作，以增强心肺功能、塑造优美体态和提高运动能力为主。

（2）结合场地与时间

根据实际可利用的场地大小、形状以及活动时长来安排动作组合。在空间有限的室内，编排动作幅度不宜过大，避免碰撞；若时间较短，如15—20分钟的课间操，应选择简洁高效的动作组合，突出重点锻炼部位。

2. 科学性原则

（1）遵循人体运动规律

动作的设计要符合人体解剖学和生理学原理，避免出现错误的用力方式或高难度、易受伤的动作。合理安排运动强度和难度梯度，由简单到复杂、由慢到快，使身体各部位得到均衡发展，逐步提高运动能力。

（2）合理安排运动负荷

根据参与者的身体状况和运动水平，科学控制运动强度、密度和时间。一般来说，大众健美操的运动强度应保持在中等水平，使参与者在运动过程中能够保持良好的呼吸节奏和动作质量，达到既有效锻炼又不至于过度疲劳的程度。

3. 全面性原则

（1）身体部位全面发展

编排的动作应涵盖全身各个部位，包括头部、颈部、肩部、手臂、胸部、腰部、臀部、腿部等，确保每个关节和肌肉群都能得到充分锻炼，提高身体的协调性和整体素质。

（2）注重身体素质综合提升

不仅要发展力量、耐力等体能素质，还要融入一些有助于提高柔韧性、灵敏性和平衡能力的内容，促进身体机能的全面发展。

4. 趣味性原则

（1）丰富多样的动作形式

采用多种不同类型的动作，如步伐移动、手臂摆动、身体扭转、跳跃等，并结合不同的空间层次（平地动作、空中动作）和方向变化（前后、左右、旋转），避免动作单调乏味，增强运动的趣味性和吸引力。

（2）融入音乐和表演元素

选择节奏明快、旋律动听且与动作风格相匹配的音乐，增强运动的节奏感和感染力。同时，可以适当加入一些简单的表演动作或表情要求，鼓励参与者更投入地进行锻炼，营造轻松愉快的氛围。

5.安全性原则

（1）动作难度适宜

充分考虑大众的身体条件和运动能力，避免编排高难度、危险性大的动作，如大幅度的腾空跳跃、复杂的旋转动作等，确保参与者在安全的前提下进行锻炼。

（2）场地与器材安全

对活动场地进行检查，确保地面平整、无障碍物。如果使用器材辅助练习，要保证器材的质量可靠、安装牢固，并提前向参与者说明正确的使用方法和注意事项。

6.个性化原则

不同年龄、性别、身体状况和运动基础的人群对健美操的需求和适应能力有所不同。在编排时要尽量兼顾这些差异，提供多种难度级别或可选择的动作模块，让参与者能够根据自己的实际情况进行调整和参与。

（二）编排方法

健美操动作的编排主要以基本动作及组合动作为内容，它是有规律的，表现为以32拍为单位，即4个8拍动作为一组，这与音乐的结构完全相同。基本动作的节拍如下：

1个踏步＝1拍，一个8拍可做8次；

1个并步＝2拍，一个8拍可做4次；

1个侧交叉步＝4拍，一个8拍可做2次；

1个一字步＝4拍，一个8拍可做2次；

1个吸腿＝2拍，一个8拍可做4次；

1个开合跳＝2拍，一个8拍可做4次。

1个后驱腿＝1拍，一个8拍可做8次。

无论动作如何组合都要保持32拍动作的完整性。例如，32拍（4次后屈腿＋2次侧交叉步＋8次踏步＋4次吸腿）。

在一个32拍的组合中可以包含不同数量的基本步伐，步伐越多，可能的组合方式也就越多。一般来说，2—4种步伐的组合动作适合初学者，而5—6种步伐的组合为中等难度，还可加入一些变化。如果在一个组合里编排的步伐太多，容易使学生跟不上，失去锻炼的信心，从而影响锻炼的效果。

32拍的动作可以有两种组合方式：8拍完整的组合方式和8拍交叉的组合方式。

1. 8拍完整的组合方式

无论动作如何组合，都要保证每个8拍动作的完整性。绝大多数有氧操课的动作编排都采取8拍完整的组合方式。

2. 8拍交叉的组合方式

在32拍的组合中有1—2个动作是跨8拍进行的。一般采用2个动作以4-8-4或12-4的组合方式。

在运用8拍交叉的动作组合方式时，要注意遵守“16拍规则”。

4-8-4组合：2次并步（4拍）+2次侧交叉步（8拍）+ 2次并步（4拍）

12-4组合：3次侧交叉步（12拍）+2次并步（4拍）

二、表演性健美操的编排原则及步骤

（一）健美操的编排原则

1. 健身性原则

健美操是健身运动中最受欢迎的运动项目之一。要使这个项目具有持久的吸引力，除了其自身特有的魅力，科学的健身是每个进行健美操锻炼的人应注意的基本原则，更是编排健美操时首要的立足点。一方面，在设计健美操动作时，必须坚持有益于身心健康发展的动作和内容，特别要避免那些容易造成身体伤害的动作和内容，如背弓姿态、反常规的关节活动，或肌肉突发性的强力拉伸等。另一方面，整套操要控制在一定的运动负荷内，使锻炼者在有氧锻炼的情况下提高其心肺功能。

2. 艺术性原则

在进行健美操编排的时候，要强调其艺术性，突出其美感。一方面，健美操的艺术性体现在动作的设计上。健美操可以吸收舞蹈等其他项目的动作，但要结合健美操的特点进行再创造，在成套动作的艺术处理上，要讲究动作的抑扬顿挫、起承转合，还要注意动作的大小搭配、左右回旋、上下起伏、快慢交替。另一方面，健美操的艺术性体现在动作与音乐的相互衬托中，音乐和动作应表现同一风格，给人以美的享受。

3. 新颖性原则

创新和特色是健美操编排的一项重要原则。为此，可通过阅读大量有关健美操的国内外书刊资料，观看有关录像资料，深刻理解健美操的内涵，紧跟健美操的国际潮流，掌握健美操的发展趋势，并注入独特的见解。不要刻意模仿，照抄照搬。

（二）健美操的编排步骤

1.编排前的准备

第一，明确编排的目的、任务和要求。

第二，了解练习者的情况，包括性别、年龄、职业、文化程度、身体状况、运动基础等。

第三，了解场地、锻炼时间、器材设备等条件。

第四，学习有关健美操编排的文字和音像资料。

2.制订总体方案

（1）确定健美操的时间、风格、速度

首先要确定整套操的时间及长度。大众健美操的时间是2分20秒至2分30秒（竞技健美操的时间是1分50秒）。然后确定健美操的风格。一套操的风格由动作和音乐决定。如果表现民族风格，可选择一些民族舞蹈中的动作加以操化，并配上民族音乐。选择好音乐后，根据需要确定整套操的速度，速度以n拍/10秒计。健美操的音乐速度一般为22—26拍/10秒（竞技健美操的音乐速度一般为26—30拍/10秒）。

（2）设计健美操的总体结构顺序及分段的主要动作类型和高潮安排

设计整套操每一部分的重要动作类型，如第一部分可设计造型动作或安排一些配合和托举，第二部分可设计一些操化动作和过渡动作，第三部分可设计一些舞蹈动作并加以操化，第四部分可设计操化动作和过渡动作，第五部分可运用造型及配合动作使整套操达到高潮。

（3）根据总体结构，选配和剪辑音乐

通过剪辑和制作，整套操符合总体设计方案的要求。

（4）设计大致的动作路线、队形及其变化

整套操一般有五种动作路线，包括向前、向后、向侧、斜线、弧线。在设计动作路线时，一方面要考虑动作与路线的合理性，另一方面要考虑整套操的路线要求，特别是弧线。同时，队形变化要求流畅。在设计动作路线和队形变化的同时，应考虑路线、队形与动作的适宜性。

3. 编排与记录

在熟悉和理解音乐后，根据健美操编排的原则，按照总体结构逐段设计动作，使所编动作与音乐和谐统一；编排每一段动作之间及动作前后的连接动作，并根据音乐填补动作，表达音乐；编排时用速记的方法记录。

4. 练习与调整

按设计好的动作进行练习，检查成套操强度的适宜性、结构顺序的合理性及动作设计的艺术性；检查过渡动作是否合理、队形变化是否流畅。根据检查结果及练习者的反馈情况，对操进行反复调整与修改，最后再定型。

5. 撰写文字说明并绘图

文字说明应简明扼要，术语正确；绘图应形象逼真，方向清晰，以便长期保留、教学、研究、交流、出版。

第四章　轮滑

第一节　轮滑概述

轮滑项目是由溜冰运动演化而来。在斯堪的纳维亚发现的最早铁质溜冰鞋可以追溯到200年，而后来发现的骨质溜冰文物可以追溯到更久。古代的溜冰运动可能更多是为了狩猎和生存而发展出的一种技能。

1100年的溜冰鞋是把骨头装在长皮靴脚掌上，帮助猎人在冬天进行打猎。苏格兰人Dtchman于18世纪创造了第一对溜冰鞋。他希望能在夏天模拟出冬天溜冰，于是把带有钉子的线轴长条木附在鞋底上。1742年，爱丁堡组成了第一个溜冰俱乐部。

由于溜冰运动有很强的地域和季节限制，人们期望可以在非结冰期和更多区域进行这项运动，于是轮滑这个项目应运而生。17世纪早期，对荷兰人来说，在冰封的河床上滑冰是一种很方便的出行方式。到了温暖的季节，他们开始使用原始的轮滑鞋，它由地板装上木线轴制成。也就是说，有文献记载，轮滑鞋到现在已经有300多年历史，比美国建国时间还要略长。

目前，已知最早的轮滑鞋发明人叫约翰·约瑟夫·莫林（John Joseph Merlin）。他于1735年生于比利时。年轻时，他在巴黎工作，制作博物馆级别的钟、表、乐器和其他精巧的机械设备。他是一名音乐家，一个机械天才，一位发明家。1760年，25岁的莫林移居到伦敦，开设了一家“莫林的机械博物馆”。在同一年，他发明了已知最早的轮滑鞋，它有一排金属轮子。为了宣传他的发明和他的博物馆，莫林穿着他新发明的轮滑鞋出席了伦敦卡莱尔家族的一次化装舞会。他穿着轮滑鞋，拉着小提琴，飘进了舞厅。他虽然是一位优秀的发明家，但并不是一个轮滑好手。莫林无法控制自己的速度，直接撞进了一面昂贵的墙镜中，不但自己严重受伤，还让公众认为轮滑是一项危险的运动，使轮滑运动的发展倒退了至少30年。值得注意的是，莫林没有为自己的发明申请专利。之后一个世纪内，轮滑鞋的设计都延续着莫林的设计思路。

18世纪的单排轮滑鞋，从外观和结构上看与现在的单排轮滑鞋类似：5轮排列，置于鞋架下，其设计有点儿像速滑鞋。有趣的是，其轮子具有不同的直径。据说当时设计师的灵感来源于Rocker（弯底冰鞋）。想必那时候的人们能理解Rocker带来的便利的曲线移动。最值得注意的是，那时候的轮滑鞋已经带上了刹车。

双排轮滑鞋大约出现于19世纪。与此同时代的轮滑鞋有前面带刹车的三轮单排花式鞋。这些轮滑鞋以木头和金属的居多，可轮子没有现代如此多的合成材料，黄铜、木头、牛羊角均被制作成轮子，在粗糙地面上保持稳定的滑动，毕竟那时的地面不如今天的光滑。此后，轮滑鞋的革新停滞许久。

1819年，法国人伯第特·布莱特首次获得制造溜冰鞋的专利权。溜冰鞋是在木制鞋底安上排列成一行的、尺寸大小相同的小滚子。滚子多数是硬木的，甚至还有象牙的，工艺精致。但这种溜冰鞋不能进行曲线、弧形活动，只能向前滑行，活动范围和花样受到限制。

1863年，美国人詹姆斯·普利姆普顿发明了第一双双排溜冰鞋，四个轮子分前后两组，两个轴穿起两个轮子。四个轮子上的轴承可以使轮子很稳定地转动，可以做转弯、前进和向后的各种动作。这就是现在广为流传的旱冰鞋，用金属轮子代替了木质轮子。穿上它，不仅安全灵巧，而且可做曲线、弧形滑动，吸引了众多溜冰迷。同年，在纽约市，一个耗资10万美元的轮滑运动场问世，这项新兴运动很快风靡全美。3年后，詹姆斯·普利姆普顿开办了第一个室内滑冰场。

1852年，英国人Gidman获得生产轮滑鞋上轴承的专利。1884年，滚珠轴承的轮子的发明促进了溜冰运动的蓬勃发展，并将轮滑运动推向了新的高潮，使其由娱乐性向竞技性发展，先后出现了花样轮滑、速度轮滑、轮滑球等比赛项目。

20世纪初，轮滑运动在美国和欧洲得到广泛开展，一些国家纷纷成立了速度轮滑俱乐部。英国于1908年修建了世界上最大的轮滑场。1910年，欧洲开始出现轮滑球赛。最早的轮滑运动组织是1866年在美国成立的纽约轮滑运动协会。1892年，国际轮滑联盟在瑞士成立，使轮滑运动向正规化、国际化发展迈出坚实的一步。1924年，英、法、德、瑞士四国代表在瑞士蒙特勒成立国际轮滑联合会。目前，全世界已有80多个国家和地区加入了国际轮滑联合会。1926年，有6个国家参加的第一届欧洲轮滑锦标赛举办，参赛国有英、法、德等。1940年4月28日，在罗马举行的第43届国际奥林匹克委员会会议正式承认了国际轮滑联合会。这一决定使轮滑运动很快从欧洲传至北美、南美、非洲、大洋洲等地，各地相继开展了轮滑锦标赛。

直到1980年，美国两位冰球运动员奥尔森兄弟为了在球季之余能够继续练习冰球，便将轮子装在刀底座之内，产生了第一双单排轮滑鞋。这种轮子排列成一条直线的溜冰鞋，英文名为In-LineSkate，也就是今天“单排轮滑”的正式名称。兄弟俩重新进行了设计和制作，根据轮滑鞋的原理，采用现代材料聚氨酯（PU）做轮子，制造出如今的单排轮的轮滑鞋。1994年，他们更是把简易刹车系统带入市场，推动轮滑成为一种时尚休闲运动，风靡世界各地。

在PU轮诞生之前一段时期，制造商主要生产的是便宜的带有金属轮子和劣等轴承的轮滑鞋。在1912年的法国出现了橡胶轮子的轮滑鞋。橡胶轮子的出现，给予不稳定、震感强的金属轮子重重的一击。随后，带有橡胶轮子和套筒的轮滑鞋在1987年出现。在1980年的苏联，塑料轮子曾经被使用过。PU轮第一次问世是在1979年。这种轮子表现出的诸多特点使选手和制造商们都特别青睐这种新的轮子。这种轮子的革新推动了单排轮滑运动的发展。这种轮滑鞋看上去有点儿像速度轮滑鞋。它有较长的金属底座，配备着PU轮子，并且这种轮滑鞋2轮、6轮、7轮的都有。第一双直排轮滑鞋出现于20世纪80年代初，在此之后就是现在大家在市场上见到的轮滑鞋。

我国的轮滑运动开展较晚，19世纪末才引入，当时仅限于沿海的个别城市，而且只作为娱乐活动。直到20世纪80年代初期，我国才有正式的轮滑比赛。近年来，轮滑运动因其娱乐性、健身性深受人们喜爱，走入千家万户。广场上、公园里时常可以看到穿着轮滑鞋飞驰而过的幼儿、少年，甚至中老年人。它已经成为全民健身运动中最受欢迎的体育项目之一，对于提高身体素质有着极大的促进作用。目前在国内开展的轮滑项目可分为速度轮滑、自由式轮滑、单排轮滑球、双排轮滑球、轮滑阻拦、轮滑回转、高山速降、花样轮滑、极限轮滑、滑板、小轮车等11大项目。

第二节　轮滑基础滑行技术

一、滑行准备姿势

（一）基本站立姿势

滑行的基本站立姿势分为V字形站立和平行站立两种方式。

1.V字形站立

重心下降，抬头挺胸，目视前方，双腿稍弯曲，双脚脚尖朝外打开，呈外八字，脚后跟发力向后，使最后两个轮子靠在一起，以保证轮滑鞋不会随意乱滑。这种站立姿势适用于初次接触轮滑的新手（见图4-1）。

2. 平行站立

平行站立是在具有一定的站立能力基础上演变的一种更为放松的站立方式。重心下降，目视前方，抬头挺胸，双腿稍曲，双脚平行，与肩同宽，同侧脚尖与脚后跟呈一条直线，且面向正前方（见图4-2）。

图4-1　V字形站立

图4-2　平行站立

（二）摔倒站起

正确的安全摔倒和站起是初学者在学习站立后的第一项学习内容，旨在合理运用护具摔倒和学习正确、安全的站起姿势。

1. 摔倒

在失去平衡或即将摔倒时首先要做的是迅速弯腰屈膝，将身体团紧，并尽可能降低重心，其次是一定要向前摔倒，尽量使护膝先接受冲击，然后是护肘，最后是护手（护腕），接触地面时手指向上伸开，避免戳伤关节，要抬头，避免面部受伤。切记不要用双手直接触地，以免造成手臂骨折。

2. 站起

在摔倒后身体恢复稳定后，慢慢将身体调整到护膝着地俯卧团身姿势，然后单膝跪地，另外一只脚起立，呈单腿跪姿，稳定后将重心稍抬起，变为双腿蹲姿，最后起立。需要注意的是，在单腿跪姿变为双腿蹲姿时，双脚脚尖不要过分向外打开，以免站起后向前滑行，双脚与肩同宽，朝向正前方即可（见图4-3、图4-4）。

图4-3　单腿跪姿

图4-4　站起

（三）滑行准备姿势

抬头挺胸，目视前方，上体稍前倾，膝部弯曲，使肩、膝、脚尖三点在同一垂直线上，双脚平行并与肩同宽。

二、直线滑行

（一）向前

滑行方法为一只脚侧后蹬—收腿—脚着地—支撑滑行，另一只脚相配合，交替做相同的动作。要点是发力腿要全力蹬直，腿回收的全部路线都在身体下方，同时始终保持上体稍前倾、膝踝蹲屈的姿势（见图4-5）。

（二）向后

向后滑行参照向前滑行，原理相反。向后滑行方法为一只脚侧前蹬—收腿—脚着地—支撑滑行，另一只脚相配合，交替做相同的动作。

三、起跑

（一）V字起跑

抬头挺胸，目视前方，降低重心，双腿弯曲，做起跑准备姿势，双脚后跟内收，使双脚呈V字形，两脚之间夹角要大于90°。从准备姿势开始，双脚后跟内收，使双脚呈V字形，重心前移，一脚用内刃向后蹬地，一脚向前迈步，以爆发性的力量和速度向前跑2—3步后，逐步变为途中滑行（见图4-6）。

图4-5　直线滑行

图4-6　V字起跑

（二）平行式起跑

从准备姿势开始，侧面滑行，双脚平行站立，并垂直于滑行方向。以向左起跑加速为例，重心先向左侧移动，同时右脚向右蹬地后做压步越过左脚，呈外八字落地。左脚跟上，收回的同时也以外八字落地。此时进入外八字起跑的动作阶段。反方向动作原理相同，方向相反。这个技术也称为侧启动，是一种向任何方向快速变向移动的技术。

四、转弯

（一）平行转弯

平行转弯相对较为基础。在需要转弯时，降低重心，首先将肩部以上转动到转弯方向，然后内侧脚在前外刃支撑下、外侧脚在后内刃支撑下进行转动，上肢带动下肢进行转身。

（二）急转弯

以向左急转为例，在滑行中先做好基本准备姿势，重心向左移，左脚稍领先并利用外刃支撑，右脚利用内刃进行支撑并发力，双脚滑行路线呈较小的急转弯弧形。反方向动作原理相同，方向相反。

（三）压步转弯

压步转弯的作用是在转弯或需要曲线滑行时用压步的方法不断地蹬地加速，从而保持高速滑行。以左侧压步为例，在滑行中向左压步转弯时，右脚内刃向右发力后从左脚上方到左脚左侧落地，同时左脚支撑重心到左脚外刃；左脚利用外刃向右发力时，右脚支撑重心，左脚收回到原来的位置。反方向动作原理相同，方向相反。

五、停止

（一）A形停止法

滑行中将重心向下向后移，呈后坐姿势，膝部稍弯，双脚脚尖稍内扣，利用轮滑鞋的内刃向侧蹬地，进行减速和停止。在速度较快时，双脚可交替蹬地，逐渐减速，直至停止（见图4-7）。

（二）T形停止法

T形停止可以理解为拖停，双脚呈大写的T字形，重心置于向前滑行的一只脚，支撑腿，另一只脚在后，垂直于滑行方向，进行四轮内刃的拖停，缓慢进行刹车（见图4-8）。

图4-7　A形停止法

图4-8　T形停止法

六、转身

（一）交替步转身

从向前滑行开始，如向右转身，先把重心移到左脚上，收右脚，靠近左脚，稍提高重心。右脚旋转180°落地，身体呈短暂的蟹步滑行姿态；将重心置于右脚，迅速收回左脚，开始倒滑。

从倒滑转向正滑原理相似。以向右侧转为例，先将重心置于左脚上，右脚旋转180°落地，身体呈短暂的蟹步滑行姿态；将重心置于右脚，迅速收回左脚，回到正滑姿态（见图4-9、图4-10、图4-11）。

图4-9　交替步转身图解一

图4-10　交替步转身图解二

图4-11　交替步转身图解三

（二）提踵转身

在向前滑行中，重心抬高，双脚靠拢，将身体重量抬高或压向前脚掌，同时上体进行180°转体，带动下肢的同时快速提踵转身，转为向后倒滑。

第三节　速度轮滑技术

一、准备姿势

（一）站立姿势与基本姿势

V字形站立：双脚呈V字形站立，双脚脚后跟靠拢，保持静止状态。

A字形站立：双脚开立，宽于肩，双脚脚尖朝向的延长线相合，用双脚的内轮刃支撑着地，这样有利于保持平衡。在做向后滑的动作时，就要用这种站立姿势开始。

T字形站立：双脚一前一后，呈T字形站立，前脚朝向正前，后脚与前脚垂直，并将轮滑鞋中间部位靠紧前脚脚后跟，以保证身体稳定。

（二）安全摔倒（向前趴式摔倒法）

摔倒多数是因为失去平衡和鞋轮失控，所以学会合理的摔倒是非常重要的。合理摔倒的要领是，你感到要摔倒时，要尽可能向前倒。首先身体要向前倾，手臂要放松，并迅速弯腰屈膝，努力将身体蜷起来。在摔的过程中，因降低了身体重心，膝盖会先接触地面，然后是护肘，最后是护腕。

二、滑行动作

没有两个一样的运动员，任何两名运动员滑跑的动作技巧都不可能是完全一样的，但是滑行动作原理对所有的运动员来说是一样的。本章对速度轮滑传统滑行技术的起跑技术、途中滑行技术、冲刺技术等进行了总结。

（一）起跑技术

在速度轮滑比赛中有两种起跑方式，分别是电子计时起跑和传统的裁判员发令起跑。电子计时起跑常用于200米场地赛和300米场地个人计时赛。在赛会没有电子计时设备时，运动员会采用传统起跑方式，即裁判员发令的方式。

1. 电子计时起跑

在裁判员示意运动员可以开始准备做电子计时起跑的口令下达后，运动员将主力腿的脚尖和大腿尽量外展，再将外展的脚轮靠近起跑线，与其呈接近平行的状态；用相同的方法使另一只脚轮呈外展状态，并与有力脚轮子的尾部靠紧。运动员抬头目视前方，上体前倾，双臂前举稍屈，双掌靠近或相叠，呈蹲立姿势。运动员获得平衡感觉后，迅速将非主力腿后撤，并用全内轮刃撑地。同时，主力腿侧的手臂向正后方或侧后方摆出，后撤腿同侧手臂向胸前屈臂抬起，重心向前，上肢前倾，快速蹬滑3—5步，进入正常滑行状态。

2. 裁判员发令起跑

裁判员在下达“各就各位”的口令后，运动员应根据自己的起跑道次迅速从预备起跑线滑向起跑线，选择并做好合理的预备站立姿势后，目视前方，站在起跑线后方。当运动员基本站好后，裁判员会发出“预备”的口令。此时运动员应选取适合自己的起跑预备姿势，并保持轮滑鞋静止不动。一般运动员会选择下蹲动作（前脚轮外展，与起跑线的夹角约为45°，后脚轮外展，靠近起跑线内沿，与起跑线的夹角约为45°，后脚轮与前脚轮呈T字形，或按照自己惯常的预备姿势下蹲）或侧启动。预备动作完成后，运动员应将身体重心移向前腿，前肩略往下沉，前臂屈肘约90°，半握拳置于胸前。后手臂屈肘约90°，位于身体侧后，略比肩低，半握拳自然下垂。听到鸣枪后，运动员以上肢前倾带动下肢快速启动，滑行3—5步后进入快速滑行状态。

（二）途中滑行技术

速度轮滑的途中滑行技术是运动员为了在滑行中保持必要的适宜速度，在最短时间内滑完全程，所采用的最合理、省力和有效的滑行动作与技巧。

1. 直道滑行技术

一次发力是从一只脚蹬地动作结束至另一只脚开始蹬地为止。在这一过程中，以左脚发力右腿支撑为例，重心稍向右，右腿支撑重心并将大小腿弯曲至90°，左脚利用中刃、内刃向左侧后蹬地，在达到最大蹬地距离后抬起左脚，从摆至身体后侧收回到右脚旁边，接下来是右侧蹬地，左右交叉循环即可。其基本任务是：第一，借助惯性尽量保持已达到的速度向前滑行，并尽可能地减少速度的下降；第二，使刚结束蹬地动作的肌肉群放松休息（浮腿）；第三，为后续的蹬地动作做准备。一脚蹬地结束，膝部稍微放松，蹬地轮微抬离地面，并与地面平行。与此同时，另一脚以外轮刃支撑承担体重向前滑进。当支撑轮由外轮刃过渡为正轮刃支撑时，浮腿膝部放松弯曲，位于侧后方，直至大腿直接内收呈下垂状态的后引姿势。

2. 弯道滑行技术

弯道滑行常用的技术为压步技术，也可称为交叉步。由于速度轮滑是逆时针滑行，所以在比赛中只用到向左的转弯和压步技术，与基础轮滑的压步滑行相似，但是重心向内侧倾斜更多更低，做工距离更长。

弯道滑行姿势的三个典型动作是：

第一，右脚蹬地结束和左脚蹬地开始（开腿状态）；

第二，左脚落地结束和右脚落地开始（交叉状态）；

第三，右脚蹬地最大用力加速度阶段和左脚加速度收、摆腿阶段（双腿大腿横向并拢时刻）。

（三）冲刺技术

冲刺技术是速度轮滑滑行全程最后一项技术，也是滑行技术中不可忽视的组成部分，可以说是比赛决定胜负的关键。同时冲刺意识和冲刺技术是运动员获得优胜不可或缺的部分。运动员必须有冲刺的意识，以顽强拼搏的精神和坚强的意志滑完全程最困难的尾段，并以最大努力保持领先或超越对手，滑出好成绩，夺取好名次。目前，速度轮滑运动员普遍采用的冲刺动作可以分为两种：箭步送轮冲刺触线动作和向前踢小腿送轮冲刺触线动作。

1. 箭步送轮冲刺触线动作

以弓箭步的动作姿态将前侧支撑腿快速向前触线，应尽量选择以有力腿做弓箭步的前支撑腿并以全脚正轮刃着地。为了迅速前跨送轮触线，运动员应注意将重心跟进，并让上肢保持直立状态，后腿以前轮触地拖滑。双臂随腿部动作的运行调整为维持身体的平稳摆动，最终完成触线动作。

2. 向前踢小腿送轮冲刺触线动作

选择有力腿或有利于制约对手的一侧腿为支撑滑进腿，将另一条腿迅速向前踢伸并以全轮着地指向滑进方向，身体重心位于两腿之间或稍偏后，在整体保持平衡状态中将小腿快速踢出，以达到送轮触线的目的。

三、停止方式

（一）T 字形停止法

在准备停止时，目视前方，做双鞋轮呈T字形动作，用前脚支撑向前滑进，再拖拽后脚轮，用内轮刃压磨地面，达到减速或停止的目的。重心位于支撑腿，后腿垂直于滑行方向，双脚呈T字形，缓慢做拖行动作。

（二）旋转停止

不同于基础轮滑和自由式轮滑，在速度轮滑中由于速滑鞋并不是非常灵活，在遇到突发问题和障碍或危险情况时要及时应变，确保自身的安全。向右做旋转停止动作时，左脚应保持向前滑动，然后右腿以膝关节领先做外展动作。此时，可稍提起右脚脚跟，并用右脚脚跟的轮子向左脚脚跟的轮子靠拢，双腿几乎处于一个平面，似蟹步。右脚亦可全轮着地，进而两只脚呈共同移动旋转的状态，直至身体不再继续向前移动。在此过程中，双臂会由前伸变为侧伸，身体重心稍向前移。

（三）A 字形点地停止法

在滑行中降低重心，收紧腰腹，身体稍后坐，双臂自然弯曲前抬或侧平举，以保持平衡。双脚均以内轮刃呈A字形在体前点地，左右脚交替点地。身体重心越靠后，轮子的落点越靠前，减速和停止的效果越好。不要将脚尖相对，要及时抬脚替换。

第四节　自由式花式过桩技术

一、FISH

FISH，可叫作双鱼，在过桩时双脚并拢同时过桩，目视前方即可。双手可伸直保持平衡，通过转腰和双脚的左右摆动持续发力，进行速度的控制。需要注意双脚不要分开过大，双脚并拢同时发力，利用外侧脚内刃和内侧脚外刃同时支撑发力（见图4-12、图4-13）。

图4-12　FISH图解一

图4-13　FISH图解二

二、SNAKE

SNAKE，可叫作蛇，双脚在过桩时一前一后，像蛇一样绕桩。动作要领是抬头挺胸，目视前方，双手向两侧伸平，以保持平衡，通过腰部转动带动双脚左右摇摆，同时双脚一前一后，呈“1”字形，在绕桩时前脚发力，前脚掌控方向，后脚跟随前脚即可，双脚行进路线相同（见图4-14）。

三、CROSS

CROSS，意为交叉，在实际操作中为向前交叉，又叫作正剪。首先预备动作为V字形站立，双手侧平举，保持身体平衡，目视前方，收紧腰腹。在开始时重心稍向前移，双脚自然打开，向前画弧，但不要将脚尖碰到一起。双脚从外八画弧变成内八（以左脚在前为例）以后，先将左脚向右并，使用左脚外刃进行支撑，同时右脚在左脚后侧向左前并，利用外刃做支撑。双脚做交叉动作并过桩后，左脚先向左，同时右脚向右，回到开始的V字形准备姿势。做连续的动作循环即可（见图4-15）。

图4-14　SNAKE部分图解

图4-15　CROSS部分图解

四、BACKSNAKE

BACKSNAKE，可叫作倒蛇，原理与SNAKE相反。其动作要领是背对桩，稍侧身转头向后看，在倒滑的基础上，双手可向两侧伸平以保持平衡，通过腰部转动带动双脚左右摇摆，同时双脚一前一后，呈“1”字形。在向后绕桩时，领先的后脚脚跟控制方向，另一只脚跟随即可，双脚行进路线相同（见图4-16）。

五、BACKCROSS

BACKCROSS，可叫作倒交叉、倒剪，与CROSS原理相反。首先预备动作为倒V字形站立（内八站姿），双手侧平举以保持身体平衡，稍侧身，从侧面向后看，收紧腰腹。在开始时重心稍向后移，双脚自然打开向后画弧，但不要将脚后跟碰到一起。双脚从内八画弧变成外八（以左脚在前为例）以后，先将左脚向右并，使用左脚外刃进行支撑，同时右脚在左脚后侧向左前并，利用外刃做支撑。双脚做交叉动作并过桩后，左脚先向左，同时右脚向右，回到开始的倒V字形准备姿势（内八站姿）。做连续的动作循环即可（见图4-17）。

图4-16　BACKSNAKE部分图解

图4-17　BACKCROSS部分图解

六、ONEFOOTSNAKE

ONEFOOTSNAKE，可称为单脚蛇，即抬起一只脚，利用一只脚进行蛇形绕桩。其动作要领是抬头挺胸，目视前方，双手向两侧伸平以保持平衡，通过腰部转动带动双脚左右摇摆，同时抬起一只脚，单脚绕桩。绕桩脚的前脚发力掌控方向，在练习中可采用惯性力练习，由慢到快（见图4-18）。

七、ONECONECRAZY

ONECONECRAZY，是单个CRAZY的意思，向前做CROSS，然后再直接向后做BACKCROSS。其动作要领为首先预备动作为V字形站立（外八站姿），双手侧平举以保持身体平衡，目视前方，收紧腰腹。在开始时重心稍向前移，双脚自然打开向前画弧，但不要将脚尖碰到一起。双脚从外八画弧变成内八（以左脚在前为例）以后，先将左脚向右并，使用左脚外刃进行支撑，同时右脚在左脚后侧向左前并，利用外刃做支撑。双脚做交叉动作并过桩后，左脚先向左，同时右脚向右，保持倒V字形站立（内八站姿），稍侧身，从侧面向后看，收紧腰腹。在开始时重心稍向后移，双脚自然打开向后画弧，但不要将脚后跟碰到一起。双脚从内八画弧变成外八（以左脚在前为例）以后，先将左脚向右并，使用左脚外刃进行支撑，同时右脚在左脚后侧向左前并，利用外刃做支撑。双脚做交叉动作并过桩后，左脚先向左，同时右脚向右，回到开始的倒V字形准备姿势（内八站姿）。至此为一遍，连续循环即可（见图4-19、图4-20、图4-21）。

图4-18　ONEFOOTSNAKE部分图解

图4-19　ONECONECRAZY图解一

图4-20　ONECONECRAZY图解二

图4-21　ONECONECRAZY图解三

八、CRAZY

CRAZY是在ONECONECRAZY的基础上增加的动作，不再是过一个桩，而是过多个桩。其动作要领为首先预备动作为V字形站立（外八站姿），双手侧平举以保持身体平衡，目视前方，收紧腰腹。在开始时重心稍向前移，双脚自然打开向前画弧，但不要将脚尖碰到一起。双脚从外八画弧变成内八（以左脚在前为例）以后，先将左脚向右并，使用左脚外刃进行支撑，同时右脚在左脚后侧向左前并，利用外刃做支撑。双脚做交叉动作并过桩后，左脚先向左，同时右脚向右。完成向前的动作后，稍提重心，向右后转45°，对准第二个桩并保持倒V字形站立（内八站姿），重心稍向后移，双脚自然打开向后画弧，但不要将脚后跟碰到一起。双脚从内八画弧变成外八（以左脚在前为例）以后，先将左脚向右并，使用左脚外刃进行支撑，同时右脚在左脚后侧向左前并，利用外刃做支撑。双脚做交叉动作并过桩后，左脚先向左，同时右脚向右，回到开始的倒V字形准备姿势（内八站姿）。至此为两个桩，一遍动作，连续循环即可（见图4-22）。

图4-22　CRAZY部分图解

第五章　拓展训练

第一节　拓展训练的概述

从20世纪90年代开始，拓展训练在中国逐渐发展壮大。越来越多的人熟悉和了解了这种体验式的户外培训、学习方式。众多培训公司、咨询公司、户外运动俱乐部、旅行社等机构对其使用和做出的相应改变，使人们对拓展训练的认知更加多样化。它似乎成为探险旅游、生存训练、户外游戏及团建培训的代名词。但这些称呼及理解似乎有以偏概全之嫌，与其教育理念有相悖之处。

追根溯源，拓展训练是与传统的认知教育不同的体验式教育活动，是体验式教育在中国特定环境中的产物。拓展训练是借助精心设计的特殊情境，以户外运动的形式让参与者进行体验，从中感悟出活动所蕴含的理念，通过反思获得知识，改变行为，实现可趋向性目标的一种教育模式。

“拓展训练”这一词语是我国对这种体验式教育的本土化认知，是最早将其引入中国的刘力等人对它的命名。拓展训练在培训领域所带来的潜在价值和震撼效果得到了广泛认可，在其发展历程中，正如它的名字一样，在不断地拓展，如今已成为一种教育理念和学习模式，同时得到学校教育系统的推广，并应用到许多相关领域。

一、Outward Bound的起源

拓展训练的诞生与欧美盛行的教育模式Outward Bound有直接联系，Outward Bound在我国港台地区的分支机构叫作“外展训练”。受到它的影响，并在其中文名字的启发下诞生了“拓展训练”这一带有美妙意境的名称。拓展训练参照了Outward Bound的发展，在模拟自然环境的情况下，降低活动风险，体验经过设计的户外活动项目，最终形成了具有中国特色的体验学习体系。

一种教育思想的产生，必定是多方面原因造成的，而其中主要成因必然是追根溯

源的重点。由于拓展训练主要是在Outward Bound的教育理念的影响下产生的，我们有必要了解、认识Outward Bound的产生过程和当时的教育思想与模式。

Outward Bound起源于第二次世界大战期间。当时盟军征集了几十艘商船，成立了大西洋商务船队，参与后期补给的运输。德国军队派出“海狼”潜艇集群在大西洋上进行拦截。大型商务船队屡遭德军袭击，许多年轻海员葬身海底。在每一次这样的灾难面前，都会有人坚强地活下来。人们通过调查研究，从幸存者身上发现，他们不一定都是体能最好的人，但都是求生意志最顽强的人。于是库尔特·哈恩（Kurt Hahn）等人创办了阿伯德威海上学校，后来改名为Outward Bound学校，训练年轻海员在海上的生存能力及遇险后的生存技巧。第二次世界大战后，阿伯德威海上学校训练原型的独特创意和训练模式再次受到人们的重视，逐渐被推广开，其训练对象由海员扩大到军人、学生、工商业人员等群体。训练目标也由单纯的体能、生存训练扩展到心理训练、人格训练、管理训练等，训练的范围逐渐扩大到世界各国。

哈恩是一名教育工作者，曾执教于德国和英国的私立学校。第二次世界大战前，在担任德国南方塞兰学校校长期间，哈恩首先实践了Outward Bound的教育方法。身为犹太人的哈恩，从德国移居到英国，继续进行他的研究。第二次世界大战结束后，阿伯德威海上学校的功能随之退化。

二、拓展训练的起源与发展

1970年，中国香港成立了外展训练学校。这是中国第一个加入国际组织的专业培训机构，它为拓展训练在中国的传播和发展奠定了基础。1999年，中国香港外展训练学校在广东肇庆建立拓展训练基地。这一基地是该训练组织在中国内地的第一个培训基地。1995年，以拓展训练命名的体验式教育模式整合改造后进入中国，当时的北京华融拓展训练学校是最早开始在国内开展课程的培训机构。拓展训练在培训领域引起前所未有的震撼，拓展训练培训机构遍布全国，呈几何级数增长，国内比较成规模的拓展训练培训机构已不计其数。参与其中，组织拓展训练的还有培训学校、户外俱乐部管理公司、咨询公司等。它们都对拓展训练的推广与发展做出很多贡献。

1999年，清华大学率先将体验式培训引入MBA、EMBA的教学体系中。随后，北京大学光华管理学院、中欧国际工商学院、中山大学岭南学院、浙江大学、中国工商管理学院、暨南大学等院校的MBA、EMBA教育也纷纷把拓展训练作为指定课程内容。在近几年的发展中，拓展训练课程出现了多元化，活动项目日益丰富，以拓展训练经典的活动项目为主题，结合野外活动、室内活动项目，甚至在其他培训活动、研学会、旅游团体活动中穿插拓展训练项目。

拓展训练在培训领域的快速发展带来了一些潜在的问题，许多并没有获得培训资质的机构不断加入，造成培训机构鱼目混珠的现象，缺乏培训资质的拓展教师在培训中滥竽充数，这些都起了负面作用。随着拓展训练的发展和行业的不断完善，中国的拓展训练必将向普及和提高两方面发展。

三、拓展训练课程的活动类型

拓展训练的课程活动在实施环节中，根据项目的活动类型、学生在项目中的角色认定及项目对学生的培养目的，对每一个项目进行评估，并划分为几种类型。这对于我们合理选择项目，并将其合理安排是非常重要的。

（一）类型一

传统的理论学习部分可以在室内进行。我们通常会在开始拓展训练前，将学员集中在训练场、教室或会议室中完成拓展训练的开始部分。这部分课程包括讲解拓展训练的基本知识、拓展训练活动中应注意的行为规范及安全要求、拓展训练活动的模式及分享、拓展训练中领导力及团队文化的存在意义。项目案例为破冰课程、沟通学习（见图5-1）等。

图5-1 破冰课程

（二）类型二

较低风险的户外活动项目是在团队的协作下以个人挑战或团队挑战为主的项目。个人用积极的心态与行动参与项目，感受在队友的支持下接受挑战、树立团队共同面对与战胜困难的信心，加强组织内的有效沟通，明确分工，学习层级管理、领导授权、监督机制、时间统筹等。培训项目案例为高台演讲、盲人方阵、数字传递、同心鼓、七巧板（见图5-2、图5-3）等。

图5-2　数字传递

图5-3　同心鼓

（三）类型三

较高风险的户外运动项目，个人接受挑战。在团队的协作下，参与可以激发个人潜能、挑战与战胜困难、对个体心理冲击力较大的项目。这里的培训点为：帮助个人了解自己在团队中的作用，理解自己与他人之间的关系，培养自立自强的精神，培养勇敢面对困难、战胜困难的决心，培养在挫折面前自我说服的能力，增强自我激励、对他人的激励能力，合理地树立榜样及效仿榜样、体验成功，并快乐地与他们分享，认同在同一现实面前有不同认知，并能求同存异地看待问题等。培训项目案例为信任背摔、高空断桥、高空单杠、合力桥、天梯、缅甸桥（见图5-4）等。

图5-4　高空断桥

（四）类型四

较高风险的户外运动项目，团队接受挑战。这里强调培养团队意识与团队合作精神，提高团队工作效率，营造和谐环境，培养良好的人际关系，培养团队内部学习与互助的能力，强调信任在团队中的作用，对团队良性发展的及时肯定与认知等。培训项目案例为求生墙、野外生存、野外露营（见图5-5、图5-6）等。

图5-5 野外生存

图5-6 野外露营

将拓展训练的活动分成几个类型，目的是表明这些项目在活动性质、培训目标上有一定的针对性，并不是表明哪个类型的活动优于其他类型。培训师在安排课程、选择项目时要根据团队发展的不同时期，合理地设置和调配项目，这样可以使安全风险降到最低，也有利于培训目标的达成。

第二节 拓展训练的场地、器械

一、拓展训练的场地

由于拓展训练体验式学习形式的特殊性，在授课过程中，部分项目需要拓展场地、拓展器械及专业的保护装备。根据场地的分类，拓展训练的场地主要有自然环境的野外拓展训练场地、自然环境与人造环境相结合的户外拓展训练场地、人工建造的拓展训练场地等。无论什么样的场地，都需要在不断的实践中进行改进。为了表现项目的理念，满足团队培训及学习的需要，随着时代的变化、理念的变化，项目所需要的场地在不断创新。

（一）自然环境的野外拓展训练场地

由于环境复杂多变，野外拓展场地适合具有一定专业训练的人，或在专业教练的组织带领下，体验拓展训练的刺激与乐趣。参与野外拓展活动必须有人对地形极为熟悉，对当地的气候条件有充分的了解，对周边的人文环境有较好的处理经验。在做好各项准备工作后，在活动前的一周内，对场地再次进行前期考察，然后才能选择使用。

（二）自然环境与人造环境相结合的户外拓展训练场地

自然环境与人造环境相结合的场地是许多拓展活动组织者推崇的一种活动场地。它是在利用原有自然环境的基础上，寻找适合某项活动所需要的可利用条件，在不破坏场地原貌的基础上，局部进行人工改造，比如，利用坡度较大的崖壁做高空下降或攀岩、利用河流与钢索进行渡河活动等。

选择使用此类场地前必须考虑场地周围潜在危险小，场地具有一定的稳定性、持久性，活动期间不干扰周边人群，并具有较强的抗干扰性。比如，林间寻宝活动、定向活动等，我们在设定部分点标后，在活动时点标引起他人过多注意或被不知情者移动、取走等，都不利于我们进行训练。

（三）人工建造的拓展训练场地

人工建造的拓展训练场地是我们按照一定的课程理念，将课程知识按照一定的要求，设计出符合要求的活动，并依据活动要求进行布置与搭建的训练场地。这是一种较为普遍、易于被活动者接受、组织实施比较方便的训练场地。

二、拓展训练的器械

拓展训练中所使用的器械主要包括保护性器械、辅助器械、模拟器械、辅助道具等，每种器械都是不可缺少的。器械的选择采购、合理使用、保养与维护对拓展训练来说是非常重要的。

工欲善其事，必先利其器。拓展训练所使用的器械装备与攀岩或登山运动所使用的装备有很多相同之处。目前，拓展训练使用的高空器械，市场上有许多品牌。我们所选择的器械品牌应遵循UIAA（国际登山联合会标准）或CE（欧盟标准）（见图5-7）。

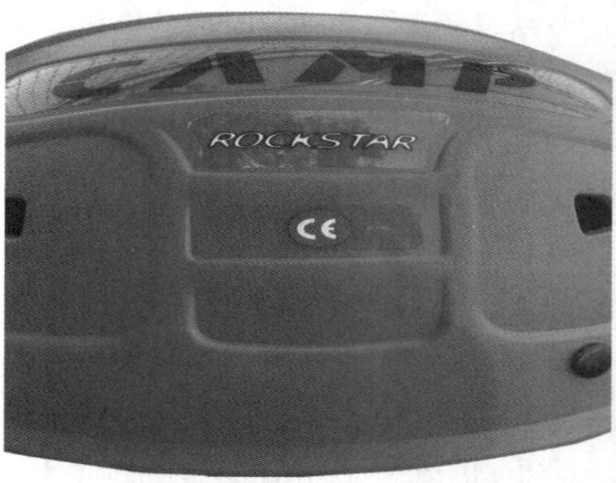

图5-7 “CE”认证标准

这里我们列举一些经常使用的品牌，如Camp、Simond、BlackDiamond、Petzl等（见图5-8、图5-9）。器械必须由熟悉拓展训练器械的专业拓展训练师操作。

图5-8　Camp头盔

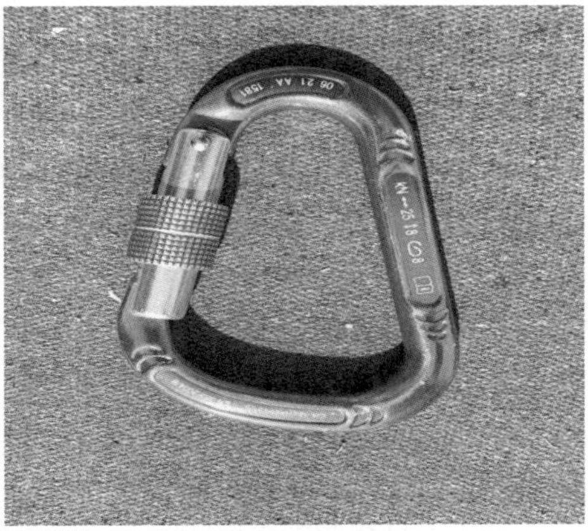

图5-9　Camp锁扣

第三节　拓展训练地面常用项目

拓展训练中的地面常用项目通常以团队协作的形式解决各种难度不同的任务。此类型活动的培训目标多以提升团队的凝聚力为主，让团队成员感受团队的力量和温暖。

一、大河之舞

（一）项目概述

这个项目叫大河之舞，也叫团队跳绳。这是一个以团队挑战兼团队间竞争为主的项目。项目实施过程中洋溢着欢快的气氛，充满了乐趣，让人仿佛回到了无忧无虑的童年。

1. 人数、时间、场地器材

团队挑战人数：10人左右（如有30人参与，可分为3队）。

项目完成时间：40分钟。

场地器材：边长不小于20米的平整、开阔的场地一块，长10—15米的跳绳或一条大绳。

2.项目布置过程

（1）团队中两名队员摇绳，其他人想办法进入。当所有队员进入长绳时开始计数，集体连续跳动数量最多者获胜。

（2）绳子一旦出现人为的停顿现象，项目将重新开始。

（3）项目活动中，规定20分钟的练习时间，然后进行比赛。在规定时间内，集体跳绳次数最多者获胜，根据次数进行排名。

3.项目安全监控及项目控制

（1）检查场地是否有尖锐的物体，保证场地足够平坦、无障碍物，确保队员的安全。

（2）要求学员把身上携带的所有物品放到旁边安全的地方，待训练结束后再取回。

（3）拓展训练师随时注意观察学员的动态，活动中出现危险情况时，应及时叫停。

（4）拓展训练师根据项目要求及培训目标，注意控制时间。

（二）学习及培训目标

1.培养团队的决策能力，将决策与执行顺利转化的能力。

2.体验“从做中学”的学习方式，提高团队成员的学习能力。

3.激发团队成员相互信任、高度合作、深层凝聚的团结精神，提升团队的凝聚力。

二、蛟龙出海

（一）项目概述

这个项目叫作蛟龙出海。所有队员（实践中可安排1—2人进行保护）用绑腿绳绑住脚踝位置，连成一个整体，向左侧（或右侧）方向前进，到达目标点。几个队伍进行10—20分钟练习，然后比赛，先到达的队伍获胜。

1.人数、时间、场地器材

团队挑战人数：15人左右（如有50人参与，可分为3—4队）。

项目完成时间：40分钟。

场地器材：边长不小于20—30米（视具体人数而定）的平整、开阔的场地一块，每人一根70—100厘米的绑腿绳。

2. 项目布置过程

（1）所有队员必须用绑腿绳连成一体，连接部位统一为小腿肌肉下与脚踝之间。

（2）在蛟龙出海项目比赛过程中，连接队员的绑腿绳不能有意或无意地脱落，如果松开后，必须绑上绑腿绳，才能继续比赛。

（3）拓展训练师随时注意观察学员行进中的动态，活动中出现危险情况时，应及时叫停。

（4）所有队员在队长的带领下进行项目练习，20分钟后，等候拓展训练师的指令进行比赛。

3. 项目安全监控及项目控制

（1）检查活动场地是否有尖锐的物体，保证场地平坦、无障碍物，确保队员的安全。

（2）要求学员把身上携带的所有物品放到指定的安全地点。

（3）拓展训练师根据项目要求及培训目标，注意控制时间。

（二）学习及培训目标

1. 积极讨论、出谋划策，培养、提高团队成员的沟通能力。

2. 听从指令，统一节奏，全力以赴，提高团队成员统一作战的协同能力。

3. 积极参与，激发团队成员相互信任、高度合作、深层凝聚的团结精神，增强团队的凝聚力。

三、极限时速

（一）项目概述

这个项目叫作极限时速，也叫作解救密码。要求全组队员在最短时间内，按照1—30的顺序，依次拍完所有的数字。几支队伍进行10分钟左右的练习，然后比赛，可进行几轮次，根据时间确定名次（见图5-10）。

1. 人数、时间、场地器材

团队挑战人数：10人左右（如有36人参与，可分为3—4队）。

项目完成时间：40分钟。

场地器材：边长不小于15米（视具体人数而定）的平整、开阔场地一块。

图5-10　极限时速

2.项目布置过程

（1）学员了解规则后，在队长的带领下，在10分钟左右的时间内完成项目实施计划和项目的模拟练习，准备比赛。

（2）在极限时速项目比赛过程中，严格执行规则，有违规者，立即取消该队伍的比赛资格（根据培训目标的需要，有违规者，不取消队伍的比赛资格，但要从数字1开始，重新拍击），等待第二轮次比赛。

（3）拓展训练师随时注意观察学员比赛中的动态，活动中出现失败的情况，及时进行引导和鼓励。

3.项目安全监控及项目控制

（1）检查活动场地是否安全，保证场地平坦、无障碍物，确保队员在活动中的安全。

（2）活动中，要求学员把身上携带的所有物品放到指定的安全地方。

（3）拓展训练师根据极限时速项目要求及培训目标，注意控制时间。

（二）学习及培训目标

1.在工作及团队活动中，选出最适合的人选进行合作配合，可以大大提高效率，起到事半功倍的作用。

2.再次优化组合，能够提高工作效率。

3.在团队活动中，实践的人非常重要，同时团队中的观战人员（作为团队的一员，踩线或提前进入场地视为犯规）也不能出错。

4.鼓励学员积极参与，激发团队成员相互信任、高度合作、深层凝聚的团结精神，提升团队的凝聚力。

四、盲人方阵

（一）项目概述

这个项目叫作盲人方阵，要求全体成员扮演盲人的角色，在规定的时间内找到一根长绳，把它做成一个最大化的四边形（根据培训的需要可以直接告诉学员为正方形）。所有人需要相对均衡地站在四边形的四周，多余的人站在图形中间。

1.人数、时间、场地器材

团队挑战人数：15人左右（如有45人参与，可分为3—4队）。

项目完成时间：40分钟。

场地器材：眼罩（个数大于参与人数），一条长20米左右的长绳，边长不小于20米（视具体人数而定）的平整、开阔的场地一块。

2.项目布置过程

（1）学员准备好，讲清盲人方阵项目的规则，发放眼罩，让大家试戴（不合适的眼罩可以更换），确保学员看不见外面的事物。

（2）团队的讨论和决策要在宣布比赛后才能进行，在队长的带领下，在40分钟左右完成比赛。

（3）在项目比赛过程中，拓展训练师监控整个计划和活动的进程，并记录学员的表现。

3.项目安全监控及项目控制

（1）检查是否有人违规，严禁偷看，违规者给予取消参与活动的资格。

（2）出于安全考虑，随时观察是否有绊脚的地方，及时消除隐患。

（3）如果活动的进程太快，可以给予提示，所组成的图形是不是正方形。

（4）比赛结束前一刻，摘下眼罩时，为了保护眼睛，要求大家先闭眼1分钟。

（二）学习及培训目标

1.倾听比倾诉更为重要，在沟通中要做好倾听者。

2.收集各方信息，做好集体决策工作。

3.细节决定成败。千里之堤溃于蚁穴，在工作、学习、活动中应注意细节，做好细节工作。

五、穿越雷阵

（一）项目概述

场景模拟，在红军前进途中有雷阵挡路，必须及时通过，才能消灭敌人，取得作战的胜利，规定在40分钟内全员通过雷阵。

1.人数、时间、场地器材

团队挑战人数：15人左右（如有45人参与，可分为3—4队）。

项目完成时间：40分钟。

场地器材：雷阵图，一条长约20米的长绳，边长不小于15米（视具体人数而定）的平整、开阔的场地一块。

2.项目布置过程

（1）全体学员在雷阵图前站队，听拓展训练师讲清规则后，集体讨论5分钟，在拓展训练师示意后，开始挑战项目。

（2）队长安排队员开始探雷。触雷后，探雷者必须原路返回，并“损伤”一条腿。如果再次探雷，触雷后需原路返回，视为“损伤”下肢，不能再次探雷。

（3）探雷方法：第一批任何一个格子都可以走，但进入雷阵后，要听拓展训练师的口令，若无雷，“可以，请继续前进”；若有雷，“对不起，请原路返回”。

（4）项目开始后，除了探雷者，其余人都不能越过起点及起点两端延长线。

（5）整个项目采用计分制：超越活动区域、踩线、不按原路返回的情况，每一次扣2分，重复踩雷扣5分（满分是100分）。

3.项目安全监控及项目控制

（1）检查是否有学员违规，每违规一次，按照规则扣除相应的分数。

（2）拓展训练师要时刻注意观察学员的动态，应做好保护工作，及时制止学员的危险动作。

（二）学习及培训目标

1.“凡事豫则立，不豫则废。”在做事之前，相比于急于试探，更应该形成行动的决策。

2.在学习、工作处于瓶颈期时，固定的思维模式会影响事情的发展（或者是任务的完成），唯有改变和创新才能更好地解决。

3. 在意见不统一时，队长应起到决策者的作用。

第四节　拓展训练的中低空、高空项目

拓展训练中的中低空项目可以培养学员面对危机时彼此信任、密切协作、共同战胜困难的精神。高空项目一般以锻炼学员的心理素质、挖掘学员的内在潜能为主，感受在特殊心态下完成任务的能力，以及在团队激励和帮助下个人完成挑战的价值。

一、信任背摔

（一）项目概述

信任背摔是经典的拓展训练项目之一。全队每个成员依次走上背摔台，在拓展训练师的引导与要求下，背对大家、笔直地倒到团队人员搭建的人床上。大家安全地接住并安全地把背摔者放回地面，项目结束（见图5-11）。

图5-11　信任背摔

1. 人数、时间、场地器材

团队挑战人数：15人左右（人数不能少于10人，其中男士不能少于3人。如果有学员体重超过100公斤，接人的学员中应至少有4名体格较好的男士。不满足条件的话，此项目替换或不做）。

项目完成时间：40分钟。

场地器材：1.5米背摔台、绑手绳一条、防潮垫2个（用于放物品）。

2.项目布置过程

（1）带领全体学员做好充分的热身活动，然后将学员集合到背摔台前。

（2）介绍信任背摔项目。这是一个个人挑战与团队配合相结合的项目。我们面前有一个1.5米高的背摔台。每一个学员都要依次上台，按照要求后倒。其他学员搭好“人床”将队友接住。

（3）要求学员把身上的所有硬物（如钱包、手表、手机、钥匙及各种卡片，还有手镯、戒指、耳环等首饰）取下来，放在防潮垫上（或放到安全区域内，避免丢失。要求学员有序摆放）。

（4）确认每位学员的身体状况是否适合参加信任背摔项目挑战。有心脑血管疾病、心脏与血压不正常、近期做过大手术、高度近视、身体不适的学员，或者医生建议不做剧烈活动的学员，需要和拓展训练师沟通，确认是否参加信任背摔的挑战。

（5）分别介绍背摔台上背摔者和台下保护者的动作。

①背摔者

首先，两臂交叉，掌心相对，十指相扣，双手握紧向内旋；然后，双手抱紧，靠向身体，两肘夹紧，紧紧抱胸；最后，拓展训练师会在学员的手腕部系一根背摔绳。

②保护者

首先，找一个和自己身高体重比较接近的人，面对面站立，伸出右脚呈前弓步站立，两脚左右间距略比肩窄，脚内侧相抵，膝关节内侧紧扣。调整支撑腿，保持重心稳定，上体正直略向后倾，腰部收紧。其次，双臂向前平举，彼此搭到对方上臂上，不用放在肩上。掌心向上，手指并拢伸直，肘部自然向下弯曲，抬头向后仰，看着背摔者的后背，如果发现有偏斜的情况，可以略微向后调整。最后，每两位学员面对面站好（将力量较小、身高较低的一组队员排在前端，第二至第四组一定要由力量较大的学员组成），一对对肩膀靠近，排列成面对面两排，用双臂搭建一个接人的“人床”。选择一个人站在两排队伍的末端做“床头”，推着两边“人床”的肩膀，并帮助拓展训练师确认挑战学员是否站在人床的正中间。

3.项目安全监控及项目控制

（1）有严重的外伤病史，或者有严重的心脑血管、精神病及高度近视等病症者，不宜做信任背摔项目。

（2）拓展训练师应强调安全事项，并随时关注学员动作的规范性。

（3）拓展训练师要试压每一组保护者的双臂，并强调每个人位置的重要性。

（4）学员上背摔台后，应靠护栏站立，然后听从拓展训练师的指令。

（5）背摔者后倒前，应和下面的保护者做好沟通，如："我叫xxx，我准备好了，大家准备好了吗？"后面会有整齐、响亮的声音回答："我们准备好了，请相信我们。"达成默契后，才能后倒。

（6）当背摔者倒下被接住后，拓展训练师要下蹲控制背摔者的脚，防止脚踢到旁边的保护人员。背摔者落到"人床"上，然后站起时，应防止头部前冲，碰到背摔台。

（7）拓展训练师要求学员摘除戴、装的所有硬物，雨天活动时所穿的雨衣必须脱去。

（二）学习及培训目标

1.分享信任的含义与案例，培养团队内部的相互信任。

2.通过挑战项目，增强学员挑战自我的勇气。

3.通过项目的回顾，学员懂得了团队的重要性，发扬团队精神，互相帮助，团队的力量是无穷的。

4.通过挑战，学员懂得合理突破本能的重要意义。

5.培养学员换位思考的意识。

6.懂得义务与承诺对团队内部相互信任的重要影响。

二、穿越电网

（一）项目概述

该项目叫作穿越电网。在红军前进途中有敌人设置的电网挡路，必须及时通过，才能消灭敌人，取得作战的胜利。项目开始后，在40分钟内，全员从电网的一侧按照规则要求成功到达另一侧，即为挑战成功。

1.人数、时间、场地器材

团队挑战人数：15人左右（如有45人参与，可分为3—4队）。

项目完成时间：60分钟。

场地器材：室外宽阔的平坦场地，电网设施或利用树桩临时编、挂的一张5米宽、1.6米高的绳网。

2.项目布置过程

（1）该项目也叫蜘蛛网，是一个团队合作型项目，要求所有人在40分钟之内从网洞中穿过，到达电网的另一边。

（2）每个网洞只能通过一人次，通过后立即封闭。

（3）任何人、任何物品不可以触及网洞，若触及，所在的网洞立即封闭，正在通过的人退回，重新选择网洞通过。

（4）所有人身体的任何部位（包括头发、衣服等）触及网洞均视为违规。

3.项目安全监控及项目控制

（1）所有学员在进行项目之前，都要将身上的硬物（如眼镜、发卡、手表、钥匙、戒指等）放到安全的地方，待项目完成后再取回。

（2）检查场地是否有尖锐的硬物，确认绳网与两侧立柱连接牢固。

（3）在挑战项目时，学员被托起后，任何情况下其他人都不得将其抛起或放手，放下时先放脚，待其站稳后才能松手。

（4）在挑战项目中，女队员被运送时，只允许仰面向上通过。

（5）拓展训练师要注意站位，保持站在人少的一边，时刻做好保护准备。

（6）在项目进行过程中，发现大家的动作有危险时，拓展训练师应立即禁止，请大家不要再继续。其他学员需要立即停下手中的动作，等候拓展训练师的指令。

（二）学习及培训目标

1.通过项目的体验及分享，学员可以培养合理计划、有效组织、统一行动、密切协作的良好意识。

2.资源的合理配置可以有效提高工作效率。通过此项目的学习，学员可以增强充分利用资源及资源配置的能力。

3.培养团队的科学决策方法和严谨、细致的工作作风。

4.监督机制的完善是安全的保障。通过此项目的学习，学员可以培养规则意识。

三、高空断桥

（一）项目概述

此项目叫作高空断桥，是一个以个人挑战为主的高空项目，属于心理冲击较大的项目。整个过程在拓展训练师的安全保护下、在其他学员的激励下，学员需要自己独立完成。学员在穿戴好专业安全装备后爬上断桥，从断桥的一端跳到另一端，然后在拓展训练师的保护下，从中间降下来（见图5-12、图5-13）。

图5-12 高空断桥（一）

图5-13 高空断桥（二）

1.人数、时间、场地器材

团队挑战人数：15人左右。

项目完成时间：90分钟。

场地器材：室外高空断桥训练架，直径为10.5厘米的动力绳两条，安全头盔2—3个，坐式安全带3条，钢锁2把，D形锁4把，八字环2个，大毛巾2条（雨天用）。

2.项目布置过程

（1）高空项目有一定的危险性。拓展训练师应一边讲解一边操作，带领大家一起学习并掌握头盔、安全带、锁扣及其他器械的使用方法、注意事项，并让准备尝试的学员做配合演示。

（2）拓展训练师带领学员在地面进行跳断桥的实践演示，并组织全员模拟练习：做好弓步动作，重心在后，后腿发力，前腿支撑，单脚跃起，跳过断桥。

（3）学员爬上距离地面8米的高空，空中有个断开的桥面，走到桥板的一端，露出的桥板边缘占脚的三分之一，两臂侧平举，和保护师进行沟通："准备好了吗？"当听到"准备好了"的回答之后，学员大喊"1——2——3"，同时跨步跳到桥板的另一端，然后按同样的要求跳回来。

（4）学员在桥面上不允许助跑，跳跃过程中可以一只手轻扶绳子，以维持身体重心平衡，但是不允许紧抓保护绳（紧抓绳子会影响跳跃，甚至出现危险情况）。

3.项目安全监控及项目控制

（1）学员如果有严重的外伤病史，或者有严重的心脑血管疾病、精神病、慢性病及并发症或医生建议不适合做此类挑战项目的情况，可以不做此类高空挑战项目。

（2）学员系安全带、戴头盔时，指定团队中的安全员帮助，然后队长负责检查，最后拓展训练师做全面检查，方可爬上断桥进行挑战。

（3）学员在断桥上的动作是，先将身体转正，背靠柱子站好，走至桥面边缘，动作要领是单脚起跳，单脚落地，不允许助跑和立定跳远。起跳脚是平时习惯的一只脚，手不能抓保护绳。

（4）项目完成后，学员沿立柱原路返回地面，或者按保护师的要求，从断桥中间慢慢降下来。

（二）学习及培训目标

1.通过高空项目的体验及分享，学员可以提高克服恐惧、勇于面对困难、认知自我、增强自信、突破心理舒适区的心理素质。

2.培养学员自我说服与自我激励的能力，感受激励他人和获得激励并增强勇气的重要性。

3. 挑战此项目，可以增强团队意识，培养学员面对困难时的互助精神。

4.挑战自我，并引申出“断桥一小步，人生一大步”的感悟。

四、高空单杠

（一）项目概述

此项目名叫高空单杠，是一个以个人挑战为主的项目，属于高空高难度项目。整个过程在拓展训练师的保护下、在团队成员的激励下，学员独立完成（见图5-14、图5-15）。

图5-14　高空单杠（一）

图5-15　高空单杠（二）

1.人数、时间、场地器材

团队挑战人数：15人左右。

项目完成时间：90分钟。

场地器材：室外高空单杠训练架，直径为10.5厘米的动力绳两条，安全头盔2—3个，全身安全带2套，坐式安全带2套，钢锁2把，D形锁4把，八字环2个，手套4双。

2.项目布置过程

（1）高空项目有一定的危险性。拓展训练师应一边讲解一边操作，带领大家一起学习并掌握头盔、全身安全带、坐式安全带、锁扣及其他器械的使用方法、注意事项，并让准备尝试的学员做配合演示。

（2）学员穿戴好保护装备，接受队员激励后，由地面通过立柱扶手，爬到立柱顶端，通过自己的努力，站到立柱顶端的圆台上。站稳后，两手侧平举，并大声询问自己的队友和保护人员："准备好了吗？"当听到"准备好了"的回答之后，学员大声喊"1——2——3"，同时奋力跃起，双手抓住前方单杠，完成任务后，松开双手，在保护师的保护下，慢慢回到地面。

3.项目安全监控及项目控制

（1）学员如果有严重的外伤病史，或者有严重的心脑血管疾病、精神病、慢性病及并发症或医生建议不适合做此类挑战项目的情况，可以不做此类高空挑战项目。

（2）学员系安全带、戴头盔时，指定团队中的安全员帮助，然后队长负责检查，最后拓展训练师做全面检查，方可进行挑战。

（3）当学员奋力跃起时，安全员要及时收保护绳，并适当后退，防止脱手后冲坠过猛，造成危险。

（4）拓展训练师要提醒学员严禁脚踩绳索，不得将锁具跌落到地面上，以免锁具损坏而出现意外情况。

（5）按照"挑战基于选择原则"，拓展训练师要鼓励学员挑战高空单杠项目，但不得强求不愿参加者。

（二）学习及培训目标

1.培养克服恐惧、勇往直前、挑战自我、激发潜能的意志。

2.在项目挑战中，前方的高空单杠就好比一次机会。学习对风险的分析和机会的把握能力，用积极的心态去争取和抓住机会。

3.挑战此项目可以增强团队意识，培养学员面对困难时的互助精神。

4.掌握目标管理与控制的成功经验。

五、毕业墙

（一）项目概述

此项目名为毕业墙，也叫求生墙，有时我们叫它海难逃生。因为我们经常将它安排为最后一项挑战，所以叫它毕业墙或胜利墙。此活动可以让我们懂得个人目标与团队目标的关系，只有团队获得胜利才是真正的胜利（见图5-16）。

图5-16　毕业墙

1.人数、时间、场地器材

团队挑战人数：人数不应少于10人，其中男士不少于20%。

项目完成时间：60分钟。

场地器材：室外毕业墙设施，高4米、宽3—4米；墙面外有开阔的场地；3米×2米×0.25米的海绵垫两块。

2.项目布置过程

（1）这是一个以团队合作为主的项目，项目具有一定的难度和危险性（也可以用场景模拟的方式，用海难逃生的场景进行项目布置）。

（2）毕业墙项目的规则：所有成员都要在40分钟之内爬上10米高的毕业墙，如有人没有上去，就视为团队未成功；不允许借助任何可以延长肢体的工具，如衣物、腰带、绳子等；毕业墙墙面是大家攀爬的唯一通道，不允许利用墙的侧面及周围的其他设施帮助攀爬；没有上去的人不能事先从旁边上去，已经上去的人不能再从旁边梯子下来帮忙（人员过多时，提前下来的学员必须站在指定地点），允许上去的学员从原路退下。

（3）所有参与挑战的学员都要摘除戴、装的一切硬物，如手表、眼镜、发卡、戒指、钥匙及各种卡片等物品。必须脱掉硬底鞋、高跟鞋，以防伤害其他学员。

（4）在项目挑战过程中，学员采用搭人梯的方法，采用马步站桩的方式，不要将身体靠在墙上，注意腰部用力挺直，用手臂弯曲推墙固定的方式保持人梯稳定、牢固。

（5）项目挑战过程中会涉及拉人的动作，拉人时不可拉衣服，拉手时要手腕相扣（老虎扣），不可将被拉人员的胳膊搭在墙上（避免出现骨折的情况），只能垂直上提，当肩部以上高过墙沿时，可以靠在墙上，从侧面将腿上提，然后将学员整体拉到墙上面。

（6）抱石保护法，除了用自己的身体搭建起“人梯”的学员，其他学员必须参与保护，以弓步站立，双手举过头，肘部略屈，掌心对着攀爬者，抬头密切关注攀爬者，当攀爬者出现不稳定的状况时，随时准备接应，防止危险状况的出现。

（7）当攀爬者摔落或人墙倒塌时，应迅速在保护自己的同时做出相应的动作：当攀爬者顺墙滑下时，应将其按在墙上（不能按头）；当攀爬者在不高的地方屈膝向后坐下或脚下滑时，应向前将其托住；当攀爬者从高空向外摔出，应顺势接住，将其安全地放在垫上。

（8）当拓展训练师发出“挑战开始”的口令时，项目挑战计时开始；当中间出现停止口令时，计时暂停，再次挑战开始时，计时继续。

3.项目安全监控及项目控制

（1）学员如有心脏病、习惯性脱臼、颈椎损伤等病史，应负责保护工作，不能参与项目挑战；所有学员在进行项目前，都应将身上的尖锐物品除去，放在一边，做完项目后再取回。

（2）检查海绵垫是否完好无损，上面是否有硬物；检查毕业墙，尤其是墙头是否松动，是否有安全隐患。

（3）对攀爬者、搭人梯者、墙上提拉者的安全要求，要不断地大声提醒，真正做到防患于未然。

（4）在下面当人梯的学员要轮换进行，以防止时间过长支持不住，造成不必要的损伤事故；所有未攀爬人员在项目进行当中都应站在后面进行保护，以保证攀爬队员的安全；所有学员在挑战中如出现身体不适，要立即声明，拓展训练师立即停止项目，解决问题。

（5）当毕业墙高于4米或学员确实因能力不足而无法攀爬上去时，可给他们提供备用的绳索并指导使用。

（6）如果拓展训练师发现大家的动作有危险时，必须立即制止，请大家不要再做这样的危险动作。

（二）学习及培训目标

1.在团队合作（项目挑战）过程中，必须要有领导、组织、计划、分工实施。

2.培养团队内部及团队之间的凝聚力。

3.学会换位思考，懂得感恩，如感谢那些用自己的身体搭建起“人梯”的人（升华为我们的父母），感谢上面拉我们的人（升华为工作中的领导），感谢我们自己（自己的选择、努力与坚持）。

4.增强团队意识。只有通过团队的努力，才能更好地实现个人及团队的最终目标。

第五节　拓展训练师

拓展训练是一种态度训练，而不是我们教学中的知识训练或技巧训练。在培训过程中，拓展训练师主要着眼于熔炼团队、激发学员的潜能。在拓展训练面前，没有人是真正意义上的老师，因为没有人能够真正地教别人什么。每个人在参与活动的过程中体验不同，在不同时间、不同地点所发生的一切给了学习者各自不同的感悟。

“从做中学”的理念淡化了教师的作用，而拓展训练活动本身就是很好的老师。拓展训练师不是帮助学员解决具体问题，而是利用培训过程反映出学员的心态，为学员提供一面镜子，使学员洞悉自己，从而理清自己的状态和情绪，正确地认识自己，为完善自身综合素质提供了参考依据。团队建设和破冰起航是重要的活动参考（见图5-17）。

图5-17　团队建设

一、拓展训练师的角色

拓展训练中的训练师虽然淡化了“教”的职能，但多了更多身份特征，有了更多职责与工作，有时候大大小小的事都要去做，需要成为多面手。

第一，拓展训练师是活动的策划者，是训练的总体负责人。

第二，拓展训练师是活动场景的布置者。

第三，拓展训练师是规划的执行者。拓展训练的效果如何和拓展训练师的专业化水平是分不开的。

第四，拓展训练师是气氛的制造者。性格稳重、幽默的拓展训练师会让拓展训练的效果大大提升。

第五，拓展训练师是活动流程的疏导者和活动安全的监督者。因此，不是随便哪个人都能做到的，需要专业的拓展训练师从事活动指导。

第六，拓展训练师是认知的提升者。通过活动体验、讨论分享，达到知识的升华，获得知识，改变行为，这是拓展训练的核心。

二、拓展训练师的重要素质

拓展训练项目培训效果的不确定性与项目开始的悬念一样，不仅让学员感觉到新奇与刺激，也会让拓展训练师在其中获得不同的感受和收获。在无数次的培训和教学中，每次教与学都不是完全被复制的，看起来相似的学员其实各具特色，不尽相同。优秀的拓展训练师在学员和培训项目面前，应该能够做到及时遗忘与回归，不要指望拓展活动项目会沿着自己心目中的方向去发展，更不要轻易期望现有学员会在活动中和上一次培训的那批学员一样配合与优秀。因此，拓展培训师需要有极高的专业素质。

（一）拓展专业技术强

拓展专业技术指的是拓展训练师实际组织拓展活动的能力。拓展训练师要具有较高水平的拓展专业技术，可以带领并组织高水平的活动，可以轻松控制活动场面。

（二）安全责任意识强

拓展活动中有很多具有高峰体验的高空项目，如高空单杠、高空断桥、攀岩、速降等，体验度高，受部分学员的推崇。但这必须要在确保安全和持谨慎态度的情况下进行。

这就要求拓展训练师有较强的安全责任意识。

（三）思路清晰

拥有善于捕获信息的能力、清晰的思路，对于拓展训练师顺利地指导活动是必需的。学员的沉思与频频点头，正是对拓展训练师清晰思路的认可。对此，我们应获得有用的信息，弥补很多学科知识的缺陷，需要有良好的记忆和做笔记的习惯。

（四）组织能力强

拓展训练师的组织能力包括制订活动项目的计划、活动前物品的准备、活动的实施及活动时安全评估所具备的专业能力，如协调交通、饮食、活动地点，风险管理和方案制订等能力。

（五）环境保护能力

很多活动（如野外生存、定向越野、野外露营等）是在户外甚至是在景区进行的。保护环境，做完活动后要恢复环境原貌，是每个人良好素质的体现。因此，拓展训练师要具有保护自然环境的能力。

（六）其他能力

活动中巧妙的表达能够获得更多的认同。张弛有度是一种被学员欣赏与敬佩的做人艺术。化繁为简与放开能力是拓展训练表达中的瑰宝。化繁为简是将晦涩的理论、复杂的技巧用生动比喻、通俗案例呈现出来；放开能力则是打破常规表达的束缚，不局限于既定语言，大胆运用肢体语言（如夸张的手势、丰富的表情），为话语添彩。鼓励学员积极互动，根据他们的反应灵活调整表达内容，让每一次交流都充满生机与活力。当然，要想做好拓展训练的培训、教学工作，信心、责任心、知觉等能力同样是不可或缺的。

三、拓展训练师的职责与工作

要想成为一名拓展训练师，并且被业界及有经验的专家认可，就需要认真地去体验、学习。拓展训练师不仅要严格要求自己，还必须承担起为他人负责的任务，消除安全隐患，避免不必要的麻烦。拓展训练的开展不能仅停留在统一不变的流程和项目上，否则就会出现千篇一律、效果大同小异的现象。为了避免一些人认为的“拓展门槛低，只是做游戏”的情况出现，拓展训练师还需要不断学习与提高。

拓展训练师是训练的总体负责人。拓展训练之前，拓展训练师必须详细讲明拓展训练中存在的安全问题和敏感问题，活动进行中还需反复申明。

在很多拓展活动中，需要拓展训练师充分发挥想象力，创造出新的故事场景和情节，把参与者带入一个虚拟的故事环境中，如穿越电网、雷阵、毕业墙等活动。

如果有人不想参加，一定不要勉强他做不愿做的事情，可以让他做安全监护员。

拓展训练的理念是熔炼团队、激发潜能。

第六章　体育游戏

第一节　体育游戏概述

一、体育游戏的概念

游戏是人类社会发展进程中出现的一种特殊的社会实践活动，也是在一定的规则约束下人类社会的一种文化和娱乐活动。长期以来，国内外许多学者对体育游戏进行了探索和研究，并从不同领域和角度进行了总结，大致有以下几种观点。

（一）游戏是一种娱乐活动

在游戏过程中，组织者和参与者的目的都是一致的，以娱乐为主，达到放松心情、愉悦身心的作用。组织者更多是非功利性的。有时候组织者也是游戏的参与者，如一些家庭亲子游戏、儿童组织的游戏等。游戏一般包括一些体育性活动或者非体育性活动，如捉迷藏、猜灯谜等。其中捉迷藏可以作为单纯的娱乐活动，也可以作为体育活动开展；猜灯谜更多的是一种娱乐活动和文化活动。

有学者也把其中非体育性的、主要以娱乐为目的的一类游戏称作娱乐性游戏。娱乐性游戏常见的形式有电视游戏、舞台游戏、游园游戏、家庭游戏、儿童自发组织的游戏等。此类游戏的组织者和参与者主要以愉悦心情、文化传播等为目的，身体上无太大负荷。

（二）游戏是一种教育性活动

游戏中很大一部分可以称作教育性游戏，即活动的组织者在活动过程中通过相应的手段引导参与者向组织者提前设计的方向发展，以培养参与者各种能力，从而达到教育功能的一种活动。按此可将游戏分为幼儿启蒙游戏、智力游戏和体育游戏。

幼儿启蒙游戏是以发展幼儿各种基本能力为主要目的的游戏，包括角色游戏（如过家家等）、表演游戏（如毛毛虫等）及音乐游戏等。法国教育家卢梭在《爱弥儿》中指出，孩子在成长过程中，尤其是幼儿期需要自然教育，游戏可以帮助孩子更好地自由成长。

智力游戏是指以发展参与者智力为主要目的的游戏，如文字游戏、数字游戏、图形游戏、智力玩具等。智力游戏目前在学校教育中已被广泛运用在教学和课外活动中，受到很多师生的喜爱。

从游戏最初的娱乐性来说，体育游戏就是在一定规则的约束下，通过身体运动的方式进行的一种娱乐活动。在游戏组织过程中，很多都是可以结合体育来进行的。也就是说，很多游戏可以在娱乐的基础上起到锻炼身体的作用，如传统游戏老鹰捉小鸡、丢手绢等。这就需要游戏的组织者根据参加者的需要进行不同的游戏设计，从而达到娱乐和体育锻炼的目的。

学校教育的开展，不断拓宽了体育游戏的教育功能。活动更多的是发展学生体能、提高身体素质，让其在愉悦中达到体育锻炼的目的。同时，体育游戏中蕴含着丰富的合作与集体教育内容。学生通过模仿游戏中的各种角色学会处理人际关系，遵守社会规范，适应社会生活，也为学生的社会化发展提供帮助。

所以，体育游戏作为体育锻炼的一个手段，又可以定义为：它是以体育动作为基本内容，以游戏为活动形式，以增强体质、娱乐身心为主要目的的、特殊的体育活动。体育游戏不但可以提高学生的基本活动能力，增强身体素质、促进身心健康，而且可以增强学生的集体主义观念，培养学生团结互助、组织纪律性、勇敢顽强、克服困难等精神。

体育游戏现已成为学校体育的重要内容，尤其是在中小学体育教材中，体育游戏的比重较大。游戏的形式更加符合少年儿童的心理和身体特点，可以帮助学校更好地开展体育活动。同时，体育游戏也是高等教育体育专业学生的一门必修课程或选修课程。体育专业学生不但要学会体育游戏的组织，让更多人通过游戏达到目的，而且要学会根据实际需要进行体育游戏创编，掌握体育游戏创编的原则、方法和程序，还要掌握体育游戏的教学方法和实践方法。

（三）游戏是一种竞技性活动

由于很多竞技性体育运动都是由游戏发展而来，游戏中有一部分常被称作竞技性游戏。

竞技性游戏属于竞技运动的一部分，是活动性游戏（有少量的智力游戏，如棋牌类游戏等）发展的高级阶段。它以对抗性竞赛的方式，通过最大限度地发挥竞赛者自身体能、智能及运动技能等方面的潜力，以获得尽可能优异的运动成绩或者以战胜对手为目的。

竞技运动成为竞技性游戏主要考虑两方面。

第一，从竞技运动的发展史来看，很多运动项目的发展都是从游戏开始的，如球类项目、田径的接力项目等。近代的一些运动项目也是由一个或多个项目组合而成，如花样滑冰、现代五项等。

第二，竞技运动具有与游戏相同的特点，即趣味性、在一定的规则约束下完成等。

美国学者休密茨·K. L.（Schmitz K. L.）说："竞技运动从根本上讲是游戏的延伸，它的基础在于游戏，它的主要价值是从游戏中派生出来的。"

Sport一词现可译为运动、体育等，其在欧美等国的体育词典中翻译为"游戏、娱乐活动，是社会文化不可分割的一部分"[①]。随着现代竞技运动的发展，竞技水平得到了大幅度提高，人们的潜力得到不断挖掘，竞技运动的挑战性、竞争性甚至残酷性逐渐冲淡了游戏的趣味性和娱乐性。

竞技性游戏是竞技运动的重要组成部分，虽然和体育游戏同属于身体运动，但两者有所差异。

第一，游戏的目的不同。体育游戏的目的是增强参与者的身体素质和释放压力，从而达到身心健康的目的；竞技性游戏的目的更多是战胜对方或取得优异的成绩，更多体现了活动的竞争性和结果性。所以，竞技性游戏的目的性更强，功利性更明显；体育游戏更加注重活动的过程体验及收获的身心健康。

第二，游戏的规则不同。体育游戏的场地、器材、人数和规则比较灵活，不统一或者不稳定，游戏的组织者可以根据实际条件灵活掌握。这是体育游戏创编的重要基础。竞技性游戏的场地、器材、人数及规则都有严格统一的规定，并且是相对稳定的，不能随意修改。

第三，游戏的要求不同。竞技性游戏需要参与者具备较为专业且复杂的技术与战术等，参与者要经过专业的训练；体育游戏的技术与战术比较简单，有无经过专业训练都可以参加。

第四，游戏结果的影响不同。竞技性游戏的规则与成绩是得到社会承认的。体育游戏因设计多样，只有部分传统的体育游戏流传较为广泛，已经得到社会的认可，而

① 全国体育学院教材委员会. 体育概论［M］. 北京：人民体育出版社，1989：17.

多数体育游戏由于组织者会根据具体情况制定或调整规则、方法，无法推广。同时，体育游戏更多是以娱乐和健身为目的，其比赛结果很难被社会承认。

二、体育游戏的产生与发展

游戏是随着人类社会的发展和人们的需要逐渐产生的。最早的游戏不是为了娱乐，更多的是为了生存而进行的教育活动。生产活动是原始人争取生存的首要和主要活动。史前时期的生产活动以采集、狩猎为主，劳动工具及使用工具的技能从一个侧面影响着体育活动的内容和形式。我国考古学者在许家窑遗址发现了大量石球。原始社会后期逐渐出现的用脚踢的石球和镂空的陶球逐渐演化为后来的游戏器具，为游戏的产生奠定了基础。

在古代的两河流域，随着人类的发展，慢慢出现了使用椰枣木棒进行的击球游戏，后来又使用这种木棒进行马球运动。在民间还出现了一些娱乐性的儿童游戏。在古埃及，游戏得到了较早的开展，如在公元前5200年的埃及儿童墓穴中发现了类似今天保龄球的大理石球与球瓶。在开罗西南郊发现了托勒密王朝（公元前305年—公元前30年）时的保龄球场遗址，在附近还发现两个石灰岩石球。

在这种原始生产活动的教育中，游戏逐渐产生，尤其在成年人教育未成年人的时候受到欢迎。成年人利用游戏的方式向未成年人传授打猎、捕鱼、军事作战等方法和经验。未成年人在游戏中不但学到了知识和技能，而且得到快乐，这样游戏便不断地发展起来。体育游戏也随之产生。

总的来说，游戏的产生不但满足了人类生存的基本需要，即通过教育的方式传承生存之道，而且满足了人类越来越多的更高层次的需要，如对美好生活的需要、情感的需要、人际交往的需要、寻求竞争和成就感的需要等。

我国古代文献中记载了大量游戏，并且多数为统治阶级休闲时的娱乐游戏，如投壶、捶丸、蹴鞠、木射、角抵、射虎等，其中一部分是运动量比较小的娱乐性游戏，如投壶、捶丸等，一部分是与战争和狩猎等相关的、运动量较大的项目，如角抵、射虎等。当然，我国古代的游戏或者体育游戏还有很多，只是在不断流传的过程中，出于各种原因没有被保存下来，只有这些得到了人们的认可，或者得到当时的统治者喜欢，被记录并流传了下来。

随着社会的发展，游戏逐渐被改进和发展，尤其是体育游戏的出现，在保持原有的教育性和娱乐性的基础上，其趣味性、竞争性逐步增强，规则逐步完善。体育游戏逐渐分为学校体育游戏和竞赛性体育游戏两种。

学校体育游戏也就是我们常说的体育游戏、趣味体育游戏，是教育性游戏的一个重要组成部分。随着学校体育的发展，学校日益重视体育游戏，并将其作为体育教学的一项基本内容。儿童大都好动、好奇、注意力不集中、不持久。根据儿童的这些特点，学校可以把游戏作为一种教学方法和手段来完成教学任务，以发展学生的个性，提升学生的学习积极性。

早在清朝末年，体育游戏就出现在学校体育中。1902年，清政府颁布的《奏定学堂章程》明确规定“幼稚者以游戏、体操发育其身体”。1906年，清廷学部下令全国的各省师范学堂增设5个月毕业的体操专科，其中学习内容就有游戏，已经将游戏作为师范类专业的必修课程。在清末民初的运动会上，体育游戏也占了很重要的位置。

新中国成立后，1956年制定的第一部中小学体育教学大纲规定教材只有基本体操和游戏两大类；体育教学大纲明确规定，在低年级体育教学中，游戏课时占总课时的60%左右。

1986年，教育部又将体育游戏作为高等学校体育教育专业的必修课程。几十年来，体育游戏在我国学校体育中发挥了重要作用，得到更好的发展。许多大型运动会或者专题趣味运动会的召开，体育游戏在中小学体育教学大纲中所占比重的增加，都是非常好的证明。直到现在，《义务教育体育与健康课程标准（2022年版）》在基本运动技能、体能、专项运动技能等方面，尤其是低年级学生更多地要求以游戏的方式开展体育活动，可以看出体育游戏在学校体育教学发展中的重要性。

三、体育游戏的分类

体育游戏是一种综合性体育运动，在内容、形式、作用及参与对象上都具有综合性。体育游戏的综合性决定了其分类方法的多样性，常见的分类方法有以下几种。

（一）根据运动项目进行分类

体育游戏可以分为篮球游戏、排球游戏、足球游戏、田径游戏、体操游戏、武术游戏等。

运动项目可以分为传统体育项目和新兴体育项目。篮球、足球、排球等传统体育项目由于开展较早、较广泛，在教学和训练中已经有非常多比较成熟的游戏可以借鉴。这些游戏多用于该项目的教学和训练中，辅助进行专业性技术练习，以提高技术水平，增强学生在多次练习中的兴趣，改进教学和训练效果。

随着极限飞盘、轮滑、轮滑球、攀岩、户外拓展等新兴运动项目逐步开展，游戏的应用领域得到很好的扩展，尤其是户外拓展的很多活动来源于体育游戏，如一些接力游戏、信任游戏等。无论是传统体育项目游戏还是新兴运动项目游戏，都可以相互借鉴，从而更好地应用到本项目教学与训练中。

（二）根据游戏的运动形式分类

体育游戏可以分为接力游戏、追逐游戏、角斗游戏、抛接游戏、集体竞技游戏等。

运动形式不同，游戏在同一项运动中会有不同分类。比如，在篮球运动中，准备部分可以进行运球后接传球的接力游戏，也可以在准备部分采用追逐游戏来提高学生的身体素质，使学生渐入运动状态，还可以在练习篮球的传接球时结合抛接游戏，在后期比赛中采用集体竞技游戏。除了篮球运动，其他运动项目也一样。总体来说，体育游戏只是体育运动开展中的一个手段，很多体育游戏都可以结合运动项目的特点进行改编，从而达到使参与者在愉悦中锻炼身体、提高身体机能的目的。

（三）根据游戏锻炼身体素质的不同分类

体育游戏可以分为速度游戏、力量游戏、灵敏游戏、耐力游戏等。

游戏是竞技运动和体育教育的最初来源。游戏能够改善和提高各种活动技能，是提高身体素质的重要手段。在锻炼过程中，结合体育游戏，可以使枯燥的体育运动更有娱乐性和竞争性，从而增强参与者的兴趣，更好地达到锻炼的效果。比如，在短跑练习中，参与者会对单纯的跑步感到枯燥，甚至会有抵触情绪，可以用接力跑的游戏形式代替枯燥的30米或50米等不同距离的跑步，让学生在愉悦中锻炼速度素质，提升体能。一些耐力性训练，比如，学校经常开展的800米和1000米等跑步练习，也可以采用等时间、等强度的游戏进行。

（四）根据活动的基本技能分类

体育游戏可以分为奔跑游戏、跳跃游戏、投掷游戏、攀登游戏等。

游戏作为人类的特殊活动之一，早在原始时代就开始出现。自此，人类的很多活动（如奔跑、跳跃、投掷等）随之出现，也就出现了相应的游戏。那些游戏不仅是娱乐的需要，更是一种教育和传承的需要。学校出现后，这种游戏的教育方式逐渐保留下来，也就有了保留到现在的体育游戏的教育功能。

（五）根据游戏参加者的年龄分类

体育游戏可以分为幼儿游戏、少年儿童游戏、青年游戏、中老年游戏等。

在体育游戏产生初期，人的动物行为本能、心理上的原始倾向、儿童的模仿天性起到了作用。并且，游戏最初的娱乐性和教育性功能对不同年龄段的人都充满了吸引力。根据不同年龄段的人的生理和心理特性设计不同的游戏，达到体育锻炼的目的，从而出现了幼儿游戏、少年儿童游戏、青年游戏、中老年游戏等游戏形式。

（六）根据游戏的场地分类

体育游戏可以分为室内游戏、室外游戏（户外游戏）等。

体育课中出现阴雨天等特殊天气时，教师会组织学生在室内进行体育课教学，除了讲授体育理论内容，还可以通过游戏的方式活跃课堂气氛、锻炼学生的反应能力等，如明七暗七的数字游戏、击鼓传花等传统游戏。

室外游戏除了传统的球类游戏等，还包括一些由新兴的休闲运动项目创编的游戏，如利用飞盘进行的飞盘接力游戏，利用轮滑开展的过杆游戏等。通过游戏的形式，教师可以提高学生在体育训练中的参与兴趣，丰富教学内容，从而达到教学的高质量发展。

（七）根据游戏在体育教学结构中的作用和目标分类

体育游戏可以分为集中注意力游戏、活动性游戏、放松游戏等。

目前，我国学校体育教学中，体育课的结构一般可以分为三个部分：准备部分、基本部分和结束部分（有的也会将准备部分分为开始部分和准备部分）。根据这三部分在课程教学中的作用和目标，可以将相关的游戏分为集中注意力游戏（准备部分）、活动性游戏（基本部分）、放松游戏（结束部分）。比如，布置好课程任务以后，可以进行队形队列的正反口令练习。整个游戏方法简单、练习时间较短、强度不大，不但可以提高学生队形队列的动作技能，而且可以快速地让学生将注意力集中到课堂上，还可以活跃课堂气氛、丰富教学形式、增强学生参与课堂的兴趣。接下来再进行逐步增加难度和强度的课堂教学，使学生在愉悦中不知不觉地上完课，很好地解决了学生爱体育不爱上体育课的问题。

四、体育游戏的特点

（一）趣味性

体育游戏的内容丰富多样，形式活泼有趣，能极大地满足游戏参与者好动、好奇和刺激的心理需要，所以深受游戏参与者的喜爱。体育游戏可以使参与者在娱乐中参与竞争，在竞争中体验愉悦，在不知不觉中锻炼了身心。体育游戏不但可以达到提高运动技能、增强身体素质的目的，而且可以释放压力、愉悦心情、放松身心、促进个性的发展。正是由于体育游戏的这种趣味性和娱乐性特点，体育游戏有时候也被称作趣味体育，在体育教学和训练中被广泛使用，起到了事半功倍的效果。

（二）教育性

体育游戏的另一个重要特点就是教育性。大多数体育游戏均是游戏的组织者根据一定的目的进行设计完成的。在游戏进行中，一般游戏参与者都会根据游戏组织者的既定目的进行活动，通过活动达到教育的目的。在体育游戏中，参与者必须遵守一定的游戏规则，控制和约束自己的行为，根据设定的规则进行。这样有利于培养参与者的规则意识，养成规范自己行为的习惯。

在竞争性体育游戏中，游戏参与者需要根据游戏规则扮演好自己的角色，或者与团队合作，或者独立完成，要体验在社会中必不可少的竞争压力，进而培养参与者的集体观念、顽强意志和团结协作等积极的品格，促进其健康的个性心理的形成与发展。尤其是对青少年来说，这种合作、竞争、相互鼓励、彼此理解的环境，这种生动活泼、和谐友好的气氛，对于他们个性和社会性的发展能起到很好的促进作用。

（三）健身性

体育游戏是一种综合性的体育手段，属于体育运动的一种形式，所以必定具有健身性。为了体验体育游戏的整个过程，参与者会更加自觉地参与游戏，从而增强参与体育锻炼的积极性，达到较好的锻炼效果。

当然，在体育游戏中，其健身性有大有小。虽然部分体育游戏的运动负荷较小，如集中注意力的游戏、练习反应能力的游戏、放松游戏等，但均通过身体活动形式开展，有一定的运动负荷，能直接达到一定的锻炼身体机能的目的。同时，有无健身性也是区分体育游戏和智力游戏的基本标志。一些智力游戏虽然名称与体育相关，但不属于体育游戏。

（四）规则性

规则约束也是体育游戏的基本特点之一。体育游戏可以培养学生自觉遵守规则、遵守纪律的良好习惯。规则除了规定活动形式，还要规定恰当的、可接受的行为处罚方式，在增添娱乐气氛的同时又能强化参与者的行为规范，具有一定的教化作用。

因为规则能够约束违规行为、维护游戏的安全、保证双方的公平竞争、引导游戏的技术与战术向正确的方向发展，所以游戏的规则在游戏的发展中起着非常重要的作用。游戏的规则随着游戏水平的高低也有不同。有些低龄儿童的角色游戏（如过家家）没有明显的或者固定的规则。体育游戏都具有一定的规则，只是很多游戏的规则具有一定的灵活性，游戏组织者可以随时根据条件重新制定和修改规则。一些高级别的游戏，其规则更加复杂、科学和严谨，可以吸引更多的人参与。这种游戏的方法与规则更能得到社会的承认，从而让这种游戏规则处于一个相对稳定的状态。比如，竞技性比赛比体育游戏的规则更加规范合理。

（五）普及性

体育游戏内容丰富、形式多样、综合性强，几乎所有体育项目的练习都可作为体育游戏的素材，并且几乎所有的体育项目都可以将体育游戏作为教学与训练的手段，便于普及。同时，体育游戏因为其趣味性、健身性等特点，可以给不同年龄段、不同职业的人带来不同的身心体验，所以它具有广泛的群众基础。

除了在体育课教学和训练中使用体育游戏，还经常在学校或者单位举办的运动会甚至专门的趣味运动会上设置不同的体育游戏项目，如1人参加的袋鼠跳、2人参加的两人三足跑、3人参加的救伤员、4人参加的巧搬运等，还有更多人参加的跳绳比赛、蜈蚣爬行等。

另外，运动会一般是身体素质好、能力强的学生的天地。体育游戏可以更好地考虑那些平时不爱活动、体质弱和体育成绩差的学生，可以设置看字组成语、巧搬运等适合不同特点学生的综合项目，竞争性不太强的一分钟自行车计时骑行、盲人绘画等，只记成绩不记名次的表演项目跳皮筋、掷沙包等。项目设置为不同层次的学生提供展示的舞台，使每个学生都有机会参与游戏活动，力求运动会项目丰富多彩，参加人数众多，具有群众性。

（六）多样性

体育游戏的方法可简可繁，运动的负荷可大可小，内容可多可少。很多体育游戏在不同运动项目中均可根据场地器材进行变化后使用，同样可以达到较好的活动效果。同时，体育游戏可以结合不同的运动元素进行创编，从而形成新的体育游戏。体育游戏可以根据接触的时间和次数，通过改变游戏方法或者规则，每次都能玩出不同的体验。

在满足体育游戏多样性基础上，特别是在创编或者组织体育游戏过程中，一定要注意体育游戏应按照实际出发，由浅入深，由易到难，循序渐进，尤其要注意体育游戏的科学性、负荷运动的规律，避免出现运动损伤。

另外，体育游戏除了以上特点，还具有竞争性、综合性等特点，在此不一一列举。体育游戏不但可以激发人们的参与兴趣，提高身体健康水平，培养创新性思维能力，而且蕴含着丰富的合作与集体教育内容。在活动中，学生通过模仿各种角色学会处理人际关系，遵守社会规范，适应社会生活。

第二节 体育游戏创编

在学校体育中，体育教师常采用体育游戏作为课堂教学与课外体育训练、课外体育活动的重要手段。这些体育游戏可以从书本上直接选择使用，也可以根据所在学校的特点，如学生、场地、器材等具体情况，将书本上的游戏进行改编，还可以根据实际需要自己创编适合的体育游戏。在游戏的创编过程中，体育教师要注意一定的创编原则和方法，并在游戏组织实施后注意总结并不断地进行调整，最后逐步形成比较科学和实用的体育游戏方法，便于大家分享和使用。体育教师还要掌握一定的创编技法和程序，使创编出来的游戏更加规范。

一、体育游戏创编的原则

（一）锻炼性原则

健身性是体育游戏的重要特点之一，因此创编的体育游戏首先要具有锻炼身体、增强体质的功能。学校体育的目标就是提高学生的身体素质。体育游戏作为学校体育常用的教学手段，创编时要紧紧围绕这一目标。体育游戏创编可结合以下几方面进行。

1. 结合人体的基本活动和动作

体育游戏创编尽量结合人体的各种基本活动，如走、跑、跳、投掷、抛接、攀爬、钻越、搬运、追捕、躲闪等，根据一定的原则进行设计，使学生在游戏中不但可以培养基本的活动能力，还可以提高体育动作的技能水平。

2. 结合相关运动项目的基本技术动作

体育游戏除了锻炼身体，还可以提高运动技术水平，所以在创编过程中可以结合某些竞技运动项目中的技术动作进行。比如，在篮球运动中，为提高学生的运球水平，设计春种秋收的体育游戏，利用简单的标志桶或者水平仪可以完成运球接力，并且可以加大学生运球的难度、身体重心的变化。这样不但使枯燥的运球技术变得丰富多样，提高了学生的练习兴趣，而且加大了练习的难度，更加接近实战过程中运球的技术应用，对运球技术的掌握和应用也有帮助。但该游戏在组织教学训练时要注意使用的时机，一般在技术掌握比较熟练的基础上使用该游戏，这样可以避免在游戏中因过于追求速度而造成技术变形，对技术学习造成不好的影响。

3. 以球类基本战术为素材

多数球类运动，如篮球、足球、排球运动的产生均从体育游戏开始，球类运动中的战术练习也是该运动的重要学习内容。因此，体育游戏创编可以结合相关的战术进行设计，可以将某个战术单独拿出来进行设计，也可以在现有规则基础上简化进行，还可以把其他运动项目的规则迁移过来，这样可以丰富练习形式，提高战术水平。这类体育游戏在创编和组织的时候一定要注意运用的时机和选择的素材元素，保证战术学习的正向迁移，促进本项目的技能学习。

4. 以力量练习为素材

无论是体育课教学、运动训练，还是大众健身，必不可少的便是力量练习，但是力量练习多数较为枯燥、艰苦。将力量练习内容以游戏的方式创编实施，是力量练习较好的方法。尤其是在体育课教学基本部分后期，一般会进行一些力量练习。这时可以采用一些接力或者团队配合的方式，在课堂后期学生精力逐渐衰退的时候，激发学生参与的热情，调动练习的积极性，达到更好的锻炼效果。

（二）趣味性原则

1. 增加游戏的竞争性因素

竞争可以不同程度地刺激人体进入一种紧张状态或是刺激人体各项机能，可以激发人的活力或者调动人体的潜能。体育游戏多数具有竞争性，并且体育游戏中的竞争多数为没有压力的愉悦的竞争。在游戏中，人们会团结协作，取得胜利，享受成功的喜悦，也会出于各种原因惨遭失败，但大家多数不会过多计较。所以，在练习中加入一些竞争性元素，可以使一些枯燥的练习变得更有吸引力。设计体育游戏时，要注意竞争激烈性存在的运动危险，同时对失败者的惩罚应适度。

2. 采用新颖的动作

体育游戏要新颖、有吸引力，这样才能激发参与者的好奇心和参与意识，所以在游戏创编中要注意选择素材的新颖。比如，在幼儿游戏毛毛虫中，观看毛毛虫爬行的视频后，教师可以给学生特殊的道具（如口袋），让学生学习毛毛虫爬行，把本来孩子都会做的爬行变得更有意思，增加了参与兴趣。同时，在创编游戏时，要注意游戏不同阶段的规则变化。比如，有的游戏学生参与一两次就觉得没有意思了，这时可及时调整规则，提出新的要求，让游戏在原有基础上不断更新，保持其新颖性。

3. 适当惊险性和有些难度的动作

惊险刺激和有难度的动作能有效地激发参与者的身体潜能，使参与者有更多的挑战和征服的欲望，参与的动力更强。在参与游戏过程中，参与者可以激发和锻炼勇敢、果断和临危不乱的精神，从而获得更大的成就感和胜利的喜悦。在体育游戏中，教师可适当选择一些有惊无险、有些难度的动作，但要提前做好预案，有安全防护措施。保证安全是所有体育游戏的创编前提。

（三）针对性原则

在创编游戏，尤其是学校体育中的游戏时，要有明确的目的性、针对性，要根据需要有的放矢地进行创编。在学校中，游戏创编前一定要认真分析体育与健康课程标准，分析不同水平阶段的学生的特点和需要；一定要注意体育游戏不只是让学生玩得开心，更重要的是通过游戏的手段使学生达到锻炼身体、接受教育的目的。在进行创编时，还要注意以下几方面。

1. 要以教学任务为依据

体育游戏总的任务是锻炼学生身体、增强学生体质。除此之外，它还应当为完成每堂体育课的具体任务服务。例如，安排在体育课开始部分的游戏是为了集中学生的注意力；安排在准备部分的游戏是为了热身，使学生的身体得到一般发展；安排在结束部分的游戏，或是为了发展学生的某种身体素质，或是为了身心的放松。学习篮球的传接球，可以创编以传接球动作为素材的传递、抛接游戏；为了发展学生的奔跑能力，可以采用接力游戏的形式等。

2. 要针对学生的实际

在游戏的内容安排及游戏采用的形式上，我们都应考虑学生的具体情况，包括学生的年龄、性别及体质情况等，这样创编的游戏才会更加适用。在游戏的组织中我们会发现，即使同一个专业不同的班级，也会存在差异，在组织实施中也会有变化。所以，在游戏创编时，我们应考虑到参与者的不同，做到因材施教。

3. 要考虑气候、场地、器材情况及其他影响因素

体育游戏的创编应该具有更广泛的特点，在创编时要考虑到不同教学条件带来的不同体验。比如，冬天游戏的运动负荷可大些，炎热的夏天如果运动负荷过大，则容易中暑。在塑胶场地和土场地或者室内的地板上开展的体育游戏也会有所不同。每个学校的器材不同，应学会因地制宜，利用学校现有的器材，或者废物利用，开发可利用的器材，创编游戏。比如，春种秋收的游戏，可以使用球堆，但是如果学校没有，完全可以用矿泉水瓶代替，并且瓶中灌水或者土的多少、瓶子软硬度不同，都会带来不同的难度，会有不同的体验。

创编体育游戏除了要遵循以上三项原则，还应注意启发性原则、科学性原则、安全性原则和教育性原则等。在游戏的内容及规则上，创编者应开动脑筋，合理利用一切可利用的资源，这样不但可以更好地实施游戏，而且可以启发学生开动脑筋，培养学生的智力因素和创新思维；在游戏动作的设计、规则的制定及场地器材的选择方面要注意安全性。

二、体育游戏创编技法与程序

在遵循创编原则的基础上，根据一定的创编技法和程序，可以更好地完成体育游戏的创编，使创编的游戏更加规范。

（一）体育游戏的创编技法

1. 变化法

在体育游戏教学中，教师可选择一些易于变化的游戏，进行举一反三、触类旁通的改造与发挥，创编出新的游戏。如田径类的接力跑游戏，根据其特点教师稍加变化与改造，即可创编出运球接力、负重接力、钻跨障碍游戏等新体育游戏。当然，在创编体育游戏时，教师可以写出不同条件下的变化方法，以达到适合更多情况下使用的目的。

2. 组合法

根据体育游戏的创编原则，运用排列组合的原理，将不同类型的体育游戏进行组合，或将其他运动手段、体育动作与游戏形式进行组合，教师便可创编出新的体育游戏。如接力跑加上定点投篮，投中后再跑回传递给下一位同学，既可以锻炼学生运球跑的能力，又可以测试学生定点投篮水平。这个游戏完全可以分为两个游戏来进行。

3. 移植法

将生活中较为常见与实用的动作情形，从内容、组织形式到方法手段进行移植改造，创编出新的体育游戏。如“抢运伤员”，可将搬运伤员比快的游戏方式移植到体育教学中，使游戏具有新颖性和教育意义。

4. 程序法

教师要按照一定的程序创编体育游戏。

一是目的和任务。根据设想、条件以及已有资料，明确创编游戏的目的和任务。

二是规划设计。经过缜密构思，选定内容与素材，确定格式与程序，设计游戏的基本模型。

三是验证并修改。通过反复试验、推敲，修改完善，验证游戏的科学性、实效性与可行性。

四是书写。按照游戏名称、目的、场地器材、方法、规则及教学建议等规范书写格式进行编写。

此外，还有提炼法、思维法、实验法、模仿法、简化法等。

（二）体育游戏的创编程序

1. 明确游戏的目的和任务

除了锻炼身体、增强学生体质的目的，体育游戏还要根据教学、训练和其他实际需要，达到一定的目的。因此，教师在创编游戏时要针对目的和任务进行设计。

2. 选择游戏的素材

在前文讲到体育游戏可参考的素材，教师在创编游戏时可直接使用或者经过加工改造后使用这些素材，也可以自己开发一些新颖、有趣的动作作为游戏的素材。

3. 确定游戏的方法

（1）游戏的准备

包括游戏需要的教具及其安放方法、场地的规格、游戏的分队方法及队形站位等。

（2）游戏的形式

游戏的形式有接力、追逐、角力、争夺、攻防、传递抛接、集体竞速、比远、猜谜等。创编者要根据游戏的任务与素材的特点选取合适的形式。例如，发展学生的奔跑速度可采用接力游戏的形式；发展学生的灵敏性可采用追逐游戏的形式；发展学生的上肢力量可采用角力游戏或接力游戏的形式等。

（3）游戏的队形

一般有纵队、横队、圆形、疏散式、放射形、三角形等队形。纵队一般用于接力游戏与传递游戏；横队一般用于传递抛接游戏及集中注意力的队列游戏，面对面的二列横队常用于角力游戏、攻防游戏；圆形用于追逐游戏、攻防游戏；疏散式常用于追逐游戏及角力游戏；放射形用于圆周形的游戏；三角形用于球类和三角对抗等游戏。

（4）游戏的路线

在接力游戏与集体竞速游戏中，常常要说明游戏时学生运动的路线。游戏的路线一般有以下三种。

一是穿梭式（迎面接力）。即同一队学生分两组，相隔一定距离面对面站立，游戏时每个学生跑单程，接替后站在对面一路学生的后面。

二是往返式。每队学生成一路（或根据需要站成数路），每个学生跑双程，即跑过去后再跑回来，被后一名学生接替。

三是围绕式。接力的学生环绕一定的图形，如圆形、方形、三角形、“8”字形等，跑一周后被下一个人接替。

（5）游戏的接替方法

接替方法是指在接力游戏及追逐游戏中，后一个学生接替前一个学生做动作的时机或信号。接替方法一般有交物法、接触法及过线法三种。

一是交物法。指用接力棒、手帕或其他物品作为信号进行接替。在接替时，一般是前面的人将接替物直接交给接替人，但有时也采用前面的人将接替物交给纵队的最后一人，再向前传给接替人的方法进行接替，这种变换的接替方法可以防止后面的人抢跑犯规。

二是接触法。指前后两个学生以身体接触的方式进行接替，接力游戏中一般采用手掌相击的方法进行接替；追逐游戏中拍击任何部位都可以。

三是过线法。指前一个学生跑回并越过起跑线后，后一个学生进行接力。

4. 制定游戏规则

游戏规则既是游戏顺利进行的保证，也是评定游戏胜负的重要依据。在制定游戏规则时，要注意以下几点。

（1）明确合理与犯规、成功与失败的界限

在创编游戏时，一个游戏动作有多少种做法，事先要进行试验，因为有些动作做法不同，其难易程度也不同。为了竞赛的公平性，应在规则中明确哪种做法是合理的，哪种做法是犯规的；什么情况算失败，什么情况算成功。当然，如果几种做法难易程度相差不大，不必划分为合理与犯规，可以让学生在游戏中开动脑筋，找出容易的做法，以取得游戏的胜利；也可以按照不同的难度，以逐一增加的方式，先易后难进行练习，方便同一个游戏多次使用仍有新鲜感。

（2）明确对犯规者（队）的处理办法

一般来讲，对犯规者（队）可采用以下几种处理办法。

一是犯规者取得的成绩无效。例如，在击打游戏中，参与者如果是采用犯规的方法击中的，击中无效。

二是对犯规者（队）扣分或降级。例如，在游戏中采用计分的方法定胜负，可采用对犯规者扣分或对犯规队降级的办法处理。

三是犯规队名次列于最后。在奔跑接力游戏中，凡起跑犯规的队，名次均列最后。如所有的队都有犯规行为，则不评名次。这是因为起跑犯规不但与次数有关，而且与距离有关，无法判断犯规的轻重。

四是罚犯规者退出比赛。在某些对抗性竞赛的游戏中，可采用罚犯规者退出比赛的方法来削弱犯规队的实力。

（3）要有一定灵活性

规则不要定得太死，要留有余地，让学生发挥思维创造力。规则的条文不要过多或过于复杂，一般有2—4条即可，可以逐步增加规则，提高游戏的难度。

5. 确定游戏的名称

确定游戏的名称就是给游戏命名。给游戏命名的方法有两种。第一种是直接命名，有以下四种方式：一是以游戏的内容命名，如“障碍赛跑”；二是以游戏的形式命名，如“迎面接力”；三是以游戏的内容加上形式命名，如“跳绳跑接力”；四是以游戏的规则命名，如“成双不拍”。

第二种是拟喻命名。拟喻命名是假设与虚构在游戏命名上的运用，是以游戏的内容或形式的主要特征为依据，采用模拟与比喻的方法，赋予游戏某种带情节的名称。这种名称带有一定的教育意义或趣味性，如“推小车”“黄河、长江”等。

在给体育游戏命名时，要注意以下几个问题。

第一，游戏的名称要简单易懂。不要采用一些冷僻、难认、难记及难懂的字、词或成语。一个游戏名称的字数不要太多，一般以2—7个字为宜。

第二，游戏的名称要名实相符。给游戏直接命名时，要注意名实相符，游戏的名称要能反映游戏的主要特征。

第三，游戏的内容与形式要相匹配。在用拟喻命名时，要使名称与游戏的内容或形式有某种程度的相关性，不要牵强附会。例如，将平衡木假设为独木桥，二者在形态结构上具有相似性。如果将放在一条直线上但不连接的几块纸板假设成独木桥，就不具有这种相似性了；将它假设成浅河中的垫脚石则较适宜。此外，所拟名称或借用的成语，尽量不用带贬义的词。

6.提出游戏的教学建议

游戏的教学建议包括以下内容：一是游戏的适用范围，如年龄大小，对气候、场地和器材的要求等；二是在游戏中可能会出现的安全与其他方面的问题，以及预防办法或解决措施；三是游戏的其他做法，加大或减小游戏难度与运动负荷的方法；四是其他注意事项。

7.体育游戏的书写格式

体育游戏较全面的书写格式包括游戏名称、游戏目的、游戏准备（或场地与器材）、游戏方法、游戏规则及教学建议（或注意事项），再配以组织形式图。简单的格式可以只写出名称、方法及规则三项（可参考第四节）。

第三节　体育游戏的教学与组织

体育游戏是学校体育教育的重要手段，是根据课程标准所规定的目的、任务和要求，在教师的指导下，采用游戏的手段，使学生掌握体育知识、技术、技能，以增强体质、提高能力，培养良好的思想品德和意志品质，并从中获得娱乐的教育过程。

为了搞好体育游戏的教学和组织，体育教师应遵循体育游戏的教学原则，了解体育游戏教学的特点，熟练地掌握与运用适合体育游戏的教学方法。

一、体育游戏的教学原则

体育游戏的教学除了要遵循体育教学的一般原则，还应遵循自身的特殊原则。这些原则有教师主导性原则、教育性原则、锻炼性原则、娱乐性原则和安全性原则。

（一）教师主导性原则

教师主导性原则主要是指教师在课程中的引导及指导的作用。它体现在以下几方面。

第一，在游戏中有效地组织、调动学生队伍，以适应游戏的需要；对游戏中出现的不正常的行为进行管理，以保证游戏的正常进行。

第二，指导学生正确地进行游戏，纠正游戏中的错误。

第三，营造欢快紧张的气氛。体育游戏是体育手段的一种，也是一种游戏。游戏是一种娱乐方式，必须在轻松愉快的气氛中才能玩起来。一个好的游戏会自然而然地产生欢快、紧张、热烈的氛围。在很多情况下，教师需要有意识地营造或加深这种气氛，使学生在游戏中更加投入，玩得更愉快，取得更好的锻炼效果。营造合适的游戏氛围是游戏教学中的一种教学艺术。有经验的教师通常用下列方法达到这个目的。

一是鼓励。鼓励是教师本人或动员学生用口号、语言及掌声的方式鼓励、督促做游戏的学生更加努力，取得更好的成绩。

二是奖惩。游戏的奖与罚虽然都是游戏方式之一，但也可在一定程度上营造或增强游戏紧张激烈的气氛。

三是假设与虚构。在一些游戏中，教师可用假设与虚构的方法制造出一些情节，并进行夸大形容，以营造游戏的紧张欢乐气氛。

四是教师参与。教师与学生一同做游戏，同奖同罚，学生会感到与教师平起平坐，做游戏时想方设法胜过教师，所以常常格外卖力。看到教师失败被罚时，学生既有点儿幸灾乐祸，又感到教师没有架子，非常愿意跟教师玩游戏。此外，教师在游戏中诙谐的语言，甚至适当的调侃都能起到营造、渲染游戏气氛的作用。

第四，掌握游戏结束的时机。一个游戏做多少次或者做多长时间最为合适，要靠教师通过运动负荷、学生的情绪、所花时间长短等各种情况进行综合考量，然后选择适宜的时机结束游戏。

（二）教育性原则

教育性原则是教学普遍遵循的原则之一。这里的教育性原则专指德育，要求教师在教学中不要忽视学生的思想品德教育。在体育游戏教学中，教师应将游戏教学与思想品德教育巧妙地结合起来。

在体育游戏教学中可以对学生进行以下几方面的德育。

1.进行遵守规则、纪律的教育

教师应在体育游戏中严格执行规则，使学生逐步养成遵守规则、遵守纪律的习惯。这样既对体育游戏的顺利进行有好处，也能培养学生遵纪守法的良好品德。

2. 进行集体主义的教育

体育游戏中很多会进行分组练习，教师要有意识地启发学生齐心协力赢得游戏的胜利，在游戏中潜移默化地对学生进行集体主义教育。

3. 进行意志品质的教育

在体育游戏中，有些游戏需要学生越过障碍，有些游戏有较大的难度，有些游戏有一定的危险性，有些游戏需要学生在运用体力的同时，还要运用智力方能取胜。这些游戏对培养学生的机智、果断、勇敢、顽强、克服困难、适应环境等各种优良品质有很大好处。

（三）锻炼性原则

体育游戏主要是为了发展学生的体能、增强学生的体质。在体育游戏的教学中，体育教师一定要注意贯彻锻炼性原则，娱乐是手段，锻炼是目的。在选择游戏及在组织游戏教学时，教师都要考虑游戏运动负荷的大小及对学生的锻炼作用。

（四）娱乐性原则

体育游戏的教学尽管不是以娱乐为目的，但娱乐在体育游戏中是一个不可缺少的因素。在体育游戏的教学中，教师应设法增强游戏的趣味性，保证游戏的娱乐功能。

（五）安全性原则

安全第一是对体育教育工作中各项具体活动的普遍要求。在体育游戏的组织教学中，教师更应强化安全第一的观念。体育游戏具有竞争性的特点，有一定的激烈程度和完成难度，学生参与欲望强，投入程度高，很容易出现安全隐患。教师应把准备工作做细做扎实，防患于未然。

二、体育游戏教学的特点

（一）学生具有主动性

在学校体育课上，经常有学生喜欢体育而不喜欢体育课，有些女生不太喜欢篮球等激烈竞争的项目，有些男生不喜欢一些枯燥的操类项目，但学生一般都喜欢做游戏。教师应积极利用这一点，将教学内容以体育游戏的形式开展，提高学生的主动参与性，从而提高教学质量。

（二）教学任务的多样性

体育教学有三项任务：一是增强体质；二是掌握体育知识、技术、技能；三是进行思想品德教育。体育游戏除了要完成以上任务，还要有娱乐功能。在体育游戏的教学中，教师必须分清各项教学任务的主次，做到统筹兼顾。

（三）体力活动和智力活动相结合

体育游戏的教学与其他体育教学相比更强调体力与智力活动的结合和统一。它不但是一种综合性体育活动，而且包括智力因素。因此，体育游戏可以促进学生的身心发展。

（四）讲解与组织工作较难

体育游戏虽没有很复杂的技术与战术，教学示范相对来讲较为容易，但体育游戏教学的讲解与组织工作相对较难。讲解难主要是由于在做游戏时学生容易兴奋，讲解时学生难以听清；游戏多以比赛的形式出现，讲解一次未必能讲清楚，不能在比赛中途停下来补充；游戏的做法经常变化，有时游戏的路线也较为复杂，相对来说比较难以讲清。组织工作难是由于游戏的队形多变且难以调动，学生在做游戏时很兴奋，容易激动，好胜心又强，容易发生意外事故。因此，教师在体育游戏教学中，必须讲解清楚，在备课时筹划好组织教学措施，应对教学过程中出现的问题。

三、体育游戏的教学方法

（一）游戏的准备工作

游戏的准备工作主要包括场地、器材与助手三个方面。

1.场地

体育游戏需要一定的场地。场地的大小根据参加人数的多少及游戏活动范围的大小而定。在体育游戏中，除了一部分球类专项游戏及少数其他游戏可以运用现成的体育场地，很多游戏都需要课前画场地。准备游戏场地时要注意以下几点。

（1）要注意场地的安全性

场地地面要平整，不要在碎石多或表面有沙的硬地上，以及有水或结冰的地面上做奔跑游戏，以免学生在游戏中摔倒受伤；场地的边界离建筑物要有一定的距离，以免学生撞伤。

（2）场地的界线要清晰

游戏场地的各种界线牵涉游戏的犯规及游戏胜负的评判，因此游戏场地上的各种点、线（如边界线、起点与起跑线、终点与终点线、中线、回转点等）都要画清楚，尤其是在草地上做游戏时，灰线易被草遮住，更要设法画清楚些。

（3）游戏场地尽量远离教室等教学区

做体育游戏时，学生难免喧闹，为避免影响其他班级的课堂教学，选择游戏场地时要离教室远一些。

2. 器材

游戏不像其他体育项目有专门的器材或者教具，大部分都需要教师自行设计。体育游戏的器材可以从以下几个途径获得。

（1）利用其他体育项目的器材

如各种球、标枪、栏架、跳箱、平衡木、垫子、跳高架、接力棒、操棒、跳绳、藤圈等。

（2）收集各种废弃物作为游戏教具

如各种纸箱、瓦楞纸板、包装泡沫塑料、饮料瓶罐、包装绳、塑料袋、废报纸、汽车与自行车的旧外胎、竹竿等。这些生活废弃物既容易找，又不用花钱，有些可以直接用作游戏教具，有的稍加工后即可作为教具。游戏的教具应该在课前计划、准备并安放好，不应在做游戏时才临时去找。

（3）购买

游戏中有些需要的器材无法从以上途径得到，但可以在市场上买到，可根据需要提前购置。这部分器材包括专业性游戏器材，如同心鼓、极限飞盘等，还有一部分是辅助性教具器材，如玩偶、气球、毛巾、小塑料桶、塑料飞碟、松紧带、小皮球及各种面具等。

（4）教师自己动手做

有些游戏教具，教师可以通过收集的物品进行改装，或者部分教具买不到，就需要教师自己动手制作，如各种式样和颜色的小旗、竹套圈、用矿泉水瓶改装的各种教具等。

（5）发动学生准备

有些在游戏中需要数量较多而学生又能自己做的教具（如沙包、毽子等），可以发动学生自己动手做，这样既解决了教具的问题，又可以锻炼学生的动手能力。

3. 助手

有些游戏场地器材的布置工作较多，有些游戏需要一个或几个人当裁判，教师一个人常常顾不过来，需要一个或几个助手帮忙。教师最好在课前将助手找好，并将他们在游戏中要做的事情或裁判的方法交代清楚。游戏的助手可以从以下几种学生中选择：伤、病的见习生；班长、体育委员、各组组长；做分队游戏时，某些队多出的一人。

（二）游戏的讲解与示范

讲解是体育游戏教学中的一个难点。体育游戏的讲解应简练、清楚，教师在讲解时要注意以下几点。

1. 站位正确

教师讲解时应站在学生都能听得清与看得见的地方；做分队接力游戏时，应先将几路纵队转成面向内的横队，教师站在中间讲解，一般不要站在纵队前面讲解，尤其是纵队较长时；如是圆圈队形，教师应站在圆弧线上或跨前一两步处讲解，而不应站在圆心处讲解。

2. 讲解前要集中学生的注意力

因为做游戏是学生最开心的事，他们往往很兴奋，跃跃欲试，期待着游戏中紧张愉快的竞争，商量着如何去取得游戏的胜利。他们的注意力全集中在上述方面，不自觉地对教师的讲解失去兴趣。因此，在讲解前，教师必须设法集中学生的注意力，以免部分人没听清而影响整个游戏的进行。有时学生声音嘈杂，一时又制止不了，这时教师可停下来不讲话，学生会停止喧闹。

3. 尽量一次讲清楚

体育游戏开始后不能中途停下来再讲，因此教师在游戏进行之前，尽可能一次性地将游戏的方法及规则讲清楚。简单的游戏路线与规则讲一次就行，复杂一点儿的要重复讲一遍，直至学生完全搞清楚才开始游戏。在接力游戏中，尤其要让几个排头搞清楚游戏的路线后才能开始，因为排头清楚了，后面的学生即使不清楚，也可跟着排头做；如果排头弄错了，后面的学生都会跟着错。

4. 讲解的顺序

体育游戏的讲解可按以下顺序进行：游戏的名称→游戏的队形分布→游戏的方

法（过程）→游戏的规则与要求。讲解重点是后两项。

讲解之后，教师本人或者由一名学生示范一次，使学生对游戏的路线、动作规格、回转点及接替方法等更加明确。游戏的示范是用直观的方法，使学生进一步明确游戏的方法及动作要求；还要以娴熟的、有趣的动作激发学生的情绪，吸引学生积极参与游戏。

游戏的示范动作在技术上一般不是很复杂，要求也不是很高，但涉及人体的基本活动能力、身体素质练习、体育动作技术、球类基本战术及模仿军事作战、生产劳动、各种动物的姿态等，尤其是为了增强游戏的趣味性，经常采用一些新颖的、难以协调的动作，如“鸭子赛跑”“抓耳抓鼻”“仰爬接力”等。因此，教师只有知识丰富、技术全面、协调性较好，才能胜任游戏的各种示范动作。

（三）游戏的裁判与惩罚

体育游戏的裁判与惩罚要注意以下几个问题。

1. 裁判必须认真严格

在游戏中严格执行规则，既可保证游戏的正常进行，又是对学生进行自觉遵守规则、遵守纪律的一种教育。游戏规则不可定得过多过死，但裁判工作一定要认真严格，违反规则的一定要按规则处罚或判为失败。如果对一次犯规放松，违反规则的现象就会接踵而至，整个游戏就无法进行或无法裁判。

2. 裁判必须公正

担任游戏的裁判员必须公正无私，不能偏袒任何一边。教师挑选学生做裁判时，要注意挑选那些公正负责的学生。一般来讲，不要让本队的学生检查本队的犯规情况，而要各队学生交叉检查。

3. 惩罚方式是游戏式的

在游戏中采用一定的惩罚方式，可以动员学生更加认真地投入游戏，但惩罚一定不可严肃认真，而应采取游戏式的、玩笑式的方式来进行。这样的方式不伤学生的自尊心，学生容易接受。另外，在惩罚的内容上也要掌握分寸，不可用带侮辱性的惩罚等。以下列举一些惩罚方式以供参考。

第一，罚负队学生向胜队学生或者任何方向鞠躬或敬礼。

第二，罚负队学生背上胜队学生走到集合地点或者原地转3圈。

第三，罚负队学生归还器材。

第四，罚负队学生每人做3次俯卧撑、原地下蹲等动作。

第五，罚失败的学生面向大家笑3声，或表演一个10秒的短小节目、唱一句歌等。

第六，罚做错动作的学生用右手捏住左耳原地转一圈，或者完成动作后继续做后面的动作。如果后面的动作做对了，则可将手放下；如果还是没有做对，则继续捏住耳朵，一直到做对为止。

第七，罚做错动作的学生闭上一只眼睛做后面的动作，一直到做对为止。

（四）游戏的结束工作

游戏的结束工作主要有游戏小结与收拾器材两项。

游戏小结在游戏后及时进行。小结应以表扬为主，表扬那些在游戏中遵守纪律、勇敢顽强、机智敏捷的队或个人；对于失败的队或个人，指出他们在技术上、相互配合上及其他方面的问题，鼓励他们争取下次游戏取得好成绩。另外，如果在游戏中出现犯规现象，教师应在小结中适当予以批评，进行教育。游戏结束后，教师要安排学生收拾、归还器材，一般以轮流的方式较好。

四、体育游戏教学的组织管理

在体育游戏的教学中，组织管理工作的好坏会影响游戏的锻炼效果、游戏的安全、游戏的裁判工作及学生之间的团结。因此，加强体育游戏的组织管理工作是搞好体育游戏教学的一个重要方面。体育游戏教学中的组织管理工作除了一般的整队调队，还有游戏的分队、课中的指导与管理工作等。

（一）游戏的分队

有些游戏是分队比赛的，如接力游戏、集体竞赛游戏和追逐游戏。游戏分队比赛时要注意以下事项。

1. 人数相等

各队的人数要相等是分队比赛时最重要的一条。分队后如果人数不等，有两种处理办法：第一，少一人的队排头多做一次，如果只有一个队少一人，也可教师参与比赛；第二，从多一人的几个队中各抽出一个较公正负责的人协助当裁判。

2. 实力相当

从学生的身高、体重、体力、技术等几方面考虑，各队的实力要相当。

3.男女分开

在游戏中，男女实力相差较大，因此一般不宜男队与女队比赛，而应男队与男队比，女队与女队比。如果班上女生（或男生）较少，难以分队比赛，则可男女搭配组队，但各队男女人数比例应大致相同。

4.人数恰当

在分队游戏中，每队人数多少比较恰当，要从游戏的强度大小、气温高低、学生年龄大小等因素综合考虑。例如，冬天气温低，做游戏时每队人数不宜太多，否则学生长时间才轮到一次会感到越做越冷。这时可多分几队，每队人数少一些。一般情况下，每队10—15人比较恰当。分队的方法有以下几种。

（1）固定分队

教师根据学生的身高、体重、技术水平等相近原则，将学生分成几个实力大致相同的队，选出队长并相对固定下来。这种分队方法有两个优点：一是实力比较均等；二是一次分好固定后，不必每次再分队。

（2）按自然组分队

若班上原来的各自然组实力大致相等，即可按自然组分队；如各组实力有一定的差距，但差距不大，则可在自然组的基础上进行个别调整。

（3）报数分队

先按高矮站队，然后报数分队。报数方法：如分3队，则1—3报数，凡报1数的为一队，报2数的为二队，报3数的为三队。这样进行分队，如果是做一般的游戏，实力大致是相等的；但如果做技术性较强的专项游戏（如篮球游戏），实力就不一定相等。教师可在报数分队的基础上，进行个别调整，使其实力相当。

（二）课中的指导与管理

课中的指导与管理是体育游戏教学的一个重要方面，教师在课中应善于及时发现问题、正确指导、妥善处理，以保证游戏的正常、顺利进行。

1.及时按规则处理犯规现象

犯规是体育比赛中经常出现的现象。学生在做游戏时一般都认为是在玩，对于游戏规则并不像对待其他规则那样重视，而常有犯规现象出现。对于游戏中的犯规现象，如果不及时按规则严格处理，犯规现象就会蔓延开来，致使游戏的裁判无法裁判，甚至游戏也无法进行。有经验的教师对于游戏中的犯规现象从一开始就会严格处理，使学生知道犯规必究，从而养成不轻易犯规的习惯，建立规则意识。

2. 及时制止课中争吵现象

在游戏课上，学生由于自尊心强，又很兴奋，往往控制不了自己的情绪，经常会因为一点儿小事争吵，甚至动手打架。对于这类事件，教师应先制止争吵，设法调和双方的矛盾；对于双方各自的说法一般不要表态，需要表态和解决的问题等下课以后再处理，这样就不会因争吵而影响上课。

3. 立即处理游戏中出现的不安全现象

在做体育游戏时，有时会因为游戏动作的设计不够周密或者游戏器材出现问题而发生伤害事故。此时，教师应果断地停止游戏，直到问题解决后再开始。

4. 防止游戏的学生进入其他班上课的场地

做追逐游戏时，如同时有几个班上体育课，教师要限制学生的追逐范围，以防止学生进入其他班的上课场地。尤其是其他班在进行铅球等投掷项目时，教师更要防止学生因进入投掷场地而被误伤。

5. 适时地结束游戏

适时地结束游戏应从两方面考虑：一是锻炼效果，二是娱乐效果。从锻炼效果来讲，并不是运动负荷越大越好，而是要适可而止。游戏的运动负荷小了，对学生的锻炼作用不大；运动负荷过大，对学生的身体会有损害，并且会影响后面的课程。对于有趣的游戏，学生往往会不顾一切地尽情玩下去，直到精疲力竭为止。教师应根据课程任务、学生的年龄和体质、气候等各方面情况适时地结束游戏。从娱乐效果来讲，一方面要考虑学生的兴趣与情绪，另一方面不要被学生的情绪所左右。在一般情况下，游戏的次数或时间应按原课时计划执行。如果学生兴趣很浓，情绪很高，在不影响教学任务完成的情况下，可适当增加游戏的次数或时间，但不要做到尽兴为止，而要留有余味，使学生感到意犹未尽。否则以后再做这个游戏，学生就没有兴趣了。

有关游戏的次数或时间，接力游戏、角力游戏及集体竞技游戏是以次数计算的，一般是“三局两胜”或“五局三胜”。追逐游戏及其他游戏一般是以时间计算的。在计时的分队游戏中，教师在组织时要注意各队时间应大致相同。

第四节 体育游戏案例

体育游戏在学校体育教学训练中发挥了重要作用，因此积累了大量的实践教学和训练的典型案例。因本教材重点面向休闲体育专业的学生，其未来多从事休闲体育项目活动的策划、组织以及学校教育部门的教学和训练等工作，所以我们结合多年教学实践，根据传统运动项目或者场地的不同，列举以下体育游戏案例，以便在体育游戏的创编、组织和教学中起到抛砖引玉的作用。

一、中国民间体育游戏

（一）老鹰捉小鸡

1.游戏目的

锻炼反应能力；增强扮演鸡妈妈的人的责任感。

2.游戏准备

选择地面平整、比较宽阔的室外场地，周围无大的障碍物，且环境相对安静。

3.游戏方法

一人做鸡妈妈，一人做老鹰，其他同学做小鸡，抓住鸡妈妈的衣服或者腰部依次站好，被“老鹰”抓住的“小鸡”都站在固定的位置，持续十分钟，被抓到的“小鸡”会受到适当的惩罚。

4.游戏规则

第一，被抓到的“小鸡”应立即站到相应的固定位置。

第二，全体人员应高度注意，不要放开前边的同学，避免后边的同学摔倒。

5.游戏建议

第一，后边的同学要抓住前边同学的衣服或者搂住腰，不得拉拽同学的脖子等，避免出现因跑动速度过快引起的牵拉脖子等损伤。

第二，避免因跑动过快，队伍后边的同学摔倒而出现运动损伤。

第三，注意游戏时间不宜过长，同时年龄过小的同学不适宜参与。

第四，场地要开阔，地面要松软平坦，这样即使摔倒也不易摔伤或者擦伤。

（二）顶拐

1.游戏目的

练习腿部力量和协调性、平衡性。

2.游戏准备

选择平整且松软的地面，比较宽阔的室外或者室内场地，周围无大的障碍物。

3.游戏方法

全部人员分为两组，一对一进行。用一只手抓住自己的脚踝或者裤腿，把这条腿向前或者向后提起，用这条腿的膝盖去和对手的膝盖顶撞，谁坚持不住，被提起的那条腿先着地就为输。或是两个人站在一个圆圈里，谁最先被顶出圈或者谁的腿先落地为输。

比赛方法可以是每队所有队员一对一，最后看哪个队获胜的多，哪个队就获取最终胜利，获胜的队获得奖励。可以按照身高排队，一对一进行；还可以随机由各队有策略地出人对抗，直到每队的每个队员均完成一次。

4.游戏规则

第一，只允许用膝盖去顶撞对方的膝盖，不允许攻击对方的其他部位。

第二，一对一进行，不能两人对一人。如果出现两队人数不一样，多余的人可以做裁判，或者对方队可以有一人进行两次。

5. 游戏建议

第一，严禁用手拉扯对方或者用膝盖攻击对方裆部或者头部等部位。

第二，尽量选择松软的地面或者塑胶地面，防止摔倒后擦伤。

第三，摔倒时不要用手触地，防止肘关节受伤等，要合理保护身体，减少伤害。

二、篮球类游戏

（一）运球接力（春种秋收）

1.游戏目的

巩固提高篮球运球技术；降低运球重心；提高行进间运球的熟练性。

2.游戏准备

篮球场一块（其他场地也可以，大小适宜且地面适合运球即可），篮球2个，装有水的矿泉水瓶8—12个（应为双数，保证每个队一样多）。

3.游戏方法

将所有人分为人数相等的两队（若出现人数不一样时，可以选择一人做助理裁判，或者组织者加入另一个队，或者人少的队有一名同学多做一次），两队各一路纵队站在篮球架端线两侧。

每队一个篮球，篮球两边线内半米，在每半场中间、中线共放置4—6个矿泉水瓶，各队运球过程中，去的时候把矿泉水瓶碰倒，回来立起来，下一位同学开始。先完成的队为赢。输的队将赢的队员一对一背到球场另一侧。

4.游戏规则

第一，运动中球脱手后，应把球拿回到运球失误的地方再重新开始。

第二，在用手扶起或者打到矿泉水瓶时，另一只手应该一直在运球，球不可以停止。

5.游戏建议

第一，严格执行篮球规则中的运球规则，不允许出现走步或者用手摁住球去触碰矿泉水瓶的行为，否则视为犯规，加罚时间后再继续前进。

第二，每人一定保持过去的时候矿泉水瓶全部倒下，回来的时候矿泉水瓶全部立起来，没有完成的必须返回去完成才能传给下一位同学。

第三，注意两个队伍的间距，同时每队注意一路纵队站好，传接球要注意动作规范和安全。

（二）罚球游戏

1.游戏目的

练习篮球单手肩上投篮的准确性，一般在技术动作比较熟练后，巩固提高时使用。

2.游戏准备

篮球场一块，篮球2个。

3. 游戏方法

把所有人分为人数相等的两个队，依次在罚球线投篮，每人一次，投球后自己抢篮板球后传给下一位，无论是否投中均由下一位进行，进球数多的队为胜。

可以两队依次进行，一队练习，另一队观摩；也可以两个队分别在两个半场同步进行，各派一人到对方队做裁判，教师做总裁判，监控全场。

根据人数来定，可一局定输赢或者三局两胜，输的队歌伴舞，活跃一下气氛；也可以输的队做俯卧撑，男生20个、女生10个（根据参与者的情况进行）。

4. 游戏规则

第一，严格规定投篮的动作，比如，必须为单手肩上投篮，如果出现双手投篮则为犯规，进球不算。如果没有规定，则只要在规定区域内进球就算。

第二，注意投篮后自己抢篮板球并传球给下一位，帮助学生养成良好的打篮球习惯，并将原地投篮、抢篮板球和传球连接起来，为比赛奠定基础。

5. 游戏建议

第一，注意动作的规范性和接球后投篮时间的控制，不得无限拖延。

第二，一人投篮，其他人要认真观察，学习动作的同时也保证安全。

第三，注意游戏结束后的分享。

（三）“橄榄球”比赛

1. 游戏目的

提高学生的参与性，增强团队协作意识。

2. 游戏准备

篮球场一块（或者其他球类场地、空场地），篮球1个（可以用其他球或者书包等代替）。

3. 游戏方法

全班分为四组，交叉比赛，每组上场5人，每组比赛时间为3—5分钟，具体时间根据总体时间来定。

队员可以用传球、运球甚至抱球跑的方式，球进球门得一分，最后哪个队分数多则获胜，获胜的队获得奖励。

4. 游戏规则

第一，除了抱球跑不算走步犯规，其他严格按照篮球规则执行。

第二，严禁相互拉扯，尤其是从对方手里抢球等危险行为。

第三，可以根据人数进行分组或者限制比赛时间，上场轮换等，尽量保证每个人均有上场比赛的机会。

5. 游戏建议

第一，进行安全教育和团队合作教育。

第二，培养规则意识。

第三，游戏结束后进行分享，从游戏中学会做人做事。

三、排球类游戏

（一）夹球接力

1. 游戏目的

利用排球锻炼学生的身体协调性。

2. 游戏准备

排球场或者平坦的场地一块，排球6个（或者可以使用篮球、气球等替代）。

3. 游戏方法

将全体人员分为两组，每组一路纵队站在排球场端线外，依次完成运球，顺序可以根据队伍顺序，也可以自由决定（组织者提前约定好），两组间隔3—4米。

每人3个排球，两腋下各夹一个球，两腿之间再夹一个球，可以走可以跳，运球距离为半个排球场，摸到排球网再返回。

回到端线，击下一位同学的手掌，然后交接球，下一位同学夹好球后继续，先完成的队为胜。输的队可以给予相应的惩罚，如一对一将对方背到排球网处。

4. 游戏规则

第一，每组一路纵队保持队形，依次完成，完成的队员依次站在队伍的后边进行观赛。

第二，交接球时只能场上队员到达端线后和下一位队员交接，其他同学不得帮忙。

第三，途中一旦掉球，必须由本人把球捡回，再从掉球的地方开始前进。

5. 游戏建议

可以自己选择两腿夹球的位置，注意行进时安全，避免踩球摔倒。

（二）传垫球接力游戏

1. 游戏目的

排球的传垫球基本技术练习和反应能力训练。

2. 游戏准备

排球场或平坦的场地一块，排球1个。

3. 游戏方法

全班同学左右两臂间隔散开，围成一个圆圈，一位同学在中间持球（一米为半径的圆圈内），可以把球随意传递给其他同学，其他同学把球再次传递回来。

如果谁传垫球时没有将球传到圈里或者中间同学手里就换到中圈，并算失误，需要替换中间人；如果球传进圈里，中间同学没有接住，中间同学继续捡球外传。

如果较长时间中间人没有更换，可以由组织者选择其他人接替。

4. 游戏规则

第一，中间同学应积极接球传球，衔接起来。

第二，外围同学积极向里传球，左右同学应积极回应。

第三，未能很好传球的外围同学，算作失误，受到适当惩罚，然后换到中圈。

5. 游戏建议

注意传球时左右间距，避免冲撞。

（三）发球接力

1. 游戏目的

在教学和训练中，加强学生定点发球的能力，可以用于排球、羽毛球、网球等教学比赛，也可以调整后用于踢毽子、丢沙包等游戏中。

2.游戏准备

排球场一块，排球2—3个，粉笔1根。

3.游戏方法

游戏开始前先在半个排球场地画好区域，区域大小可以根据人数定，可以利用三米线将前后分为两部分，左右可以自行规划。

全班同学分为人数相同的2组，并且需要派出一人负责记录对方的得分，但该同学仍需参与比赛。

每组每人按照规定的发球姿势（可以是上手发球或者下手发球，但要一致，也可以每人自行选择），在规定的位置发球2次（或其他次数，根据人数和时间定），定点发到相应位置，并获得相应的分数。

每组每人依次完成，并累加分数，两组轮换，分数高者为胜。输的队可以给予表演节目或者其他形式的惩罚。

4.游戏规则

第一，每个队每位同学完成规定的次数后，下一位同学再进行。

第二，所有压线的球得分按照相邻的高分处理，排球场端线和边线的压线球也算作相应的分数。

5.游戏建议

第一，正式比赛前可以给每组学生一定的练习时间，游戏只是手段，达到较高的技术水平才是目的。

第二，分数高低由组织者根据学生的掌握情况定，分数越高难度越大，分数越高，学生尝试发球的概率越大，可起到引导作用。

四、足球类游戏

（一）脚踢保龄球

1.游戏目的

提高学生踢定位球的准确性。

2.游戏准备

足球场或篮球场（其他跑道或者平坦地面均可）一块，足球1—2个，高标志桶10个。

3. 游戏方法

游戏前在距离起点15—20米的地方放置10个标志桶，类似保龄球的放置方法，分为四排，每排依次放置1个、2个、3个、4个标志桶。

全班分为两组或者多组，每人两球，累计踢倒标志桶最多的组为胜。

4. 游戏规则

第一，根据组织者的要求使用不同的脚法，进行有针对性的训练。

第二，一组比赛，另一组负责捡球，保证活动顺利进行。

5. 游戏建议

第一，摆放标志桶时应注意保持距离一致。

第二，踢球时要注意周围人的安全。

（二）传抢游戏

1. 游戏目的

提高学生足球的传接球能力，提高运球技术。

2. 游戏准备

足球场一块，足球标志桶8个，足球1个。

3. 游戏方法

提前规划场地，用标志桶作为界线，方便游戏进行。

游戏方法讲解以后，可以根据课程时间留一定时间进行练习。

全班同学分为多组，每5—7人（根据场地大小）一组，不设球门，每个队传球超过10次得1分，在规定的时间内分数高者为胜。几组轮换进行，最后核算积分，可以适当给予奖惩。

4. 游戏规则

第一，严格执行足球的规则，严禁出现拉扯、铲球等违规行为。

第二，组织者另外找一两位学生做裁判，方便比赛进行。

5. 游戏建议

第一，注意比赛中遵守规则，避免运动损伤。

第二，每队队员可以穿号码背心，方便记录。

五、户外游戏

松鼠、大树、地震

1. 游戏目的

练习反应和应变能力；练习学生快速启动和奔跑能力。

2. 游戏准备

选择地面平整、比较宽阔的场地，周围无大的障碍物，且环境相对安静。

3. 游戏方法

全部人员围成一个圆，3人一组，两人面对面双手搭在一起做大树，1人蹲在两人之间做松鼠，找1—2位参与者（根据参与游戏的人数来定，如果人数正好是3的倍数，组织者可以加入）站在队伍中间位置（见图6-1）。当中间的人喊“大树”时，做大树的两位同学变换位置，中间的人要及时跑到松鼠旁边抢占位置做大树，中间的人可以喊“松鼠”，松鼠动，更换位置，大树则保持不动；喊“地震”则全体同学变换位置或者变换角色。没有找到位置的同学被惩罚后成为中间人，有决定喊什么动的权利。

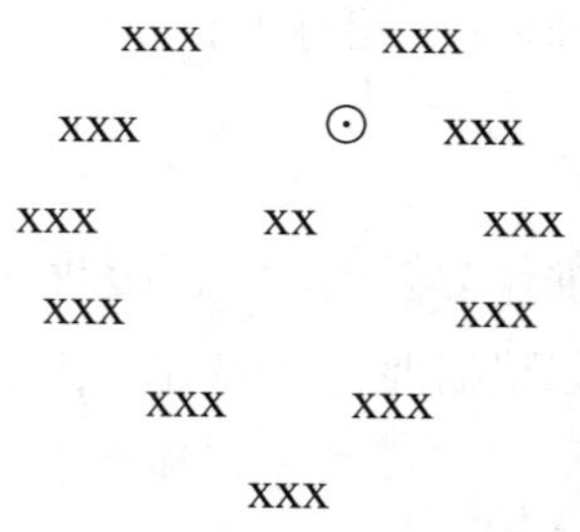

图6-1 松鼠、大树、地震游戏图例

4. 游戏规则

第一，喊“大树”的时候，原来做大树的两位同学要换地方，继续做大树，并且不能再和刚才的同伴一起组成大树，要换别人一起组成一棵大树。简单来说，就是要换人换位。

第二，喊“大树”的时候，扮演松鼠的人应保持原地不动。同理，喊“松鼠”的时候，扮演大树的人也不能动。

第三，采取“先到先得”的方式，不得强行拉拽已经占到位置的人。

第四，对未找到位置的同学进行惩罚，如5个蹲跳起，惩罚执行完后新的游戏开始。

第五，对于游戏中未执行规则的，一旦被发现惩罚翻倍，教育引导游戏参与者要诚实，有规则意识。

5. 游戏建议

第一，注意游戏前进行简单的准备活动，在跑动过程中有的同学比较激烈，容易造成运动损伤。

第二，注意跑动中强调安全，避免撞伤，尤其避免拉扯等行为。

第三，中间两人的难度要大于一人，组织者可以根据参与人数，尤其是在教学中，根据班里人数进行调整，适当时教师可以加入，但一定要注意边参与游戏边控制全场。

六、室内游戏

明六暗六

1. 游戏目的

提高学生的注意力，活跃课堂气氛。

2. 游戏准备

在室内课中，根据学生的上课座位，教师需要讲清学生的连接顺序；在室外课中，可以围成一个圆圈站立或者坐下，教师指定开始的位置和数字，或者根据上课队形，横排站立。但教师也要明确学生的连接顺序，尤其是排头和排尾如何连接，最后一位同学和谁连接等。

3. 游戏方法

凡是结尾是6（如6、16、26……）或者6的倍数（如12、18、24等）的都不可以说，其他数字（如5、7、8等）均可，但建议为个位数，且不宜太小。

轮到的同学说“过”，或者继续说下一个数字，二者选一。

起始数字由教师定，可能是1，也可以是其他任意数字。

对于出错的同学给予一定的惩罚，具体惩罚方式由教师根据参与者的特点和目的确定，如表演节目或者进行自我介绍等。

4. 游戏规则

第一，学生应该按照顺序迅速回答，一旦有延迟，要及时提醒，超过时间则判为失分。

第二，前后的同学不得提醒，不得提前用笔记录。

5. 游戏建议

第一，在游戏过程中，注意开始的数字要有变化，避免学生记住数字，并逐步增加难度。

第二，游戏的惩罚不是目的，所以尽量在游戏结束后统一进行，并且惩罚不要过于严厉。

第三，注意控制游戏时间，不宜太长，一般进行3—5分钟即可。学生注意力达到较好状态或者身体得到休息后，继续进行其他教学内容。

第七章　太极拳及健身气功

第一节　太极拳概述

一、太极拳的起源与发展

太极拳是武术的主要拳种之一。中国古代用“太极”“阴阳”的哲学理论来解释和说明万物。“太极”一词源出《周易》“易有太极，是生两仪”，含有至高、至极、无穷大之意。太极拳得名于太极拳拳法变幻莫测，含义丰富。

太极拳在其长期演变过程中形成了许多流派，其风格和特点不太相同，但基本技法是一致的。其中流传较广和较具代表性的包括陈式太极拳、杨式太极拳、武式太极拳、吴式太极拳、孙式太极拳。

自1956年起，原国家体委开始编制《简化太极拳》，到1979年编制完成了简化24式太极拳、32式太极剑、48式太极拳等。在1989年以后又组织专家编写了四式太极拳竞赛套路、综合42式太极拳、武式太极拳竞赛套路等竞赛性质的太极拳套路。这些套路都在不同程度上推动了太极拳的发展。①

20世纪80年代以来，各级政府及广大民众对太极拳这一古老文化体系的保护意识日益强化。各级政府相继制定保护措施，以太极拳文化为主的各个地方先后举办了11届国际性太极拳交流大会。传承人、民间传承组织也加大推广的力度。2006年5月，太极拳被中国政府公布为第一批国家级非物质文化遗产。②

2020年12月17日，中国申报的“太极拳”被列入联合国教科文组织人类非物质

① 冯志强，李秉慈，孙剑云．太极拳全书［M］．北京：学苑出版社，2000：1-7.

② 太极拳：民族传统体育项目、国家级非物质文化遗产［EB/OL］．（2017-07-12）［2024-10-11］．http://sports.people.com.cn/n1/2017/0712/c412605-29398908.html.

文化遗产代表作名录。①

二、太极拳的技法特点

太极拳习练者要注意习练时身体姿态的要领：虚灵顶劲、沉肩坠肘、含胸拔背、松腰敛臀；动作演练过程中的要领：心静体松、呼吸自然、意连形随、虚实兼备。

（一）虚灵顶劲

经络学说有以头为诸脉之宗的说法。练习太极拳时要求头顶部百会穴轻轻上提，好似头顶上有绳索拉着，从而感到虚灵顶劲。虚灵顶劲可使头部自然垂直，有利于练拳时保持身体平衡稳定和中枢神经对器官机能的调节等。

要保持虚灵顶劲姿势不松塌和不强硬，颈项要端正竖起且自然放松，使头部左右转动、灵活自然，以达到头正、顶平。做到虚灵顶劲，才能精神饱满、意会贯注，保持练习时的动作沉稳和扎实。

（二）沉肩坠肘

练习太极拳时要求在松肩的前提下做到沉肩坠肘。沉肩坠肘有利于含胸拔背，同时会有身体重心下沉的内劲感觉。沉肩坠肘动作要保持腋下的回旋余地，不要把臂紧贴胸部或体侧，还要有微向前合抱的感觉。

（三）含胸拔背

背部肩胛骨向两边打开，双手向下伸长，形成对拉，此谓之“拔背”。此时背部扒开会导致胸部微微内收，即为“含胸”。“含胸拔背”既可把人的精气神提起来，又蓄而不发。

（四）松腰敛臀

腰是转动身体时关键的部位，对动作变化、重心稳定等都起着重要作用。练习时，要求腰部保持松而沉。腰部松沉时要注意腰部能直竖，以有利于尾闾中正神贯顶。敛臀是在松腰的基础上使臀部稍内收，同时和含胸拔背互相配合。敛臀时，放松臀部和腰部肌肉，使臀部肌肉向外下方舒展，然后向前、向内收敛，好似臀部把小腹

---

① 李思辉．太极拳申遗成功，不忘对文化遗产保持敬畏［EB/OL］．（2020-12-21）［2024-10-11］．https://news.gmw.cn/2020-12/21/content_34478795.htm.

托起。此举有利于气沉丹田。

当两胯撑开，两膝有微向里扣的感觉时，就能起到圆裆的作用。髋关节是协调腰腿动作的主要关节，如果髋关节紧张，腰腿就很难相顺相随。圆裆和松胯的配合能使腰部灵活并起到臀部内敛的作用。

（五）心静体松

太极拳练习的重要原则是心静意专。意思是说，练拳时思想集中，肢体放松，以意念引导动作的变化和运行。心静体松要求在未练拳之前即肢体放松，端正姿势，摒除思想杂念，处于无思无虑状态。动作开始后，更应精神集中，用意念引导动作，做到以意导体，意动形随。需要强调的是，体松并非肢体绵软无力。所谓体松就是要去除拙力和僵劲，按照动作的虚实变化，做到全身力不在无用之处，逐步达到以松入柔，积柔成刚，刚柔相济。

（六）呼吸自然

练习太极拳时，采用腹式呼吸法来加深呼与吸。腹式呼吸应与以意念引导动作相配合，有意识地、自然均匀地将气送至小腹部，也就是常说的“气沉丹田”。

太极拳的身体基本姿势可促使腹式呼吸达到深长的要求。“拳式呼吸”一般是指练习时动作的开合屈伸、起落进退、虚实变化等与一呼一吸相结合。呼吸与动作变化的配合应该是十分自然的，而不应该牵强地规定某动作必须是吸或者某动作必须是呼。所以“拳式呼吸”是在呼吸自然的前提下进行的。掌握与动作自然配合的腹式呼吸法，可使练习时肢体更放松，注意力更集中，动作更圆活沉稳。

（七）意连形随

太极拳讲究一动无有不动，而且始终以意念引导动作。每当一个动作完成时，意念中就有下一个动作出现，有意连形随的感觉。例如，双手向前按时，先要有向前按的意念，然后动作随即跟上。意念不中断，上一个动作和下一个动作之间不产生停顿，保持势势相连，绵绵不断。整个套路练习从头到尾给人一种连贯圆活的感觉，有行云流水的流畅感。太极拳练习基本上是缓慢的匀速运动，在意念领先的前提下，通过不断练习，能够达到意连形随的境地。

（八）虚实兼备

太极拳是一种轻灵、缓慢、沉稳的拳术。动作如抽丝般徐缓不躁，又稳又静；迈步如猫行般轻起轻落，起步和落步都要有轻灵的感觉。即所谓一举动，周身都要轻灵，故有运劲如抽丝、迈步如猫行之说。轻灵和沉稳是相对独立而统一的。太极拳的基本身体姿势和具有气沉丹田要求的腹式呼吸使身体重心下沉，无论行步还是定势，步型步法既轻灵又沉稳。

太极拳以阴阳转化理论为指导，在每一势和每一动中，始终有着阴阳转化，即虚与实的转化。例如云手，左脚虚右脚实时，左脚向侧跨步；左脚实右脚虚时，右脚向左脚并步。身体重心也随着步型步法的虚实变化不断转换位置，不会有迟滞沉重的感觉。同时虚实等的变化贯穿整个套路。

阴阳本身就是一对矛盾，其不断地转换就形成了不停顿的运动。太极拳的轻灵、沉稳、虚涵、扎实在不断的练习过程中转换和变化，达到统一和谐的境地。

第二节　太极拳的基本技术

一、手型

太极拳的主要手型为拳、掌、勾三种。

（一）拳

握拳方法同长拳，但拳要虚握，手心略含空。

（二）掌

五指自然分开并微屈，虎口呈圆形，掌心微含。陈式太极拳的掌形要求拇指和小指内扣，食指、中指、无名指微向后伸张。

（三）勾

与长拳相似。唯须自然，不用力。

二、步型

太极拳的基本步型与长拳相同，唯重心的高低根据练习者的条件和需要因人而异。

三、手法

（一）掤

手臂呈弧形，前臂由下向上向外掤出，手臂劲力圆满，有张力、有弹性。

（二）捋

常以两手一前一后、掌心一上一下相辅助，有随腰旋转向后下方回捋之势。

（三）挤

通常前手手背向外，另一手辅助，手臂呈弧形，向前方挤出。

（四）按

两手心向前、向下按，有迎截外力并引其向下之意。

四、步法

（一）进步

开立步起，两腿微屈，右脚外撇，两手背于身后。左脚经右脚内侧向前迈出，脚跟先着地，重心前移，左脚踏实，成左弓步。重心后移，左脚尖外撇，重心前移，右脚经左脚内侧向前迈出，脚跟先着地，重心前移，成右弓步。重心后移，右脚尖外撇，重心再前移，准备左脚再向前迈。可重复若干次。

要点：迈步时脚跟先着地，随着重心前移，慢慢过渡到前脚掌着地。

（二）退步

开立步站立，两手相叠放于丹田处，男子左手在下，女子右手在下。两膝微屈，重心移到左腿，右脚提起经左脚内侧向右后退。前脚掌先落地，随着重心慢慢后移，过渡到全脚掌着地，成左虚步。然后左脚提起经右脚内侧向左后退。前脚掌先落地，随着重心慢慢后移，过渡到全脚掌着地，成右虚步。再右脚提起经左脚内侧向右后退。可重复若干次。

要点：退步时脚尖略外撇，前脚以前脚掌为轴转正。退步时的运动轨迹不是一条直线。

（三）横移步

开步站立，两腿微屈，左脚向左横移一步。重心左移，右脚向左脚内侧跟进一步，前脚掌先着地，然后过渡到全脚掌着地；重心换至右脚，左脚向左横移一步。重心再左移，右脚向左脚内侧跟进一步。可重复若干次。

要点：两腿先保持一定的微屈状，向侧移步后再移动身体重心。

五、腿法

（一）蹬腿

采用屈伸性腿法。支撑腿微屈，站稳；另一腿屈膝提起，然后小腿上摆，脚尖勾起，脚跟向前蹬出，腿伸直，脚高不过腰。

（二）分腿

基本要求同蹬腿，唯脚面绷直，脚尖向前。

六、24式太极拳基本练习

桩功

1. 太极桩

两脚平行站立，与肩同宽，两膝微屈，两手手心向内，在胸前呈抱球状。

要点：气沉丹田，腹式呼吸。

2. 开合桩

开步站立，两手在腹前，手心对丹田，慢慢向上、向外拉开，如抱一大球状，然后慢慢收回腹前，呈抱球状。可反复数次。

要点：两手始终呈抱球状，向上拉开时配合吸气，向下收回时配合呼气。

3. 起落桩

开步站立，两手向前上方慢慢平举，手心向下，与肩同高。然后微屈膝下蹲，两肘屈曲，同时两手慢慢下按至腹前。两膝慢慢伸直，两臂慢慢向上回举至与齐肩平。

如此反复数次。

要点：手上提时吸气，微提腕上起；手下按时呼气，手肘微屈坐腕。

4.虚实桩

开步站立，重心慢慢移向右腿，身体微向左转，左脚跟提起，两手向左上方慢慢提起，左脚向左前伸，脚跟着地成虚步，两手前后合抱于左前方。左脚轻轻收回，重心慢慢移向左腿，身体微向右转，右脚跟提起，两手向右上方慢慢提起，右脚向右前伸，脚跟着地成虚步，两手前后合抱于右前方，右脚收回。可反复数次。

要点：前脚轻提轻落，虚实要分清。

第三节　太极拳的套路

24式简化太极拳

（一）起势

1.身体自然并步直立，左脚轻轻提起，向左开步，与肩同宽，脚尖向前；两臂自然下垂，两手放在大腿外侧。眼睛向前平视（见图7-1、图7-2）。

2.两臂慢慢向前平举，两手与肩平、与肩同宽，手心向下（见图7-3）。

3.上体保持正直，两腿屈膝下蹲；同时两掌轻轻下按，两肘下垂与两膝相对。双眼平视前方（见图7-4）。

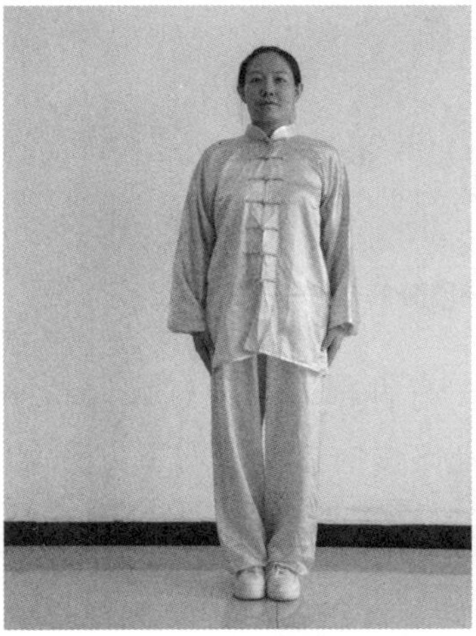

图7-1　起势分解动作一

图7-2　起势分解动作二

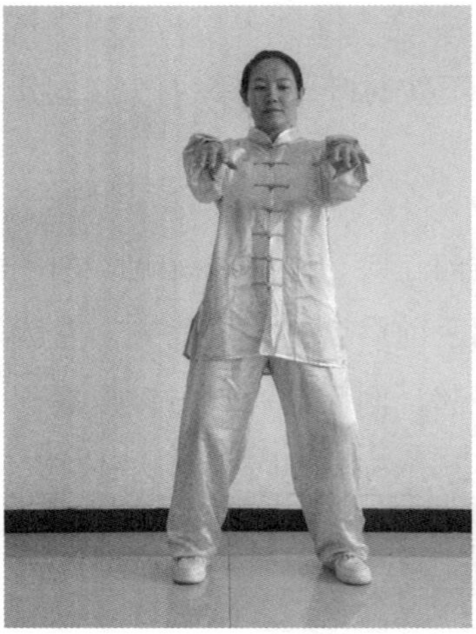

图7-3　起势分解动作三

图7-4　起势分解动作四

（二）左右野马分鬃

1. 上体微向右转，身体重心移至右腿上；同时右臂收在胸前平屈，手心向下，左手经体前向右下画弧，放在右手下，手心向上，两手心相对呈抱球状，左脚随即收到右脚内侧，脚尖点地。眼观右手（见图7-5）。

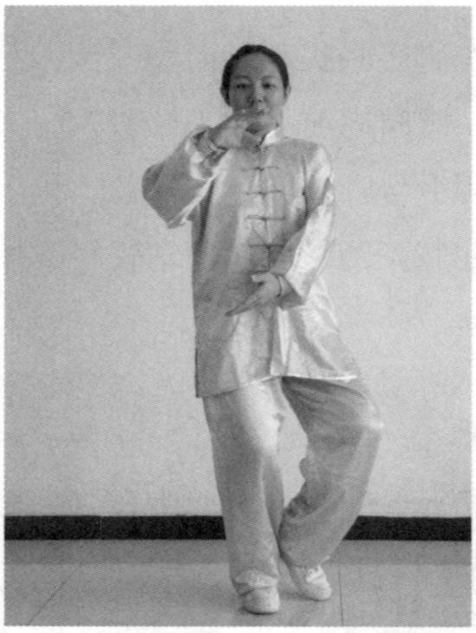

图7-5　左野马分鬃分解动作一

2. 上体微向左转，左脚向左前方迈出，右脚跟后蹬，右腿自然伸直成左弓步；同时上体继续向左转，左、右手随转体分别慢慢向左上、右下方分开，左手高与眼平，肘微屈；右手落在右胯旁，肘微屈，手心向下，指尖向前。眼观左手（见图7-6、图7-7）。

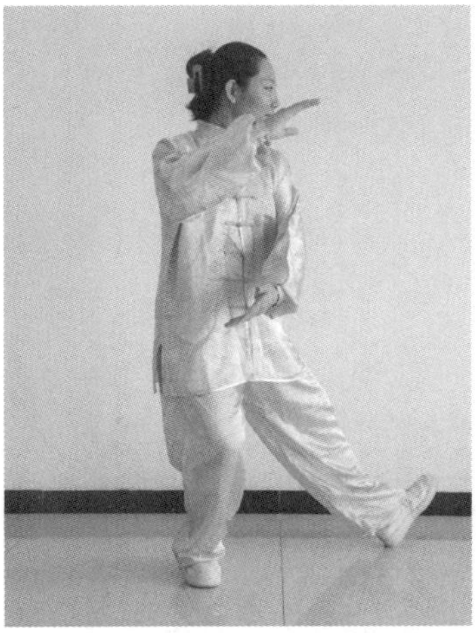

图7-6　左野马分鬃分解动作二　　图7-7　左野马分鬃分解动作三

3. 上体慢慢后坐，身体重心移至右腿，左脚尖翘起，微向外撇（45°—60°），随后脚掌慢慢踏实，左腿慢慢前弓，身体左转，身体重心再移至左腿；同时左手翻转向下，左臂收在胸前平屈，右手向左下画弧，放在左手下，两手心相对呈抱球状，右脚随即收到左脚内侧，脚尖点地。眼观左手（见图7-8、图7-9）。

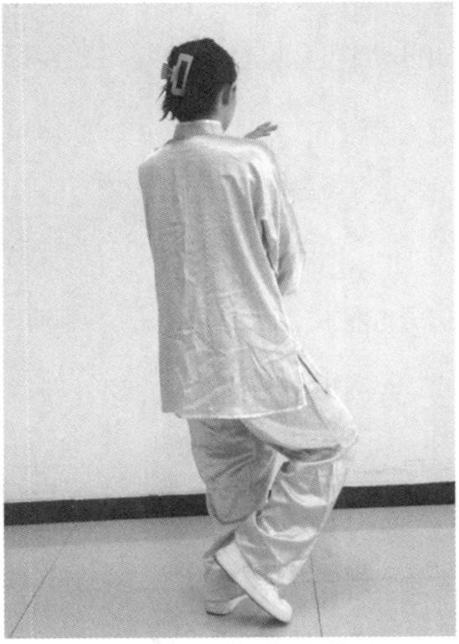

图7-8　右野马分鬃分解动作一　　图7-9　右野马分鬃分解动作二

4. 上体微向右转，右脚向右前方迈出，左脚跟后蹬，左腿自然伸直成右弓步；同时上体继续向右转，右、左手随转体分别慢慢向右上方、左下方分开，右手高与眼平，肘微屈；左手落在左胯旁，肘微屈，手心向下，指尖向前。眼观右手（见图7-10、图7-11）。

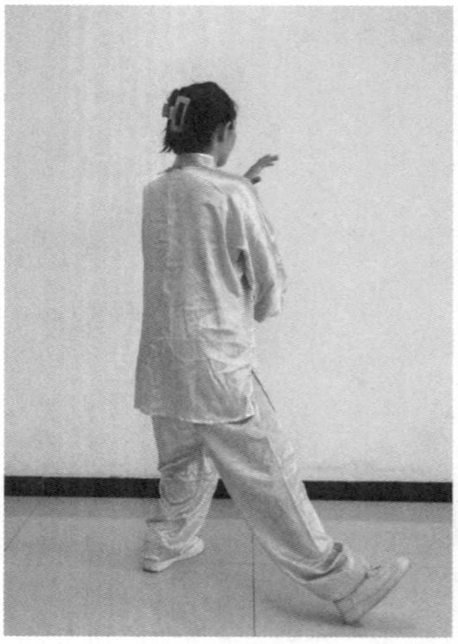

图7-10　右野马分鬃分解动作三　图7-11　右野马分鬃分解动作四

5.再重复一次左野马分鬃，上体慢慢后坐，身体重心移至左腿，右脚尖翘起，微向外撇（45°—60°），随后脚掌慢慢踏实，右腿慢慢前弓，身体右转，身体重心再移至右腿；同时右手翻转向下，右臂收在胸前平屈，左手向右下画弧放在右手下，两手心相对呈抱球状，左脚随即收到右脚内侧，脚尖点地。眼观右手（见图7-12、图7-13）。重复2的动作（见图7-14、图7-15）。

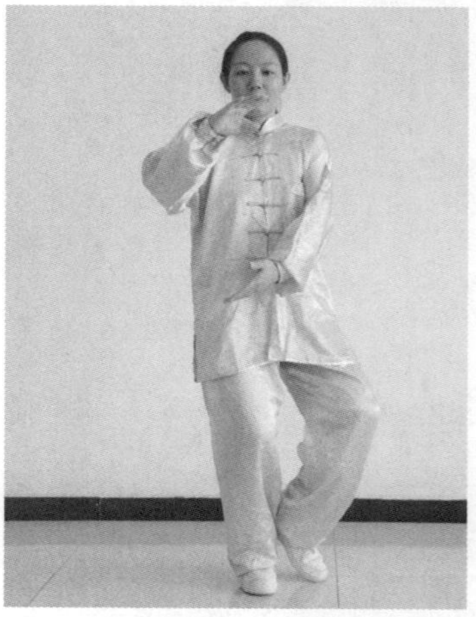

图7-12　左野马分鬃分解动作一　图7-13　左野马分鬃分解动作二

图7-14　左野马分鬃分解动作三　图7-15　左野马分鬃分解动作四

（三）白鹤亮翅

1.上体微向左转，左手翻掌向下，左臂平屈于胸前，右手向左上画弧，手心转向上，与左手呈抱球状。眼观左手（见图7-16）。

2.右脚跟进半步，上体后坐，身体重心移至右腿，上体先向右转，面向右前方，眼观右手；然后左脚稍向前移，脚尖点地成左虚步；同时上体再微向左转，面向前方，两手随转体慢慢向右上、左下分开，右手上提停于右额前，手心向左后方，左手落于左胯前，手心向下，指尖向前。眼平视前方（见图7-17、图7-18、图7-19）。

图7-16　白鹤亮翅分解动作一　图7-17　白鹤亮翅分解动作二

图7-18　白鹤亮翅分解动作三（侧面）图7-19　白鹤亮翅分解动作三（正面）

（四）左右搂膝拗步

1. 右手从体前下落，由下向后上方画弧至右肩外侧，肘微屈，手与耳同高，手心斜向上，左手由左下向上、向右画弧至右胸前，手心斜向下；同时上体先微向左再向右转，左脚收至右脚内侧，脚尖点地。眼观右手（见图7-20、图7-21）。

2. 上体左转，左脚向前（偏左）迈出，成左弓步；同时右手屈回，由耳侧向前推出，高与鼻尖平，左手向下由左膝前搂过，落于左胯旁，指尖向前。眼观右手手指（见图7-22、图7-23）。

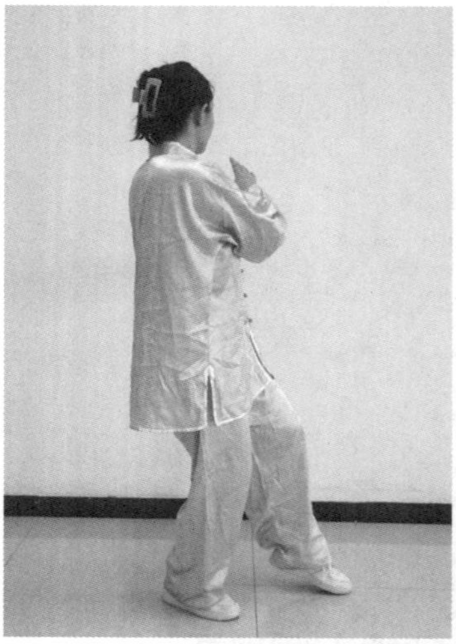

图7-20　左搂膝拗步分解动作一　图7-21　左搂膝拗步分解动作二

图7-22 左搂膝拗步分解动作三

图7-23 左搂膝拗步分解动作四

3. 右腿慢慢屈膝，上体后坐，身体重心移至右腿，左脚尖翘起微向外撇，随后脚掌慢慢踏实，左腿前弓，身体左转，身体重心移至左腿。右脚收到左脚内侧，脚尖点地；同时左手向外翻掌，由左后向上画弧至左肩外侧，肘微屈，手与耳同高，手心斜向上，右手随转体向上、向左下画弧，落于左胸前，手心斜向下。眼观左手（见图7-24、图7-25、图7-26）。

4. 与2同，唯左右相反（见图7-27、图7-28）。

图7-24 右搂膝拗步分解动作一

图7-25 右搂膝拗步分解动作二（背面）

图7-26　右搂膝拗步分解动作二（侧面）

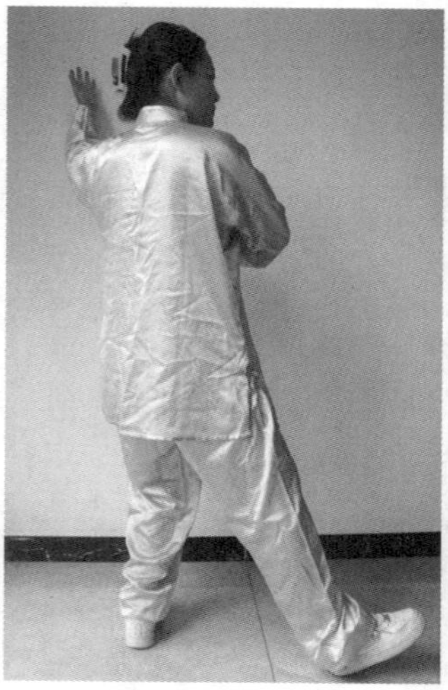

图7-27　右搂膝拗步分解动作三

图7-28　右搂膝拗步分解动作四

5.再重复一次左搂膝拗步，与1、2相同（见图7-29、图7-30、图7-31）。

图7-29　左搂膝拗步分解动作一

图7-30　左搂膝拗步分解动作二

图7-31　左搂膝拗步分解动作三

（五）手挥琵琶

右脚跟进半步，上体后坐，身体重心转至右腿上，上体半面向右转，左脚略提起，稍向前移，变成左虚步，脚跟着地，脚尖翘起，膝部微屈；同时左手由左下向上挑举，高与鼻尖平，掌心向右，臂微屈，右手收回，放在左臂肘部里侧，掌心向左。眼观左手食指（见图7-32、图7-33、图7-34）。

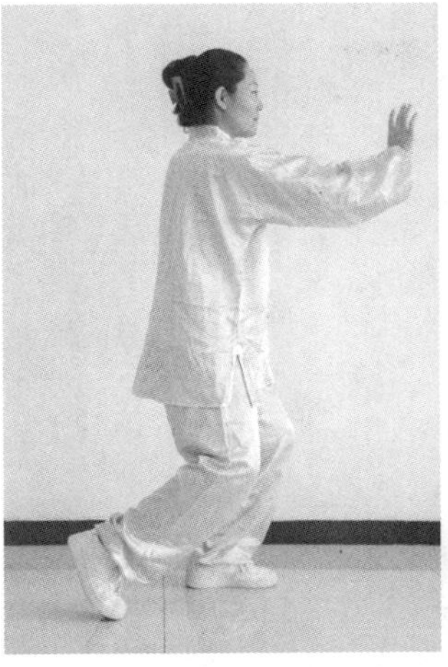
图7-32　手挥琵琶分解动作一

图7-33　手挥琵琶分解动作二

图7-34　手挥琵琶分解动作三

（六）左右倒卷肱

1. 上体右转，右手翻掌（手心向上），经腹前由下向后上方画弧平举，臂微屈，左手随即翻掌向上。眼的视线随着向右转体先向右看，再转向前方看左手（见图7-35）。

2. 右臂屈肘折向前，右手由耳侧向前推出，手心向前，左臂屈肘后撤，手心向上，撤至左肋外侧；同时左腿轻轻提起向后（偏左）退一步，脚掌先着地，然后全脚慢慢踏实，身体重心移到左腿上，成右虚步，右脚随转体以脚掌为轴扭正。眼观右手（见图7-36、图7-37）。

图7-35　左倒卷肱分解动作一

图7-36　左倒卷肱分解动作二

图7-37　左倒卷肱分解动作三

3. 上体微向左转；同时左手随转体向后上方画弧平举，手心向上，右手随即翻掌，掌心向下。眼随转体先向左看，再转向前方看右手（见图7-38）。

4. 与2同，唯左右相反（见图7-39、图7-40）。

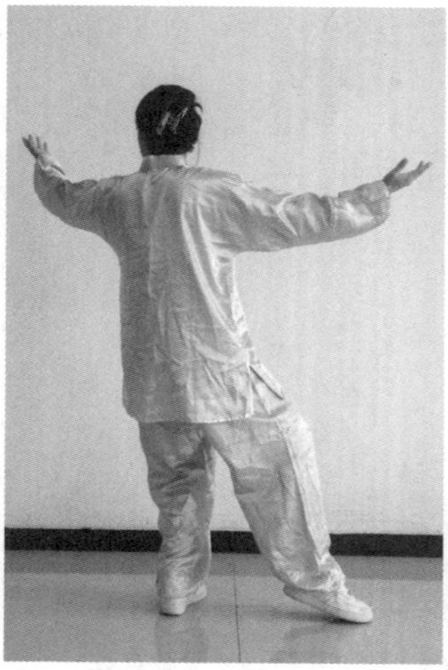

图7-38 右倒卷肱分解动作一

图7-39 右倒卷肱分解动作二

图7-40 右倒卷肱分解动作三

5.再重复一遍左右倒卷肱，同上1、2、3、4。

（七）左揽雀尾

1.上体微向右转，同时右手随转体向后上方画弧平举，手心向上，左手放松，手心向下。眼观左手。身体继续向右转，左手自然下落，逐渐翻掌，经腹前画弧至右肋前，手心向上，右臂屈肘，手心转向下收至右胸前，两手相对呈抱球状；同时身体重心落在右腿上，左脚收到右脚内侧，脚尖点地。眼观右手（见图7-41）。

2.上体微向左转，左脚向左前方迈出，上体继续向左转，右腿自然蹬直，左腿屈膝成左弓步；同时左臂向左前方推出，高与肩平，手心向后，右手向右下落，放于右胯旁，手心向下，指尖向前。眼观左前臂（见图7-42）。

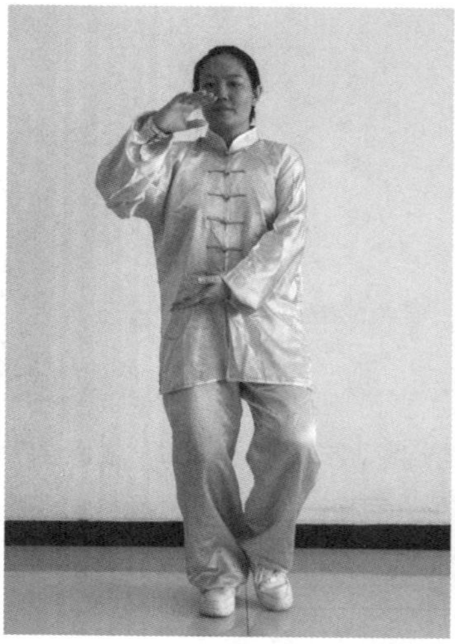

图7-41 左揽雀尾分解动作一

图7-42 左揽雀尾分解动作二

3. 身体微向左转，左手随即前伸翻掌向下，右手翻掌向上，经腹前向上、向前伸至左前臂下方；然后两手下捋，即上体向右转，两手经腹前向右后上方画弧，直至右手手心向上，高与肩齐，左臂平屈于胸前，手心向后；同时身体重心移至右腿。眼观右手（见图7-43、图7-44、图7-45）。

4. 上体微向左转，右臂屈肘折回，右手附于左手腕里侧，上体继续向左转，双手同时向前慢慢挤出，左手心向后，右手心向前，左前臂要保持半圆；同时身体重心逐渐前移，变成左弓步。眼观左手腕部（见图7-46、图7-47）。

5. 左手翻掌，手心向下，右手经左手腕上方向前、向右伸出，高与左手齐，手心向下，两手左右分开，宽与肩同；然后右腿屈膝，上体慢慢后坐，身体重心移至右腿上，左脚尖翘起；同时两手屈肘回收至腹前，手心均向前下方。双眼平视前方（见图7-48、图7-49）。

6. 上式不停，身体重心慢慢前移；同时两手向前、向上按出，掌心向前，左腿前弓成左弓步。双眼平视前方（见图7-50）。

图7-43　左揽雀尾分解动作三

图7-44　左揽雀尾分解动作四

图7-45　左揽雀尾分解动作五

图7-46　左揽雀尾分解动作六

图7-47　左揽雀尾分解动作七

图7-48　左揽雀尾分解动作八

图7-49　左揽雀尾分解动作九

图7-50　左揽雀尾分解动作十

（八）右揽雀尾

1.上体后坐并向右转，身体重心移至右腿，左脚尖里扣，右手向右平行画弧至右侧；然后由右下经腹前向左上画弧至左肋前，手心向上，左臂平屈胸前，左手掌向下与右手呈抱球状；同时身体重心再移至左腿上，右脚收至左脚内侧，脚尖点地。眼观左手（见图7-51、图7-52）。

2.与左揽雀尾的3、4、5、6、7的动作相同，唯左右相反（见图7-53、图7-54、图7-55、图7-56、图7-57、图7-58、图7-59、图7-60、图7-61）。

图7-51　右揽雀尾分解动作一

图7-52　右揽雀尾分解动作二

图7-53 右揽雀尾分解动作三

图7-54 右揽雀尾分解动作四

图7-55 右揽雀尾分解动作五

图7-56 右揽雀尾分解动作六

图7-57 右揽雀尾分解动作七

图7-58 右揽雀尾分解动作八

图7-59 右揽雀尾分解动作九

图7-60 右揽雀尾分解动作十

图7-61 右揽雀尾分解动作十一

（九）单鞭

1. 上体后坐，身体重心逐渐移至左腿上，右脚尖里扣；同时上体左转，两手向左画弧，直至左臂平举伸于身体左侧，手心向左，右手经腹前运转至左肋前，手心向后上方。眼观左手（见图 7-62、图 7-63）。

2. 身体重心再渐渐移至右腿上，上体右转，左脚向右脚靠拢，脚尖点地；同时右手向右上方画弧，至右斜前方时变勾手，臂略高于肩，左手向下经腹前向右上画弧，停于右肩前，手心向里。眼观左手（见图 7-64）。

3. 上体微向左转，左脚向左前侧迈出，右脚跟后蹬成左弓步；在身体重心移向左腿的同时，左掌随上体的继续左转慢慢翻转向前推出，手心向前，手指与眼齐平，臂微屈。眼观左手（见图 7-65）。

图 7-62　单鞭分解动作一

图 7-63　单鞭分解动作二

图 7-64　单鞭分解动作三

图 7-65　单鞭分解动作四

（十）云手

1.身体重心移至右腿上，身体渐向右转，左脚尖里扣；左手经腹前向右上画弧至右肩前，手心斜向后，右手变掌，手心向右前。眼观左手（见图7-66）。

2.上体慢慢左转，身体重心随之逐渐左移，左手由脸前向左侧画弧，手心渐转向左方，右手由右下经腹前向上画弧至左肩前，手心斜向后；同时右脚靠近左脚。眼观右手（见图7-67）。

3.上体再向右转，同时左手经腹前向右上画弧至右肩前，手心斜向后，右手向右画弧，手心翻转向右；左腿随之向左横跨一步。眼观左手（见图7-68、图7-69）。

4.重复云手，同上1、2。

图7-66 云手分解动作一

图7-67 云手分解动作二

图7-68 云手分解动作三

图7-69 云手分解动作四

（十一）单鞭

1.上体向右转，右手随之向右画弧，至右斜前方时变成勾手，左手经腹前向右上画弧至右肩前，手心向内；身体重心落在右腿上，左脚尖点地。眼观左手（见图7-70）。

2.上体微向左转，左脚向左前侧迈出，右脚跟后蹬成左弓步；在身体重心移向左腿的同时，上体继续左转，左掌慢慢翻转，向前推出成“单鞭”式（见图7-71）。

图7-70　单鞭分解动作一

图7-71　单鞭分解动作二

（十二）高探马

1.右脚跟进半步，身体重心逐渐后移至右腿上，右勾手变成掌，两手心翻转向上，两肘微屈；同时身体微向右转，左脚跟渐渐离地。眼视左前方（见图7-72、图7-73）。

2.上体微向左转，面向前方，右掌经右耳旁向前推出，手心向前，手指与眼同高，左手收至左侧腰前，手心向上；同时左脚微向前移，脚尖点地成左虚步。眼观右手（见图7-74）。

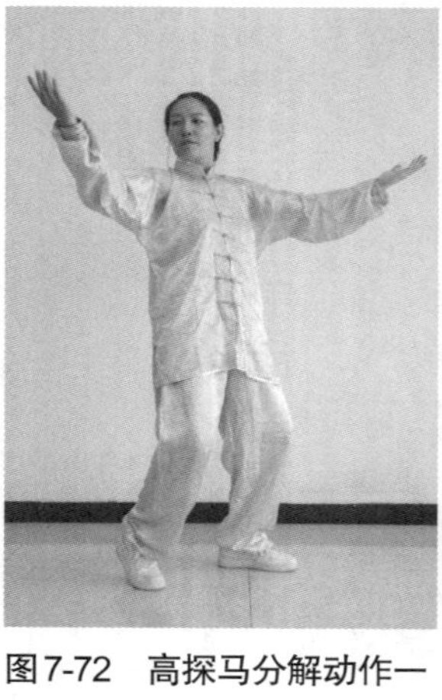

图7-72　高探马分解动作一

图7-73　高探马分解动作二

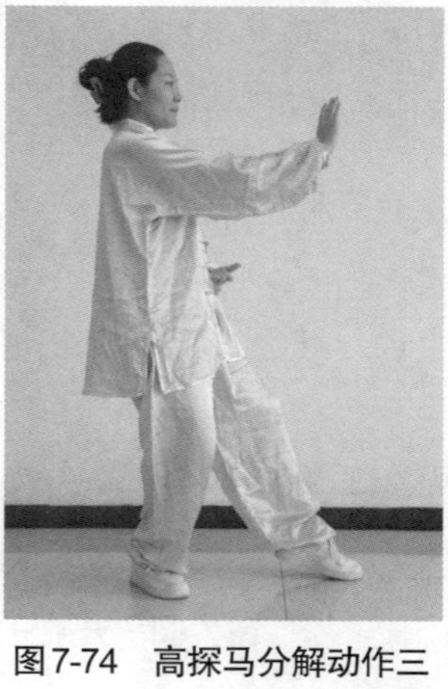

图7-74　高探马分解动作三

（十三）右蹬脚

1.左手手心向上，前伸至右手腕背面，两手相互交叉，随即向两侧分开并向下画弧，手心斜向下；同时左脚提起向左前侧进步，身体重心前移，右腿自然蹬直成左弓步。眼观前方（见图7-75、图7-76）。

2.两手由外圈向里圈画弧，两手交叉合抱于胸前，右手在外，手心均向后；同时右脚向左脚靠拢，脚尖点地。双眼平视右前方。两臂左右画弧，分开平举，肘微屈，手心均向外；同时右腿屈膝提起，右脚向右前方慢慢蹬出。眼观右手（见图7-77、图7-78）。

图7-75 右蹬脚分解动作一

图7-76 右蹬脚分解动作二

图7-77 右蹬脚分解动作三

图7-78 右蹬脚分解动作四

（十四）双峰贯耳

1.右腿收回，屈膝平举；左手由后向上、向前下落至体前，两手心均翻转向上，两手同时向下画弧，分落于右膝两侧。眼观前方（见图7-79）。

2. 右脚向右前方落下，身体重心渐渐前移，成右弓步，面向右前方；同时两手下落，慢慢变拳，分别从两侧向上、向前画弧至面部前方，两拳拳锋相对，拳眼都斜向内下，高与耳齐。眼观右拳（见图 7-80、图 7-81）。

图 7-79　双峰贯耳分解动作一

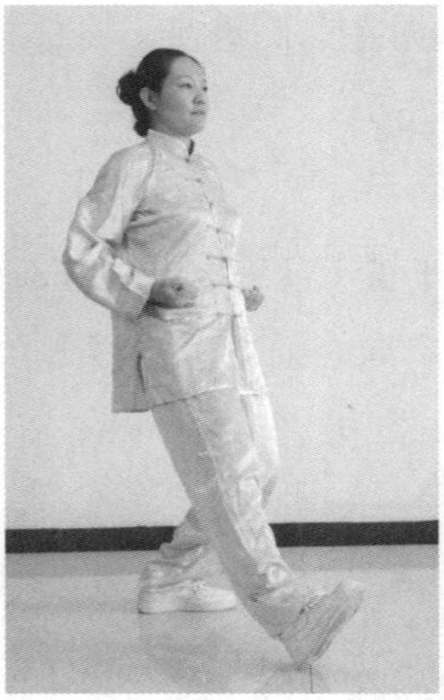
图 7-80　双峰贯耳分解动作二

图 7-81　双峰贯耳分解动作三

（十五）转身左蹬脚

1. 左腿屈膝后坐，身体重心移至左腿，上体左转，右脚尖里扣；同时两拳变掌，由上向左右画弧，并分开平举，手心向后。眼观左手（见图 7-82）。

2. 身体重心再移至右腿，左脚收到右脚内侧，脚尖点地；同时两手由外圈向里圈画弧，合抱于胸前，左手在外，手心均向后。眼平视左方（见图 7-83）。

3. 两臂左右画弧，分开平举，肘微屈，手心均向外；同时左腿屈膝提起，左脚向左前方慢慢蹬出。眼观左手（见图 7-84、图 7-85）。

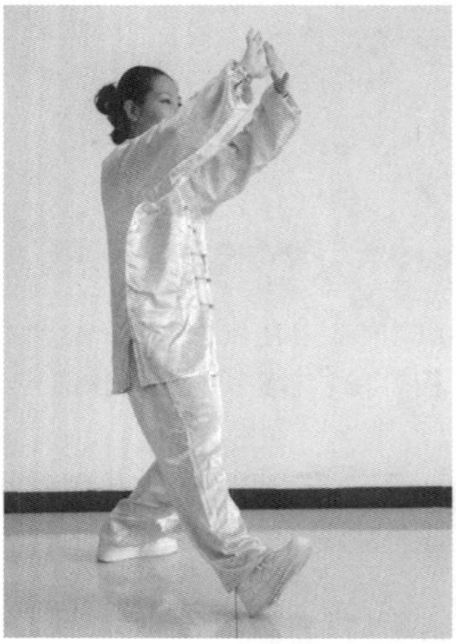
图 7-82　转身左蹬脚分解动作一

图 7-83　转身左蹬脚分解动作二

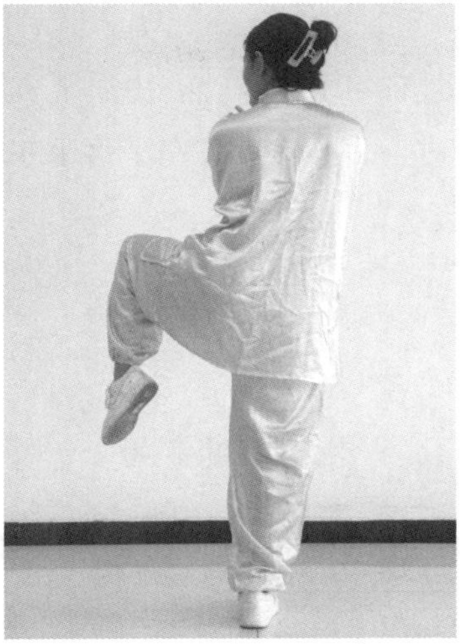

图7-84 转身左蹬脚分解动作三

图7-85 转身左蹬脚分解动作四

（十六）左下势独立

1.左腿收回平屈，上体右转；右掌变成勾手，左掌向上、向右画弧下落，立于右肩前，掌心斜向后。眼观右手（见图7-86）。

2.右腿慢慢屈膝下蹲，左腿由内向左侧伸出，成左仆步；左手下落，向左下顺左腿内侧向前穿出。眼观左手（见图7-87、图7-88）。

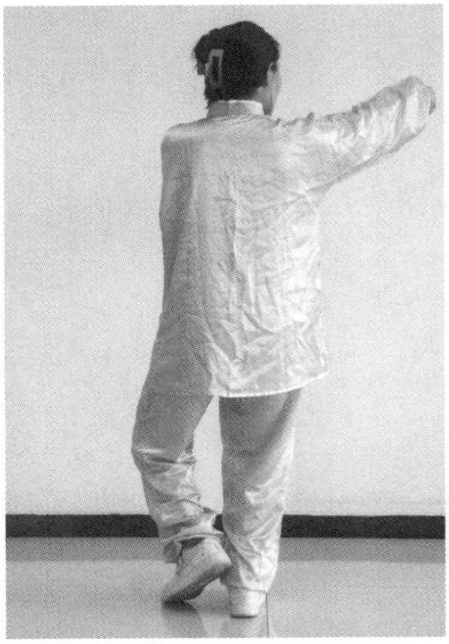

图7-86 左下势独立分解动作一

图7-87 左下势独立分解动作二（背面）

图7-88 左下势独立分解动作二（正面）

3.身体重心前移，以左脚跟为轴，脚尖尽量向外撇，左腿前弓，右腿后蹬，右脚尖里扣，上体微向左转并向前起身；同时左臂继续向前伸出，掌心向右，右勾手下落，勾尖向上。眼视左手（见图7-89）。

4.右腿慢慢提起平屈，成左独立式；同时右勾手变掌，并由后下方顺右腿外侧向前画弧摆出，屈臂立于右腿上方，肘与膝相对，手心向左，左手落于左胯旁，手心向下，指尖向前。眼观右手（见图7-90）。

图7-89　左下势独立分解动作三

图7-90　左下势独立分解动作四

（十七）右下势独立

1.右脚下落于左脚前，脚掌着地，然后左脚脚跟以前掌为轴转动，身体随之左转；同时左手向后平举，变成勾手，右掌随着转体向左侧画弧，立于左肩前，掌心斜向后。眼观左手（见图7-91）。

2.同“左下势独立”2、3、4，唯左右相反（见图7-92、图7-93、图7-94、图7-95）。

图7-91　右下势独立分解动作一

图7-92　右下势独立分解动作二

图7-93　右下势独立分解动作三

图7-94　右下势独立分解动作四

图7-95　右下势独立分解动作五

（十八）左右穿梭

1.身体微向左转，左脚向前落地，脚尖外撇，右脚跟离地，两腿屈膝成半马步式；同时两手在左胸前呈抱球状（左上右下）；然后右脚收到左脚的内侧，脚尖点地。眼观左前臂（见图7-96、图7-97）。

2.身体右转，右脚向右前方迈出，屈膝弓腿，成右弓步；同时右手由脸前向上举并翻掌停在右额前，手心斜向上，左手先向左下再经体前向前推出，高与鼻尖平，手心向前。眼观左手（见图7-98、图7-99）。

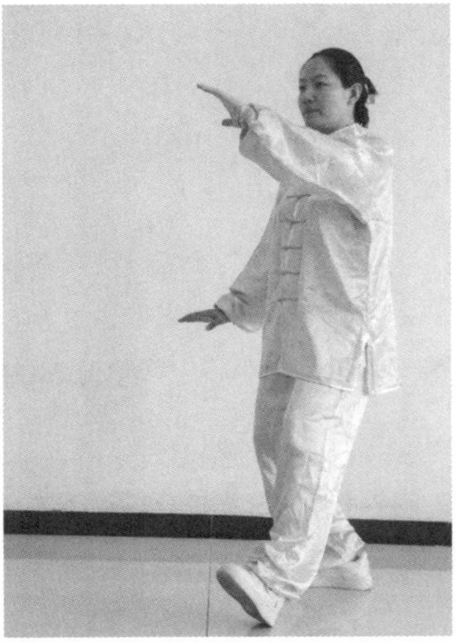
图7-96　左穿梭分解动作一

图7-97　左穿梭分解动作二

图7-98　左穿梭分解动作三

图7-99　左穿梭分解动作四

3.身体重心略向后移，右脚尖稍向外撇，随即身体重心再移至右腿，左脚跟进，停于右脚内侧，脚尖点地；同时两手在右胸前呈抱球状（右上左下）。眼观右前臂（见图7-100、图7-101）。

4.同2，唯左右相反（见图7-102、图7-103）。

图7-100　右穿梭分解动作一

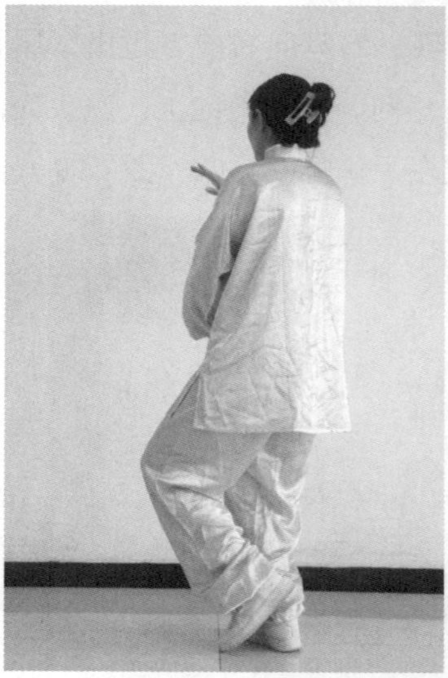

图7-101　右穿梭分解动作二

图 7-102 右穿梭分解动作三

图 7-103 右穿梭分解动作四

(十九)海底针

右脚向前跟进半步，身体重心移至右腿，左脚稍向前移，脚尖点地成左虚步；同时身体稍向右转，右手下落经体前向后、向上提抽至肩上耳旁，再随身体左转，由右耳旁斜向前下方插出，掌心向左，指尖斜向下；与此同时，左手向前、向下画弧，落于左胯旁，手心向下，指尖向前。眼观前下方（见图 7-104、图 7-105、图 7-106、图 7-107）。

图 7-104 海底针分解动作一

图 7-105 海底针分解动作二（背面）

图7-106　海底针分解动作二（正面）

图7-107　海底针分解动作三

（二十）闪通臂

上体稍向右转，左脚向前迈出，屈膝成左弓步；同时右手由体前上提，屈臂上举，停于右额前上方，掌心翻转斜向上，拇指朝下，左手上提经胸前向前推出，高与鼻尖平，手心向前。眼观左手（见图7-108、图7-109）。

图7-108　闪通臂分解动作一

图7-109　闪通臂分解动作二

（二十一）转身搬拦捶

1.上体后坐，身体重心移至右腿上，左脚尖里扣，身体向右后转，然后身体重心再移至左腿上；与此同时，右掌变拳随着转体向右、向下经腹前画弧至左肋旁，拳心向下，左掌上举于头前，掌心斜向上。眼观前方（见图7-110、图7-111、图7-112）。

2.向右转体，右拳经胸前向前翻转撇出，拳心向上，左手落于左胯旁，掌心向下，指尖向前；同时右脚收回后即向前迈出，脚尖外撇。眼观右拳（见图7-113）。

3.身体重心移至右腿上，左脚向前迈一步；左手经左侧向前上方画弧拦出，掌心向前下方，右拳向右画弧，收到右腰旁，拳心向上。眼观左手（见图7-114、图7-115）。

4.左腿前弓，成左弓步；同时右拳向前打出，拳眼向上，高于胸平，左手附于右前臂里侧。眼观右拳（见图7-116）。

图7-110　转身搬拦捶分解动作一

图7-111　转身搬拦捶分解动作二（背面）

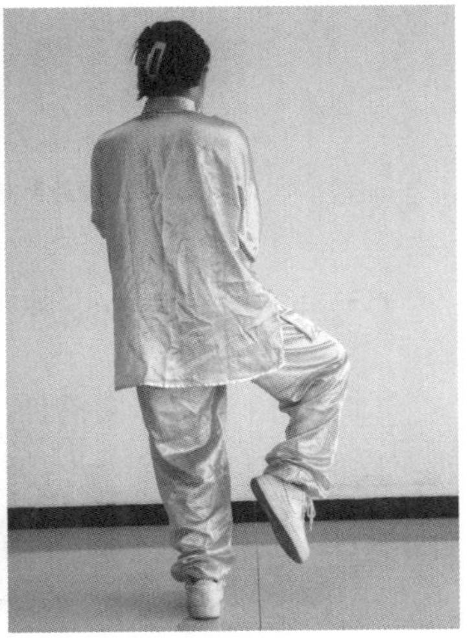

图7-112　转身搬拦捶分解动作二（正面）

图7-113　转身搬拦捶分解动作三

图7-114　转身搬拦捶分解动作四

图7-115　转身搬拦捶分解动作五

图7-116　转身搬拦捶分解动作六

（二十二）如封似闭

1.左手由右腕下向前伸出，右拳变掌，两手手心逐渐翻转向上，并慢慢分开回收；同时身体后坐，左脚尖翘起，身体重心移至右腿。眼观前方（见图7-117、图7-118、图7-119）。

2.两手在胸前翻掌，向下经腹前再向上、向前推出，腕与肩平，手心向前；同时左腿前弓，成左弓步，眼观前方（图7-120）。

图7-117　如封似闭分解动作一

图7-118　如封似闭分解动作二

图7-119　如封似闭分解动作三

图7-120　如封似闭分解动作四

（二十三）十字手

1.屈膝后坐，身体重心移至右腿，左脚尖里扣，向右转体，右手随着转体动作向右平摆画弧，与左手成两臂侧平举，掌心向前，肘部微屈；同时右脚尖随着转体稍向外撇，成右侧弓步。眼观右手（见图7-121）。

2.身体重心慢慢移至左腿，右脚尖里扣，随即向左收回，两脚距离与肩同宽，两腿逐渐蹬直成开立步；同时两手向下经腹前向上画弧，腕部交叉环抱于胸前，两臂撑圆，腕高与肩平，成十字手，手心均向后。眼观前方（见图7-122）。

图7-121　十字手分解动作一

图7-122　十字手分解动作二

（二十四）收势

两手向外翻掌，手心向下，两臂慢慢下落停于身体两侧；同时右腿回收，与左腿并拢。目视前方（见图7-123、图7-124、图7-125、图7-126）。

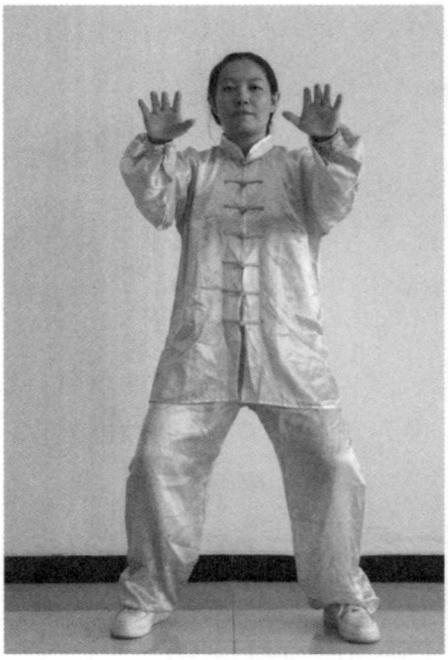

图7-123　收势分解动作一

图7-124　收势分解动作二

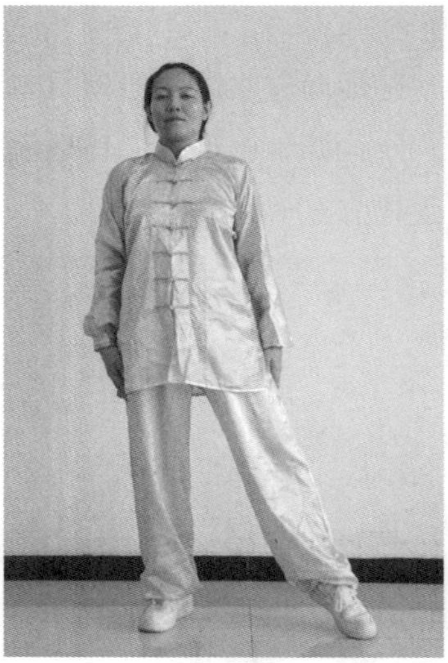

图7-125　收势分解动作三

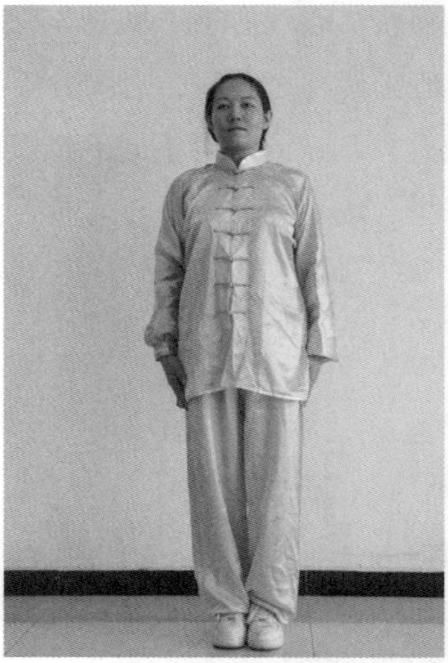

图7-126　收势分解动作四

第四节　健身气功

一、健身气功概述

健身气功是以自身形体活动、呼吸吐纳、心理调节相结合为主要运动形式的民族传统体育项目，是中华优秀传统文化的重要组成部分。

根据《中医气功学》的说法，气功是调身、调息、调心合为一体的身心锻炼的技能。调身（调节形体）、调息（调节呼吸）、调心（调节意念）在气功学里简称“三调”。三调合一的状态或境界即为气功修炼的基本特征。

练习健身气功应遵循三个基本原则。

一是目的性原则。达到强身健体的目的，掌握每一个具体动作和招式。

二是适应性原则。包括生理适应和心理适应两方面，做到松紧相间、刚柔相济、动静结合。

三是效率性原则。在短时间内达到更好的健身效果。

二、八段锦套路

（一）起势：练功先练腿

左脚开立，与肩同宽，微微下蹲，两掌呈半圆抱于腹前（见图7-127、图7-128、图7-129、图7-130、图7-131、图7-132）。

（二）第一式：两手托天理三焦

两掌五指分开，腹前交叉，双腿伸直，两掌上托于胸前，内旋向上托起，掌心向上，抬头目视，然后手掌停一停，目视前方。膝关节微屈，两臂下落，两掌心向上捧于腹前。这样一上一下为一次，共做6次（见图7-133、图7-134、图7-135、图7-136、图7-137、图7-138、图7-139）。

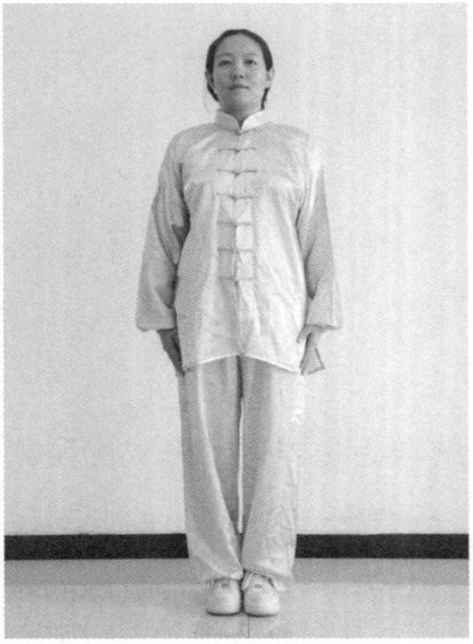

图7-127　起势分解动作一

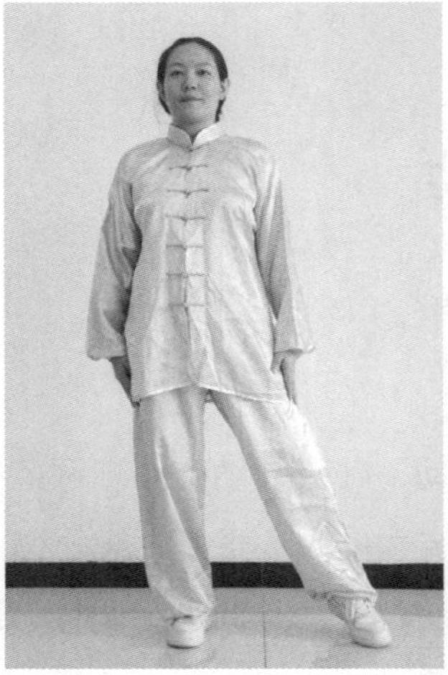

图7-128　起势分解动作二

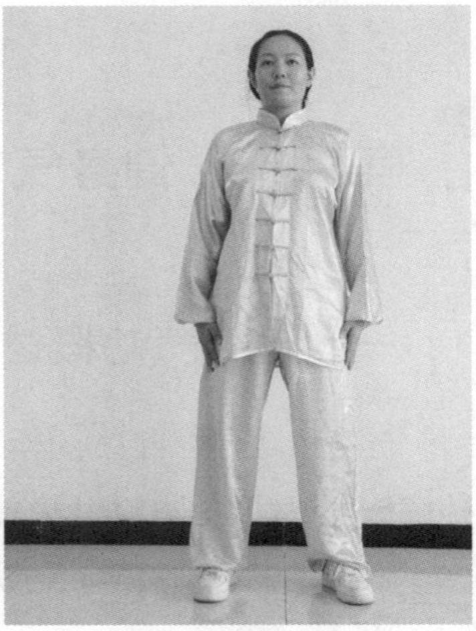

图7-129　起势分解动作三

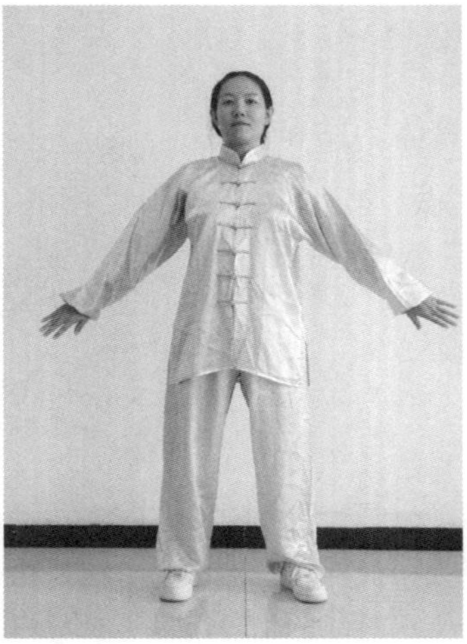

图7-130　起势分解动作四

图7-131　起势分解动作五

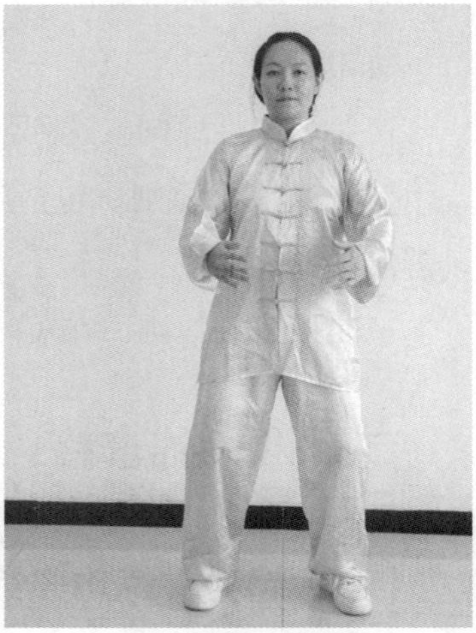

图7-132　起势分解动作六

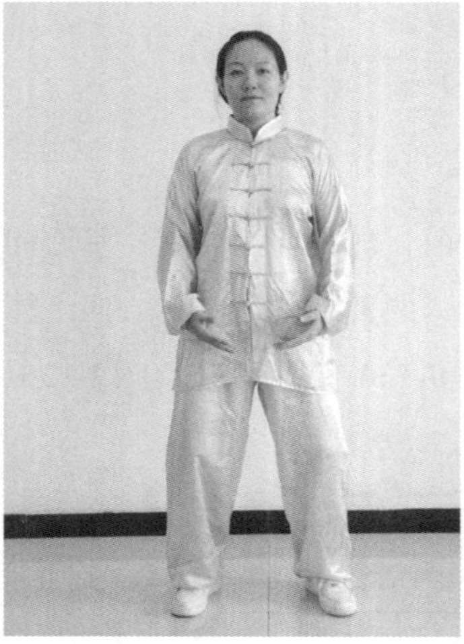

图7-133　第一式分解动作一

图7-134　第一式分解动作二

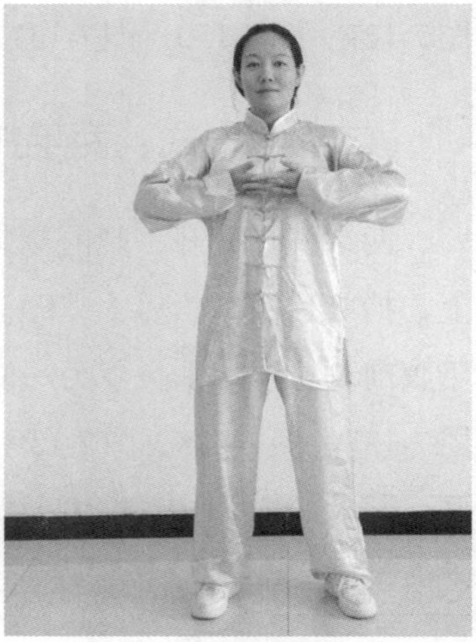

图7-135　第一式分解动作三

图7-136　第一式分解动作四

图7-137　第一式分解动作五

图7-138　第一式分解动作六

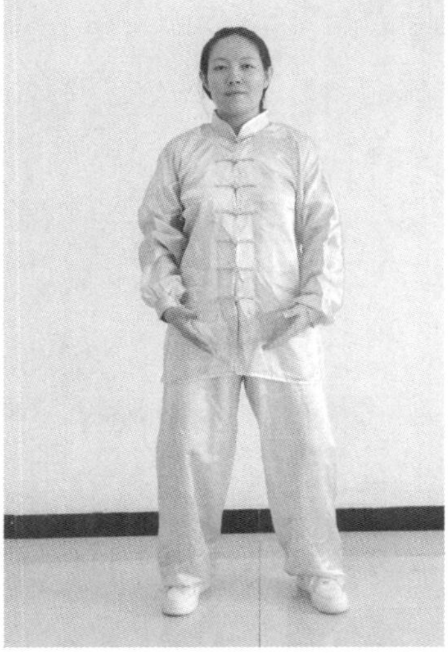

图7-139　第一式分解动作七

（三）第二式：左右开弓似射雕

1.左脚向左开步，两掌向上交叉于胸前。两腿马步，就像左右开弓射箭一样，右掌拉至右胸前，左掌呈八字掌（大拇指和食指呈八字，其余三指曲后）向左推出，把弓拉到最圆，眼睛盯着指尖（见图7-140、图7-141）。

2.重心右移，右手画弧，左脚回收，两掌捧于腹前并步站立（见图7-142、图7-143）。然后反方向再做一次（见图7-144、图7-145、图7-146、图7-147），正反方向共做3次。最后一次右开弓后收势动作呈开立步蹲姿（见图7-148）。

图7-140　第二式分解动作一

图7-141　第二式分解动作二

图7-142　第二式分解动作三

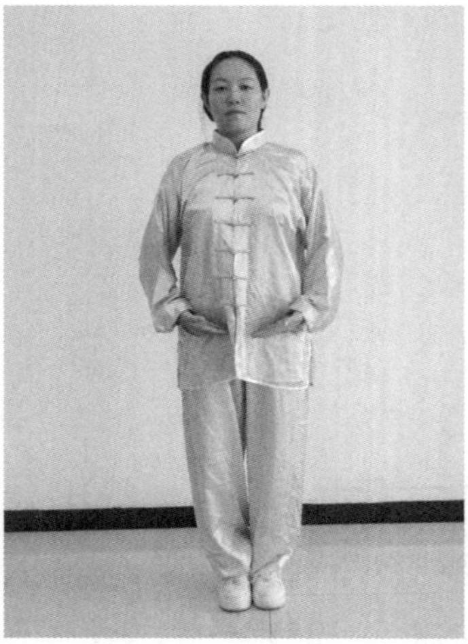
图7-143　第二式分解动作四

图7-144　第二式分解动作五

图7-145　第二式分解动作六

图7-146　第二式分解动作七

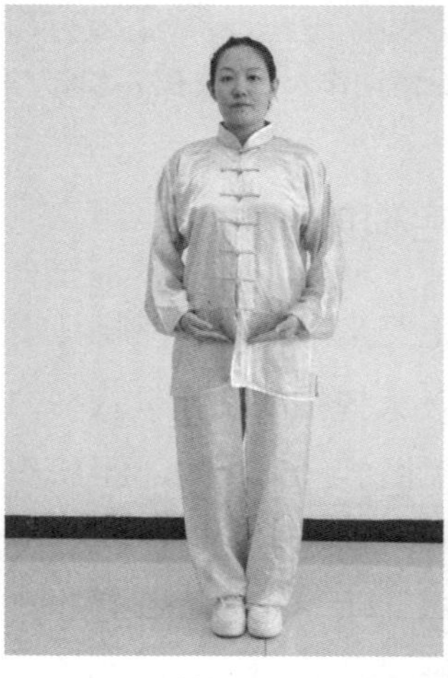
图7-147　第二式分解动作八

图7-148　第二式分解动作九

（四）第三式：调理脾胃须单举

左手掌根上撑，上举至头左上方，右掌根下按。然后左臂下落于腹前，一左一右做3次（见图7-149、图7-150、图7-151、图7-152、图7-153、图7-154、图7-155、图7-156）。最后一次右上举下落至髋旁（见图7-157）。

图7-149 第三式分解动作一

图7-150 第三式分解动作二

图7-151 第三式分解动作三

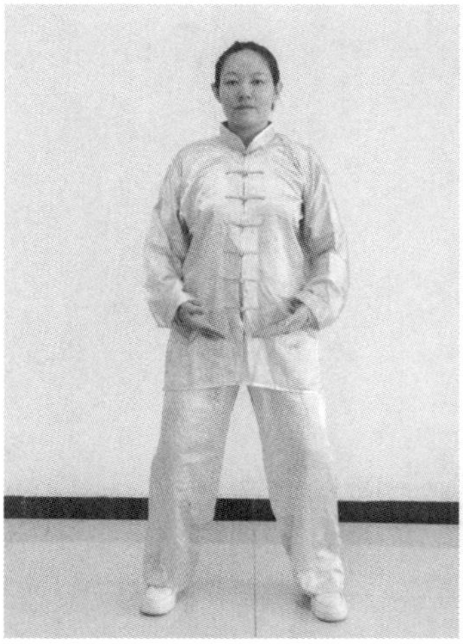

图7-152 第三式分解动作四

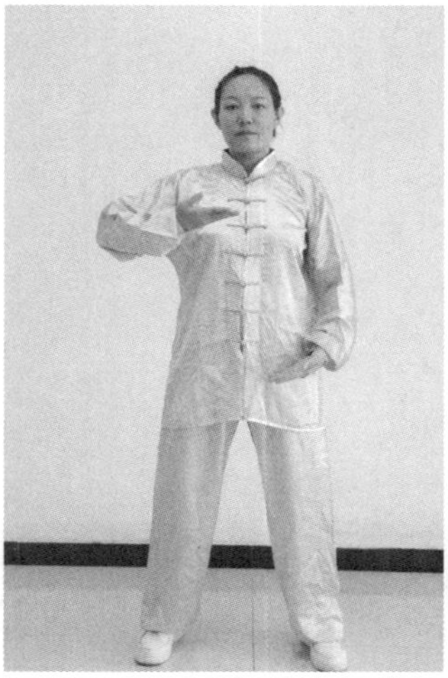

图7-153 第三式分解动作五

图7-154 第三式分解动作六

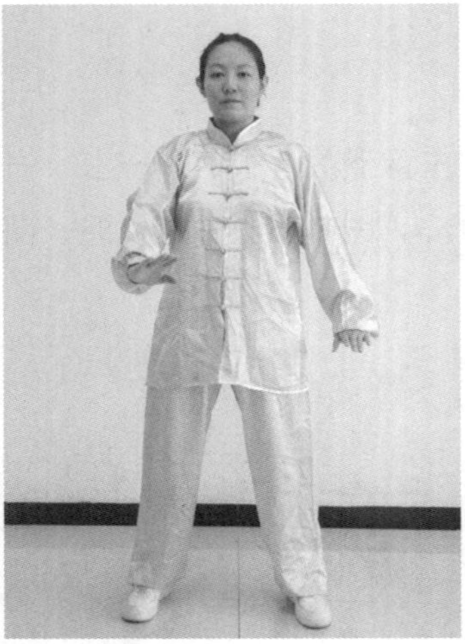

图7-155 第三式分解动作七

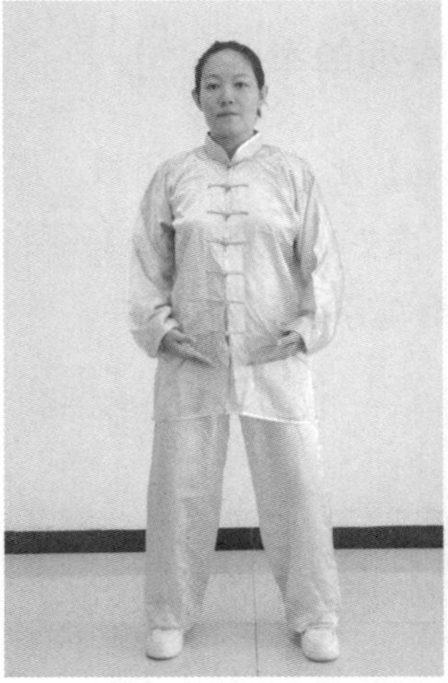

图7-156 第三式分解动作八

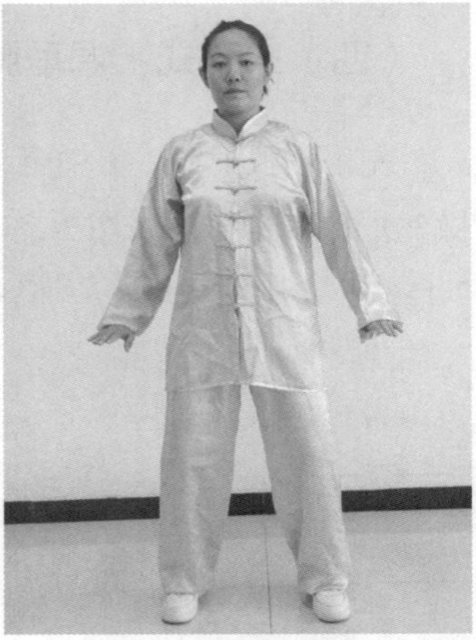

图7-157 第三式分解动作九

（五）第四式：五劳七伤往后瞧

两腿微屈挺膝，手臂于两侧伸直，掌心外旋向上，头尽量向后转，目视左斜后方，稍停。两臂内旋收回两侧，两腿微屈，目视前方。一左一右做3次（见图7-158、图7-159、图7-160、图7-161、图7-162、图7-163）。

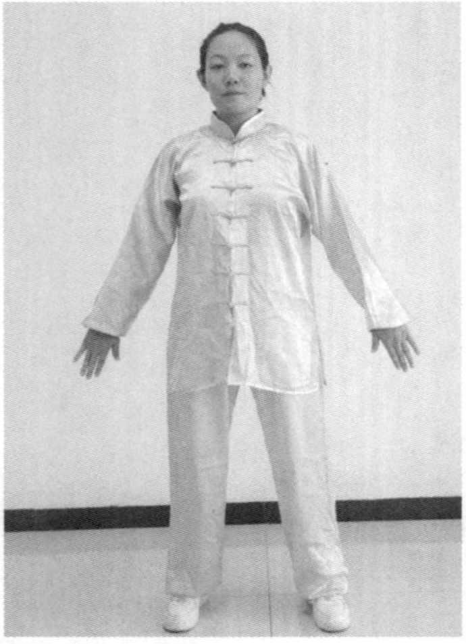

图7-158 第四式分解动作一

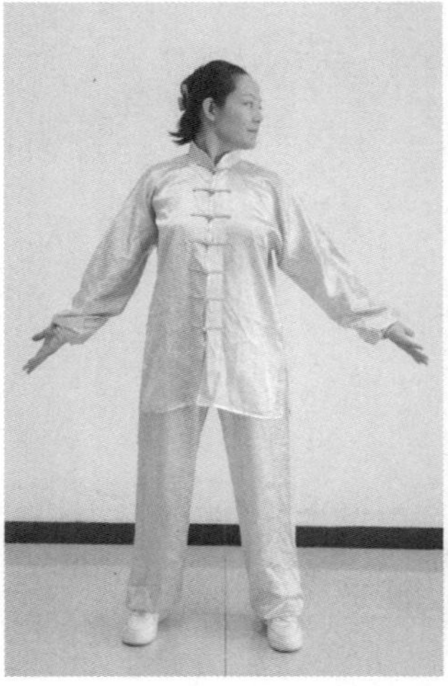

图7-159 第四式分解动作二

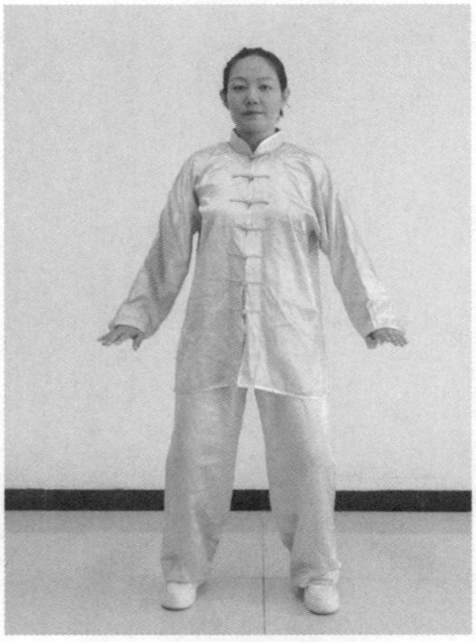

图7-160 第四式分解动作三

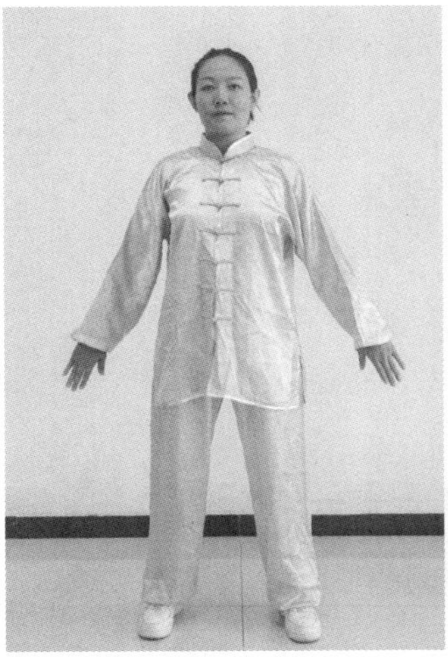
图7-161 第四式分解动作四

图7-162 第四式分解动作五

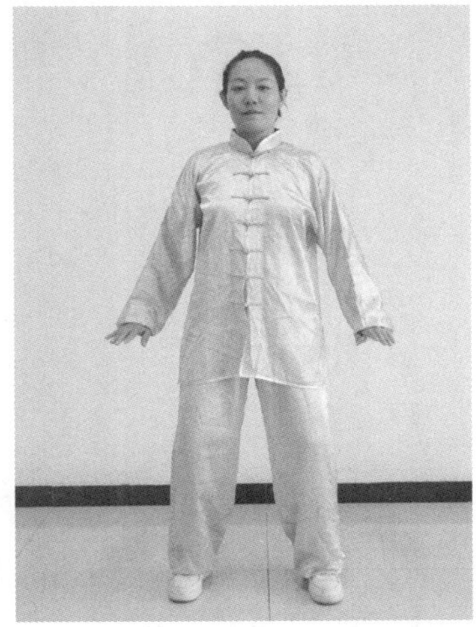
图7-163 第四式分解动作六

（六）第五式：摇头摆尾去心火

1.右脚开步站立，两腿微屈，两掌经腹前上举，两腿半蹲为马步，两臂向双腿降落，扶于膝关节上方（见图7-164、图7-165、图7-166）。

图7-164 第五式分解动作一

图7-165 第五式分解动作二

图7-166 第五式分解动作三

2.身体重心右移，俯身经过右脚面，重心放低，由尾闾带动上体向左旋转，经过左脚面。然后身体重心后移，上体后摇由右向左旋转，身体立起。一右一左做3次。最后一次摇头摆尾后，重心左移，收右脚，成开立步，下蹲，同时双手从两侧上举，经体前下按至腹前（见图7-167、图7-168、图7-169、图7-170、图7-171、图7-172、图7-173、图7-174、图7-175、图7-176、图7-177、图7-178、图7-179、图7-180、图7-181、图7-182、图7-183）。

图7-167 第五式分解动作四

图7-168 第五式分解动作五

图7-169 第五式分解动作六

图7-170 第五式分解动作七

图7-171 第五式分解动作八

图7-172 第五式分解动作九

图7-173 第五式分解动作十

图7-174 第五式分解动作十一

图7-175 第五式分解动作十二

图7-176　第五式分解动作十三

图7-177　第五式分解动作十四

图7-178　第五式分解动作十五

图7-179　第五式分解动作十六

图7-180　第五式分解动作十七

图7-181　第五式分解动作十八

图7-182　第五式分解动作十九

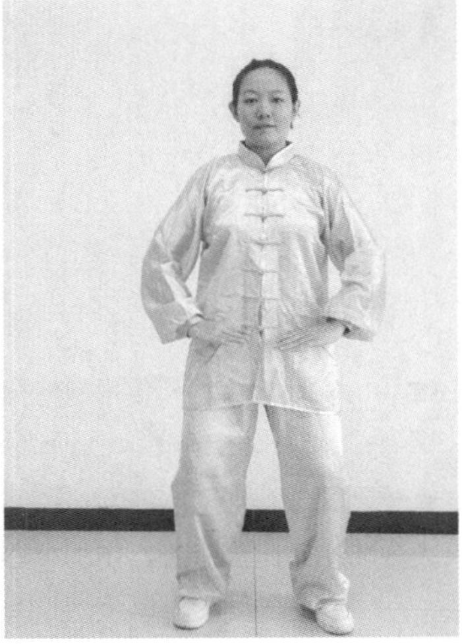
图7-183　第五式分解动作二十

（七）第六式：两手攀足固肾腰

1.两腿挺膝站立，两臂向前向上举起，掌心向前，目视前方。两臂屈肘，两掌心向下，按至胸前，两掌反穿至背后，沿着脊背向下摩运至臀部，同时上体前屈，两掌沿腿至脚面摩运，两膝挺直，目视前下方（见图7-184、图7-185、图7-186、图7-187、图7-188、图7-189、图7-190）。

2.两掌前举上升，脊柱随之升起。一上一下为一次，共做6次（见图7-191、图7-192、图7-193）。

3.结束时双手按至腹前（见图7-194）。

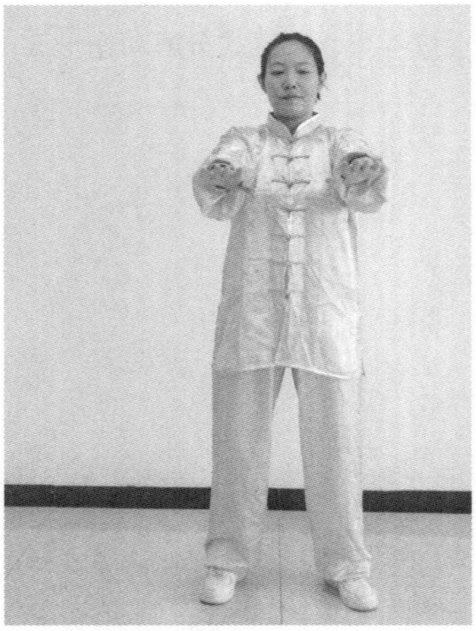

图7-184　第六式分解动作一

图7-185　第六式分解动作二

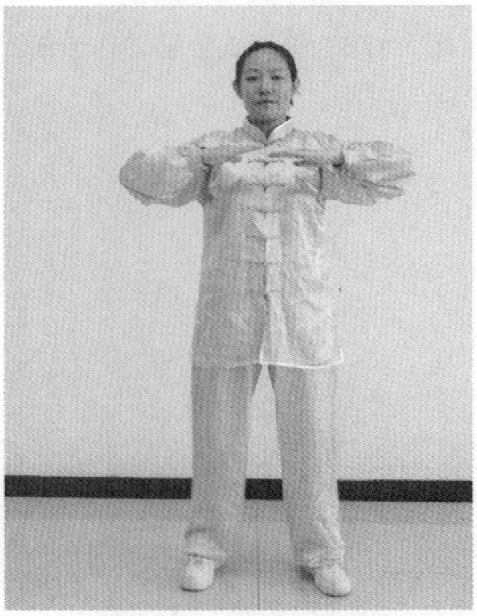

图7-186　第六式分解动作三

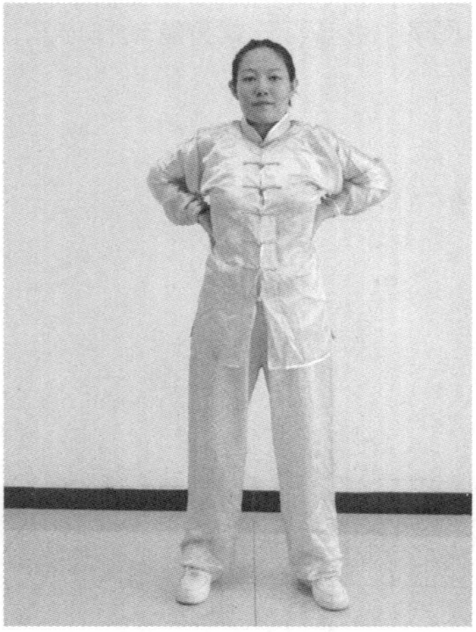

图7-187　第六式分解动作四（正面）

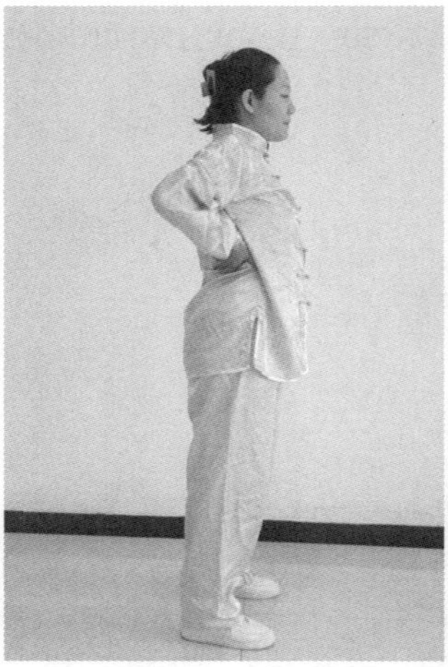

图7-188　第六式分解动作四（侧面）

图7-189　第六式分解动作五

图7-190　第六式分解动作六

图7-191　第六式分解动作七

图7-192　第六式分解动作八

图7-193　第六式分解动作九

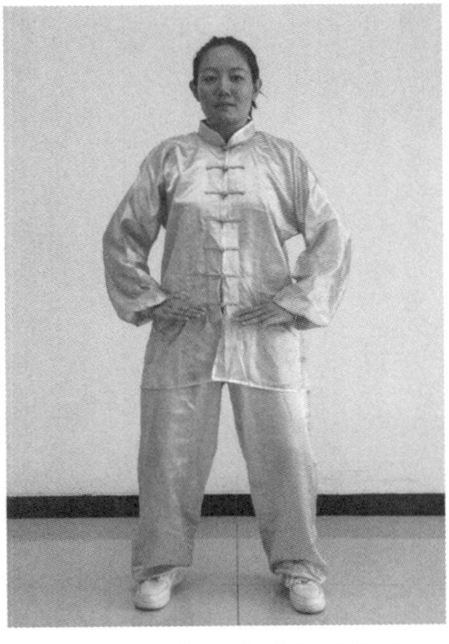
图7-194　第六式分解动作十

（八）第七式：攒拳怒目增气力

左脚向左开步，脚蹬马步，两掌握拳于腰侧，大拇指在内，拳眼向上。左拳向前冲出，拳眼向上，怒目而视，左拳变掌，再旋腕握固成拳，收回腰处。一左一右做3次。最后重心右移，收左脚，成并步站立（见图7-195、图7-196、图7-197、图7-198、图7-199、图7-200、图7-201、图7-202、图7-203、图7-204、图7-205、图7-206、图7-207、图7-208、图7-209）。

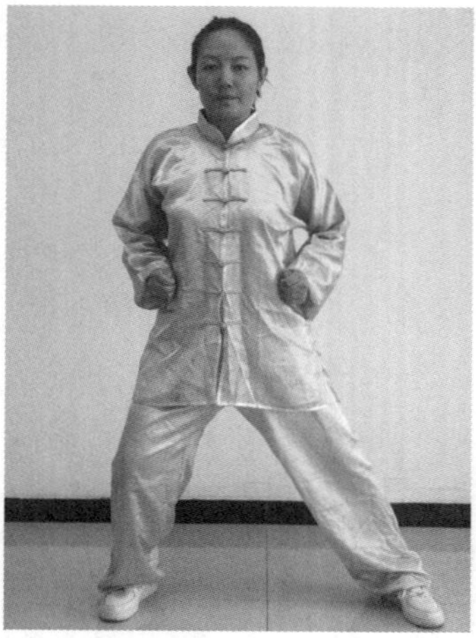
图7-195　第七式分解动作一

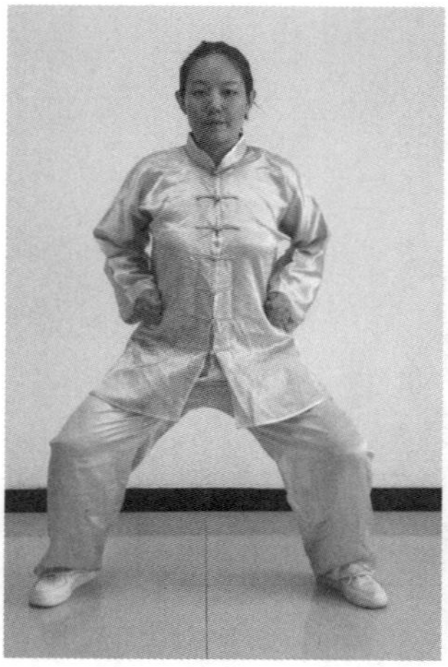
图7-196　第七式分解动作二

图7-197　第七式分解动作三

图7-198　第七式分解动作四

图7-199　第七式分解动作五

图7-200　第七式分解动作六

图7-201　第七式分解动作七

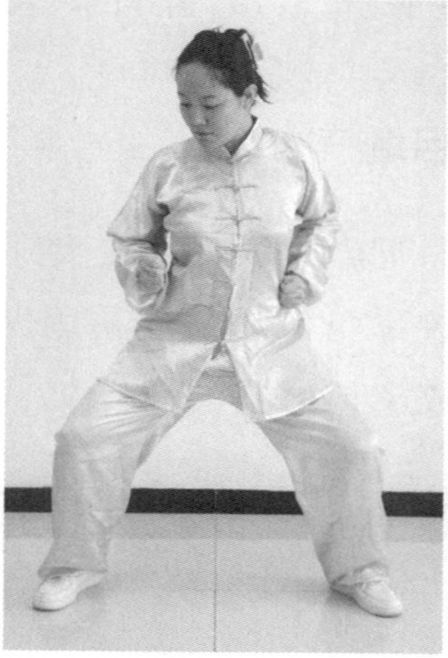
图7-202　第七式分解动作八

图7-203　第七式分解动作九

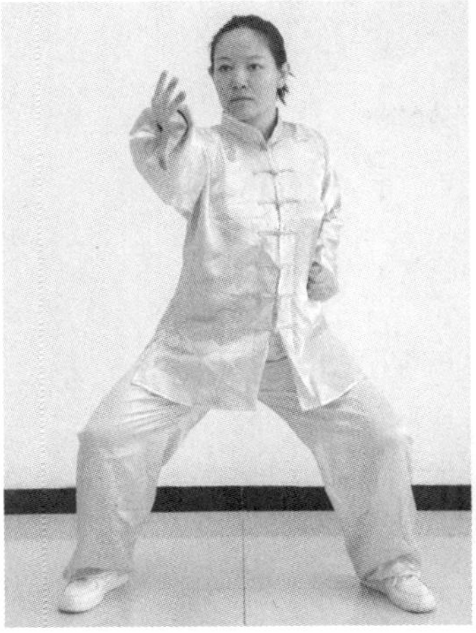
图7-204 第七式分解动作十

图7-205 第七式分解动作十一

图7-206 第七式分解动作十二

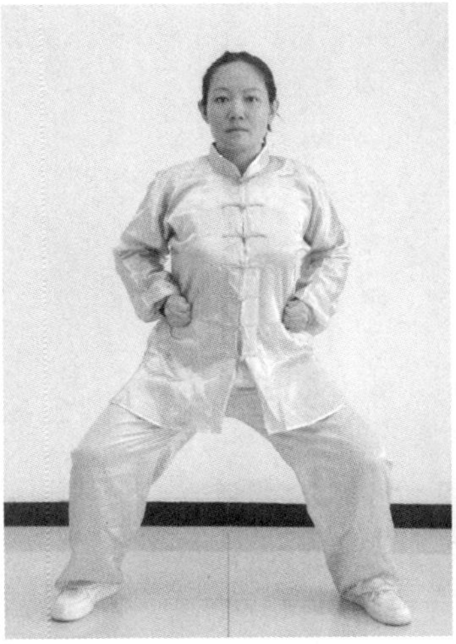
图7-207 第七式分解动作十三

图7-208 第七式分解动作十四

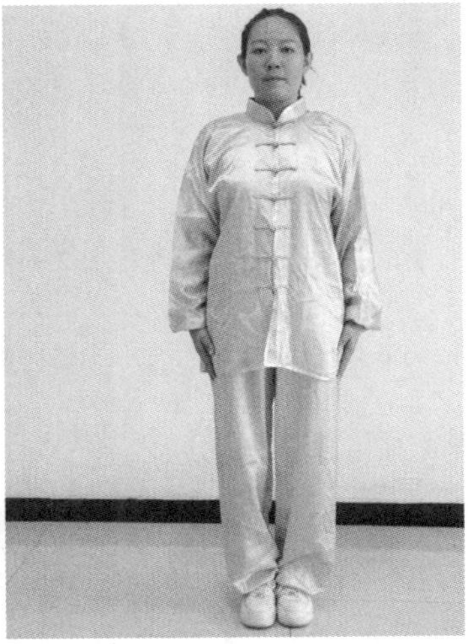
图7-209 第七式分解动作十五

（九）第八式：背后七颠百病消

两脚跟提起，头上顶，稍停，目视前方。两脚跟下落，轻震地面。一起一落为一次，共做7次（见图7-210、图7-211）。

（十）收势：八段锦收势归拢

双手侧起，旋臂向前，两掌合于腹前（男左女右），呼吸均匀，周身放松。双手自然下垂于体侧，结束（见图7-212、图7-213、图7-214、图7-215）。

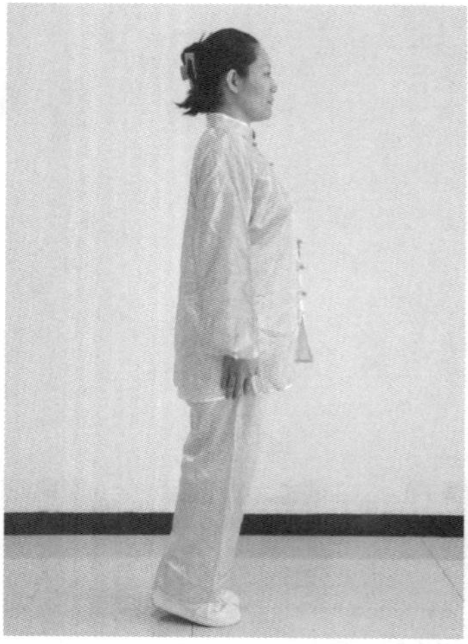
图7-210　第八式分解动作一

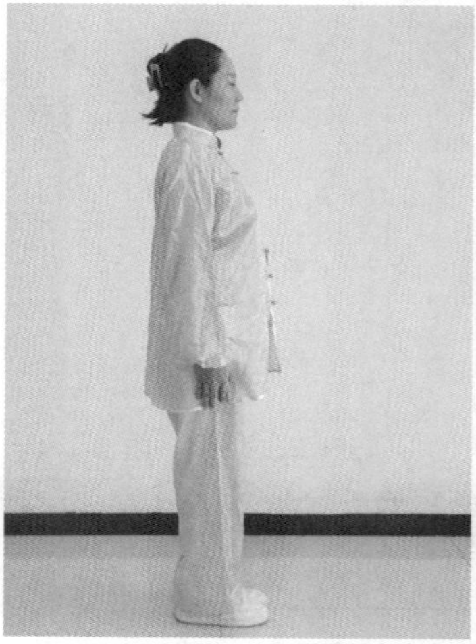
图7-211　第八式分解动作二

图7-212　收势分解动作一

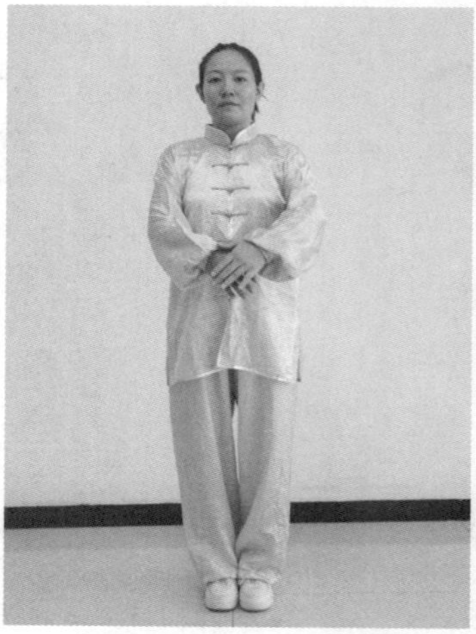
图7-213　收势分解动作二

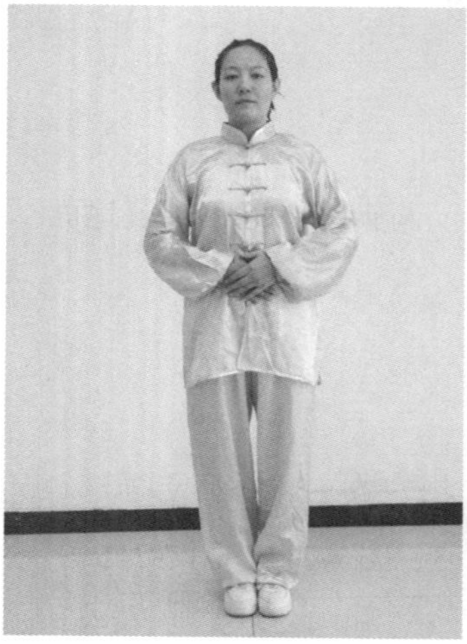
图7-214　收势分解动作三

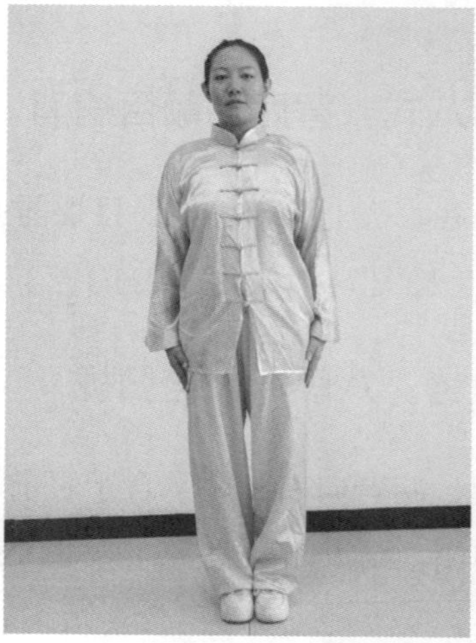
图7-215　收势分解动作四

三、教学与训练

（一）人体部位姿势教学要求

1.头——保持“虚领顶劲”，有上悬意念，不可歪斜摇摆，眼要自然平视，嘴要轻闭，舌抵上颚；

2.颈——自然竖直，转动灵活，不可紧张；

3.肩——平正松沉，不可上耸、前扣或后张；

4.肘——自然弯曲沉坠，防止僵直或上扬；

5.腕——下沉“塌腕”，劲力贯注，不可松软；

6.胸——舒松微含，不可外挺或故意内收；

7.背——舒展伸拔，称为“拔背”，不可弓驼；

8.腰——向下松沉，旋转灵活，不可前弓或后挺；

9.脊——中正竖直，保持身形端正自然；

10.臀——向内微敛，不可外突，称为“溜臀”“敛臀”；

11.胯——松正含缩，使劲力贯注下肢，不可歪扭、前挺；

12.腿——稳健扎实，弯曲合度，转旋轻灵，移动平稳，膝部松活自然，脚掌虚实分明。

（二）训练方法

1.静心用意，呼吸自然。即练拳要思想安静集中，专心引导动作，呼吸平稳，深匀自然。不可勉强憋气。

2.中正安舒，柔和缓慢。即身体保持舒松自然，不偏不倚，动作如行云流水，轻柔匀缓。

3.动作弧形，圆活完整。即动作要呈弧形或螺旋形，转换圆活不滞，同时以腰为轴，上下相随，周身组成一个整体。

4.连贯协调，虚实分明。即动作要连绵不断，衔接和顺，处处分清虚实，重心保持稳定。

5.轻灵沉着，刚柔相济。即每个动作都要轻灵沉着，不浮不僵，外柔内刚，发劲要完整，富有弹性，不可使用拙力。

第八章　体能训练

第一节　基础训练技巧

一、合理的动作模式

在健身房里，我们经常能够看到不少新来的学员。有的人是独自训练，有的人是被朋友带着训练，有的人是跟着教练训练。

一开始，很多人都喜欢尝试用自己能够承受的最重的重量去完成动作，而不是用较轻的重量。或许是因为怕被人瞧不起，也可能是想快速提高，大多数人都喜欢使用远超出自己控制范围的重量去完成一个动作。

只有很少一部分人会在学习动作初期用最轻的重量来学习。最后，能够坚持在健身房内训练的往往都是最后这极少的一拨人，因为他们不知不觉遵守了学习动作最基础的一条规则：宁轻毋假。在较轻重量下，建立合理的动作模式，才是学习动作最高效的方式。初学者应该时刻提醒自己保证动作的规范性，等到熟练掌握动作之后，再开始慢慢尝试增加训练配重。

比如，侧平举这个动作，徒手动作就足以让训练者感受三角肌中束的发力感了。初学者根本没有必要拿起哑铃来找三角肌中束的感觉。如果第一次学习侧平举就上了重量，容易让斜方肌代偿三角肌发力，从而导致动作错误，没有锻炼到三角肌，反而锻炼了斜方肌。久而久之，就会让身体养成“斜方肌代替三角肌发力”的习惯，抑或让健身者建立起“侧平举这个动作锻炼的是斜方肌而不是三角肌”的错误认知。在学习新动作的时候，我们需要让神经去感受和控制肌肉，去体会动作的每一个细节、肌肉的每一个发力点。过重的负荷不仅让健身者无法体会动作的细节，而且很难标准地完成动作。肌肉是有记忆的，一个动作重复多次后就会本能地完成它，这时候再使用重量训练才好。

二、收紧腹部

许多健身文章都会提到一个词语“收腹”。许多健身教练在指导学员的时候，往往也会说：“快收紧你的腹部。”那么，什么是收紧（或绷紧）腹部呢？怎么样才算是做到了绷紧腹部呢？收腹到底是什么样的感觉呢？有的人说是用力把肚子向内收，有的人说是憋住气的感觉，各种稀奇古怪的答案都有。

你只有亲自实践后，才会对“收腹”有更深刻的体会。收紧腹部能够让躯干在训练时成为一个刚体，从而更好地与外界的压力进行对抗。

（一）手击打练习

用手击打肚子，肚子绷紧，用力向外对抗击打的压力。如果没有绷紧腹部，用手击打肚子时，腹部会有轻微的不适感（见图8-1）。

如果绷紧腹部，用手击打肚子时，腹部则无不适感，此时能感受到腹部在对抗击打的压力（见图8-2）。

图8-1 手击打练习（一）

图8-2 手击打练习（二）

（二）硬物击打练习

用一个硬物击打腹部（可以用一些力，但不要使全力），用腹部对抗击打压力，此时腹部呈绷紧状态（见图8-3、图8-4）。

图8-3 硬物击打练习（一）

图8-4 硬物击打练习（二）

（三）仰卧抬腿练习

仰卧在垫子上，将脚跟抬离地面5厘米，保持1—2秒。此时腹部会比击打练习时收紧的程度更高，能够感受到腹部完全收紧（见图8-5）。

图8-5 仰卧抬腿练习

三、学会训练中的呼吸

（一）训练时常规的呼吸方式

在进行抗阻力训练（力量训练）的时候，由于重量过大，许多初学者往往会憋气完成整个动作。这其实是身体的一种本能反应。在对抗高负荷的压力时，憋气能够立刻提高身体的控制能力和反应速度，并且增强腹内压，从而帮助维持核心区域稳定。

但并不建议在训练时全程保持憋气的状态。全程憋气容易出现脑部血液暂时供应不足的现象，所以训练水平较低的人在憋气训练后往往会出现头晕、恶心的现象。在训练的时候，一般遵循一次动作、一次呼吸的节奏。顺着阻力吸气，对抗阻力呼气。离心收缩的时候吸气，向心收缩的时候呼气。以深蹲为例，下蹲时吸气，蹲起时呼气；以弯举为例，上举哑铃时呼气，下放哑铃时吸气。这种呼吸方式适合轻重量、多次数的训练。在遇到大重量的时候，这样的呼吸方式就不适用了。

（二）大重量下的呼吸方式：瓦式呼吸

瓦尔萨尔瓦动作，又称瓦式呼吸。瓦式呼吸在大重量训练、极限重量试举中极为常见。它是一种与气有关的训练技巧。其执行方法如下。

深吸一口气，屏住呼吸。尝试将刚刚吸入的气用力往肚脐方向呼出，就好像排便时的感觉。这样听起来很奇怪，因为肚脐是不会呼吸的。这里的意思是：憋气的同时假装自己在呼吸，在"假装呼"的过程中胸膜腔内压会间接增加，就好像身体"胀起来"了，大概最接近的状态就是排便时的感觉了。

需要强调的是，瓦式呼吸和收腹或者绷紧腹部并不矛盾，和腹式呼吸也并不矛盾。瓦式呼吸状态下，腹部恰恰是紧的状态。你可以把腹式呼吸当作学习瓦式呼吸的第一步，而收紧腹部是在瓦式呼吸过程中自然而然形成的。瓦式呼吸方式适合高强度、少次数的训练。遇到轻重量、多次数的训练时，这样的呼吸方式就不适用了。因为过于频繁、长时间地使用瓦式呼吸，容易出现头晕、恶心的情况，会让人非常难受。

（三）让身体更加兴奋的呼吸技巧

如果你是一位力量举健身者，要进行大重量、少次数的训练，或者你在某一天的训练中需要冲击一次大重量训练，如何能快速地让自己打起十二分精神？如果你在训练前身体比较疲惫，总是隐隐地感觉有点儿困怎么办？

遇到上述情况的时候，你可以尝试在训练前快速地进行几次胸式呼吸。这会马上让身体更加兴奋，迅速进入训练状态。

如果你要冲击极限怎么办？在冲击极限前，你不妨先猛吸一口气，再迅速吐出来。如此重复1—3次。这会让你的注意力更加集中，让你的身体有更加兴奋的感觉。

四、保持脊柱中立位

在进行大部分的力量训练时，身体最恰当的位置应该是脊柱回归到中立位。无论是腰、背还是头部，都应该是基于脊柱中立位这个状态。

（一）脊柱具有的姿势和功能

脊柱由颈椎、胸椎、腰椎、骶骨和尾骨共同组成。

在日常生活中，我们会做弯腰捡东西、提水、系鞋带、伸懒腰、转过上半身向后看、向左边或右边弯腰提起行李箱等动作，这对应着脊柱的前屈、伸展、旋转、侧屈四个功能。

脊柱非常灵活。日常生活，在基本的坐、站立、行走中，我们都会保持脊柱中立位的姿势，即维持脊柱的自然生理弯曲姿势。一旦涉及其他动作的时候，脊柱不在中立位的情况就比比皆是了，如在沙发上"葛优躺"，仰卧在床上看书，上班久坐，打羽毛球时的挥拍，投掷标枪，低头玩手机的姿势……这就是脊柱中立位的姿势和脊柱维持稳定的功能总是在日常生活中和健身训练中被忽视的原因。因为大家只意识到它具有前屈、伸展、侧屈、旋转的功能。一说到"背挺直"，很多人想到的就是反弓背，也就是脊柱过伸。

（二）什么是脊柱中立位

什么是脊柱中立位呢？脊柱中立位简单来说就是保持脊柱的自然生理弯曲。从侧面来看，就是"收腹+挺直腰背"的状态。

很多人的"收腹+挺直腰背"是一个很自然的过程，似乎花费不了什么力气。但实际上在日常生活中并非如此。

在肩上背着一个人的情况下，你要保持"收腹+挺直腰背"的姿势，上身需要对抗脊柱向前屈曲的趋势。

在逛街时，一侧手拿较重的购物包，一侧空手，连续行走2分钟，此时想要保持脊柱中立位的姿势，身体需要对抗脊柱向一侧倾斜的趋势。

你的一位朋友在你站立时，用力推你的右肩，你要保持"收腹+挺直腰背"的姿势，就必须对抗使"脊柱侧旋"的力量。

从地上捡起一个重物，你要保持"收腹+挺直腰背"的姿势，身体需要对抗脊柱向前屈曲的趋势。

（三）学会在训练中保持脊柱中立位：负重铰链

在练习5组10次的徒手动作后，可以再进行体前负重的练习，胸前怀抱杠铃片或者其他重物进行铰链动作。

此时，你会感觉上背部被杠铃片的重量拉着想要往下坠，感觉自己将要弯腰。请克服下坠和弯腰的趋势，微微收紧上背部和腹部。

建议女生负重5千克，男生负重10千克。以8个为一组，连续练习4组。做完50个徒手铰链动作和32个负重铰链动作后，你会对脊柱中立位这个状态有新的感受。

（四）脊柱中立位在训练和生活中的运用

无论是在生活中还是在健身中，我们都要尽量保持脊柱中立位，并把这个习惯融入各方面。

脊柱不处于中立位的状态，容易造成胸腔周围的肌肉和下背部肌肉长期处于紧张状态，并导致肩关节活动度受限和腰酸等问题。上班族久坐导致的肩部、腰部疼痛都可以通过保持脊柱中立位获得缓解。如果你的力量水平迟迟得不到提升，可能与日常生活中的脊柱姿态有关。

你无论是否在进行力量训练，都尽量保持脊柱中立位。这不仅可以让你拥有优美的体态，还可以规避很多风险。

在日常生活中，要学会保持腰椎中立位下蹲搬运重物，而不是弯腰搬运重物。捡东西也一样。在日常生活中，要学会保持颈椎中立位使用手机，而不是低头玩手机。使用电脑也一样。

在训练中，尽量保持脊柱中立位完成硬拉、深蹲等动作，而不是弯腰完成。力量举式的卧推需要反弓脊柱，此时脊柱可以不保持在中立位。

第二节　基础徒手训练动作

一、深蹲的动作要点

主要关节活动：屈踝、伸膝、伸髋（站起过程），伸踝、屈膝、屈髋（蹲下过程）。髋关节或踝关节活动度不足将会限制健身者的深蹲幅度。

参与发力的肌肉：股四头肌、臀大肌、腘绳肌。

运动中的发力感觉：正确的深蹲动作中，健身者脚踩在地上，蹬地发力，能够感到力量从地面传导到脚上、腿上。深蹲动作中，大腿、臀部有酸痛感觉是正常的，腰部不应当有酸痛的感觉。

深蹲动作中应当压实脚的重心或支撑点：前脚掌内侧、前脚掌外侧、脚后跟。

在训练深蹲前应当做的事情：充分激活臀中肌，尝试提升髋关节和踝关节活动度。久坐人群应当适当进行髂腰肌、大腿内收肌群、腘绳肌的动态拉伸，并且尝试在训练前适度放松髂胫束和阔筋膜张肌。

动作结束后应当拉伸的肌群：股四头肌、臀大肌、腘绳肌。

二、两种深蹲方法

大部分人刚开始学习健身动作的时候，都是非常典型的“只会屈膝”的蹲法，即脚跟略微抬离地面，膝盖前移，脚尖承力。日常生活中，大部分人习惯这样做下蹲动作。这种蹲法对膝盖有较大的压力（见图8-6）。

图8-6　只屈曲膝关节的下蹲

有经验的健身者，深蹲姿势基本是这样的（见图8-7、图8-8）。

图8-7　髋关节和膝关节同时屈曲的下蹲

图8-8　正确深蹲动作的正视图

上面两个深蹲动作有什么区别呢?

第一种深蹲中，健身者“屈伸膝关节”，膝关节会被迫承受较大压力，同时由于现代人的踝关节普遍不是特别好，所以下蹲时，脚后跟必然会抬起。如果一直采用这样的蹲法，自然会出现“膝盖疼痛”的情况。

第二种深蹲中，健身者“同时屈伸髋关节和膝关节”，髋关节分担了一部分膝关节的压力。臀部作为髋关节周围的肌肉，承担了髋关节很大的压力。这种深蹲更容易刺激臀部练出翘臀，也更容易保护膝关节。因此，健身者的膝盖就不会那么疼了。

三、保护膝盖的深蹲技巧——髋膝联动

普通人对深蹲这个动作存在许多误解，如“深蹲伤膝盖”“深蹲时膝盖不能超过脚尖”“大重量的深蹲对身体不好”“半蹲比深蹲更安全”等。许多健身教练也秉持着这样的观点去教学，导致这些片面的观点在健身行业里流传不息、根深蒂固。甚至很多教练认为深蹲伤膝盖、深蹲不好教学，不让学员进行深蹲。这是因为他们对深蹲的理解只停留在“只屈曲膝关节的下蹲”这个阶段。深蹲时，髋膝联动是关键。只要你掌握了髋膝联动技巧，膝关节受伤的风险会大大降低。

（一）什么是髋膝联动

简单来说，髋膝联动就是在下蹲和站起来的过程中，髋关节和膝关节同时屈曲、伸展。

髋关节在哪里？髋关节就在大腿根部。你现在站起来，抬起大腿，大腿和身体折叠的地方就是髋关节。上肢连接躯干的关节是肩关节，下肢连接躯干的关节是髋关节。

我们可以把尺梳当作身体，尺梳的两头分别是上半身和下半身。当梳子合拢的时候，我们在做屈髋；当梳子展开的时候，我们在做伸髋。

（二）如何进行髋膝联动的深蹲

进行髋膝联动的深蹲，只需要注意两个细节：第一个就是保持脊柱的中立，竖直、不弯腰，不反弓脊柱；第二个就是在下蹲时主动将臀部往后推，臀部往后推的同时屈髋。这就是比较标准的深蹲动作模式。

如果你是第一次学习深蹲，我们不妨来做三个步骤。你只要学会这三个步骤，就会知道怎么去完成膝盖不会痛的深蹲了。

第一步：在脊柱中立的前提下，尝试做一个臀部向后推的动作，直至大腿后侧非常紧张、臀部无法继续后移为止。这个动作与髋关节链相似（见图8-9）。

图8-9 侧面展示髋膝联动

第二步：屈膝，同时注意让膝盖向外展开。这么做是为了防止膝盖内扣以及蹲得更深（见图8-10）。

图8-10 正面展示膝关节打开

第三步：同时完成第一步和第二步，在屈髋的同时屈膝（见图8-11）。

深蹲的时候膝盖能不能超过脚尖？你如果已经学会了髋膝联动的深蹲，就不需要在意膝盖是否会超过脚尖。

图8-11　髋膝联动坐在凳子上

四、徒手深蹲的动作细节

人站在地面上，就好像盖房子一般，足底是地基，往上是踝关节、小腿、膝关节、大腿、髋关节、脊柱、肩胛骨、肩关节。在学习动作的时候，需要从下往上调整。首先调整足底，其次调整小腿和膝关节，再次调整大腿和髋关节，从次调整脊柱，又次调整肩胛骨，最后调整肩关节和手臂。

（一）站距

健身者的深蹲站距为肩宽，可以略宽一些，也可以略窄一些。脚尖不应当外八字太多，脚尖向外15°—30°的朝向即可。

每个人的身体比例不一样，有的人小腿长、大腿短，有的人小腿短、大腿长，有的人小腿和大腿都长，躯干却很短，因此每个人合适的站距也会有所区别。健身者需要反复尝试，调整到适合自己的站距。不用纠结，从宽度的站距开始学习深蹲，然后在训练过程中慢慢调整。值得注意的是，虽然站距没有统一的标准，但是脚尖的朝向和站距是相关的。站距越窄，脚尖越朝向前方；站距越宽，脚尖越朝向外八。站得宽一些，臀部刺激会更明显；站得窄一些，大腿股四头肌发力会更多。

（二）找准支点和重心

我们应当把足底的支点放在前脚掌外侧、前脚掌内侧和脚后跟三个点上，这三个点要踩实，不能离开地面。在深蹲的过程中，常见的错误就是前脚掌离地，或者脚跟离地。这都是因为脚底支撑点并未踩实。

（三）膝关节

下蹲和站起时都适度向外打开膝关节，防止膝关节内扣，预留出更多的下蹲空间。如果膝关节没有做出略微向外展开的动作，在下蹲过程中，大腿前侧的脂肪和肌肉就容易撞击到髋部的髂前上棘。膝关节略微向外展开有助于避免这一点，从而帮你蹲得更低。膝关节略微向外展开的动作其实是髋关节提供的活动。从解剖学上来说，这是一个“髋关节外展+外旋”的动作。

（四）髋关节：髋膝联动的下蹲

在下蹲过程中，大腿向外展开，足底重心保持不变。膝盖朝向可以指向脚尖，也可以略微朝向脚掌外侧，以便蹲得更深以及更多臀部肌肉参与进来。

在下蹲过程中，注意不要只屈膝关节，还应当学会让身体适度前倾，保证髋关节参与。髋膝联动的下蹲，会把压力转移到臀部，从而刺激臀部练出翘臀，同时保护了膝盖。

（五）脊柱：保持脊柱中立位

在深蹲过程中，训练者不能弯曲脊柱，或者反弓脊柱，而应当保持脊柱的中立位。心里想着挺胸很可能会让你产生反弓脊柱的深蹲姿势。这会让你的下背部很酸胀，臀部与腿部反而没什么感觉。

除了脊柱的状态，我们还需要注意肩胛骨的稳定。肩胛骨位于上背部。在徒手深蹲中，我们需要适当保持上背部的紧张感，保证在运动过程中不出现耸肩、上背部弯曲等现象。

（六）站起的技巧

蹲到最低点后，保持身体稳定，保持膝盖向外推的姿势，站起。这一步看似非常简单，但是非常重要。这是因为下蹲到最低点时，身体就像一根橡皮筋被拉长到了最长的状态，身体会借助牵张反射的作用，不自觉地收缩肌肉，让你不自觉地反弹站起。因此，许多人在最低点就会不自觉地放松身体。这是错误的。在最低点的时候，你应当继续保持身体的稳定，并且保持膝盖向外的趋势，不能让膝盖往里移动。膝盖内扣会使下肢肌肉更难发力，并在站起过程中让膝盖承受过大的作用力。

（七）运动中的呼吸与节奏

在徒手深蹲中，下蹲时吸气，站起时呼气。

在运动过程中，尽量一步到位，不要出现突然加速、减速、卡顿、重心摇晃等现象。

（八）深蹲时的意识

在进行深蹲的时候，我们应当清楚地认识到这是一个下肢主导发力的动作，因此在深蹲过程中，应当想着站起来，而不是想着让身体上升。一些健身者心里想着让身体上升，就会出现一个严重的问题：他们会把意识集中在自己的上半身，会倾向于挺腰抬头起身，而不是用下肢蹬地站起来。如果你希望在深蹲时始终保持脊柱中立位，就请保持脚蹬地站起来的意识。

五、完成深蹲的正确步骤

（一）建立准备姿势

在这一步，需要注意两点：第一，确定合适的站距与脚尖朝向（不要过于外八）；第二，脚底的三个支撑点能够踩实，身体重心不要往前也不要往后，均匀地把身体重心分在脚底的三个支撑点上。

（二）完成身体下降过程

在这一步，需要注意七点：第一，继续踩实脚底支撑点；第二，脚底向外旋转，施加一些扭矩，让下肢更加稳定；第三，膝盖在下蹲时略微向外展开，防止膝盖内扣，施加扭矩有助于保持这一点；第四，下蹲时，应当想着主动前倾身体，这个动作被称为屈髋；第五，屈膝和屈髋应当同时开始，同时结束；第六，蹲到一个身体即将开始紧张的幅度就可以准备站起来了；第七，到达最低点的时候，不要放松身体，继续保持身体的张力，让身体稳定。

（三）完成身体上升过程

在这一步，需要注意三点：第一，继续踩实脚底支撑点；第二，心里应当想着站起来，而不是把身体抬起来或者让身体起来；第三，站起接近最高点时，不要将肚子往前挺，但可以将臀部往前挺。

第三节　箭步走

一、箭步走的动作要点

主要关节活动：蹲下过程，前侧腿屈膝屈髋，踝关节不动或略微伸踝，后腿伸踝膝、伸髋，髋关节不动或略微伸展；站起过程，前侧腿伸膝伸髋，后侧腿屈踝、伸膝、屈髋。

参与发力的肌肉：股四头肌、臀大肌、腘绳肌。

运动中负责维持稳定的肌肉：臀中肌。

运动中的发力感觉：剪蹲动作中，大腿、臀部有酸痛的感觉是正常的，腰部和膝关节不应当有酸痛、紧张的感觉。

剪蹲动作中前脚应当压实的重心或支撑点：前脚掌内侧、前脚掌外侧、脚后跟。

后脚应当压实的重心或支撑点：后脚掌内侧、后脚掌外侧。

在训练剪蹲前应当做的事情：充分激活臀中肌，活动开膝关节，让膝关节的关节囊充分分泌滑液。

动作结束后应当拉伸的肌群：股四头肌、臀大肌、腘绳肌。

二、箭步走的全过程

第一步：并脚站立（见图8-12）。

第二步：抬起一只脚，向前迈步（见图8-13）。

第三步：让脚跟先落地，然后让前脚掌落地（见图8-14）。

第四步：下蹲（见图8-15）。

第五步：蹬地发力站起（见图8-16）。

图8-12　箭步走分解动作一

图8-13　箭步走分解动作二

图8-14　箭步走分解动作三

图8-15　箭步走分解动作四

图8-16　箭步走分解动作五

三、箭步走的动作细节

（一）迈步距离

在箭步走动作中，迈步距离以0.9—1.3米为宜。如果距离过小，就没有下蹲的空间，膝盖必须前移产生足够的下蹲空间，这样做会造成膝盖压力过大。

（二）落地状态

迈步时，应当让脚后跟先落地。落地时，应当控制自己的大腿和小腿，使身体尽量轻地下放脚掌，不应当使身体失去控制。脚后跟落地后，逐步过渡到前脚掌落地。

（三）膝盖不触地

在箭步走的过程中，后侧的膝盖始终不与地面接触，支撑身体的一直是双脚（尤其是前脚）。

（四）下蹲：箭步走最关键的三个细节

从分腿站立到分腿下蹲是最关键的一步。只要能够正确完成下蹲过程，箭步走的动作就能保证基本正确。

下蹲时，应当想着向下坐，而不应当想着向前走。当一些练习者心里想着向前走完成这个动作的时候，膝盖往往会不自觉地前移。正确的方法应当是，心里想着向下坐，主动屈曲后腿膝盖，而不是屈曲前腿。

下蹲时，躯干应当保持竖直，不应当屈伸、侧屈或者旋转。

在箭步走的动作最低点，我们应当保持三个90°：前侧大腿与小腿呈90°，前侧大腿与躯干呈90°，后侧大腿与小腿呈90°。

（五）站起

站起过程中的发力有两种：一种是双脚同时蹬地发力；另一种是只有前脚向下蹬地发力，后脚不发力，后脚跟随前脚的发力向前移动。

初学者宜采用双脚同时蹬地发力的模式，前脚向下蹬地发力，后脚向后蹬地发力站起，后脚发力有助于让身体更加稳定。

训练水平较高、对身体控制能力较好者宜采用后一种站起方式，躯干在这种方式中会自觉地抗侧旋、抗侧屈。如果躯干的稳定能力不够，身体就会旋转和歪斜。

四、箭步走的练习方式

（一）训练动作组合

我们可以把箭步走作为全部训练中的第一个动作，也可以把这个动作安排在下肢训练的最后去练习。

（二）训练计划设计

我们可以在轻重量下为箭步走安排3组20次、5组30次这样高容量的训练。

（三）训练强度选择

初学者刚开始先徒手练习，完全掌握动作后，可以每次增加2.5公斤的重量进行箭步走训练。

第四节　俯卧撑

一、学习俯卧撑动作的前戏——平板支撑

俯卧撑就像动态的平板支撑。

许多人无法完成俯卧撑的原因之一就是核心稳定能力太差。核心稳定能力差的表现是在练俯卧撑时塌腰。塌腰的坏处在于让脊柱脱离了中立位，让躯干变得无法承力。

塌腰是健身者在练习俯卧撑过程中经常出现的问题。在学习俯卧撑之前，我们需要先学习一个很流行的训练动作——平板支撑。平板支撑这个动作，刺激最大的是身体的深层肌肉——腹横肌。这个动作并不会也不应该训练到下背部和腰部。假如在训练中你的身体后侧肌肉开始出现感觉，你就应该停止这个动作。在大重量的负荷下，平板支撑这个动作对整个躯干的稳定性都有极高的要求。其提高的是身体前肌群的等长收缩能力。平板支撑并不能增加腹肌的肌肉，也不能让腹部线条更明显，更不能帮助你练出所谓的“八块腹肌”。这个动作的主要作用就是增强躯干的稳定性。

平板支撑的动作细节如下（见图8-17）。

上肢状态：小臂在地面上支撑，肘关节在肩的正下方，大臂垂直于地面。

躯干状态：保持腰背挺直，尤其注意不要抬头，保持头部中立位。

下肢状态：臀部收紧，膝盖尽量伸直（也可以微屈）。

图8-17 平板支撑

二、俯卧撑的全过程

（一）建立准备姿势

在这一步，需要注意四点：第一，手掌在肩胛骨下方或者后方，而不是前方；第二，核心稳定，脊柱中立；第三，肩胛骨保持稳定，不要耸肩；第四，手掌的多个支撑点都能够完全压实（见图8-18）。

图8-18 俯卧撑准备姿势

（二）完成身体下降过程

在这一步，需要注意五点：第一，手掌的多个支撑点都能够完全压实；第二，施加一些扭矩，让手臂更加稳定；第三，让手臂不要呈“一”字形展开，而是呈“人”字形展开，施加扭矩有助于达到这一点；第四，心中想着向前移动身体，而不是向下移动身体；第五，不要让腹部下陷（见图8-19）。

（三）完成身体上升过程

在这一步，需要注意两点：第一，手掌的多个支撑点都能够完全压实；第二，心中想着让肘关节远离身体，将身体推起（见图8-20）。

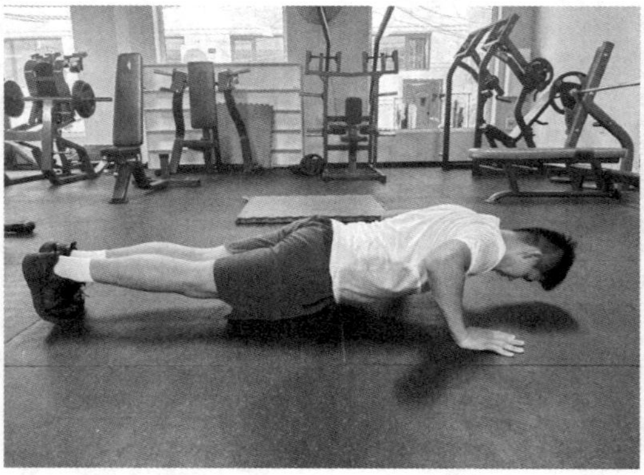

图8-19　俯卧撑下降过程

图8-20　俯卧撑上升过程

三、俯卧撑的动作要点

主要关节活动：身体下降过程，伸肩屈肘；推起过程，屈肩伸肘。

参与发力的肌肉：胸大肌、肱三头肌、三角肌前束。

运动中负责维持稳定的关键肌肉：肩袖肌群、腹横肌。

运动中的发力感觉：胸肌、肱三头肌、三角肌会有一定的酸胀感。运动中不应当出现斜方肌上束、下背部的酸痛。

俯卧撑运动中手掌应当压实的重心或支撑点：五个手指指尖、五个手指指根处以及掌根处的大鱼际和小鱼际。

在练习俯卧撑前应当做的事情：充分激活肩袖肌群，活动开肩关节，让肩关节的关节囊分泌滑液，解决肩关节可能存在的活动受限问题。

动作结束后应当拉伸的肌群：胸大肌、肱三头肌、三角肌前束。

四、俯卧撑的重要细节

（一）手与躯干的夹角

做俯卧撑时有许多注意事项。许多刚开始健身的人在练习俯卧撑的时候一般会有两类问题：第一，只感觉到手臂在发力，胸肌却没有什么感觉；第二，肩关节有不适感，做俯卧撑的时候肩关节会有弹响，原因就在于没有将手臂展开到合适的角度。正确的俯卧撑，手臂与身体的夹角为60°以下（见图8-21）。

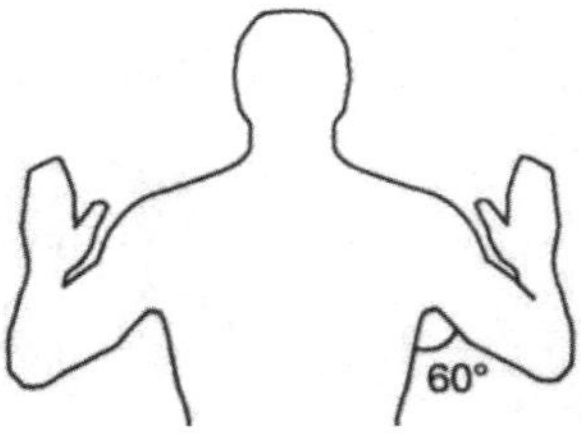

图8-21　正确的俯卧撑姿势

出现问题的新手，在完成俯卧撑时上臂外展太多，与身体呈90°（见图8-22）。在这种姿势下，肩关节承受了大部分压力，动作姿势不太好，胸肌非常难找到发力感，而且容易出现斜方肌代偿耸肩的现象。

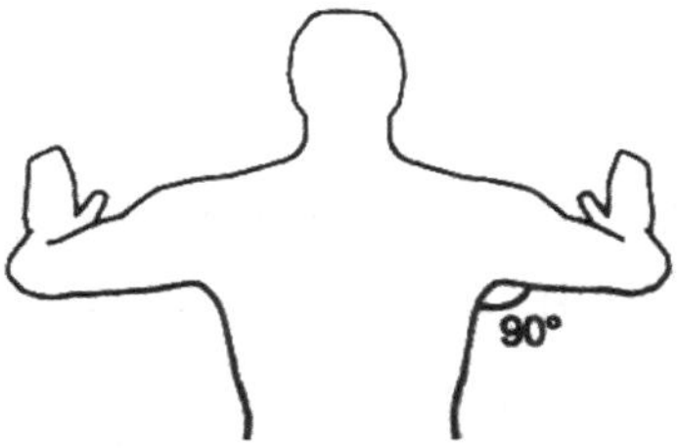

图8-22　错误的俯卧撑姿势

（二）手掌位置

许多健身者倾向于将手掌放置在头部位置（见图8-23），这样做更容易造成耸肩的情况。因此，我们通常建议健身者将手臂放在肩部正下方（见图8-24）。手掌越靠近髋关节（见图8-25），对腕关节的压力就会越大，也就越需要腕关节的灵活性。

图8-23　手掌放在头部下

图8-24　手掌放在肩部下

图8-25　手掌接近髋关节

（三）压实手掌重心

在进行俯卧撑时，我们需要压实手掌根部大鱼际、小鱼际，压实拇指、食指、中指、无名指、小指，压实食指、中指、无名指、小指根部的支撑点。此时，身体力量会更加整体化。

在俯卧撑动作中，原动肌有胸大肌和肱三头肌。我们在进行俯卧撑的过程中，手掌侧重压实大鱼际处，胸大肌会有更加明显的发力感；手掌侧重压实小鱼际，肱三头肌活跃程度会更高。

（四）手掌的朝向

在做俯卧撑时，常被忽略的另一个细节是手掌的朝向。手掌可以朝前或者微朝外，但不能朝内。

在进行俯卧撑的时候，如果手掌朝内，易出现手臂与身体夹角过大的情况，易出现耸肩的问题。

手掌朝外太多也容易导致耸肩，且不容易施加扭矩。

（五）施加扭矩

为了改善俯卧撑的姿势，我们需要加入扭矩，扭矩能够让上肢贯通，力量由胸肌向手掌延伸。扭矩细节如下。

让手掌中心贴合于地面，然后让上臂向外旋转，使肘窝微微转向身体的前方。此时想象你的手掌重心像一颗旋转的螺丝钉一样旋入地面。在旋转的过程中，你会感受到从手掌根到小臂、上臂、肩膀、胸肌形成了一个整体，此时再去完成俯卧撑就会很容易感觉到胸肌的发力。

第五节　基础力量训练动作

一、杠铃深蹲动作的细节

（一）杠铃位置

颈后杠铃深蹲的位置有两种：一种称为高杠位，杠铃放置在斜方肌上（见图8-26）；另一种称为低杠位，杠铃放置在三角肌后束上（见图8-27）。

图8-26　高杠位

图8-27　低杠位

高杠位深蹲的特点：杠铃位置在斜方肌上，下蹲时，躯干较为笔直，股四头肌参与更多。高杠位深蹲要求健身者有较好的踝关节灵活性。

低杠位深蹲的特点：杠铃位置在三角肌后束上，下蹲时，身体倾斜幅度会大于高杠位深蹲，能调动更多的伸髋肌群，刺激到更多身体后链肌肉，臀大肌的参与程度相对较高。但低杠位深蹲对肩关节活动度要求很高，初学者刚开始练习低杠位会有明显的不适，需要经过一到两周的练习才会逐步适应低杠位。

初学者在刚开始练习深蹲的时候，不需要纠结杠位。

（二）收紧背部

保持上背部肌群紧张是深蹲中极为重要的一环。深蹲时弯腰、骨盆翻转等问题的成因通常是上背部力量薄弱或上背部不够紧张。无论是进行徒手深蹲、杠铃深蹲还是哑铃高脚杯深蹲，我们都应当尽量将最重要的三块背部肌群稳定住，从而维持躯干的稳定。这三块肌群就是背阔肌、中下斜方肌和菱形肌。

我们应当用手将杠铃压在肩上，让杠铃更加稳定。

收紧背部的第一步，是将上肢下压，像是在做一个高位下拉。

收紧背部的第二步，是合拢肩胛骨，并让肘关节向肩胛骨中心靠拢。

由图8-28可见，中下斜方肌和菱形肌可以稳定肩胛骨，背阔肌可以稳定手臂，这三块肌肉协助我们保持上肢稳定，使身体在几百公斤的重压下不会变形。

图8-28　高杠位正确姿态

杠铃深蹲时保证背部收紧、上肢稳定的方法对高杠位和低杠位深蹲均适用。

（三）握杠技巧

从抓握的角度来说，有全握和空握两种握法。从手腕的状态来说，有手腕中立和伸腕两种持杠方法。

高杠位深蹲建议全握，手腕尽量中立，若肩部活动度不够，可以略微伸腕持杠，手腕持杠建议上护腕（见图8-29、图8-30）。

图8-29　高杠位手腕中立全握

图8-30　高杠位伸腕全握

低杠位深蹲建议空握，上大重量后，若有胸椎弯曲趋势，可以略微伸腕持杠，伸腕建议上护腕（见图8-31、图8-32）。

图8-31　低杠位中立空握

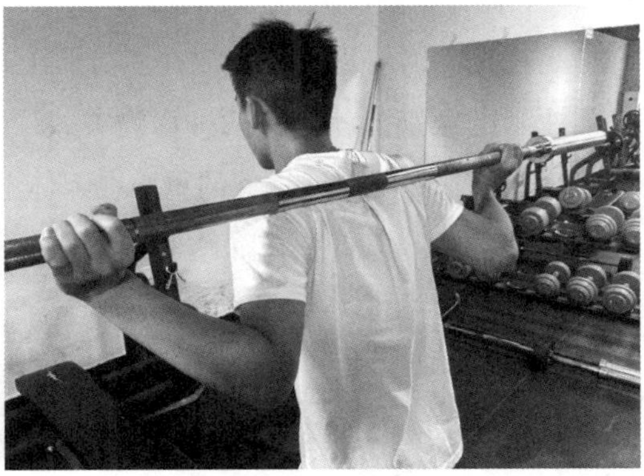

图8-32　低杠位伸腕空握

（四）呼吸

中等强度或低强度下采用下蹲时吸气、站起时先憋气再呼气的方式完成。高强度（大重量）下采用瓦式呼吸。

（五）下蹲

下蹲与徒手深蹲类似，需要采用髋膝联动的方式，同时屈膝屈髋。下蹲过程中需要注意全脚掌踩实地面，脑中要有“前脚掌内侧、前脚掌外侧、脚后跟都要踩实地面发力”的意识。

（六）保持稳定，施加扭矩

深蹲过程中常见的错误就是膝盖内扣、下肢不稳。为了在下蹲过程中不内扣膝盖、保持身体稳定，可以尝试在深蹲中加入扭矩，即在下蹲时让前脚掌向外旋、后脚跟向内旋转，就像图8-33中的状态一样。

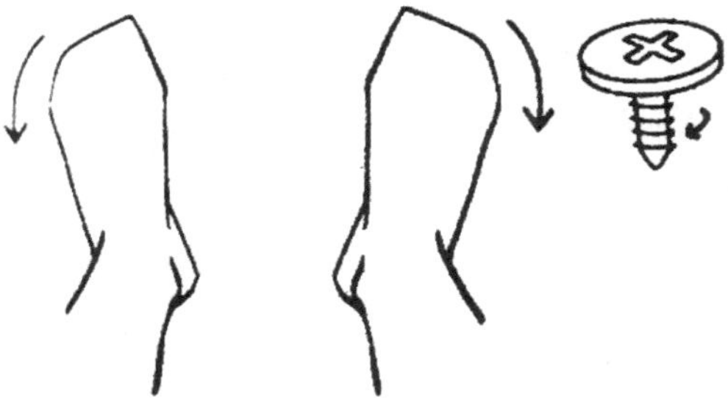

图8-33　想象脚掌像螺丝一样旋进地面

二、高杠位与低杠位的区别

高杠位深蹲要求把杠铃放在斜方肌上，低杠位深蹲要求把杠铃放在三角肌后束上。仅几厘米的区别，就让这两种深蹲方式产生了很大的不同。原因在于在任何形式的深蹲中，我们都需要保证杠铃的重心在人体上，在站立姿势下人不会往前倒或者往后倒。

高杠位深蹲与低杠位深蹲有以下八方面区别。

（一）杠铃位置

高杠位深蹲将杠铃放在斜方肌上，位置较高；低杠位深蹲将杠铃放在三角肌后束上，位置较低。高杠位深蹲完全站直时，杠铃和人的重心刚好在脚掌中心（见图8-34）；低杠位深蹲完全站直时，杠铃和人的重心会在脚跟处（见图8-35）。大多数人会觉得杠铃放在斜方肌上更加舒服和自然，因此部分人在初次尝试低杠位深蹲时会觉得别扭，大多数人采用高杠位深蹲完成训练。

图8-34　侧面高杠位

图8-35　侧面低杠位

（二）握法

高杠位深蹲通常为全握持杠，手腕保持中立姿势；低杠位深蹲通常为空握持杠，手腕伸展和中立姿势都很常见。

（三）肩关节

高杠位深蹲对肩关节活动度要求较低，低杠位深蹲对肩关节的活动度要求较高。

一部分健身者会因为肩关节活动度不够，而无法把杠铃放置在三角肌后束上。

（四）躯干倾斜角度

在最低点时，高杠位深蹲躯干倾斜角度较小（见图8-36）；低杠位深蹲躯干倾斜角度较大（见图8-37）。在站立到最高点时，高杠位深蹲躯干更加直立；低杠位时，训练者略微前倾，以保持身体平衡。

图8-36 侧面高杠位深蹲

图8-37 侧面低杠位深蹲

（五）头部姿势与胸椎状态

高杠位深蹲中，屈髋较少，背角较小，健身者需要始终保持头部姿势以避免胸椎弯曲，同时通过抬头状态保证上背部紧张；低杠位深蹲中，屈髋较多，背角较大，健身者头部保持中立姿势即可，不需要抬头。

（六）下肢活动度

高杠位深蹲对踝关节活动度有较高的要求，许多健身者会使用举重鞋完成高杠位深蹲；低杠位深蹲对髋关节活动度有较高要求，一些健身者会使用平底鞋进行低杠位深蹲。

（七）下肢力量

高杠位深蹲能调动更多的股四头肌力量，在运动过程中主要靠伸膝力量发力；低杠位深蹲能够调动更多的臀大肌和腘绳肌力量，在运动过程中主要靠伸髋力量发力。

（八）站距与脚尖朝向

高杠位深蹲通常站距等肩宽，脚尖不会过于外展；低杠位深蹲通常站距与髋同宽，脚尖外展较多。

第六节　罗马尼亚硬拉

一、学习罗马尼亚硬拉的前戏

如果你没有练习过罗马尼亚硬拉，需要先感受在练习罗马尼亚硬拉过程中大腿后侧腘绳肌被拉长和缩短的感觉。练习方法很简单，站直后，在不弯腰以及屈膝幅度较小的情况下，将自己的臀部往后推，这时候就会有腘绳肌被拉伸的感觉，原路返回时再去感受腘绳肌缩短的感觉。

二、罗马尼亚硬拉全过程

1. 双脚与肩同宽或略窄，站在杠铃前，脚尖微微向外（见图8-38）。

2. 屈膝俯身，双手正握杠铃，握距比肩略宽，手臂垂直于地面，收紧腹部，腰背挺直，保持身体中立位（见图8-39）。

3. 以髋关节为轴，臀部向后坐，身体前倾，同时让杠铃沿着腿部下放（见图8-40）。

4. 下放杠铃至接近小腿中部或个人极限位置，然后臀部发力，将身体挺直还原，杠铃沿着腿部上移至起始位置（见图8-41、图8-42）。

图8-38　罗马尼亚硬拉分解动作一

图8-39　罗马尼亚硬拉分解动作二

图8-40　罗马尼亚硬拉分解动作三

图8-41　罗马尼亚硬拉分解动作四

图8-42　罗马尼亚硬拉分解动作五

三、动作细节

（一）握距

罗马尼亚硬拉的握距应当略比髋部宽一些，保证在进行运动时身体不会阻碍手臂的活动。合适的握距可以通过如下方式确认（见图8-43、图8-44）。

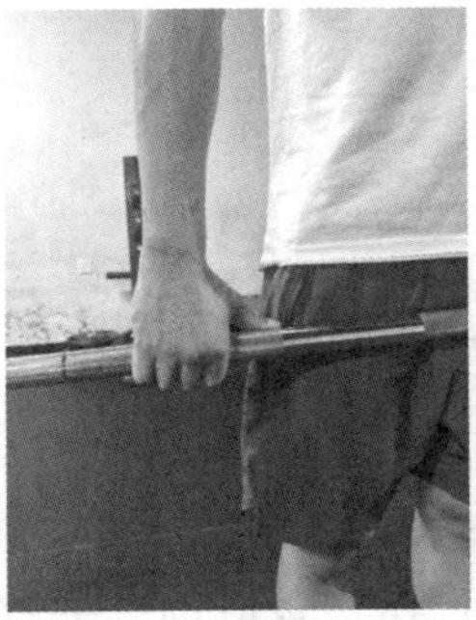

图8-43　髋关节外一指握距

图8-44　罗马尼亚硬拉握距

（二）站距与脚尖朝向

站距为2—3拳宽，即比肩窄一些（见图8-45）。站距过宽会导致两手臂的距离更宽，而站距过窄容易导致重心不稳。

在罗马尼亚硬拉中，建议脚尖完全朝向前方（见图8-45）。一些初学者往往习惯脚尖外八字站立，在此运动中需要改掉这个不良习惯。

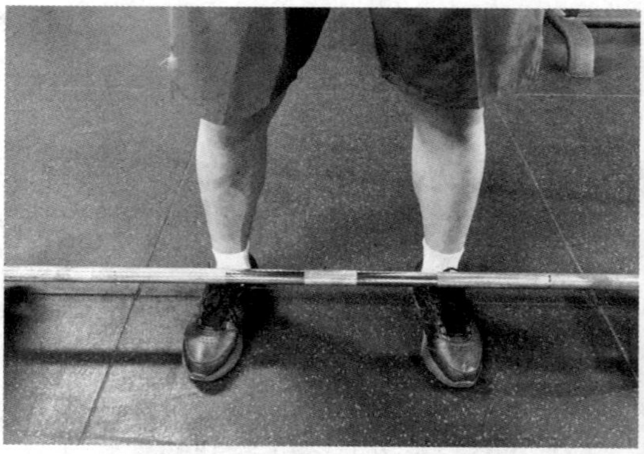

图8-45　合适的站距和脚尖朝向

（三）足踝关节、脚掌

在进行罗马尼亚硬拉的时候，如同杠铃深蹲一样，将前脚掌向外旋，后脚跟向内旋转，施加扭矩，能够让下肢更加稳定，也能够让臀部有更强烈的刺激感。

（四）膝关节、小腿

在罗马尼亚硬拉过程中，小腿应当始终保持垂直于地面的姿势。这意味着，膝关节在此运动过程中不应当随着杠铃的下移而加大弯曲角度，而应当始终保持微弯的姿势（除了在动作的最高点）。这样做能够让髋关节有更大幅度的屈伸，更能够刺激到臀大肌和腘绳肌。

（五）髋关节、大腿与臂部

如果想要做对罗马尼亚硬拉动作，有两个小技巧。这两个小技巧都与臀部的状态有关。

第一个小技巧：在训练开始时，脑中想着“让自己的臀部往后推，同时身体前倾”（见图8-46）。罗马尼亚硬拉本质上是一个髋屈伸的动作，只要训练者能够保持脊柱中立位、提杠俯身，这个动作就算是完成了一半。这个动作的难点就在于如何俯身、如何保持脊柱中立位。在你已经学习过髋关节铰链之后，这个难点已经解决了。你只需要脑中想着“让自己的臀部往后推，同时身体前倾”，这个动作就能够很好地启动了。

第二个小技巧：在此运动过程中去感受大腿后侧的拉伸感。在下放杠铃的过程中，大腿后侧的腘绳肌会有明显的拉伸感；起身过程中，大腿后侧的肌肉会有缩短的感觉。如果你能够体会到运动过程中“大腿后侧的拉伸感”，就说明罗马尼亚硬拉动作做得八九不离十了。

图8-46　侧面展示罗马尼亚硬拉姿态

（六）脊柱中立位

在罗马尼亚硬拉中，保持脊柱中立并不仅仅是保持腰段不反弓、不弯曲，还包括颈椎段、胸椎段都必须处于中立位（见图8-47）。含胸弓背会增大脊柱压力，容易受伤（见图8-48）。

图8-47　脊柱中立位

图8-48　脊柱弯曲

第七节　卧推

卧推是一个水平推的动作，这个动作的发力模式看起来和俯卧撑比较像，但是又有一定的区别。区别主要在于：俯卧撑动作中，肩胛骨允许有一定的活动；卧推动作中，肩胛骨需要始终保持后缩、稳定的状态。

在学习卧推动作前，我们需要掌握两个要点：第一，在肩胛骨保持后缩的情况下，进行推的动作；第二，做推的动作的时候，让手臂与躯干的夹角小于60°。

一、学习卧推的前戏

（一）保证肩胛骨稳定、不耸肩

练习卧推的时候，需要后缩肩胛骨，保证肩胛骨的稳定，避免耸肩。不然圆肩、肩袖损伤、肩峰撞击都会找来。

练习卧推的时候，需要后缩肩胛骨，并且尝试在卧推前让肩膀向臀部方向移动，这样做可以避免耸肩。

在学习卧推前，请先练习几次“在肩胛骨保持后缩的情况下，进行推的动作”。

（二）注意手臂与躯干的夹角，不要进行断头台式的卧推

做所有水平推类动作的时候，都不要让手臂和躯干的夹角打开过大，否则肩部会有过大的压力。在手臂与躯干呈90°的姿势下，肩关节承受了大部分压力，动作姿势不太好，而且容易出现斜方肌代偿耸肩的现象。

二、杠铃卧推的全过程

训练者在卧推中始终保持全脚掌踩地、臀部贴凳、头部贴凳等姿势，并且要求杠铃在最低点接触胸部（见图8-49、图8-50、图8-51、图8-52、图8-53）。

图8-49　杠铃卧推分解动作一

图8-50　杠铃卧推分解动作二

图8-51 杠铃卧推分解动作三

图8-52 杠铃卧推分解动作四

图8-53 杠铃卧推分解动作五

三、杠铃卧推的细节

(一)如何躺下

如果躺下时坐的位置居中，头部就会撞到杠铃(见图8-54、图8-55)。坐在哑铃凳的边缘，不会在躺下时头部撞到杠铃(见图8-56、图8-57)。

图8-54 臀部居中位

图8-55 仰卧碰头

图8-56 臀部端位

图8-57 仰卧不碰头

（二）脚的位置

杠铃卧推中，下肢的状态虽然不像深蹲和硬拉那么重要，但也不可忽视。下肢的稳定性会极大影响卧推时身体的稳定性。

在躺下后，将脚尽量朝臀部方向靠拢，脚尖尽量与卧推凳的朝向一致，允许脚部略微外八（见图8-58），但不可过于外八（见图8-59）。

图8-58　脚部正确位置

图8-59　脚部过于外八

在卧推时，注意全脚掌踩实在地面上，脚掌向前去搓地面。

（三）臀部状态

在股四头肌紧张的情况下，臀部可以保持放松状态。过于紧张的臀部容易在卧推的时候离开凳子。

（四）肩胛骨状态

在卧推时，许多新手习惯于在推起过程中把肩膀一起往上推。这时候整个上肢极其不稳定。这是一个错误的动作细节，应当改正（见图8-60）。

卧推时，我们应当时刻后缩肩胛骨，以保持稳定；在后缩肩胛骨之后，下压肩胛骨。

肩胛骨可以做六种活动：上提、下压、前伸、后缩、上回旋、下回旋。在卧推中，我们需要让肩胛骨保持在“下压”和“后缩”状态（见图8-61）。如果只做了后缩肩胛骨而没有注意下压肩胛骨，就容易在卧推时出现耸肩的情况。

图8-60　肩膀前伸

图8-61　肩胛骨收紧

（五）头部与杠铃的距离

在卧推起杠前，应该让眼睛位于杠铃杆正下方。如果杠铃在嘴巴、喉咙的上方甚至更低的位置，容易在卧推时让杠铃撞击卧推架；如果杠铃在头发甚至更高位置，人就躺得离杠铃太远，起杠比较困难。

（六）握距与握法

普通人刚开始学习卧推的时候，应采用自身肩膀宽度加4个拳头的距离进行。在进行杠铃卧推的时候，需要采用全握的握法。握住杠铃时，请保证双手在杠铃上是平衡、对称的。

（七）扭矩——把杠铃掰弯

在进行卧推时，可以对杠铃施加一个扭矩，向外掰弯杠铃。

（八）杠铃的下落点

杠铃的下落点大约在胸口附近。杠铃的下落点并没有一个准确的位置，会根据手臂长度、握距、起桥高度而产生变化。如果手臂较长，杠铃下落的最低点就会离头部远一些；如果手臂较短，杠铃下落的最低点就会离头部近一些。

如果握距较窄，杠铃下落的最低点就会离头部远一些；如果握距较宽，杠铃下落的最低点就会离头部近一些。

如果起桥高度较低，杠铃下落的最低点就会离头部远一些，反之则近一些。许多第一次练习卧推的人经常会犯的错误就是落点太高，在脖子附近（见图8-62），或者落点太低，在腹部附近（见图8-63）。正确的示范动作见图8-64。

图8-62　错误示范动作一：杠铃下落位置过高，小臂明显不垂直于地面

图8-63　错误示范动作二：杠铃下落位置过低，小臂明显不垂直于地面

图8-64　正确示范动作：杠铃下落位置良好，小臂垂直于地面

（九）杠铃的轨迹

卧推中，动作轨迹的最低点在胸口附近，动作轨迹的最高点在肩部正上方。因此，杠铃的轨迹并不是一条垂直于地面的直线，而是一条从胸口到肩部的正上方的曲线，或者斜线（见图8-65、图8-66）。

图8-65　卧推杠铃轨迹分解动作一

图8-66　卧推杠铃轨迹分解动作二

（十）杠铃的下落过程

杠铃在下落过程中，心里可以想着自己在做一个拉着杠铃往下活动的动作（就像在做反向划船一样）。这时候背部会收得更紧，提供更强的稳定性。

（十一）如何出杠

许多训练者习惯一躺下就直接出杠。这并不是一个好习惯。在躺下后出杠前这段时间里，我们需要做三件事：后缩肩胛骨，保证握杠铃的手是平衡对称的，调整好呼吸。

出杠时，握住杠铃，将双臂伸直，把杠铃从杠铃挂钩中起出，然后像做直臂下拉这个动作一样，把杠铃移到自己肩部正上方。

出杠前，先吸一口气，然后屏住呼吸；出完杠后，先换一口气，再进行卧推。请注意出杠时不要耸肩。

（十二）如何回杠

回杠时，握住杠铃，将双臂伸直，直接向卧推架方向放置杠铃。

（十三）卧推中的呼吸

不同的重量下，我们采用的呼吸方法是不一样的。在轻重量卧推时，建议采用落下时吸气，推起时呼气的方式进行；在较重重量卧推时，也可以采用落下时吸气，推起时憋气的方式；在大重量卧推时，采用瓦式呼吸的方式进行，即在杠铃下落前快速地吸气，然后憋住气，完成下落和上举过程，此时再换气。

四、卧推中常见的不规范细节

（一）把脚放在卧推凳上进行卧推

在健身房里，很多人会习惯性地把脚踩在凳子上完成卧推，或者让脚悬空完成卧推。采用这种卧推方式的训练者往往认为，这种卧推能够帮助身体更加稳定，让腰部完全贴合凳子，让下背部的压力减小，保护身体，同时能够推起更大的重量。

但实际上把脚放在凳子上会有两个问题。第一，把脚放在凳子上，很难保证下肢处于稳定状态，核心和肩关节都需要分担更多的力量去平衡身体。第二，我们在卧推时，不应该通过抬起下肢让下背部贴向凳子，而应当通过呼吸让下背部有贴向凳子的趋势。

（二）躺得太靠上或者太靠下

在卧推凳上躺得太靠上就没有空间进行卧推，推起的杠铃容易碰到卧推架；在卧推凳上躺得太靠下，需要额外在水平面上移动一段距离，当杠铃重量较重时，训练者很难独自将杠铃从卧推架中推出来。

（三）半握杠铃

在卧推中，半握（大拇指与另外四指处于杠铃同一侧，半虚提住杠铃）是一种极为危险的握法，容易在卧推训练中让杠铃脱手砸到自己。

（四）上臂与躯干夹角过大

如果卧推中上臂和躯干夹角过大，容易造成肩峰撞击，导致肩部损伤。

（五）肩胛骨跟着手臂一起向上移动

肩胛骨在卧推中应当保持稳定，不应随着手臂一起向上移动。

（六）不做完全程的卧推

在健身房中，许多健身者只做小幅度的半程卧推，下落时离胸口还有10多厘米的距离，上举时也总是不推到顶。如果总是用这样的训练方法进行卧推，就会极大地浪费卧推的动作价值，使卧推的训练效率大大降低。

（七）让杠铃在最低点靠胸部的弹性弹起

在卧推的动作中，我们应当把卧推的下落过程和推起过程当作两个阶段来看待，不应当在卧推中依赖这种“反弹”来完成动作。你如果经常使用胸部反弹的技巧，可能需要练习更多的胸部停顿卧推。

第八节　杠铃划船

窄握杠铃划船动作中，关节活动以肩关节伸展为主，主要为背阔肌发力，训练的目的是提高背阔肌的力量。

宽握杠铃划船动作中，关节活动以肩关节水平外展和肩胛骨内收为主，主要为中下斜方肌和三角肌后束发力。宽握杠铃划船动作非常适合作为卧推的辅助训练动作，能够强化过于薄弱的肩背部肌群，防止肩部损伤。

一、窄握杠铃划船

（一）窄握杠铃划船的全过程

1. 双脚分开，与肩同宽，站在杠铃前。屈膝俯身，双手以窄握距（双手间距约与肩同宽或更窄）正握住杠铃，手臂伸直（见图8-67）。

2. 背部保持挺直，膝盖微屈，身体前倾约45°，使杠铃位于小腿前方（见图8-68）。

3. 夹紧肘部，利用背部肌肉的力量，将杠铃沿着身体向上拉，直至杠铃接近腹部。在拉动过程中，肩膀下沉并后缩，感受背部肌肉的收缩（见图8-69）。

4. 缓慢下放杠铃，回到起始位置。在此过程中要控制好速度，保持肌肉的持续紧张（见图8-70）。

图8-67　窄握杠铃划船分解动作一（侧面）

图8-68　窄握杠铃划船分解动作二（侧面）

图8-69　窄握杠铃划船分解动作三（侧面）

图8-70　窄握杠铃划船分解动作四（侧面）

（二）窄握杠铃划船的动作细节

1.站距

站距建议2—3拳宽度，这样方便杠铃下落。如果站得太宽，容易导致髋关节活动度较差的健身者在练习该动作时弯腰。该站距与罗马尼亚硬拉相似。

2.俯身角度

杠铃划船的准备姿势与罗马尼亚硬拉的起始姿势相似，需要较大的屈髋幅度和较小的屈膝幅度。俯身角度以45°—90°为宜。角度越大，保持脊柱中立位就越难，越需要较强的控制能力；角度越大，杠铃的运动轨迹就越长，越容易提高训练效率。初学者可以先尝试45°的划船角度（见图8-71），然后慢慢加大俯身角度至70°（见图8-72）。

图8-71　窄握杠铃划船俯身角度（45°）

图8-72　窄握杠铃划船俯身角度（70°）

3.握距

握距通常等同于肩宽。双臂自然下垂，双手握住杠铃，两拳内侧与大腿两侧有一拇指的距离（见图8-73）。

图8-73　握距示例（等肩宽）

4. 握法

握杠时注意压实手掌大鱼际和小鱼际（见图8-74）。小鱼际未能压实，背部发力感会减小很多（见图8-75）。

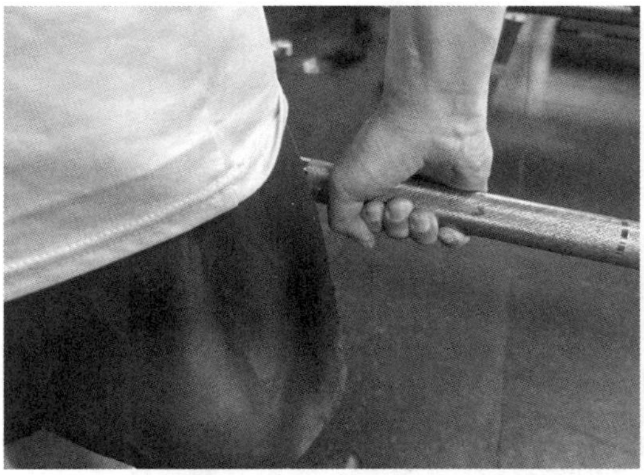

图8-74 握实杠铃

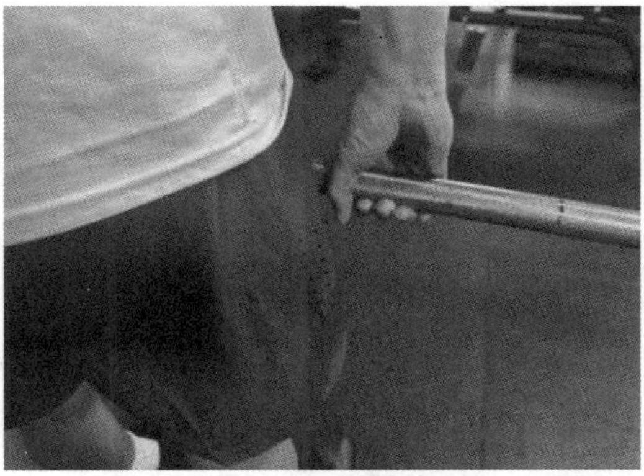

图8-75 未能完全握实杠铃

5. 动作轨迹

窄握杠铃划船的动作轨迹像一条斜线或一条弧线（见图8-76）。

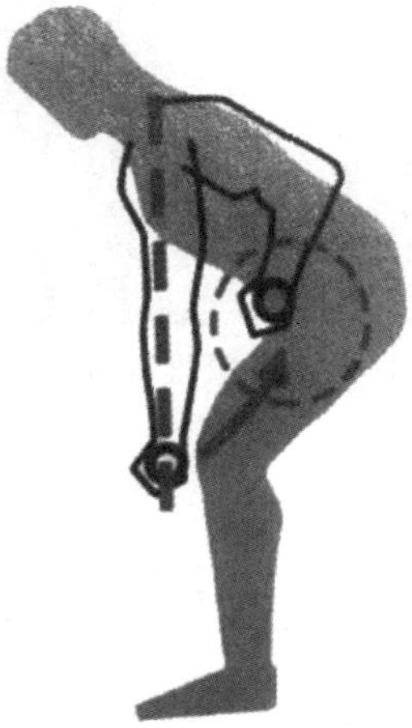

图8-76 窄握杠铃划船动作轨迹

（三）窄握杠铃划船动作的常见错误

1. 俯身角度较小

在这种姿势下，俯身角度较小将导致斜方肌上束参与较多，背阔肌几乎没有参与进来，做划船动作时容易感觉到肩膀酸，但背部毫无感觉。

2. 杠铃没有握实

在练习杠铃划船的时候，许多人易犯的错误就是没有完全握实杠铃，特别是小鱼际没有压住杠铃。在划船动作中，小鱼际没有压实杠铃会大大降低臂后表线和臂前表线的参与，从而减少背阔肌的参与。

3. 弯曲上背部、腰椎弯曲和耸肩

弯曲上背部会导致颈椎和胸椎弯曲，会挤压腰椎间盘，容易导致受伤（见图8-77）。

腰椎弯曲会挤压腰椎间盘，容易受伤（见图8-78）。

耸肩会导致上斜方肌主动发力代偿（见图8-79）。

图8-77　弯曲上背部

图8-78　腰椎弯曲

图8-79　耸肩

4. 手臂离身体过远

刚开始健身的朋友，在做杠铃俯身划船的时候，如果手臂离开躯干过多，手臂上的肱二头肌就容易参与发力，而背阔肌发力没那么明显。很多人做划船类动作训练的时候手臂酸，可能就是因为手臂离开躯干过远。相反，如果上臂有意识地贴近躯干，背阔肌的参与感就会明显得多（见图8-80、图8-81）。

5. 杠铃直上直下移动

许多人找不到背部的发力感，只感觉到手臂酸、肩膀酸，原因在于背阔肌的功能主要是伸展肩关节。因此，在练习杠铃划船的时候，我们应该有意识地让杠铃斜向移动（从膝关节位置到髋关节位置），而不是直上直下移动。如果杠铃直上直下移动，手臂肱二头肌、肩部斜方肌会参与较多，而背阔肌刺激不足。

图8-80 手臂贴近躯干

图8-81 手臂远离躯干

二、宽握杠铃划船

（一）宽握杠铃划船的全过程

1.双脚分开，与肩同宽，站在杠铃前。屈膝俯身，双手以宽握距（通常大于肩宽，约为1.5倍至2倍肩宽）正握住杠铃，手臂伸直（见图8-82）。

2.背部挺直，膝盖微屈，身体前倾，使杠铃位于小腿前方（见图8-83）。

图8-82 宽握杠铃划船分解动作一（侧面）

图8-83 宽握杠铃划船分解动作二（侧面）

3.肩胛骨稳定，带动上臂靠向身体两侧，将杠铃沿着腿部向上拉起，至杠铃接近腹部或下胸部。此时，胸部应略微上挺，感受中下斜方肌和三角肌后束的强烈收缩（见图8-84）。

4.缓慢下放杠铃，回到起始位置，下放过程要控制速度，保持对杠铃的控制，感受肩背部肌肉的伸展（见图8-85）。

图8-84　宽握杠铃划船分解动作三（侧面）

图8-85　宽握杠铃划船分解动作四（侧面）

（二）宽握杠铃划船的动作细节

宽握杠铃划船的站距、俯身角度、握法、动作最低点状态均与窄握杠铃划船相似。以下阐述宽握杠铃划船的4个细节。

1.握距

宽握距通常为1.5倍至2倍肩宽。在进行宽握杠铃划船的时候，建议采用卧推时的握距。

2.动作最高点

宽握杠铃划船动作中，动作最高点应当在卧推时杠铃的落点位置。

一些训练者在刚开始练习这个动作的时候，无法让杠铃完全接触到胸部。这是正常现象。事实上，只有关节活动度极佳的训练者才可能在宽握杠铃划船动作中做到让杠铃触胸。

对大多数训练者而言，我们给出的建议是：不必追求杠铃触胸，将杠铃上拉到身体开始紧张的位置，就可以下放杠铃了。这里所说的“身体开始紧张”通常会有这样的表现：斜方肌上束即将开始发力，颈椎试图开始屈曲，胸椎试图开始屈曲。此时如果强制要求将杠铃上拉到胸口，有可能让动作变形，无法严格地完成动作。

3. 动作轨迹

宽握杠铃划船动作中，杠铃的运动轨迹是小幅度倾斜于地面的垂直线，就像杠铃卧推动作的运动轨迹的倒置版本。

（三）宽握杠铃划船动作的常见错误

1. 手臂离身体过近

在做宽握杠铃划船的时候，不宜像窄握杠铃划船那样，把杠铃握得太靠近身体。这容易耸肩，手臂过度参与，手腕不适（见图8-86）。

图8-86　手臂离身体过近

2. 宽握杠铃划船时，杠铃斜向移动太多

宽握杠铃划船时，其关节活动主要为肩关节水平外展与肩胛骨内收，因此应当让杠铃不要做太多斜向移动，以保证中下斜方肌和三角肌后束的完全参与。如果杠铃的运动轨迹变成窄握杠铃划船的移动轨迹，背阔肌就会代偿目标肌群，将宽握杠铃划船动作变成窄握杠铃划船动作。

第九章 私人健身教练实用技术

第一节 私人健身教练概述

一、私人健身教练的时代价值

在当今时代，人们对健康的重视程度与日俱增，健身运动已成为大众追求健康生活的重要方式。尤其是在疫情的影响下，人们更加意识到健康的重要性，健身行业迎来了新的发展机遇。私人健身教练作为健身行业的专业引领者，其价值越发凸显。他们不仅能够帮助人们提升身体素质、预防疾病，还能为人们提供科学的健身指导和个性化的健身方案，有力地推动了《"健康中国2030"规划纲要》的实施。

二、私人健身教练的角色定位

私人健身教练是具备专业运动知识和健身指导技能的专业人士。他们能够根据客户的身体状况、运动目标和生活习惯，制订个性化的健身计划，并在健身过程中给予专业的指导和监督，帮助客户达到预期的健身效果。在我国，私人健身教练根据国家职业资格分为初级、中级、高级和指导师级四个等级。他们可以在各类健身场所（如健身房、健身工作室等）为客户提供一对一或一对多的定制化服务。

三、私人健身教练的服务内容

（一）个性化健身计划制订

私人健身教练会通过对客户进行全面的身体评估，包括人体成分分析、体能测试、运动功能评估等，了解客户的身体状况和运动能力，从而为客户制订个性化的健身计划。该计划会明确训练目标、训练内容、训练强度、训练频率和训练时间等，确保训练的科学性、针对性和有效性。

（二）动作技术指导

在客户健身过程中，私人健身教练会亲自示范和指导正确的动作技术，确保客户能够掌握规范的动作要领，避免因动作错误导致受伤。同时，私人健身教练还会根据客户的身体反应和训练进展及时调整动作难度和训练方式，以提高训练效果。

（三）饮食与营养建议

私人健身教练会根据客户的健身目标和身体状况，为客户提供合理的饮食与营养建议。这包括推荐适宜的食物种类、控制食物摄入量、合理安排饮食时间等，以帮助客户实现更好的健身效果。

（四）生活习惯指导

除了健身和饮食，私人健身教练还会关注客户的生活习惯，如作息时间、睡眠质量、压力管理等。他们会为客户提供相应的建议和指导，帮助客户养成良好的生活习惯，促进整体健康水平的提升。

（五）定期评估与反馈

私人健身教练会定期对客户的身体状况和训练进展进行评估，通过对比前后的数据和表现，了解客户的训练效果，并及时调整健身计划。同时，私人健身教练会向客户反馈评估结果，让客户清楚地了解自己的进步和不足，增强客户的信心和动力。

四、私人健身教练与医生的跨界合作

私人健身教练与医生的跨界合作是一种趋势。这种合作能够为客户提供更全面、更专业的健康服务。例如，在客户开始健身前，私人健身教练可以与医生合作，对客户进行全面的身体检查和健康评估，了解客户的身体状况和潜在的健康风险。在健身过程中，私人健身教练会根据医生的建议，为客户制订合适的健身计划，并密切关注客户的身体反应。如果客户在健身过程中出现身体不适或受伤等情况，私人健身教练会及时与医生沟通，共同制订治疗和康复方案。

五、私人健身教练的发展趋势

在全球健身行业的发展版图中，私人健身教练无疑占据了举足轻重的地位。自20世纪70年代末80年代初在欧美地区崭露头角，这一职业迅速成为全球健康产业的一颗璀璨明珠。美国《时代周刊》甚至将其预测为未来20种最受欢迎的职业之一。根据美国劳工统计局的历史数据，2016年美国健身教练的数量为299200人。根据美国运动医学学会（American College of Sports Medicine，简称ACSM）的2025年趋势报告，预计到2028年，美国健身教练的岗位数量将增至402500个，复合增长率高达3.8%。这一增长背后的主要驱动力是消费者对“生活方式导师”角色的需求日益增长。他们不仅需要专业的健身指导，更期望教练能够在营养、睡眠、心理健康等方面提供全方位的服务。

反观中国，私人健身教练行业在短短20年间取得了显著的发展成果。截至2024年底，全国广义健身类场馆数量已达14.3万家，其中健身工作室增至43232家，占比超过30%。健身会员总数达到8752.5万人，活跃会员月均到店次数为5.32次。私教课程包和短期卡购买量的年增长率超过60%，工作室私人健身教练收入占比高达77.24%。线上智能课程使用率突破45%，VR动作捕捉等技术的渗透率达到28%。教练职业路径也呈现出多元化的特征，包括传统健身房教练（占比58%）、工作室创始人（22%）、线上健身博主（15%）及医疗健身教练（5%）。当前行业仍面临一些挑战，如美国教练的平均年薪为4.56万美元（低于全国平均水平）；中国教练薪资结构中基础课时费占比仍超过70%，服务创新溢价能力有待提升。但总体来看，在《“健康中国2030”规划纲要》的推动下，中国私人健身教练行业正通过“小而精”的发展模式实现跨越式发展，预计2025—2030年其复合增长率将保持在8.2%。

六、私人健身教练的未来展望

未来，私人健身教练的角色将得到全面升级。他们不仅是提供专业健身指导的导师，更是倡导和推动健康生活方式的关键力量。通过运用专业知识和技能，他们致力于帮助人们养成良好的生活习惯，提高身体素质，有效预防疾病，并积极参与社会公益活动，推广健康理念，为构建健康中国贡献力量。随着专业素养的不断提升，私人健身教练将不断学习新知识、掌握新技能，以满足客户日益增长的多样化需求。同时，他们将借助科技发展，如智能健身设备和运动数据分析软件，提供更加精准、个性化的服务，确保在健康领域的角色更加重要，为促进大众健康做出更大贡献。

七、私人健身教练的主要工作职责

（一）市场营销与收益实现

私人健身教练的首要职责在于利用其专业素养，向有健身需求的会员提供高质量、个性化的健身服务。私人健身教练通过精准的市场定位和专业的服务展示，吸引会员购买私教课程，实现健身俱乐部的经济效益。私教课程的销售成功与否，取决于私人健身教练能否准确把握会员的健身需求，并提供相应的解决方案。

（二）教学实施与服务承诺

私人健身教练完成课程销售后，接下来的任务便是履行服务承诺。这包括但不限于定期为会员进行体能评估、制订个性化的训练计划、执行每一次的训练课程、课后反馈与沟通、解答会员的健身疑问、跟踪训练进度、设定新的健身目标等。这些环节是私教课程服务的核心，也是体现私人健身教练专业价值的关键。

（三）客户关怀与俱乐部职责

作为健身俱乐部团队的一员，私人健身教练承担着为客户提供优质服务的责任。他们需随时提供专业的器械使用指导，确保在规定时间内完成器械巡检工作，并承担俱乐部分配的其他任务，如器械维护、数据记录和市场活动支持等，以维护俱乐部的运营秩序和服务品质。

（四）持续学习与职业发展

在健身行业，知识和技能的更新换代速度极快，竞争日益激烈。私人健身教练必须致力于持续学习和自我提升，掌握最新的健身理念、知识和训练方法。这不仅是为了避免被行业淘汰，更是为了提升个人专业能力，保障健身俱乐部的声誉和会员的服务体验。因此，自我管理、自我激励和自我学习能力成为私人健身教练不可或缺的职业素养。在日常工作中，私人健身教练应合理安排时间，在授课、服务之余抓住一切学习机会，不断提升自身能力，以便更高效地服务于会员。

八、私人健身教练的职业规划

专业的私人健身教练应深入剖析个人特质，构建独特的个人品牌形象。在职业角色的塑造上，私人健身教练需采取辩证思维，既不拘泥于预设形象，也不完全摒弃，而是寻找真实自我与职业形象的完美融合，以此打造具有个性化的健身教练形象。成功的私人健身教练往往会在共性的基础上展现出独特的个性，或幽默风趣，或严谨稳重。

例如，具有高情商、沟通能力出众且擅长销售的私人健身教练，其职业规划可定位为大型连锁健身俱乐部的金牌教练；擅长言辞、不喜社交、真诚踏实的教练更适合私人健身工作室的环境；热爱学习、擅长教学与表达且具备管理才能的教练，其职业路径可向教练部经理或总监发展，负责管理私教团队。

基于个性特点精心塑造的私人健身教练形象，具有强烈的吸引力，能够迅速在会员心中留下深刻的第一印象，吸引会员的注意力。这是私人健身教练开启成功销售的第一步，也是其在私教服务行业中长期稳定发展的核心要素之一。

（一）职业发展路径

1. 初级私人健身教练

具备基本的专业知识和技能，能够为客户提供基础的健身指导。

2. 中级私人健身教练

在初级的基础上，进一步提升自己的专业水平，能够制订更加个性化的健身计划，解决客户的一些常见问题。

3. 高级私人健身教练

拥有丰富的经验和专业知识，能够处理复杂的健康问题，为客户提供全方位的健康管理服务。

4. 指导师级私人健身教练

成为行业内的专家，能够指导和培训其他私人健身教练，推动行业的发展。

（二）职业规划建议

1. 明确目标

根据自己的兴趣、能力和职业愿景，明确职业发展目标。

2. 提升专业技能

不断学习和提升自己的专业技能，包括运动科学、营养学、康复学等方面的知识。

3. 积累经验

通过实践积累丰富的教学经验，提高自己解决问题的能力。

4. 建立口碑

注重客户服务，提升客户满意度，建立良好的口碑。

5. 拓展人脉

与同行、医生、营养师等建立良好的合作关系，拓展自己的人脉资源。

6. 持续学习

关注行业动态，不断学习新的知识和技能，保持竞争力。

第二节　私人健身教练销售技术

在健身行业中，私人健身教练的销售技巧是其专业基础技能的重要组成部分。销售不仅是交易的过程，更是服务的延伸。私人健身教练将销售观念转变为全心全意为客户服务，设身处地为客户着想，并以专业、系统的解决方案帮助客户，逐步建立起与客户的互信，赢得客户的关注，进而挖掘出客户最深层次的需求和真实想法。这是构建私人健身教练销售信心的基石。若缺乏这一销售理念和技术，私人健身教练即便专业技能再出色，也可能无法有效传授给会员，从而影响其在行业内的自信心。以下我们将从三方面探讨私人健身教练的销售技术。

一、建立初次客户关系的专业流程

（一）私人健身教练 GFP 流程的实施

GFP 流程，即初次或二次访客健身记录流程，是私人健身教练通过个人渠道拓展客户或联合健身会籍顾问接待客户的过程。这一流程包括客户接待和健康问答，对于塑造新客户心中的第一印象至关重要。

1. 客户接待

（1）热情微笑

当客户进入健身场所时，私人健身教练应主动上前迎接，展现其热情友好的笑容，让客户感受到温暖和受欢迎。

（2）自我介绍

私人健身教练应清晰地介绍自己的姓名、职位和专业背景，让客户对教练有初步的了解和信任。

（3）握手致意

私人健身教练应礼貌地与客户握手，表达尊重和友好的态度。

2. 客户入座

（1）引导就座

主动为客户拉开座椅，引导客户入座，并确保客户坐得舒适。

（2）提供饮品

为客户提供一杯温水或其他适宜的饮品，让客户感到贴心和被关怀。

3. 健康问答

（1）询问身体状况

详细询问客户的身体状况，包括是否有疾病史、受伤史、运动禁忌等，确保客户的健身安全。

（2）了解运动目标

了解客户的运动目标，是减肥、增肌、提高体能还是改善健康状况等，以便为客户制订合适的健身计划。

（3）倾听需求

认真倾听客户的需求和期望，让客户感受到被尊重和关注。

（4）介绍服务

根据客户的需求，简要介绍健身场所的服务项目和教练的专业优势，激发客户的兴趣。

（二）电话预约的专业技巧

电话预约是私人健身教练与客户沟通的重要手段，电话形象反映了教练的专业素养和服务水平。

1. 迅速接听

电话响两声内接听，展现礼貌。若超过五声后接听电话，私人健身教练应先向客户致歉。

2. 主动报名

接听电话时先说“您好”，然后报出健身俱乐部或私教工作室的名称。

3. 声音亲切

保持自然微笑，声音适中，传递温馨愉悦之感。

4. 专心致志

专注倾听客户讲话，避免边听边做其他事。

5. 交流沟通

在电话中适当提问，明确回答，保持交流顺畅。

6. 认真记录

准备纸笔，记录客户所提的问题，必要时复述确认。

7. 表达清晰

讲话有条理，简洁明了，避免含糊不清。

8. 善始善终

避免打断客户讲话，通话结束等客户挂断后再挂电话。

二、私人健身教练的客户需求解析策略

在健身行业中，私人健身教练的角色不仅在于提供锻炼指导，更在于深入理解客户的真实需求。以下是一种精准化、手术刀式的需求分析策略，旨在帮助私人健身教练快速识别客户的健康问题，提升客户对教练的信任度和对私教课程的兴趣。

（一）客户基本信息的全面采集

私人健身教练应全面收集客户的基本信息，以全面分析并制订个性化的健身计划。

1. 生活习惯

（1）饮食习惯

了解客户的日常饮食习惯，包括饮食结构、进餐时间、是否有挑食或暴饮暴食等习惯。

（2）作息时间

询问客户的作息时间，是否有规律的睡眠，是否经常熬夜等。

（3）运动习惯

了解客户是否有运动习惯，平时喜欢的运动项目和运动频率。

（4）工作性质

了解客户的工作性质，是否需要久坐或长时间站立，工作压力如何等。

2. 身体状况

（1）健康状况

询问客户是否有慢性疾病、遗传病、过敏史等健康问题。

（2）身体指标

测量客户的身高、体重、体脂率、血压、血糖等身体指标，了解客户的身体状况。

（3）运动能力

评估客户的运动能力，包括力量、耐力、柔韧性、协调性等。

3. 心理状态

（1）健身动机

了解客户选择健身的动机，是为了健康、美观，还是为了别的。

（2）心理需求

关注客户的心理需求，是否有焦虑、压力、抑郁等情绪问题，以及健身对他们心理状态的影响。

（二）体态评估的专业实施

随着健身文化的普及，客户对体态审美和健康的需求日益增长。私人健身教练应掌握以下体态评估指标。

1. 身体姿势评估

（1）站立姿势

观察客户的站立姿势，是否有头部前倾、圆肩、驼背、骨盆前倾或后倾等问题。

（2）坐姿评估

检查客户的坐姿，是否有弯腰、耸肩、跷二郎腿等不良习惯。

（3）行走姿势

观察客户的行走姿势，是否有步态异常、重心不稳等问题。

2.关节活动度评估

（1）肩关节

评估肩关节的活动范围，包括前屈、后伸、外展、内收、旋转等动作。

（2）髋关节

检查髋关节的活动度，包括屈曲、伸展、内收、旋转等动作。

（3）膝关节

评估膝关节的屈伸活动度，以及是否有膝关节疼痛、肿胀等问题。

（4）踝关节

观察踝关节的背屈、跖屈、内翻、外翻活动度，以及是否有踝关节不稳定等情况。

3.肌肉力量评估

（1）上肢力量

通过俯卧撑、引体向上等动作测试客户的上肢力量。

（2）下肢力量

通过深蹲、硬拉等动作评估客户的下肢力量。

（3）核心力量

通过平板支撑、仰卧起坐等腰腹力量动作检查客户的核心力量。

（三）功能性动作筛查的应用

1.动作模式评估

（1）深蹲

观察客户在深蹲动作中是否存在膝关节内扣、骨盆晃动、腰部弯曲等问题。

（2）跨栏步

检查客户在跨栏步动作中是否有髋关节灵活性不足、腿部力量不均衡等情况。

（3）直线弓步蹲

评估客户在直线弓步蹲动作中是否有身体不稳定、膝关节疼痛等问题。

（4）肩部灵活性

测试客户的肩部灵活性，是否存在肩关节活动受限、肩部疼痛等问题。

（5）主动直腿上抬

观察客户在主动直腿上抬动作中是否有髋关节活动度不足、腰部疼痛等情况。

（6）躯干稳定俯卧撑

检查客户在躯干稳定俯卧撑动作中是否有核心力量不足、身体晃动等问题。

（7）旋转稳定性测试

评估客户在旋转稳定性测试中是否有身体协调性差、脊柱稳定性不足等问题。

2.潜在风险识别

通过功能性动作筛查，私人健身教练可以识别客户潜在的运动风险，如关节损伤、肌肉拉伤、脊柱问题等。对于存在风险的客户，私人健身教练应制订相应的康复训练计划，在确保安全的前提下进行健身训练。

三、私人健身教练体验课设计

私人健身教练体验课设计作为健身行业的重要组成部分，不仅是销售技术的核心，更是塑造专业服务形象的灵魂。一堂精心设计的体验课，能够迅速在客户心中树立专业形象，实现客户期望的效果与满足感，进而增强客户对私教课程的购买欲望，增强对健身俱乐部或私教工作室服务标准的认同感，为后期市场拓展奠定坚实基础。

新顾客消费体验理论“峰终定律”指出，一段体验的愉悦程度主要由体验的高峰和结尾决定。这一理论由2002年诺贝尔经济学奖得主、心理学家丹尼尔·卡尼曼（Daniel Kahneman）提出。根据峰终定律，我们将私人健身教练体验课设计分为课前设计（初值）、课中设计（峰值）和课后设计（终值）三个阶段。

（一）私人健身教练体验课课前设计

在疫情影响下，健身市场加速迭代，客户需求日益多元化。私人健身教练要在激烈的市场竞争中脱颖而出，必须将课前服务纳入体验课设计，以赢得客户的好感与青睐。

1.预约函

针对首次邀约的客户，私人健身教练应遵循社交礼仪，以公司名义正式发放预约函。预约函内容应包括客户姓名、公司名称、地址、联系方式、预约课程时间等，以精美、正式的方式发放，增强客户的尊贵感。

2.预约提醒

课前预约提醒是售前服务的关键环节，通过以下两次提醒，强化客户对体验课的印象，展现贴心服务。

（1）第一次预约提醒

预约具体时间点：前一天21：00—22：00。

预约具体内容（示例）：××女士/先生，您好！建议您今晚睡前听一些舒缓音乐，做几次深呼吸，放松一下疲惫的身体。期待您明天以更好的状态来训练。

（2）第二次预约提醒

预约具体时间点：白天或晚上训练前3小时。

预约具体内容（示例）：××女士/先生，您好！为了更好地完成训练，请您提前2小时进食（如香蕉），记得带好训练装备来训练哦。

3. 到店指引

在大型商场或购物中心，健身俱乐部或私教工作室的位置往往不易寻找。为了避免客户因寻找而耗费宝贵的时间和精力，甚至产生不良情绪，私人健身教练应精心设计到店指引图。该指引图应基于俱乐部或工作室与停车场或商场入口之间的最短路径，确保客户能够迅速、直接地找到目的地，从而提升客户的到店体验。

4. 课前准备

课前准备是私人健身教练与客户建立第一印象的重要环节，不仅关乎客户的服务体验，也是塑造健身品牌形象的关键。以下三方面是课前准备的核心内容。

（1）私人健身教练着装

私人健身教练的着装应体现品牌特色，身着带有明显健身房或私教工作室Logo的服装，颜色应鲜明且与会员服装有所区分，以此展现专业形象。

（2）私人健身教练的精神状态

私人健身教练的精神状态应充满活力，保持100%的状态。在思想上，应高度重视与客户的每一次会面。保持个人卫生，避免使用浓烈的香水、吸烟和酗酒，确保口气清新，以专业的形象迎接客户。

（3）私人健身教练训练前布置

训练前的场地布置是课前准备的重要一环。私人健身教练需确保器材整洁并提前摆放，营造出一种仪式感；应准备好电子设备，如平板电脑，以辅助教学。这样的课前准备不仅能树立私人健身教练在客户心中的极致服务形象，也是健身品牌建设的重要一步。

（二）私人健身教练体验课课中设计

经过精心设计的课前服务，客户已对私人健身教练的服务有了初步认可，并建立了良好的第一印象。此时，私人健身教练应乘胜追击，通过精致且专业的体验课内容设计，进一步深化客户的极致体验。

1.尖叫时刻

一节成功的私人健身教练体验课，不仅需要细致的课前服务设计，更需要在训练过程中融入能够引发客户极致体验的训练内容。例如，通过创新训练板块，根据客户的锻炼重点设计有针对性的热身动作。对许多女性客户而言，臀部锻炼是她们的兴趣所在。因此，可以将热身环节巧妙设计为臀部肌群的泡沫轴按摩唤醒、髋关节灵活度练习、以髋关节为主导的动态伸展和神经激活。这样的设计不仅让客户在课程前半段就能感受到专业性和有针对性，还能激发她们对新奇训练体验的好奇心。在正式训练环节，继续针对臀部进行专项抗阻力量练习，如杠铃臀桥，确保客户在整个体验课中不断感受到新颖且极致的训练。

2.执教技巧

在体验课的设计中，执教技巧是展现私人健身教练专业能力和服务细节的关键。能否根据每位客户的个性化健身需求选择合适的教学技巧，直接关系到客户对教练的认可程度，也在一定程度上决定了体验课的成交率。因此，私人健身教练在体验课设计中必须高度重视执教技巧的合理运用。通过精准的指导、适时的鼓励和专业的调整，私人健身教练能够确保客户在训练中既能达到最佳状态，又能感受到私教服务的个性化和人性化，从而提升客户的满意度和信任度。

（1）私人健身教练的执教形象

① 男私人健身教练

发型：喷发胶，黑色。

妆容：胡须刮干净，留胡须需修剪整齐。

上身：工服大小合身（工服应选Polo衫，领口扣两粒扣子）。

下身：纯黑色速干长裤，不露脚踝，Logo要明显。

鞋子：白色运动鞋，要整洁。

香味：喷香水（仅保持体香），喷口喷（保持口气清新）。

② 女私人健身教练

发型：高马尾（无头饰，黑色橡皮筋，发色黑色），无碎发。

妆容：化淡妆。

上身：工服大小合身，不扎腰（工服应选Polo衫，领口扣两粒扣子）。

下身：纯黑色速干长裤，不露脚踝，Logo要明显。

鞋子：白色运动鞋，要整洁。

香味：喷香水（仅保持体香），喷口喷（保持口气清新）。

（2）私人健身教练上课姿势规范

在授课过程中，私人健身教练应遵循三种基本教学姿态：站姿、半蹲和跪姿。私人健身教练的姿势选择应与客户的锻炼动作相匹配。例如，当客户采取单腿或双腿站姿时，教练应采用站姿进行指导；当客户处于下蹲或俯身状态时，教练应采用半蹲姿势；当客户俯卧或仰卧时，教练应采取跪姿进行指导。此外，在执教过程中，若教练为男性而客户为女性，为保持专业距离，男性教练可佩戴一次性手套进行接触指导。

（3）私人健身教练执教工具箱

私人健身教练的执教工具箱是其专业细节和技巧的集中展示，体现了其对每个训练环节的精心准备和服务。在现实教学中，客户对私人健身教练服务态度的认可往往始于执教工具箱的使用。私人健身教练的工具箱应包含以下几类物品，以备不时之需，确保教学的专业性和流畅性。

酒精：用于课程中使用公用物品及器械的消毒。

毛巾：用于课程中使用公用物品及器械时的汗液、粉尘擦拭。

酒精湿巾：用于客户需要时擦手。

米尺：用于训练前后客户围度的测量。

秒表：用于训练中计时项目执行或组间休息时间的控制。

口喷：用于教练与客户交流前的使用。

糖果：用于客户训练过程中发生低血糖等现象时。

创可贴：用于客户训练过程中不慎发生刮碰时。

应急医药包：速效救心丸、电子血压计、云南白药气雾剂、绷带等，用于客户训练中突发身体不适或受伤。

纸抽：用于客户训练过程中出汗后的擦拭。

（三）私人健身教练体验课课后设计

在传统的消费模式中，客户一旦离店，其消费体验即告结束。然而，私人健身教练若能在这一常规上做出创新，提供超出预期的课后服务，如课后总结复盘、回访沟通、答疑解惑等，便能显著提升客户的满意度，让他们感受到全方位的关怀。这样的服务不仅能够增强客户对私教课程的购买意愿，还能提高课程的销售转化率。

1. 课后总结复盘

依据峰终定律，客户在服务终端的体验同样重要。私人健身教练应巧妙利用电子设备，如平板电脑，通过照片或视频记录客户在课程中的精彩表现和高光时刻，并进行有针对性的表扬与点评。点评应侧重于客户的健身需求，结合实际表现进行深入分析。通过课后总结复盘，客户可以清晰地认识到自己在健身过程中的优势和进步，从而增强自信心，对后续的私教课程充满期待，进而提升消费体验，增加课程成交的可能性。具体包括以下三方面。

（1）训练总结

对体验课的训练内容和客户的表现进行总结，指出客户的优点和不足之处。

（2）效果评估

评估体验课的训练效果，如客户的身体反应、运动能力提升等。

（3）反馈建议

根据总结和评估结果，向客户提供反馈建议，包括后续的训练计划、饮食建议等。

2. 课后回访

私教体验课后，客户的反应通常分为三种：立即购买、犹豫不决、暂不购买。对于犹豫不决和暂不购买的客户，私人健身教练应及时进行课后回访，提供跟进式服务。这包括及时记录客户信息，通过微信朋友圈或抖音等社交平台分享健身成功案例的照片或视频，以吸引客户的注意力。课后回访不仅有助于了解客户在购买决策过程中的疑虑，还能深入挖掘他们的健身需求。这种回访是解决客户疑问、提升服务质量的桥梁，也是私人健身教练了解客户真实想法、完善体验课设计的重要途径。有效的沟通不仅可以为二次成交打下坚实基础，还能及时发现并改进自己在课程设计中的不足之处。具体包括以下三方面。

（1）联系客户

在体验课后，及时与客户联系，询问客户的感受和意见，了解客户的购买意向。

（2）提供优惠

如果客户有购买意向，向客户提供相应的优惠政策，促进客户购买私教课程。

（3）持续关注

对未购买私教课程的客户，持续关注他们的健康状况和运动需求，提供必要的帮助和建议。

第三节　私人健身教练运动技术

私人健身教练应严格依据正确动作技术指导客户锻炼，以确保高效训练并预防运动损伤。为此，掌握抗阻力量训练、伸展练习及有氧运动的技术要点至关重要。鉴于爆发力与有氧代谢训练在大众日常中较为匮乏且技术复杂，私人健身教练更需精准把握技术要点，针对每位客户的特点进行个性化指导。

一、私人健身教练抗阻力量训练技术

私人健身教练的抗阻力量训练技术是核心专业能力的体现，彰显执教专业化，是衡量执教能力的重要指标。该技术分为身体动作准备与基本技术动作两部分。身体动作准备是锻炼前的身心准备，需充分热身，确保关节稳定、身体部位中立，以优化运动状态，减少代偿与联动。基本技术动作是针对目标肌肉进行的训练。

（一）抗阻力量训练技术身体动作准备

身体动作准备旨在克服客户在抗阻力量训练中的内脏生理惰性，提升身体内部机能供能效率，增强关节灵活性，并激活骨骼肌收缩力，为接下来的抗阻力量训练奠定坚实基础。此准备阶段涵盖软组织松解、关节灵活性练习、动态伸展、肌肉激活、神经激活及身体预备姿势等六大核心内容。

1. 软组织松解

软组织松解练习推荐使用泡沫轴，因其能有效帮助全方位、深层次地激活全身各大肌肉组织。在泡沫轴松解过程中，客户若发现肌肉紧张部位，可针对这些区域进行更彻底的松解与放松，以达到更好的效果。全身各大肌群泡沫轴松解动作如下。

（1）肩部肌群

动作目的：利用泡沫轴松解并激活肩部肌群。

动作要领：将泡沫轴放置于瑜伽垫上，训练者侧卧于瑜伽垫上，确保靠下的手臂贴近身体侧面，并维持躯干稳定。随后，将泡沫轴置于该手臂的三角肌下方。此时，训练者需抬起臀部，使身体重心充分压向泡沫轴，以便更有效地进行松解。接下来，在小范围内上下左右滚动泡沫轴15—20次。完成后换至另一侧手臂重复上述动作（见图9-1）。

图9-1　肩部肌群泡沫轴松解动作常规式

（2）背部肌群

动作目的：利用泡沫轴松解并激活背部肌群。

动作要领：训练者侧卧于瑜伽垫上，将泡沫轴放置于背部侧面，具体位于腋窝后方。随后，训练者需抬起臀部，使身体重量能够集中在背阔肌区域。接下来，小范围地来回滚动泡沫轴15—20次，以实现对背部肌群的放松。完成一侧后，换至另一侧重复上述动作（见图9-2）。

图9-2　背部肌群泡沫轴松解动作常规式

（3）臀部肌群

动作目的：利用泡沫轴松解并激活臀部肌群。

动作要领：训练者坐于泡沫轴上，确保坐姿稳定。随后，将一条腿弯曲，并将该侧脚踝交叉搭在另一侧作为支撑的大腿上。调整身体重心，使重量偏向需要按压的臀部一侧。接下来，在臀部范围内缓慢且均匀地滚动泡沫轴，直至感受到臀部肌群的紧张感。在滚动过程中，特别注意在最为紧张的位置停留并适当加大下压力度，以增强松解效果。完成一侧的滚动后，换至另一侧重复上述动作，确保两侧臀部肌群都能得到充分的放松与激活（见图9-3、图9-4）。

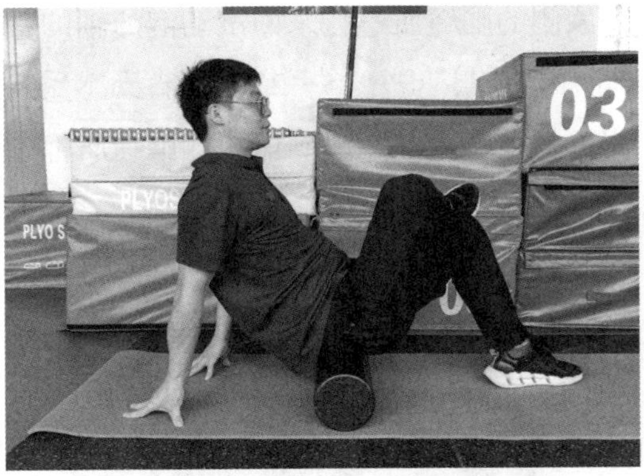

图9-3　臀部肌群泡沫轴松解动作常规式

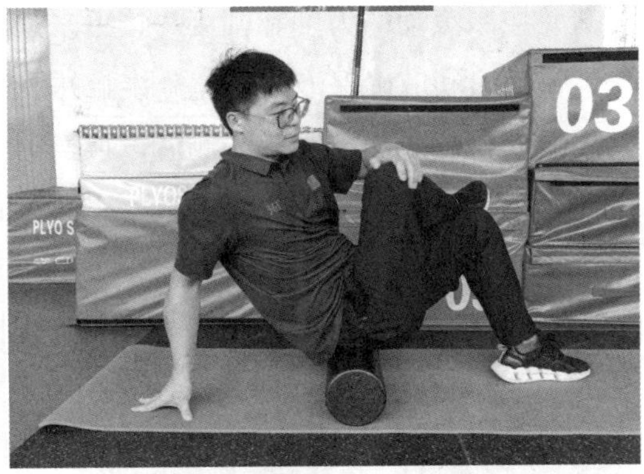

图9-4　臀部肌群泡沫轴松解动作增强式

（4）腿部肌群

① 股四头肌

动作目的：利用泡沫轴放松并激活股四头肌。

动作要领：训练者首先俯卧于瑜伽垫上，确保身体稳定。随后，将泡沫轴放置于一侧大腿前侧的股四头肌上。调整身体姿势，将重心压向按压腿的一侧，以便更好地作用于目标肌群。此时，训练者需用双臂和另一侧腿进行支撑，以维持身体平衡。接下来，针对该侧的股四头肌进行来回滚动泡沫轴的动作，重复15—20次，确保肌肉得到充分的松解与激活。完成一侧后，换至另一侧重复以上步骤，以确保两侧股四头肌都能均匀受力（见图9-5、图9-6）。

图9-5　股四头肌泡沫轴松解动作常规式

图9-6　股四头肌泡沫轴松解动作增强式

② 腘绳肌

动作目的：利用泡沫轴松解并激活腘绳肌。

动作要领：训练者坐于瑜伽垫上，双腿伸直，将泡沫轴放置于一侧大腿后侧的腘绳肌肌腹下方。随后，训练者将身体重心缓缓压向被按压腿的一侧，以便更好地作用于目标肌群。在此过程中，训练者需用双臂和另一侧腿进行稳定支撑，以维持身体平衡并控制滚动的力度和幅度。接下来，针对该侧的腘绳肌进行来回滚动泡沫轴的动作，每次滚动应确保泡沫轴充分接触并按摩到肌肉组织，重复15—20次，直到感受到肌肉的放松与激活。完成一侧后，换至另一侧重复以上步骤，以确保两侧腘绳肌都能得到均匀的松解与激活（见图9-7、图9-8）。

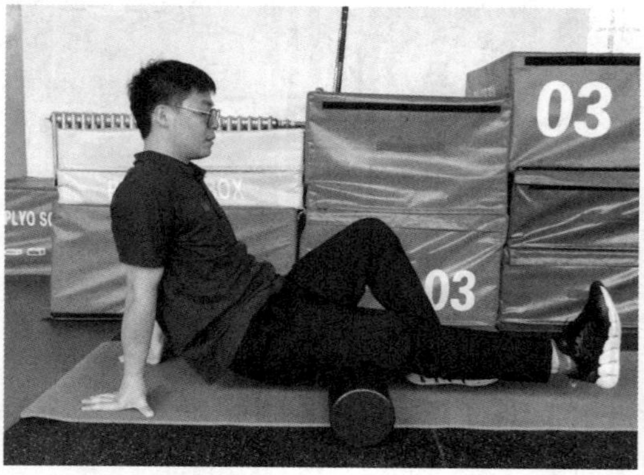

图9-7 腘绳肌泡沫轴松解动作（正后侧）

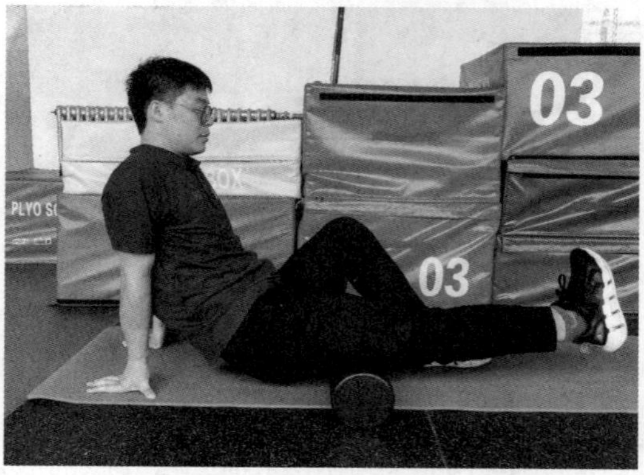

图9-8 腘绳肌泡沫轴松解动作（后内侧）

③ 髂胫束

动作目的：利用泡沫轴松解并激活髂胫束。

动作要领：训练者侧卧于瑜伽垫上，保持身体稳定。将泡沫轴放置于一侧大腿外侧的髂胫束下方，确保泡沫轴与髂胫束紧密接触。随后，将身体重心适度压向按压腿的外侧，以便更好地作用于目标部位。此时，对侧腿可自然弯曲放于按压腿的前方，以增强身体的稳定性。同时，双臂屈肘，用手掌或前臂支撑地面，以维持身体平衡。

接下来，进行全幅度的来回滚动泡沫轴动作。在滚动过程中，训练者应保持均匀的力度和速度，确保泡沫轴能够充分按摩到髂胫束及其周围的肌肉组织。每次滚动应持续进行15—20次，直到感受到髂胫束的放松与激活。完成一侧后，换至另一侧重复以上步骤，以确保两侧髂胫束都能得到均匀的松解与激活（见图9-9、图9-10）。

图9-9 髂胫束泡沫轴松解动作常规式

图9-10 髂胫束泡沫轴松解动作增强式

④ 大腿内收肌群

动作目的：利用泡沫轴松解并激活大腿内收肌群。

动作要领：训练者俯卧于瑜伽垫上，身体保持平稳。将泡沫轴竖直放置于一侧大腿内侧的肌腹下方，确保泡沫轴与大腿内收肌群紧密贴合。随后，训练者将身体重心适度压向按压腿的内侧，以增强对目标肌群的按摩效果。同时，对侧腿应自然平放于瑜伽垫上，保持放松状态。双臂屈肘，用手掌或前臂支撑地面，以维持身体的稳定。在保持身体平衡的前提下，开始进行全幅度的来回滚动泡沫轴的动作。滚动过程中应保持均匀的力度和速度，确保泡沫轴能够充分按摩到大腿内收肌群的各个部位。每次滚动应持续进行15—20次，直至感受到大腿内收肌群的放松与激活。完成一侧后，换至另一侧重复以上步骤，以确保两侧大腿内收肌群都能得到均匀的松解与激活（见图9-11、图9-12）。

图9-11　大腿内收肌群泡沫轴松解动作起始姿势

图9-12　大腿内收肌群泡沫轴松解动作结束姿势

⑤ 小腿三头肌

动作目的：利用泡沫轴松解并激活小腿三头肌。

动作要领：训练者坐于瑜伽垫上，双腿伸直并拢。将泡沫轴放置于一侧小腿后侧的肌腹下方，即小腿三头肌的位置。随后将身体重心适度前移，压向按压腿的一侧，以便更好地作用于目标肌群。在此过程中，双臂应屈肘，用手掌或前臂支撑地面，以维持身体平衡。同时，对侧腿可自然弯曲，脚掌着地，以提供额外的支撑和稳定性。接下来，进行全幅度的来回滚动泡沫轴动作。滚动时，应确保泡沫轴充分接触并按摩到小腿三头肌的每一个部位，从跟腱上方一直滚动到膝盖下方。每次滚动应持续进行15—20次，直至感受到小腿三头肌的放松与激活。完成一侧后，换至另一侧重复以上步骤，以确保两侧小腿三头肌都能得到均匀的松解与激活（见图9-13、图9-14）。

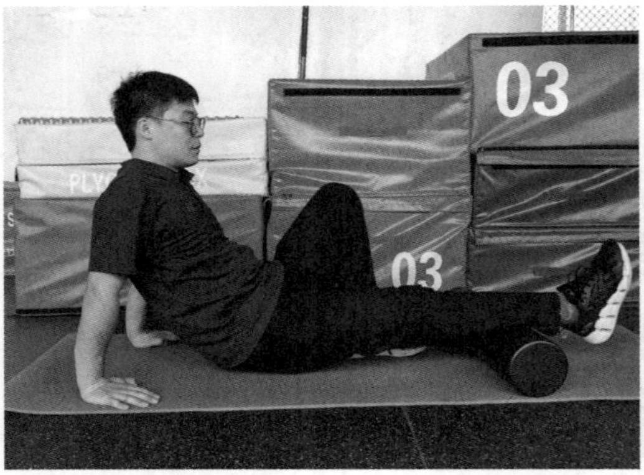

图9-13　小腿三头肌泡沫轴松解动作常规式

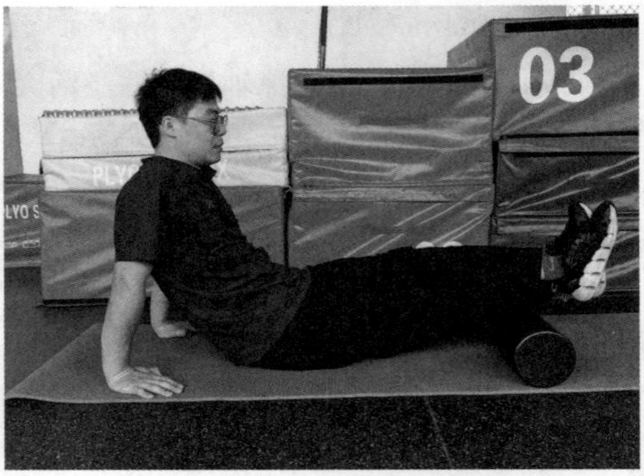

图9-14　小腿三头肌泡沫轴松解动作增强式

2.关节灵活性练习

关节灵活性练习的核心目的是优化关节的活动范围。在练习过程中，我们应特别关注踝关节、髋关节以及胸椎的灵活性。在日常工作和生活中，这些关节特别是髋关节和胸椎，常常因为长时间保持屈曲状态而受到影响。随着时间的推移，这种持续的屈曲姿势会导致关节逐渐变得僵硬，进而引发关节功能的退化。

为了改善这种情况，进行有针对性的关节灵活性练习尤为重要。这些练习可以有效地松动并释放关节的紧张状态，提升关节的灵活性，从而帮助运动员客户在运动中表现得更为出色。同时，对非运动员的普通大众来说，这样的练习也是预防关节僵硬、保持身体健康的重要手段。

（1）髋关节灵活性练习动作

动作目的：激活训练者髋关节周围的全部肌群，并提升髋关节的灵活性。

动作要领：训练者坐于瑜伽垫上，双脚开立，与肩同宽。动作启动时，以髋部肌群为主要发力点，使髋关节向左侧旋转，直至左腿膝关节轻轻触地，同时确保左右腿的大腿与小腿形成90°角。在此过程中，保持右侧手臂前平举，并向前做轻微（约15°）的下压动作，同时维持躯干的中立位。完成左侧动作后，再转向右侧进行相同但方向相反的动作（见图9-15、图9-16、图9-17）。

动作轨迹：训练者从髋关节的中立位置开始，首先向左侧旋转，直至左腿膝关节触地，并在此位置进行5次向前下压的动作。随后，转髋至右侧，重复上述过程，直至右腿膝关节触地并进行5次向前下压的动作。

动作节奏：在髋关节由中立位向左右两侧旋转的过程中，应确保速度均匀，全程控制在3—4秒之内。

呼吸节奏：在整个运动过程中，保持呼吸的均匀和顺畅，避免憋气。

图9-15 髋关节灵活性练习动作起始姿势

图9-16 髋关节灵活性练习动作（左侧）

图9-17 髋关节灵活性练习动作（右侧）

注意事项：务必全程控制动作的速度，避免忽快忽慢。同时确保呼吸顺畅，不要憋气。此外，注意保持身体的平衡和稳定，以免受伤。

（2）胸肋关节（胸椎）灵活性练习动作

动作目的：激活训练者胸肋关节周围的肌群，提升胸肋关节的灵活性。

动作要领：训练者站立，外侧腿向前迈出，形成弓步姿势，确保躯干保持中立，腹部收紧，背部挺直。后侧腿的膝盖轻轻触地，为增加舒适度，可在膝盖下方放置瑜伽砖作为支撑。双臂在胸前合掌，与躯干形成90°角，并确保靠墙一侧的手臂与墙面平行（若借助墙面完成该动作，则要确保靠墙一侧的手臂紧贴墙面）。随后，进行反方向的动作，保持相同的姿势和要点（见图9-18、图9-19）。

动作轨迹：以左侧为例，训练者开始动作时，保持右侧支撑腿稳定，同时左侧手臂紧贴墙面不动。随后，右侧手臂缓慢地向右后方进行肩关节的水平外展动作，直至手臂最大限度伸展，手背轻触墙面。之后，再按照相反的路径将手臂还原至起始位置。

动作节奏：在单臂进行水平向后外展和向前还原的过程中，应控制动作速度，确保每个动作在3—4秒内完成。

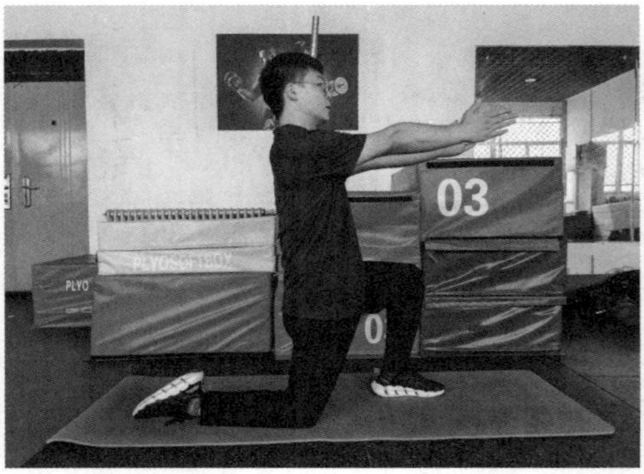

图9-18 胸肋关节（胸椎）灵活性练习动作起始姿势

图9-19 胸肋关节（胸椎）灵活性练习动作结束姿势

呼吸节奏：配合动作节奏，单臂向后外展时吸气，向前还原时呼气，保持呼吸的均匀和顺畅。

注意事项：在整个运动过程中，务必保持外侧支撑腿稳定和靠墙手臂不动。当手臂进行外展时，目光可随指尖移动，但注意保持头部和躯干稳定。此外，注意控制动作的速度和幅度，避免过快或过猛导致损伤。

（3）下犬式肩关节灵活性练习动作

动作目的：旨在激活训练者肩关节周围的全部肌群，增强肩关节的灵活性、扩大其活动范围。

动作要领：训练者以俯卧姿势躺在瑜伽垫上，模拟俯卧撑的起始状态，双臂伸直且与肩同宽分开，双腿并拢，腹部核心收紧以维持身体稳定。确保肩、髋、膝、踝四部位在一条直线上，头部保持中立位，避免过度仰头或低头（见图9-20、图9-21）。

图9-20 下犬式肩关节灵活性练习动作起始姿势

图9-21 下犬式肩关节灵活性练习动作结束姿势

动作轨迹：从基本准备姿势开始，训练者通过屈髋动作将身体重心略微上移，同时双臂保持伸直状态并轻轻后压，直至腕关节、肘关节、肩关节与髋关节几乎处于同一水平线上，形成一条直线。随后，缓慢地控制身体，按照相反的方向逐渐还原至起始的俯卧撑姿势。

动作节奏：在整个运动过程中，无论是双臂后压还是还原至起始位置，都应控制动作速度，确保每个动作在3—4秒内完成。

呼吸节奏：配合动作的节奏，训练者在双臂后压时吸气，以扩张胸腔；在向前还原至起始位置时呼气，以放松身体。

注意事项：在双臂后压的过程中，务必注意肘关节和肩关节不要过度伸展，以免造成关节损伤。同时，保持躯干的稳定性，避免在运动过程中出现侧屈或扭转。此外，全程保持呼吸的均匀和顺畅，避免憋气。

3. 动态伸展

动态伸展部分应循序渐进地增加对肌肉的负荷，旨在全面激活并优化各大关节的功能，同时确保大肌肉群得到充分拉伸，并激活那些在日常活动中可能较少被用到的小肌肉群。在设计动态伸展练习时，应优先考虑那些能够促使全身协同发力的大肌肉群动作，通过逐步增加运动强度，不仅唤醒肌肉的弹性势能，还兼顾提升全身的柔韧性。这样的练习方式有助于为后续的体育活动或训练做好充分准备，减少受伤风险，并提升整体运动表现。

（1）抱膝行走

动作目的：旨在提升臀部肌群的核心温度，同时强化中枢神经对臀部肌群的控制力与协调性。

动作要领：训练者站立，双脚分开与肩同宽，保持身体平衡。行进间动作开始时，双手交替抱向每侧的膝关节，同时一侧腿部作为支撑点保持稳定，另一侧腿部向上提起，形成“吸腿”动作，随后左右腿交替进行，共完成10次循环动作（见图9-22、图9-23）。

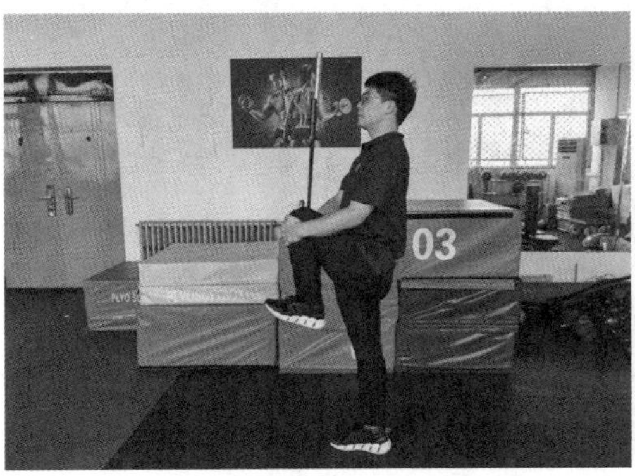

图9-22 左腿抱膝

图9-23 右腿抱膝

动作轨迹：在“吸腿”过程中，训练者应努力将大腿抬升至与躯干呈约30°的角度，以充分拉伸和激活臀部肌群。随后，缓慢地将腿部下放至自然伸直状态，为下一次动作做准备。

动作节奏：控制向上“吸腿”和向下放腿的动作速度，每个动作大约持续2—3秒，确保动作流畅且富有控制力。

呼吸节奏：在整个运动过程中，保持呼吸自然且均匀，避免憋气或过度换气，以维持身体的稳定与舒适。

注意事项：在向上“吸腿”时，注意要有意识地停顿一下，感受臀部肌群的收缩与发力，但避免过度用力，以免造成损伤。同时，在整个运动过程中，躯干应保持中立位，不前倾也不后仰，以确保动作的准确性和有效性。

（2）后弓步伸展

动作目的：此动作旨在交替提升单侧背部和腿部肌群的核心温度，同时强化中枢神经对这些肌群的控制与协调能力。

动作要领：训练者初始站立，双脚开立与肩同宽，保持身体稳定。动作开始时，向侧后方迈出一大步，形成弓步姿势，确保前侧腿的大腿与小腿的夹角约90°，后腿则保持伸直状态，前脚掌轻轻蹬地，以维持平衡。同时，双臂从体侧自然下垂开始，随着动作的进行逐渐向上伸直，上肢带动躯干向前侧腿一侧进行约180°的转体动作。完成转体后，收腿并还原至起始的站立姿势，随后换另一侧腿重复上述动作（见图9-24、图9-25）。

图9-24　后弓步伸展起始姿势

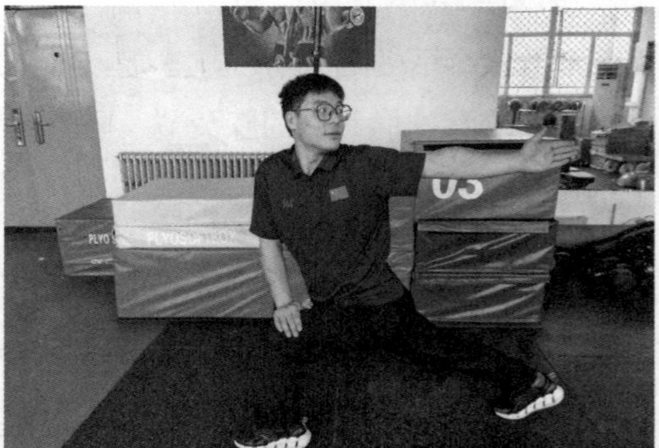

图9-25　后弓步伸展结束姿势

动作轨迹：训练者首先向侧后方迈出一大步进入弓步状态，接着双臂上举并带动躯干进行大幅度的转体，确保转体过程中动作流畅且控制得当。在完成一侧的转体后，缓慢地收腿并回到起始姿势，再准备进行另一侧的练习。

动作节奏：在整个运动过程中，训练者应控制动作在2—3秒内完成，包括迈步、转体和还原等步骤。在转体动作达到最大幅度时，可短暂停顿约2秒，以感受肌群的拉伸与收缩。

呼吸节奏：在动作执行期间，训练者应保持呼吸自然且均匀，避免憋气或过度换气。根据个人的习惯和需求，可以在转体时吸气，还原时呼气，以维持身体的稳定与舒适。

注意事项：训练者在整个运动过程中应保持躯干的中立位，避免过度前倾或后仰。左右腿应保持在一脚左右的距离，以确保动作的稳定性。在进行转体时，注意控制前臂与地面的平行关系，以充分拉伸和激活背部肌群。同时，注意保持动作的流畅性和控制力，避免使用爆发力造成损伤。

（3）侧向熊爬

动作目的：全面激活全身肌肉群，增强动力链协调性，为高强度训练做好热身准备。

动作要领：训练者以跪姿俯卧于瑜伽垫上，双臂伸直垂直于躯干，大腿同样保持垂直，头部自然中立，小腿与大腿呈90°角，膝盖轻轻抬起，不接触地面，背部挺直，腹部收紧以维持稳定（见图9-26）。

图9-26　侧向熊爬

动作轨迹：训练者以稳定的节奏向左右两侧进行横向移动。在移动过程中，上肢可根据需要选择同侧或对侧移动，以增加动作的多样性和挑战性。

动作节奏：保持全程移动速度均匀，每步大约耗时2秒，确保动作在控制之中。

呼吸节奏：在移动过程中，保持自然均匀的呼吸，避免憋气或过度换气，以维持身体的舒适与稳定。

注意事项：全程保持躯干中立位，背部挺直，避免弯曲或扭曲；膝盖应始终抬离地面，避免触地，以减少对膝盖的压力；同时，注意控制动作幅度和速度，避免突然的动作变化导致身体失去平衡。

（4）侧弓步伸展

动作目的：增强髋部肌群在全身运动中的参与度，并强化中枢神经对髋部肌群的精确控制。

动作要领：训练者以并步侧向站立为起始姿势，动作开始时，向一侧迈出一大步，形成屈髋侧弓步姿势，确保前侧腿的大腿与小腿的夹角约为90°，同时对侧手臂伸向前下方，触碰同侧脚的内侧。随后，将重心平稳地转移至对侧腿，重复上述动作，持续交替前行，直至完成预定的20米距离（见图9-27、图9-28）。

图9-27　左弓步伸展

图9-28　右弓步伸展

动作轨迹：在侧向移动过程中，训练者需确保每次落腿时都能充分屈髋，使前侧腿的大腿与小腿的夹角达到约90°，然后流畅地转移重心至对侧腿，继续前行。

动作节奏：训练者应使全程的移动速度保持稳定，建议每步行进时间控制在3秒左右，以确保动作在控制中完成。

呼吸节奏：在动作执行过程中，训练者需保持呼吸自然且均匀，避免因呼吸不畅影响动作效果或造成身体不适。

注意事项：全程保持躯干中立位，背部挺直，避免弯腰或驼背；主动屈髋，以使髋部肌群最大化参与；注意控制动作幅度和速度，避免过快或过慢导致动作失控或效果不佳。

4.肌肉激活

肌肉激活，亦称肌肉动员或肌肉兴奋，是指通过神经系统对肌肉纤维的刺激以产生肌肉收缩的过程。肌肉充分动员后，有助于躯干支柱更有效地缓冲和传递上下肢的力量，从而优化动力链的传导效率。此外，核心肌群的积极参与有助于协调上下肢的动作，维持动态运动平衡和稳定运动轨迹。对于深层稳定肌群的激活，通常采用中低强度负荷、慢速和适宜时长的动态激活练习，旨在增强肌肉的抗屈伸能力、核心抗旋转能力以及核心抗侧屈能力。

（1）迷你带蚌式

动作目的：激活专项动作所需的髋部核心肌群，提升训练中技术动作的稳定性。

动作要领：训练者侧卧于瑜伽垫上，保持躯干中立，双腿双脚并拢屈膝约30°，在双腿膝盖上方约8厘米处系上一根迷你带。内侧腿紧贴瑜伽垫面以保持稳定，外侧腿在保持双脚并拢的前提下，缓缓向外侧做髋外展动作（见图9-29）。

图9-29 迷你带蚌式

动作轨迹：从起始姿势开始，外侧腿向外侧做髋外展，直至外侧臀部明显收紧，然后控制力量，缓慢将腿下落至起始位置。之后反方向重复这一髋外展和下落的过程。

动作节奏：全程移动速度要缓慢稳定，确保感受臀部肌群的充分收缩。

呼吸节奏：在整个运动过程中，请保持自然呼吸，并尽量在髋外展时呼气，下落时吸气。

注意事项：请始终保持躯干中立、腰背挺直、双脚不要分开。请在开始训练前进行充分的热身活动，并在训练后进行适当的拉伸放松。

（2）迷你带肩外旋

动作目的：激活肩袖核心肌群，提升肩袖肌群的灵活性。

动作要领：训练者呈站姿，两腿开立，与肩同宽，双臂自然下垂，屈肘，呈90°角，将迷你带绕过双手，掌心朝上握住迷你带的两端，使迷你带在手臂下方形成一定的张力，并确保上臂贴近身体两侧（见图9-30）。

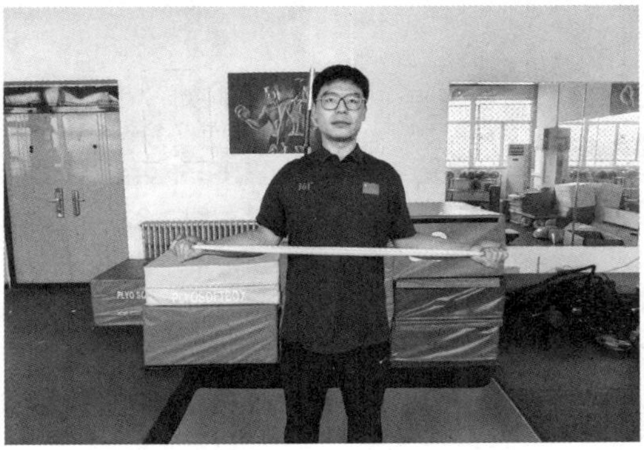

图9-30 迷你带肩外旋

动作轨迹：训练者从起始姿势开始，双臂对抗阻力做肩外旋动作，直至三角肌后束收紧，然后控制力量，缓慢回落至起始姿势。

动作节奏：全程移动速度要缓慢稳定，确保感受肩袖肌群的充分收缩。

呼吸节奏：在肩外旋时呼气，回落至起始姿势时吸气，保持呼吸自然均匀。

注意事项：请始终保持躯干中立、肘关节固定、手腕稳定以及动作节奏的稳定。避免过度用力或突然的动作变化，以免对肩袖肌群造成不必要的压力。在开始训练前进行充分的热身活动，并在训练后进行适当的拉伸放松。

5.神经激活

神经激活动作（如快速脚步移动）可以迅速激活交感神经，使身体迅速进入兴奋状态，增强中枢神经对肌肉的控制，提升运动神经元募集肌肉的能力及供能供氧效率，助力机体达到最佳训练状态。

（1）下坠蹲

动作目的：通过下肢推动全身发力，增强神经与肌肉的联系，激活更多肌肉参与。

动作要领：训练者站立，双脚与肩同宽，双臂斜上45°展开，脚尖踮起，踝、膝、髋三关节伸展，随后快速摆臂下蹲（见图9-31、图9-32）。

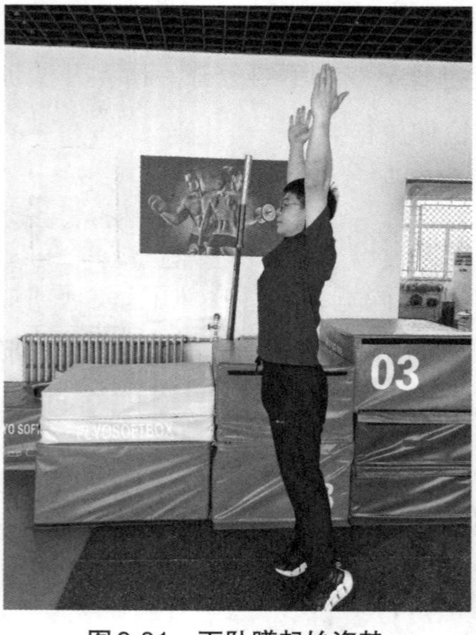

图9-31　下坠蹲起始姿势

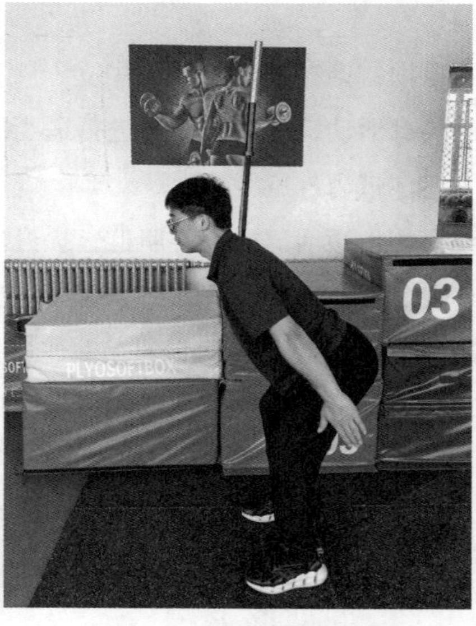

图9-32　下坠蹲结束姿势

动作轨迹：自起始姿势起，迅速下蹲至大腿与小腿的夹角约为120°，随后恢复至起始状态。

动作节奏：快速摆臂下蹲需在1秒内完成，确保动作流畅。

呼吸节奏：全程维持自然、平稳的呼吸节奏。

注意事项：保持身体中立，下蹲时迅速锁定姿势，确保屈膝角度大于90°。

（2）敏捷梯侧向移动练习

动作目的：通过横向快节奏脚步移动，提升中枢神经的兴奋性与协调性。

动作要领：训练者行进间保持躯干中立，双脚依次从敏捷梯外侧跨至内侧，同时上肢协调摆臂，全程腰背保持挺直（见图9-33、图9-34、图9-35、图9-36、图9-37、图9-38）。

图9-33　敏捷梯侧向移动练习起始姿势

图9-34　敏捷梯侧向移动练习左侧向移动

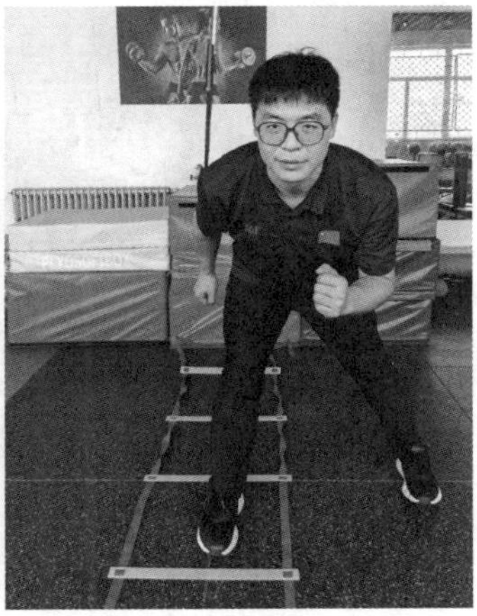

图9-35　敏捷梯侧向移动练习右侧向移动

图9-36　敏捷梯侧向移动练习左侧向移动

图9-37　敏捷梯侧向移动练习右侧向移动

图9-38　敏捷梯侧向移动练习结束姿势

动作轨迹：训练者围绕敏捷梯进行前后方向的脚步快速切换，双脚依次穿越梯格。

动作节奏：逐渐加速，但保持稳定的节奏，每个动作控制在1—2秒。

呼吸节奏：全程保持自然、均匀的呼吸节奏。

注意事项：维持身体中立位，上下肢协同运动，确保动作流畅且节奏稳定。

（3）敏捷梯前交叉步

动作目的：通过斜向快节奏脚步移动，增强中枢神经系统的兴奋度与协调性。

动作要领：训练者保持躯干中立，围绕敏捷梯，支撑腿外侧发力蹬地，摆动腿从体侧穿过身体前侧中心线，随后落地并交换支撑腿与摆动腿角色，同时积极摆臂以配合行进（见图9-39、图9-40、图9-41）。

图9-39　敏捷梯前交叉步起始姿势

图9-40　敏捷梯前交叉步

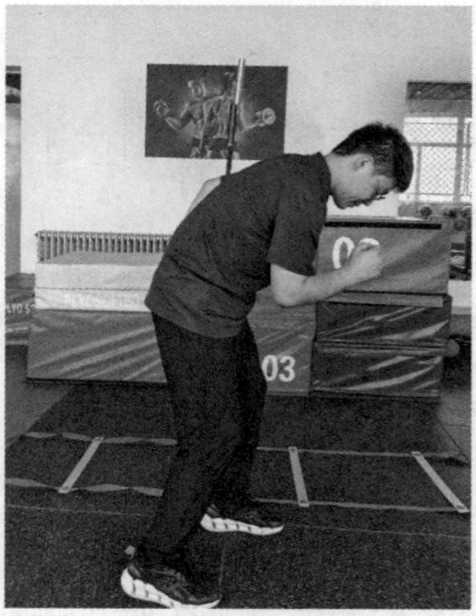

图9-41　敏捷梯前交叉步结束姿势

动作轨迹：训练者沿敏捷梯前后移动，双脚交替在身体前侧中心线两侧进行交叉步移动。

动作节奏：从慢至快逐步加速，保持动作稳定流畅，每个动作控制在1—2秒。

呼吸节奏：全程维持自然、均匀的呼吸模式。

注意事项：确保身体保持中立，上下肢动作协调一致，节奏平稳不间断。

6. 身体预备姿势

身体预备姿势在私人健身教练的抗阻力量训练中至关重要，直接关系到目标肌群的孤立发力效果、训练的有效性和安全性。

（1）站姿

站姿是自由器械抗阻训练的常用预备姿势。双脚分开与肩同宽，脚尖略向外展，膝关节与脚尖保持同向，核心肌群紧绷，背部挺直且胸部抬起，双眼直视前方，确保身体稳定。

（2）坐姿

此姿势常见于固定器械抗阻训练中。将双脚平稳置于哑铃凳或固定座椅两侧，确保大腿后侧、臀部及上背部三点紧贴凳面，核心收紧，背部挺直，胸部抬起，双眼平视，维持坐姿的稳定和平衡。

（3）仰卧位

此姿势适用于自由器械抗阻训练。身体需完全仰卧于凳面，保持中立状态，双脚稳固地放置在哑铃凳两侧，大腿后侧、臀部、上背部及头部四点与凳面紧密接触，核心肌群激活，背部与胸部保持挺直，头部位置自然，不偏不倚。

（4）俯身位

此姿势在自由及固定器械抗阻训练中均较常见。双脚分开与肩同宽，脚尖微外展，膝关节顺应脚尖方向，核心稳定，背部挺直且胸部抬起，同时执行屈髋和轻微屈膝的动作，使身体重心后移，头部自然转向斜前方约45°，确保姿势既稳定又利于发力。

（二）抗阻力量训练基本技术动作

私人健身教练在抗阻力量训练中的基本技术动作涵盖固定抗阻力量器械与自由抗阻力量器械的练习。固定抗阻力量器械以其稳定的运动轨迹和简易的操作技术，成为入门及初级训练者的理想选择，尤其适合大众群体。相比之下，自由抗阻力量器械对训练者的肌肉力量和技术动作掌控能力提出了更高要求，更适宜于已进阶或具备较高训练水平的个体。

1. 固定抗阻力量器械技术动作

（1）史密斯架杠铃深蹲

动作目的：强化股四头肌的肌力和肌耐力。

动作要领：首先，调整史密斯架至适宜的重量与高度，并锁定安全装置。训练者正面站立于史密斯架下，双眼注视前方，双脚与肩同宽站立，脚尖略微向外展开。双手采用正握闭握方式握住杠铃，握距约为肩宽的1.5倍。保持挺胸直背的姿态，核心肌群收紧，膝盖运动方向与脚尖方向一致。动作启动时，通过髋部与膝关节的协同运动下蹲，随后再恢复至起始站立姿势（见图9-42、图9-43、图9-44）。

动作轨迹：在下蹲过程中，应确保大腿上表面至少与膝盖平行或略低；站起时，双腿自然伸直，避免过度锁死。

动作节奏：下蹲过程控制在2—3秒，站起则相对较快，为1—2秒。

呼吸节奏：下蹲时配合吸气动作，站起时呼气，保持呼吸与动作节奏相协调。

注意事项：在整个运动过程中，保持头部与躯干的自然中立，背部始终挺直。站起时，注意控制膝关节，避免过度伸展。

（2）俯卧腿弯举

动作目的：增强腘绳肌的肌力和肌耐力。

图9-42　史密斯架杠铃深蹲起始姿势

图9-43　史密斯架杠铃深蹲结束姿势（正面）

图9-44　史密斯架杠铃深蹲结束姿势（侧面）

动作要领：根据训练者的身高调整器械，确保适合个人体型。训练者面部朝下俯卧于屈腿练习机上，将杠铃垫置于小腿下方几厘米处。身体保持水平，躯干紧贴长凳，双腿在起始位置完全伸展。双手稳固地握住器械两侧的扶手，脚趾自然向前。动作开始时，用力对抗阻力进行屈腿动作，随后缓慢还原至起始位置（见图9-45、图9-46）。

图9-45　俯卧腿弯举起始姿势

图9-46　俯卧腿弯举结束姿势

动作轨迹：屈腿时，将小腿拉向大腿，直至两者的夹角接近90°；伸腿时，缓慢恢复至双腿自然伸直的状态。

动作节奏：屈腿过程控制在1—2秒，伸腿过程则稍长，为2—3秒，以充分感受肌肉的收缩与伸展。

呼吸节奏：屈腿时呼气，有助于发力；伸腿时吸气，促进肌肉放松与恢复。

注意事项：在整个运动过程中，确保髋部始终紧贴凳面，避免借力。同时，选择适宜的起始重量，避免过重导致动作变形或受伤。

（3）坐姿髋外展

动作目的：增强臀部肌群的肌力和肌耐力。

动作要领：训练者就座于髋外展固定器械上，根据身高调整靠背角度至适宜位置，并设定合适的重量。臀部应坐于凳面前半部，身体轻微前倾，保持挺胸直背的姿态，核心肌群收紧。双脚置于阻力臂上，预先施加轻微力量以对抗阻力。动作开始时，利用臀部肌群的力量向两侧展开双腿，直至双腿的夹角达到约45°后停顿约1秒，随后控制动作缓慢还原至起始位置（见图9-47、图9-48）。

图9-47 坐姿髋外展起始姿势

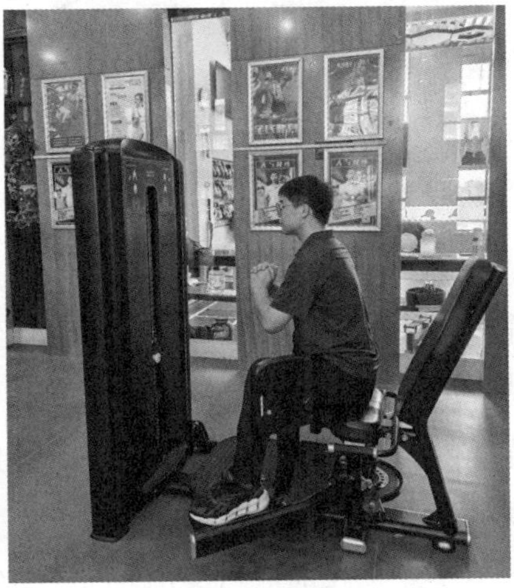

图9-48 坐姿髋外展结束姿势

动作轨迹：髋部向外展开至双腿的夹角约为45°，随后向内收拢至接近起始状态。

动作节奏：向外髋外展时控制在1—2秒内完成，向内髋内收时同样保持1—2秒的匀速运动。

呼吸节奏：向外髋外展时呼气，促进肌肉发力；向内髋内收时吸气，帮助肌肉放松。

注意事项：确保动作节奏稳定，避免突然加速或减速。在动作还原过程中，注意控制配重片，避免碰撞且保持持续的张力。

（4）高位下拉

动作目的：强化背部肌群的肌力和肌耐力。

动作要领：训练者面向高位下拉训练机站立，双脚稳固踏地，根据腿长调整膝垫至合适高度。双手采用正握闭握方式握住把手，握距略宽于肩宽，双臂自然下垂并伸直。保持展背沉肩的姿态，躯体与头部微微后倾约30°，肩胛骨轻微内收，同时挺胸直背。动作开始时，背部肌群发力下拉横杠至下颌附近，随后控制动作缓慢还原至起始位置（见图9-49、图9-50）。

图9-49　高位下拉起始姿势

图9-50　高位下拉结束姿势

动作轨迹：下拉时，横杠应平稳下降至接近下颌；还原时，手臂伸直但不完全放松，保持轻微张力。

动作节奏：下拉动作控制在1—2秒内完成，还原动作则稍长，为2—3秒，以充分感受背部肌肉的收缩与拉伸。

呼吸节奏：下拉时呼气，有助于背部肌群发力；还原时吸气，促进肌肉放松与恢复。

注意事项：在整个运动过程中，确保臀部始终接触凳面，避免借力。同时，注意控制前臂的参与程度，让背部肌群成为主要发力点。

（5）器械坐姿夹胸

动作目的：增强胸部肌群的肌力和肌耐力。

动作要领：训练者端坐于直臂夹胸训练器上，根据身高调整座椅高度，确保两个握把的连线穿过胸大肌中部。随后，调节至适宜的重量。双手采用直臂立握闭握方式握住握把，保持肘心相对，挺胸直背，肩部下沉，核心肌群收紧。动作启动前，胸部预先施加轻微力量以对抗阻力。动作进行时，保持肘关节稳定，利用胸部力量带动上肢将力臂向身体正中线夹拢，直至双手轻轻触碰，停顿约1秒，随后控制动作缓慢还原至起始位置（见图9-51、图9-52）。

图9-51　器械坐姿夹胸起始姿势

图9-52　器械坐姿夹胸结束姿势

动作轨迹：上臂向身体中心夹拢，直至双手轻微接触，随后沿原路径缓慢还原至接近起始位置，准备下一次夹胸动作。

动作节奏：夹胸动作控制在1—2秒内完成，还原动作则稍长，为2—3秒，以充分感受胸部肌肉的收缩与伸展。

呼吸节奏：夹胸时呼气，有助于胸部肌群发力；还原时吸气，促进肌肉放松与恢复。

注意事项：在整个运动过程中，确保上背部紧贴靠背，避免借力。同时，还原时需注意控制速度，避免配重片碰撞产生不必要的噪声或损伤。

（6）器械坐姿肩上推举

动作目的：增强肩部肌群的肌力和肌耐力。

动作要领：训练者坐于坐姿肩部训练器凳面，根据身高调整座椅至合适高度，并设定适宜的训练重量。双手屈臂，以正握或闭握方式紧握握把，确保腕关节处于中立状态。背部紧贴靠椅，保持挺胸、收腹、直背、沉肩的姿态，同时肘关节应略置于肩关节前方。动作启动前，肩部预先轻微发力以对抗初始阻力。动作进行时，肘关节保持相对稳定，以肩部为主要发力点，带动上肢将力臂向上推举至手臂自然伸直状态，并在该位置停留约1秒，随后控制动作缓慢还原至起始位置（见图9-53、图9-54）。

图9-53　器械坐姿肩上推举起始姿势

图9-54　器械坐姿肩上推举结束姿势

动作轨迹：力臂向上推举至双臂完全伸直，随后平稳下落至大臂与地面大致平行。

动作节奏：推举动作应在1—2秒内完成，还原下落则需耗时2—3秒，以充分感受肩部肌肉的收缩与伸展过程。

呼吸节奏：在推举过程中呼气，有助于肩部肌群更好地发力；在还原下落时吸气，有助于肌肉放松与恢复。

注意事项：在整个运动过程中，务必保持肘关节的相对稳定，避免不必要的晃动。同时，在还原动作时，应控制配重片的下落速度，避免其相互碰撞产生噪声或造成损伤。

（7）坐姿臂弯举

动作目的：增强肱二头肌的肌力和肌耐力。

动作要领：训练者坐于坐姿肱二头肌训练器上，根据身高调整座椅至适宜高度，并设置合适的训练重量。双手采用屈臂反握闭握方式紧握握把，确保腕关节处于中立状态，背部紧密贴合靠椅，肘关节轻贴于靠垫上，保持挺胸、收腹、直背、沉肩的体态。动作开始前，肱二头肌预先轻微发力以对抗初始阻力。动作进行时，肘关节保持相对稳定，以肱二头肌为主要发力点，带动前臂向上进行屈肘动作，直至大小臂的夹角约为30°，并在此位置停顿约1秒。随后，控制动作缓慢还原至起始位置，此时大小臂夹角约为120°（见图9-55、图9-56）。

动作轨迹：向上屈肘至大小臂的夹角约为30°，再平稳下落至大小臂的夹角约为120°的位置。

图9-55　坐姿臂弯举起始姿势

图9-56　坐姿臂弯举结束姿势

动作节奏：向上屈肘的动作应在1—2秒内完成，还原下落则需耗时2—3秒，以确保肱二头肌得到充分的收缩与伸展。

呼吸节奏：在向上屈肘的过程中呼气，有助于肱二头肌更好地发力；在还原下落时吸气，有助于肌肉放松与恢复。

注意事项：在整个运动过程中，务必保持躯干和腕关节的中立状态，以及肘关节的相对稳定。同时，还原动作时要控制速度，避免配重片相互撞击。

（8）站姿双杠三头肌臂屈伸

动作目的：强化肱三头肌的肌力和肌耐力。

动作要领：训练者双手紧握双杠，掌心向内，确保手臂完全伸展，身体自然悬垂，维持身体平衡与稳定。随后，弯曲肘关节，使身体平稳下降至手臂几乎与地面垂直的位置。在此过程中，注意控制下降速度，耗时2—3秒。紧接着，利用肱三头肌的力量，迅速而有力地将身体推回至起始的双杠位置，确保肘关节完全伸直，并在该位置停留约1秒，以充分感受肌肉的收缩。之后，缓慢而有力地控制动作还原至起始悬垂状态（见图9-57、图9-58）。

动作轨迹：下降时，身体自双杠位置平稳降至手臂与地面几近平行；上升时，身体自该位置迅速回升至双杠原处。

动作节奏：下降过程应平稳控制，在2—3秒内完成；上升时，需迅速而有力地推起，耗时1—2秒。

呼吸节奏：在身体下降时吸气，以助于肌肉放松；身体上升时呼气，促进肱三头肌的发力与收缩。

注意事项：训练全程需精准掌控动作节奏，既不过快也不过慢，以确保训练效果与动作的准确性。同时，核心肌群需保持紧绷稳定，避免背部或肩部代偿，确保训练目标肌群得到充分锻炼。

图9-57　站姿双杠三头肌臂屈伸起始姿势

图9-58　站姿双杠三头肌臂屈伸结束姿势

（9）站姿杠铃提踵

动作目的：增强小腿三头肌的肌力和肌耐力。

动作要领：训练者背向史密斯架站立，双眼直视前方，双脚间距略小于肩宽，脚尖微微向外展，确保膝盖与脚尖方向一致。双手采用正握闭握方式紧握杠铃，将杠铃稳妥地置于上斜方肌上，握距约为肩宽的1.5倍。保持挺胸直背的姿态，核心肌群收紧，以增强稳定性。在双脚与地面之间横放一块杠铃片，双脚前脚掌踩稳杠铃片。动作开始时，保持膝关节伸直，通过屈踝动作向上提踵，充分收缩小腿三头肌，并在顶峰位置保持1秒。随后，缓慢控制下落，直至双脚与地面恢复平行状态（见图9-59、图9-60）。

动作轨迹：训练者向上提踵至小腿三头肌充分收紧，短暂停留后，平稳下落至起始位置。

动作节奏：上提动作应在1—2秒内完成，下落则需耗时2—3秒，以充分感受肌肉的收缩与伸展。

呼吸节奏：在上提过程中呼气，有助于小腿三头肌更好地发力；下落时吸气，促进肌肉放松与恢复。

注意事项：训练过程中需保持节奏稳定，确保肩、髋、膝、踝四关节在一条直线上，以使训练效果达到最好并避免不必要的伤害。

图9-59　站姿杠铃提踵起始姿势

图9-60　站姿杠铃提踵结束姿势

（10）坐姿卷腹

动作目的：强化腹肌肌力和耐力。

动作要领：训练者坐于卷腹训练器上，根据身高调整座椅至舒适高度，并设定合适的阻力重量。将阻力臂稳妥地置于肩上或轻压于胸前，双手轻轻扶住阻力臂以保持稳定。腹部肌肉预先微微收缩，以准备对抗即将到来的阻力。动作启动时，确保臀部紧贴凳面，由腹直肌主导发力，带动上半身向力臂方向缓缓卷曲，直至腹部肌肉达到充分收缩状态，并保持该姿势约1秒。随后，缓慢而有力地控制动作还原至起始位置，感受腹肌的逐渐伸展（见图9-61、图9-62）。

图9-61　坐姿卷腹起始姿势

图9-62　坐姿卷腹结束姿势

动作轨迹：训练者自起始位置向下卷曲，直至腹部完全收紧；再自该位置缓缓向上恢复至起始状态。

动作节奏：向下卷曲时，动作应流畅有力，耗时1—2秒；向上还原时，则需缓慢控制，耗时2—3秒，以充分感受腹肌的收缩与伸展过程。

呼吸节奏：在向下卷曲、腹肌收缩的过程中呼气，有助于增强腹肌的收缩效果；向上还原、腹肌伸展时吸气，促进肌肉放松与恢复。

注意事项：训练全程需保持头部与躯干的中立位，腹部始终收紧，以确保训练效果并避免颈部受力。同时，在还原动作时，需小心控制力度与速度，避免配重片之间的碰撞。

2. 自由抗阻力量器械技术动作

（1）杠铃深蹲

动作目的：强化股四头肌的力量与耐力。

动作要领：选取合适的杠铃配重，双眼直视前方，双脚与肩同宽站立。双手宽握杠铃，握距约为肩宽的1.5倍，挺胸收腹，核心稳固。膝盖与脚尖方向相同，脚尖略外展。动作启动时，髋膝同步弯曲下蹲，随后恢复至起始站姿（见图9-63、图9-64）。

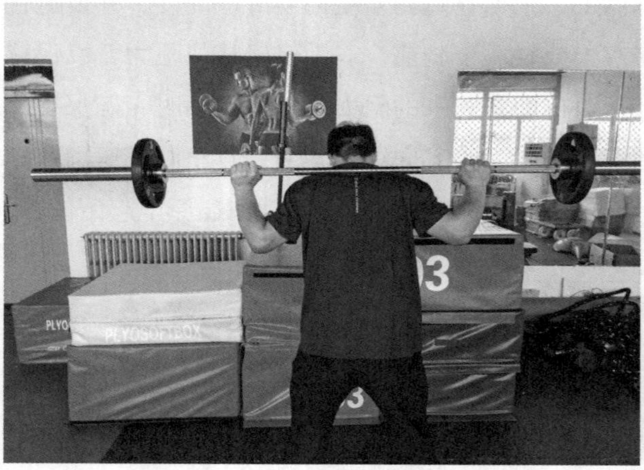

图9-63　杠铃深蹲起始姿势

图9-64　杠铃深蹲结束姿势

动作轨迹：下蹲至大腿与地面平行，站起时两腿自然伸直。

动作节奏：下蹲过程持续2—3秒，站起则快速而可控，用时1—2秒。

呼吸节奏：下蹲时吸气，站起时呼气，呼吸与动作相配合。

注意事项：保持头部与躯干中立，背部挺直，站起时避免膝关节过伸。

（2）杠铃直腿硬拉

动作目的：增强腘绳肌的力量与耐力。

动作要领：训练者双脚开立，站距略窄于肩宽，双手正握杠铃，置于髋关节高度，肩部下沉，肩胛骨内收。开始动作时，通过屈髋为主，微屈膝，使身体重心后移，杠铃沿大腿前侧缓慢下放至接近地面但不触地。随后，利用腘绳肌和臀大肌的力量，快速将杠铃拉回至起始位置（见图9-65、图9-66）。

图9-65　杠铃直腿硬拉起始姿势

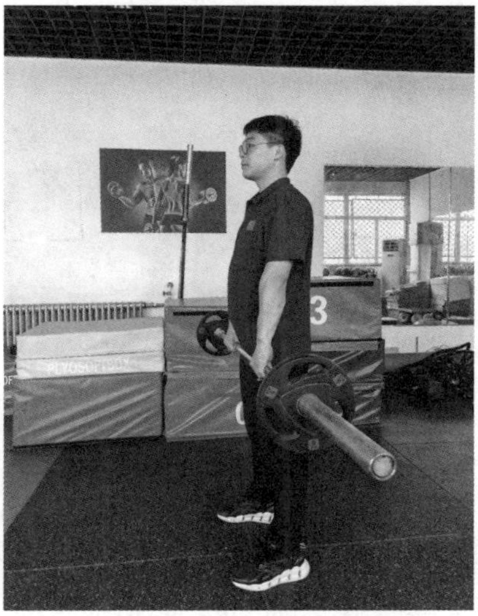

图9-66　杠铃直腿硬拉结束姿势

动作轨迹：下放杠铃时，前脚掌可轻微离地以调整平衡；上拉时，髋部伸展，带动身体直立，杠铃回归原位。

动作节奏：下放杠铃时控制速度，用时2—3秒；上拉时快速而稳定，用时1—2秒。

呼吸节奏：下放杠铃时吸气，上拉时呼气，呼吸与动作节奏相协调。

注意事项：全程保持背部挺直，避免弓背；屈髋动作要充分，确保腘绳肌得到有效锻炼；双脚踩实地面，提供稳定的支撑基础。

（3）杠铃臀桥

动作目的：提升臀部肌群的肌肉力量与耐力。

动作要领：训练者仰卧于杠铃凳上，两腿开立，间距略大于肩宽，膝盖弯曲成90°角，小腿与地面垂直。杠铃放置于下腹部位置，双手采用正握闭握方式握于杠铃两侧。腹部保持收紧状态，目光聚焦于膝盖方向。动作开始时，髋部向下屈曲至臀部几乎接触凳面，随后髋部伸展向上抬起，直至髋部与大腿成一直线，最后缓慢还原至起始的髋屈位置（见图9-67、图9-68）。

动作轨迹：髋部从屈曲状态逐渐伸展至与大腿平行，再回落至起始的屈曲状态。

动作节奏：髋部屈曲下降时用时2—3秒，髋部伸展上升时用时1—2秒。

呼吸节奏：髋部屈曲下降时吸气，髋部伸展上升时呼气。

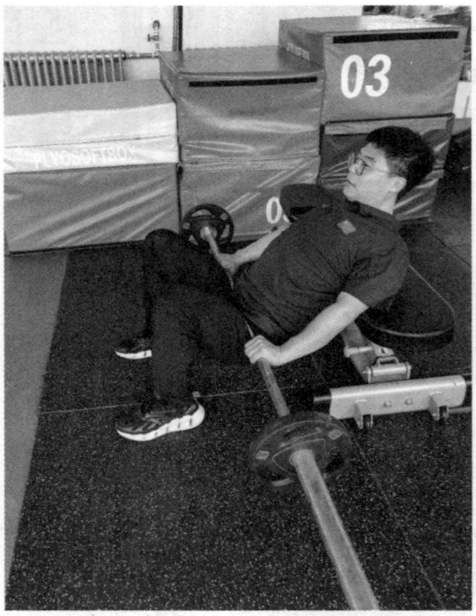

图9-67　杠铃臀桥起始姿势

图9-68　杠铃臀桥结束姿势

注意事项：在整个运动过程中，腰部需保持稳定，避免晃动；目光应始终关注膝盖，保持头部与躯干的稳定；核心肌群需持续收紧，以支撑整个动作的进行。

（4）杠铃俯身划船

动作目的：提升背部肌群的力量与耐力。

动作要领：训练者双脚开立，站距与肩同宽，保持稳定站立。双手正握杠铃，杠铃初始位置设为身体前方髋部高度，背部保持直立，肩部下沉，肩胛骨微微后收。通过屈髋和微屈膝，使身体重心后移，背部保持平坦，不前倾也不后仰。在上拉过程中，大臂紧贴身体两侧，杠铃沿大腿前侧上提至腹部高度，同时感受背部肌肉的收缩。随后，控制力量将杠铃缓慢下放至起始位置，手臂自然伸直但不完全锁死（见图9-69、图9-70、图9-71）。

图9-69　杠铃俯身划船起始姿势

图9-70　杠铃俯身划船上提姿势

图9-71　杠铃俯身划船结束姿势

动作轨迹：杠铃从大腿前侧上提至腹部，再沿原路径下放至起始位置。

动作节奏：杠铃上拉时速度控制为1—2秒，下放时略慢，约为2—3秒。

呼吸节奏：杠铃上拉时呼气，帮助发力；杠铃下放时吸气，为下一次动作做准备。

注意事项：在整个运动过程中，背部需保持直立状态，重心稳定，避免摇晃。肘关节在运动过程中应紧贴身体两侧，避免向外张开。同时，注意呼吸与动作的配合，以增强训练效果。

（5）杠铃平板卧推

动作目的：提升胸肌的肌肉力量与耐力。

动作要领：训练者仰卧于平板卧推架的凳面上，头部舒适放置，双眼自然平视上方，以确保颈部不受压迫。双手采用正握闭握方式握住杠铃，杠铃应落在手掌根部，握距略宽于肩宽，以便更好地激活胸肌。手腕保持中立位置，避免弯曲或过度伸展。挺胸，下沉肩部，肩胛骨内收并紧贴凳面，以稳定上半身。上推杠铃时，将杠铃移至胸大肌中上部（而非中下部），同时确保肘关节低于肩关节且保持固定角度。胸部发力，缓慢控制杠铃下放，直至其接近但不接触胸部，停顿约1秒，以感受胸部的拉伸感。随后，快速而可控地垂直向上推起杠铃至起始位置，同时呼气（见图9-72、图9-73）。

图9-72 杠铃平板卧推起始姿势

图9-73 杠铃平板卧推结束姿势

动作轨迹：杠铃从起始位置缓慢下放至接近胸部，再快速推回至双臂自然伸直的状态。

动作节奏：下放杠铃时用时2—3秒，上推杠铃时用时1—2秒，以保持稳定的节奏。

呼吸节奏：下放杠铃时吸气，为胸部肌肉的收缩储备氧气；上推杠铃时呼气，帮助发力并排出废气。

注意事项：全程保持挺胸、肩胛骨收紧的姿势，以确保胸部肌群得到有效锻炼。肘关节需保持稳定，避免摇晃或突然改变方向。上推时，避免肘关节过伸，以防关节损伤。同时，注意调整重量，确保在可控范围内进行训练。

（6）坐姿哑铃肩上推举

动作目的：增强肩部肌群的力量与耐力。

动作要领：训练者首先要选择适合自身重量的哑铃，以立握方式将哑铃置于大腿前侧。随后，坐于带有直角靠背的哑铃凳上，双脚平踏于地面以保持稳定，臀部紧贴凳面，上背部完全贴合靠背，双腿自然分开。通过腿部和手臂的协同发力，将哑铃举至肩部高度，双手采用正握闭握方式握住哑铃，手腕保持中立状态，肘关节自然下垂，但略比肩关节靠前。挺胸、收腹、背部挺直、肩部下沉，为接下来的动作做好准备。动作开始时，肩部肌群主动发力，控制哑铃缓慢下放至初始位置，保持约1秒，以感受肌肉的拉伸。随后，肩部再次发力，带动上肢将哑铃垂直向上推起，直至手臂自然伸直，注意避免肘关节过伸（见图9-74、图9-75、图9-76）。

图9-74　坐姿哑铃肩上推举起始姿势

图9-75　坐姿哑铃肩上推举结束姿势（正面）

图9-76　坐姿哑铃肩上推举结束姿势（侧面）

动作轨迹：哑铃从肩部高度开始，向上推至手臂自然伸直，再控制下落至初始位置，大臂与地面大致平行。

动作节奏：向上推举哑铃时，速度控制在1—2秒；还原下落时，速度稍慢，约为2—3秒。

呼吸节奏：向上推举哑铃时呼气，帮助发力；还原下落时吸气，为下一次动作做准备。

注意事项：在整个运动过程中，肘关节应保持相对稳定，避免大幅度晃动。上推和下落时，前臂应始终与地面保持垂直，以确保动作的正确性和安全性。同时，注意选择合适的重量，避免过重导致动作变形或受伤。

（7）仰卧臂屈伸

动作目的：提升肱三头肌的肌肉力量与耐力。

动作要领：训练者仰卧于哑铃凳上，双脚平踏于地面，以保持稳定。双手采用正握闭握方式握住短曲杠，杠铃应落在手掌根部，握距略比肩宽，手腕保持中立状态。挺胸、沉肩，双臂伸直上举杠铃，将其移至头部上方靠近发际线的位置。动作开始时，保持肘关节稳定不晃动，屈肘缓慢下放杠铃，直至大小臂的夹角略大于90°，感受肱三头肌的拉伸。随后，肱三头肌发力，带动前臂和肘部伸直，将杠铃推回至起始位置，并在手臂完全伸直后保持1秒，以充分收缩肱三头肌（见图9-77、图9-78）。

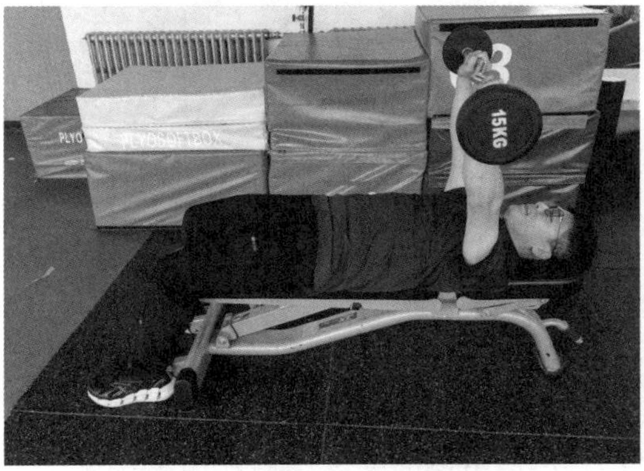

图9-77　仰卧臂屈伸起始姿势

图9-78　仰卧臂屈伸结束姿势

动作轨迹：杠铃从起始位置开始，下放至大小臂的夹角略大于90°，再推回至双臂自然伸直的状态。

动作节奏：下放杠铃时速度控制在2—3秒，上推杠铃时速度稍快，为1—2秒。

呼吸节奏：下放杠铃时吸气，为肱三头肌的收缩储备氧气；上推杠铃时呼气，帮助发力并排出废气。

注意事项：在整个运动过程中，肘关节应保持稳定，避免外张或晃动。上推时，注意控制肘关节不要过伸，以免造成关节损伤。同时，选择合适的重量进行训练，确保动作能够准确、流畅地完成。

（8）站姿杠铃臂弯举

动作目的：增强肱二头肌的力量与耐力。

动作要领：训练者站立，双脚分开与肩同宽，脚尖稍向前或平行，以保持身体稳定。双手采用反握闭握方式握住短曲杠，握距与肩同宽。挺胸、直背、沉肩，核心肌群收紧以维持身体平衡。腕关节保持中立位，避免过度弯曲或伸展。起始时，大臂自然下垂，与躯干平行，小臂与大臂的夹角约为120°。动作开始后，肱二头肌主动发力，带动前臂向上屈肘，直至大小臂的夹角缩小至约30°，此时应暂停并保持1秒，以充分感受肱二头肌的收缩。随后，缓慢控制力量，将杠铃还原至起始位置，注意在下落过程中也要保持对杠铃的控制，避免快速下落（见图9-79、图9-80）。

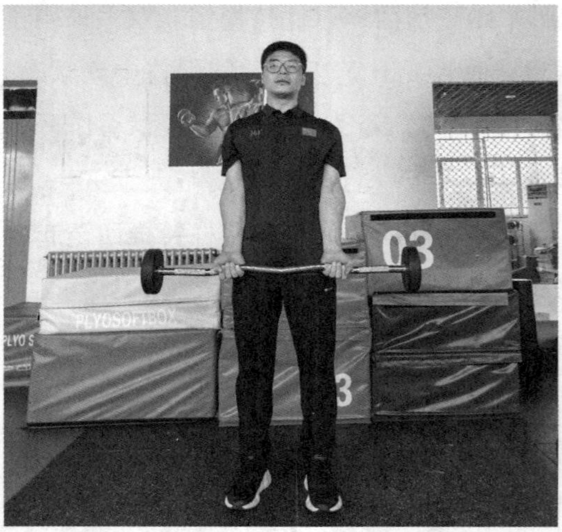

图9-79　站姿杠铃臂弯举起始姿势

图9-80　站姿杠铃臂弯举结束姿势

动作轨迹：杠铃从起始位置开始，向上屈肘至大小臂的夹角约为30°，再缓慢下落至起始位置，小臂与大臂的夹角恢复至约120°。

动作节奏：向上屈肘时速度控制在1—2秒，还原下落时速度稍慢，为2—3秒。

呼吸节奏：向上屈肘时呼气，帮助发力；还原下落时吸气，为下一次动作做准备。

注意事项：在整个运动过程中，保持躯干中立稳定，避免摇晃或扭曲。注意下放时的离心控制，即在下落过程中也要保持对肌肉的控制力，以增强训练效果。同时，选择合适的重量进行训练，避免过重导致动作变形或受伤。

（9）悬垂举腿

动作目的：提升腹直肌的肌肉力量与耐力。

动作要领：训练者站立于悬垂训练器械下方，双脚并拢或稍分开，双手采用正握闭握方式紧握引体向上的握杆。随后，身体悬吊于器械上，保持含胸姿势，骨盆自然后倾，通过吹气或腹部收紧的方式激活核心肌群。双腿可以直腿或屈腿并拢，根据个人习惯和训练目标选择。动作开始时，腹直肌作为主要发力点，带动双腿向上抬起，直至躯干与大腿的夹角略大于90°，此时应暂停并保持1秒，以充分感受腹直肌的收缩。随后，缓慢地将双腿下放至起始位置，注意在下放过程中也要保持腹部肌肉的张力，避免完全放松（见图9-81、图9-82）。

图9-81　悬垂举腿起始姿势

图9-82　悬垂举腿结束姿势

动作轨迹：双腿从起始位置开始，向上抬起至躯干与大腿的夹角略大于90°，再缓慢下放至起始位置，此时躯干与大腿的夹角可恢复至约120°。

动作节奏：向上抬腿时速度控制在1—2秒，还原下放时速度稍慢，为2—3秒。

呼吸节奏：向上抬腿时呼气，帮助发力；还原下放时吸气，为下一次动作做准备。

注意事项：在整个运动过程中，保持躯干中立稳定，避免摇晃或扭曲。注意下放时的离心控制，即在下放过程中也要保持腹部肌肉的张力，以增强训练效果。此外，根据个人体能和训练水平选择合适的重量或难度进行训练，避免过度训练导致受伤。

（10）站姿哑铃提踵

动作目的：增强小腿三头肌的力量和耐力。

动作要领：选择适当重量的哑铃，训练者面向稳定支撑物站立（或根据需要调整位置），双眼平视前方，双脚开立，略比肩窄。单手正握哑铃，置于同侧大腿外侧或腰部以保持平衡。挺胸直背，核心肌群收紧，膝盖与脚尖方向一致，脚尖微微向外。在双脚前放置杠铃片以增加难度，负重侧脚前脚掌踩于杠铃片上。动作开始时，单腿直膝，通过屈踝动作向上提踵，感受小腿三头肌的收缩，然后缓慢还原至双脚与地面平行（见图9-83、图9-84）。

动作轨迹：提踵至最高点，小腿三头肌充分收紧，保持1秒，随后控制下落速度，还原至起始位置。

动作节奏：上提时速度为1—2秒，下落时速度稍慢，为2—3秒，以保持动作的稳定。

图9-83　站姿哑铃提踵起始姿势

图9-84　站姿哑铃提踵结束姿势

呼吸节奏：配合动作节奏，上提时呼气，下落时吸气。

注意事项：全程保持身体稳定，节奏均匀，特别是在踝关节下放时要控制速度，避免突然下落造成损伤。同时，根据个人体能和训练目标选择合适的重量进行训练。

二、私人健身教练伸展训练技术

伸展训练作为柔韧性训练的一种形式，亦称牵张训练，依据发力方式的不同，可划分为主动伸展训练技术与被动伸展训练技术两大类。本章内容聚焦于私人健身教练所采用的被动伸展训练技术，特别是等长肌肉收缩放松法（PNF）。这是一种基于刺激本体感受器（如肌梭、腱梭等）以促进和加速神经肌肉反应的方法。该方法在运动期间或伴随运动时，通过激发本体感觉，并尽可能结合其他感官刺激（触觉、听觉、视觉等），提升运动神经冲动的强度，激活更多前角细胞或运动单位，从而提升训练效果。

PNF本质上是一种高效的被动伸展技术。它巧妙利用肌肉牵拉引发的牵张反射，促使原本紧张的肌肉得以放松，进而扩大关节的活动范围，有效提升身体的柔韧性，同时最大限度地减少肌肉损伤的风险。其核心练习——“静力-放松”法，具体操作流程如下。首先，指导训练者将肢体伸展至关节活动的极限位置，进行15—30秒的被动静力性伸展。随后，被拉长的肌肉进行中等至较大强度的等长肌肉收缩，持续6秒，之后放松1—2秒。此时，由于肌肉的预先收缩与放松，肢体往往更容易达到更大幅度的伸展，再次进行15—30秒的被动静力性伸展。此过程循环进行，每次等长肌肉收缩后紧跟的伸展往往能带来关节活动范围的显著扩大，初期扩大幅度较大，随后逐渐减小。整个“静力-放松”训练通常重复3—5次，视情况可增加至10次左右，以达到最佳的柔韧性训练效果。

以下是主要大肌肉群的被动伸展训练技术。

（一）胸部肌群被动伸展训练技术

动作目的：通过PNF实现胸部肌肉的被动伸展与深层放松。

动作要领：训练者端坐于直角哑铃凳上，确保大臂与小臂呈90°角，大臂平行于地面。同时，臀部与上背部应紧贴凳面，保持身体稳定。私人健身教练需站在训练者身后，双臂分别对应半握住训练者的肘关节，以缓慢而稳定的方式向后水平牵拉，在此过程中需不断询问训练者的感受，以确保安全舒适。当达到训练者能承受的最大牵拉幅度时，保持该姿势15—30秒，随后缓缓还原至起始位置。紧接着，私人健身教练再次进行牵拉。此时，训练者需尝试用胸大肌主动发力对抗教练的拉力。但需注意，训练者的发力应小于教练的拉力，以免受伤。如此重复3—5次，以达到预期伸展效果（见图9-85）。

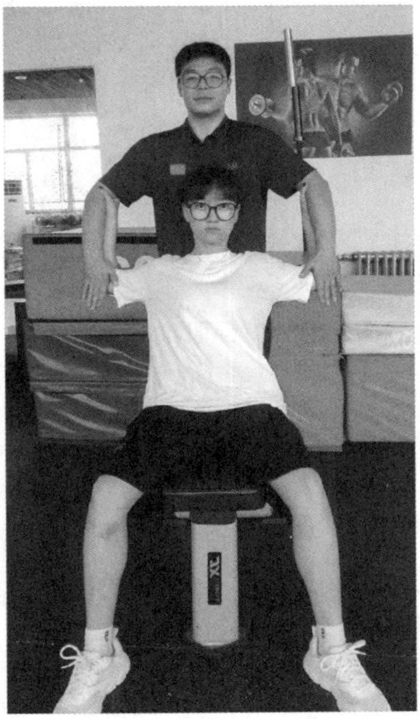

图9-85　胸部肌群PNF拉伸

（二）背部肌群被动伸展训练技术

动作目的：采用PNF进行背阔肌的被动伸展，以实现深层放松。

动作要领：训练者舒适地坐于直角凳上，确保臀部和上背部紧贴凳面，双手轻轻抱头置于后侧，以保持稳定。私人健身教练站立于训练者一侧，用一手扶住训练者同侧的肘关节，另一手作为辅助或保持平衡。教练需缓慢而稳定地向对侧水平牵拉训练者的手臂，同时不断询问训练者的感受，确保背阔肌得到充分伸展且无不适。当达到训练者能接受的最大伸展幅度时，保持该姿势15—30秒。随后，教练协助训练者缓缓还原至起始位置。紧接着，进行第二次牵拉。此时，训练者需尝试用被牵拉侧的背阔肌主动发力对抗教练的拉力，但需注意控制力量，确保发力小于教练的拉力，以免受伤。完成一侧的练习后，换至另一侧重复上述动作。每侧重复3—5次，以获得最佳的伸展效果（见图9-86）。

图9-86　背部肌群PNF拉伸

（三）臀部肌群被动伸展训练技术

动作目的：采用PNF对臀部肌群进行被动伸展，以达到深层放松的效果。

动作要领：训练者仰卧于瑜伽垫上，双膝微屈，将欲伸展一侧的脚踝放置于对侧支撑腿的膝盖上方。确保身体完全放松，仰卧于垫上，双手交叉，轻轻环抱于支撑腿的大腿后方，以辅助维持姿势稳定。随后，训练者主动将支撑腿拉向胸部，直至大腿与躯干接近垂直状态。此时，私人健身教练站立于训练者一侧，用手轻轻按压支撑腿的膝盖，向训练者头部方向缓慢而稳定地推按，在此过程中需不断询问训练者的感受，以确保动作在舒适范围内进行。当达到训练者能承受的最大伸展幅度时，保持该姿势15—30秒。随后，教练协助训练者缓慢还原至起始位置。紧接着，进行第二次推按。此时，训练者需尝试用被牵拉侧的臀部肌群主动发力对抗教练的推力，但需注意控制力量，确保发力小于教练的推力，以防受伤。完成一侧的练习后，换至另一侧重复上述动作。每侧重复3—5次，以达到全面的伸展效果（见图9-87）。

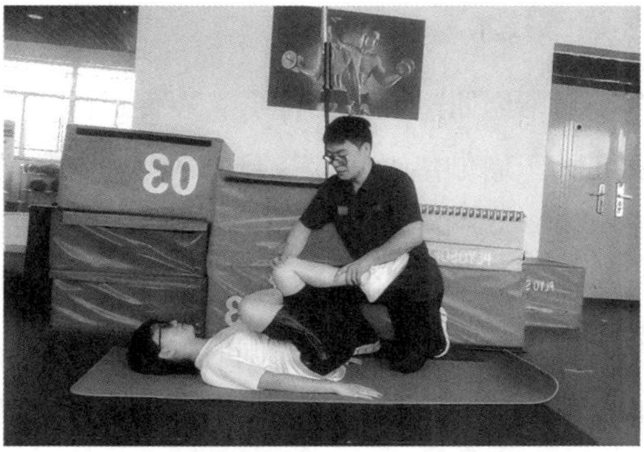

图9-87　臀部肌群PNF拉伸

（四）腿部肌群被动伸展训练技术

1.股四头肌被动伸展训练技术

动作目的：采用PNF对股四头肌进行被动伸展，以实现深层放松。

动作要领：训练者俯卧于瑜伽垫上，保持身体稳定。一侧腿屈膝，踝关节轻微发力，使脚尖上勾；对侧腿保持伸直状态。私人健身教练双腿跪立于训练者膝盖两侧，以确保稳定支撑。教练一手握住屈膝腿的踝关节，另一手轻轻扶住膝关节，随后缓慢而稳定地将屈膝腿向上抬起。在抬起过程中，教练需不断询问训练者的感受，以调整力度和幅度，确保动作在训练者的舒适范围内进行。当达到最大伸展幅度时，保持该姿势15—30秒，使股四头肌得到充分伸展。随后，教练协助训练者缓慢还原至起始位置。紧接着，进行第二次抬拉。此时，训练者需尝试用被牵拉的股四头肌微微发力对抗教练的上抬动作，但需注意控制力量，确保发力小于教练的抬力，以防受伤。完成一侧的练习后，换至另一侧重复上述动作。每侧重复3—5次，以达到全面伸展股四头肌的效果（见图9-88）。

图9-88　股四头肌PNF拉伸

2.腘绳肌被动伸展训练技术

动作目的：采用PNF对腘绳肌进行被动伸展，以促进深层放松。

动作要领：训练者仰卧于瑜伽垫上，保持身体放松。一侧腿勾起脚尖，屈膝并伸直小腿，使大腿与躯干形成约90°的夹角；对侧腿平放于瑜伽垫上，保持自然放松状态。私人健身教练以弓步跪姿立于训练者拉伸一侧腿的外侧，确保稳定支撑。教练用一侧肩部轻轻顶住训练者拉伸腿的踝关节处，同时一手握住踝关节以控制方向，另一手扶住膝盖以提供辅助支撑。随后，教练以温和而稳定的动作辅助训练者将髋关节被动向前伸展，在此过程中需不断询问训练者的感受，以确保动作在舒适范围内进行。当达到最大伸展幅度时，保持该姿势15—30秒，使腘绳肌得到充分伸展。之后，教练协助训练者缓慢还原至起始位置。紧接着，进行第二次按压。此时，训练者需尝试用被牵拉的腘绳肌主动发力对抗教练的推力，但需注意控制力量，确保发力小于教练的推力，以防受伤。完成一侧的练习后，换至另一侧重复上述动作。每侧重复3—5次，以达到全面伸展腘绳肌的效果（见图9-89）。

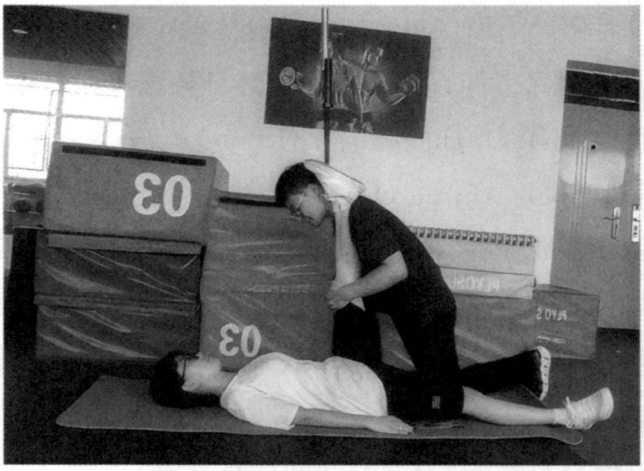

图9-89 腘绳肌PNF拉伸

三、私人健身教练爆发力训练技术

爆发力训练在私人健身教练的训练技术体系中占据着举足轻重的地位。它不仅对职业运动员在专项训练中的成绩提升至关重要，也是中考、高考体育专项训练中不可或缺的一环。通过爆发力训练，运动员能够显著提升运动表现。普通成年人同样需要此类训练来弥补因年龄增长而逐渐丧失的快速肌肉力量（爆发力）。

（一）轻器械爆发力力量训练动作

1.药球训练

（1）高跪姿前推

动作目的：采用以髋部为主导的发力模式，旨在提升训练者的爆发力。

动作要领：训练者双腿分开，跪于距离墙面约2米的瑜伽垫上，背部保持挺直，通过屈髋动作使身体微微后坐，双手紧握药球置于胸前。动作开始时，训练者需迅速挺髋并收紧腹部，同时双臂协同发力，将药球以最快的速度推向墙面（见图9-90、图9-91）。

图9-90　高跪姿前推起始姿势

图9-91　高跪姿前推结束姿势

动作轨迹：动作起始于髋部的快速伸展，伴随核心肌群的收紧，双臂全力前推药球，直至双臂自然伸直，药球接触墙面。

动作节奏：整个运动过程需保持快速且流畅，建议动作速度控制在1秒内。

呼吸节奏：在动作执行过程中，训练者应保持自然、均匀的呼吸节奏，避免因呼吸不畅而影响动作效果。

注意事项：发力时，确保腰部与髋部紧密配合，保持收紧状态，以提供稳定的支撑和力量传递。保持头部与躯干的中立位置，避免晃动或倾斜，有助于维持身体平衡并减少受伤风险。集中注意力，全神贯注于动作的执行，确保每一次推球都准确无误且力量充分。

（2）高跪姿下砸

动作目的：通过髋部主导的核心发力模式，有效提升训练者的爆发力。

动作要领：训练者双腿分开跪于瑜伽垫上，保持背部挺直，同时挺髋并收紧腹部。双手紧握药球，将其举至头顶上方。动作开始时，训练者迅速屈髋，利用背部和髋部的力量带动双臂，将药球以最快的速度下砸至距离身体约1.5米的地面（见图9-92、图9-93）。

图9-92　高跪姿下砸起始姿势

图9-93　高跪姿下砸结束姿势

动作轨迹：在整个运动过程中，髋部、背部和双臂需协同发力，确保药球能够沿着一条流畅的轨迹从头顶砸至指定位置。

动作节奏：训练者需保持动作快速且稳定，建议在1秒内完成从准备到下砸的整个动作流程。

呼吸节奏：在动作执行过程中，训练者应保持自然、均匀的呼吸节奏，避免因呼吸不畅而影响动作效果。

注意事项：发力时，务必确保背部与髋部保持收紧状态，以提供稳定的支撑和力量传递。保持头部与躯干的中立位置，避免晃动或倾斜，有助于维持身体平衡并减少受伤风险。集中注意力，全神贯注于动作的执行，确保每一次下砸都准确无误且力量充分。同时，注意控制下砸的力度和角度，避免对地面造成过大冲击或对自身造成伤害。

（3）站姿前推

动作目的：通过模拟与轮滑技术相似的动作模式，有针对性地提升轮滑球员所需的专项爆发力。

动作要领：训练者双腿分开站立于地面，背部保持直立状态，轻微屈髋使身体重心稍后移，双手紧握药球置于胸前。动作开始时，训练者迅速挺髋、收腹，并借助腿部蹬伸的力量，双臂协同发力，将药球以最快的速度推向距离约2米的墙面（见图9-94、图9-95）。

图9-94 站姿前推起始姿势

图9-95 站姿前推结束姿势

动作轨迹：训练者站立时，初始屈髋角度约为20°，随后髋部作为发力点，腿部进行有力的蹬伸，同时双臂全力前推药球，直至药球触及墙面。

动作节奏：整个运动过程需保持快速且稳定，建议动作速度控制在1秒内。

呼吸节奏：在动作执行过程中，训练者应保持自然、均匀的呼吸节奏，避免因呼吸不畅而影响动作效果。

注意事项：发力时，训练者应积极利用髋部、腿部和腹部的力量协同作用，以达到最佳的爆发力效果。保持精神状态兴奋，有助于提升动作的执行效率和效果。注意动作的准确性和稳定性，避免因动作失误受伤。同时，关注药球推出的方位和力度，确保药球能够准确击中墙面。

（4）站姿下砸

动作目的：通过髋部、腿部与核心的协同发力模式，有效增强轮滑球员所需的专项爆发力。

动作要领：训练者双腿分开站立于地面，背部保持直立，同时挺髋并收紧腹部。双手紧握药球，将其举至头顶上方。动作开始时，训练者迅速屈髋，利用背部、髋部及腿部的力量带动双臂，以鞭打式动作将药球迅速下砸至距离身体约1.5米的地面（见图9-96、图9-97）。

动作轨迹：在整个运动过程中，髋部、背部和双臂需紧密配合，形成连贯的发力链条，确保药球能够沿着预定的轨迹从头顶下砸至指定地面位置。

动作节奏：训练者需保持动作快速且稳定，建议在1秒内完成从准备到下砸的整个动作流程。

呼吸节奏：在动作执行过程中，训练者应保持自然、均匀的呼吸节奏，避免因呼吸不畅而影响动作效果。

注意事项：发力前，训练者应积极进行髋部伸展、膝部伸展及踝部伸展的准备动作，以最大化鞭打式发力的效果。注意力集中，确保动作准确、有力，同时避免对地面造成过大冲击或对自身造成伤害。保持身体平衡，避免因动作不稳而失去控制。

图9-96　站姿下砸起始姿势

图9-97　站姿下砸结束姿势

2.壶铃单臂抓举

动作目的：通过壶铃的全身协同发力动作，增强轮滑球员所需的基础爆发力。

动作要领：训练者双脚分开站立，站距略比肩宽，髋部微屈，背部保持直立，膝盖轻微弯曲以维持稳定。壶铃放置于双脚之间，训练者采用单臂正握闭握方式握住壶铃，手腕内旋，肘部自然向外展开，同时非持铃手臂侧平举以保持身体平衡。在发力瞬间，训练者需积极地进行髋部伸展、膝部伸展和踝部伸展，将壶铃迅速提拉至胸部下方，随后迅速转肘翻铃，将壶铃举过头顶。下放时，屈肘控制壶铃下落，对侧手可轻轻扶住壶铃，确保其安全放回原处。每侧手臂重复此动作6次（见图9-98、图9-99、图9-100）。

图9-98　壶铃单臂抓举起始姿势

图9-99　壶铃单臂抓举上提姿势

图9-100　壶铃单臂抓举结束姿势

动作轨迹：在整个运动过程中，训练者需保持手臂充分伸展，下背部紧绷以维持脊柱稳定。壶铃的提拉高点应控制在不超过胸部的高度，以确保动作的流畅性和安全性。

动作节奏：训练者应全程保持动作快速且稳定，建议在1秒内完成从提拉至举过头顶的动作。

呼吸节奏：在动作执行过程中，训练者需保持自然、均匀的呼吸节奏，避免因呼吸不畅而影响动作效果。

注意事项：训练者在整个运动过程中需保持注意力高度集中，确保动作准确无误。在进行此训练前，务必做好充分的热身准备活动，以预防运动伤害。注意控制动作幅度和速度，避免过度用力或动作过快导致的肌肉拉伤等问题。

（二）重器械爆发力力量训练动作

1. 膝上高翻

动作目的：通过杠铃膝上高翻的全身协同发力动作，有效提升轮滑球员所需的专项爆发力。

动作要领：训练者双脚分开站立，站距与肩同宽，膝盖微屈以保持身体稳定。握距与肩同宽，双手紧握杠铃，胸部略向后倾斜，位于杠铃后方，手腕自然内旋，双臂伸直，双肘向外展开。在发力瞬间，训练者需积极地进行髋部伸展、膝部伸展和踝部伸展，同时配合提拉动作，将杠铃迅速提拉至胸部上方。随后，迅速转肘、分腿，以完成肩部的锁止动作。之后，控制杠铃缓慢下放至起始位置，并重复此动作6次（见图9-101、图9-102、图9-103、图9-104）。

图 9-101　膝上高翻起始姿势

图 9-102　膝上高翻上提姿势

图 9-103　膝上高翻翻举姿势（侧面）

图 9-104　膝上高翻翻举姿势（正面）

动作轨迹：在整个运动过程中，训练者需保持手臂充分伸展，背部肌肉收紧，积极利用髋部力量进行提拉。杠铃的提拉高度应控制在不超过胸部的位置，以确保动作的准确性和安全性。

动作节奏：训练者应全程保持动作快速且稳定，建议在1秒内完成提拉和锁止动作。

呼吸节奏：在动作执行过程中，训练者需保持呼吸自然、均匀，建议在提拉前深吸一口气（70%—80%的肺活量），并在运动过程中保持稳定的呼吸节奏。

注意事项：训练者在运动全程中需确保杠铃紧贴身体，避免晃动或偏离轨迹。起杠前充分吸气，有助于提升发力效果。手臂需保持紧张状态，以控制杠铃的稳定性和提拉的力量。注意控制动作幅度和速度，避免过度用力或动作过快导致的肌肉拉伤等问题。

2. 杠铃硬拉

动作目的：利用杠铃硬拉练习动作，增强轮滑球员的全身爆发力，以突破其当前的爆发力。

动作要领：训练者双脚开立，站距略比肩窄，正对杠铃。杠铃应置于脚掌中间稍前位置，便于发力。双腿与杠铃之间保持约两指宽的距离，以确保稳定性。微屈膝俯身，双手采用正手闭握方式紧握杠铃。同时，膝盖微微前移，使小腿轻轻触碰杠铃。背部保持挺直，胸部挺起，头部微抬，目视前方。膝盖微微向外打开，以维持身体平衡。发力时，双腿迅速用力蹬地，同时挺髋、挺胸，保持肩关节的稳定。动作达到顶峰后，控制杠铃缓慢下放至起始位置（见图9-105、图9-106、图9-107）。

图9-105　杠铃硬拉起始姿势

图9-106　杠铃硬拉上提姿势

图9-107　杠铃硬拉结束姿势

动作轨迹：上拉杠铃时，应确保肩、髋、膝、踝四部位在一条直线上，形成稳定的支撑结构。下放杠铃时，应使其紧贴腿部缓慢下放至起始位置，避免突然卸力。

动作节奏：训练者需全程保持动作的快速性和稳定性，但不必刻意追求极快的速度。建议在控制范围内，以稳定且有力的方式完成动作，每次动作尽量在1秒内完成。

呼吸节奏：起杠前，训练者应深吸一口气（70%—80%的肺活量），为发力做好准备。在起杠过程中，建议屏息以保持力量集中；在个人习惯或教练指导下，也可选择适时呼气以释放压力。

注意事项：训练者需全程保持背部紧绷状态，以支撑和稳定身体。发力时应以腿部为主导，通过腿部发力带动全身力量的释放。避免过度依赖腰部或手臂力量。注意控制动作幅度和速度，避免过度用力或动作过快导致的肌肉拉伤等问题。在练习过程中，如感到不适或疼痛，应立即停止并寻求专业人士的帮助。

3. 单臂哑铃抓举

动作目的：通过单臂哑铃抓举练习，促进轮滑球员全身协同发力，特别针对单侧爆发力不平衡的问题。

动作要领：训练者双脚分开站立，站距略比肩宽，髋部微屈，背部保持直立，膝盖微微弯曲以维持身体稳定。哑铃放置于双脚之间的地面上，训练者采用单臂正握闭握方式抓起哑铃，手腕内收，肘部自然向外展开，同时对侧手臂侧平举以保持身体平衡。发力时，训练者应积极进行髋部伸展、膝部伸展和踝部伸展，将哑铃从地面提拉至胸部下方。随后，迅速转肘翻铃，将哑铃举过头顶，完成抓举动作。下放哑铃时，训练者应首先屈肘，同时可用对侧手轻轻扶住哑铃以辅助控制。下放过程中要慢而稳，将哑铃放回原处。每侧重复6次（见图9-108、图9-109、图9-110）。

图9-108　单臂哑铃抓举起始姿势

图9-109　单臂哑铃抓举上提姿势

图9-110　单臂哑铃抓举结束姿势

动作轨迹：训练者手臂在提拉过程中应充分伸长，下背部保持紧绷状态以维持脊柱稳定。哑铃提拉的高点应控制在胸部下方，避免过高导致动作变形或受伤。

动作节奏：训练者需全程保持动作的快速性和稳定性，尽量在1秒内完成整个抓举和下放过程。但需注意，速度不应以牺牲动作标准为代价。

呼吸节奏：训练者在运动过程中应保持呼吸自然均匀，避免憋气。发力时可适当呼气，以增加力量输出；还原时吸气，为下一次动作做准备。

注意事项：训练者在整个运动过程中需保持注意力高度集中，确保动作准确到位。练习前应进行充分的准备活动，包括拉伸和热身运动，以预防受伤。下放哑铃时要慢而稳，避免突然卸力导致的肌肉拉伤或关节损伤。

4. 地雷杠练习

动作目的：利用地雷杠强化轮滑球员上下肢协同发力能力。

动作要领：双脚分开站立，站距略宽于肩，髋部微屈，背部挺直，膝盖微弯。双手分别正握反握地雷杠，使其置于双手之间（见图9-111、图9-112、图9-113、图9-114、图9-115）。

图9-111　起始姿势

图9-112　左弓步双手扶杠

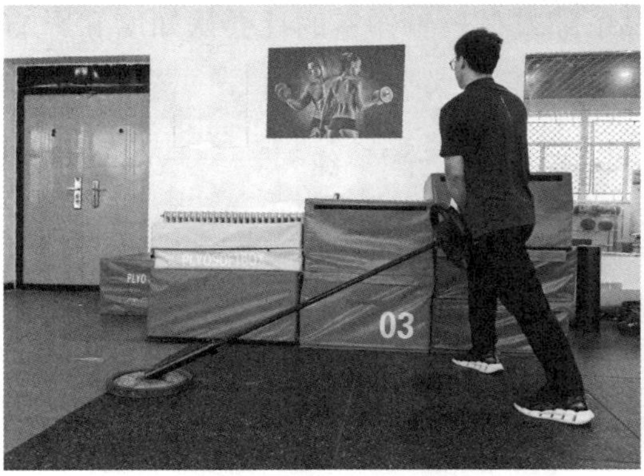

图9-113　右弓步双手扶杠

图9-114　左弓步单手扶杠

图9-115　右弓步单手扶杠

动作轨迹：开始动作，先变左弓步，双手扶杠左侧；随后变右弓步，双手仍扶杠左侧；再变左弓步，单手扶杠移至右侧；最后变右弓步，单手扶杠于右侧。

动作节奏：全程保持快速稳定，弓步变换在1—2秒内完成。

呼吸节奏：全程呼吸自然均匀。

注意事项：弓步需规范，低重心，保持头和躯干中立，避免侧屈。

四、私人健身教练有氧代谢训练技术

随着物质生活水平的不断提升，营养过剩导致的肥胖问题日益凸显。针对这类客户的健身需求，实施全方位的综合干预策略显得尤为重要，其中运动干预是不可或缺且高效的关键环节。有氧代谢训练是一种极为有效的减脂运动方式。私人健身教练能够充分利用这一方法，精准地帮助客户达成减脂目标，满足其健身需求。

通过科学规划的有氧代谢训练计划，私人健身教练不仅能够促进客户体脂的减少，还能在此过程中加深与客户之间的沟通和理解，提升客户对教练专业能力的认可度和信任度。这种基于专业与效果的互信关系，对私人健身教练而言，是构建良好服务口碑的基石，同时也能够显著提升健身俱乐部或私教工作室的社会认知度和影响力，推动其健康、可持续地发展。

常见的私人健身教练有氧代谢训练技术如下。

1.VIPR能量筒侧移

动作目的：利用VIPR能量筒强化全身有氧代谢，促进减脂减重。

动作要领：面对VIPR能量筒站立，双手扶住，双脚间距与肩同宽，背部挺直，腹部收紧，肩部下沉，目视前方。运动时，向一侧侧倾能量筒，同侧手扶稳，下肢进行侧步。完成一侧后，迅速切换至反方向，重复动作（见图9-116、图9-117、图9-118）。

图9-116 VIPR能量筒侧移起始姿势

图9-117 VIPR能量筒侧移右侧步

图9-118 VIPR能量筒侧移左侧步

动作轨迹：能量筒侧倾至约60°，随后迅速拉起，并换至反方向进行侧并步。

动作节奏：保持稳定的动作节奏，2—3秒完成一步，每组训练40秒，休息40秒，共5组。

呼吸节奏：全程保持自然均匀的呼吸。

注意事项：侧并步时，节奏需稳，适度屈髋屈膝，保持躯干中立。

2.战绳甩摆

动作目的：利用战绳协调全身发力，实现全面减脂。

动作要领：选取合适重量的战绳，半蹲姿势站立，两脚间距与肩同宽，双手紧握战绳。开始时，双手按节奏上下甩动战绳，快速而有力（见图9-119）。

动作轨迹：双手甩动战绳，上下摆动幅度维持在约30°。

动作节奏：根据个人体能设定甩动速度，每组持续20秒，休息40秒，共4组。

呼吸节奏：全程保持自然呼吸，均匀分配。

注意事项：全程保持身体中立，摆动节奏稳定且流畅。

图9-119　战绳甩摆

3.壶铃甩摆

动作目的：利用壶铃进行髋部主导练习，以激活全身更多部位参与减脂。

动作要领：选择适当重量的壶铃，双脚分开站立，站距略大于肩宽，髋部微屈，背部保持直立，膝盖轻微弯曲。壶铃置于双脚前约30厘米处，胸部位于壶铃上方，手腕内旋，双臂伸直，肘部向外展开（见图9-120、图9-121、图9-122）。

图9-120　壶铃甩摆起始姿势

图9-121　壶铃甩摆摆动姿势

图9-122　壶铃甩摆结束姿势

动作轨迹：训练时，手臂保持伸展，下背部紧绷，通过髋部积极伸展来摆动壶铃。壶铃的摆动高度应控制在肩部以下，每组训练持续30秒，随后休息40秒，共进行4组。

动作节奏：壶铃下摆时用时2—3秒，上摆时则缩短至1—2秒，以形成自然的节奏变化。

呼吸节奏：配合动作进行呼吸调整，壶铃下摆时吸气，上摆时呼气，保持呼吸自然均匀。

注意事项：在整个运动过程中，应确保以髋关节为主导发力点，膝关节保持微屈状态，背部始终直立，且膝盖与脚尖方向保持一致，以避免不必要的伤害。

4. 雪橇车线性推进练习

动作目的：利用雪橇车加速推进，增强全身减脂效果。

动作要领：选取合适负重的雪橇车，面对雪橇车站立，双手紧握长握杆。保持头部、躯干中立并微前倾，支撑腿一侧肩、髋、膝、踝呈直线，摆动腿一侧髋、膝、踝屈曲并呈直线。启动后，支撑腿与摆动腿交替快速前行20米，每组间休息45秒，共进行4组（见图9-123、图9-124、图9-125）。

图9-123　雪橇车线性推进练习起始姿势

图9-124　雪橇车线性推进练习左蹬地

图9-125　雪橇车线性推进练习右蹬地

动作轨迹：摆动腿膝关节低于髋关节，支撑腿前脚掌蹬地，步距约1米。

动作节奏：全程维持快速稳定的动作，每步耗时1—2秒。

呼吸节奏：全程保持呼吸自然流畅。

注意事项：背部挺直，通过髋部和腿部协调发力推动全身前进。

第十章　网球

第一节　网球运动发展概况

网球是一项优美而激烈的运动。网球运动的由来和发展可以用五句话概括：孕育在法国，诞生在英国，开始普及和形成高潮在美国，现在盛行全世界，被称为世界第二大球类运动。

一、网球的起源

现代网球运动一般包括室内网球和室外网球两种形式。网球运动最早起源于12世纪至13世纪法国传教士在教堂回廊里用手掌击球的一种游戏，后来成为宫廷里的一种室内消遣娱乐活动。也有人认为，网球运动的起源应追溯到"百年战争"（1337—1453年英法两国战争）以前在法国民间流传的一种名叫海欧·德·巴乌麦的球类游戏。据说这种游戏是由两个人进行的，每人各执一个球拍，球场的周围筑有围墙，球撞到墙上后被弹回去，然后过网。因此，无论从使用的场地和器具上，还是从进行游戏的方法上，它与现代网球运动都有许多相似之处。因此，有人把它看作网球运动的原始形态。起初的网球只是由两个半球填充草、树叶或头发等制成的，后来随着网球运动的不断发展，球的制作也越来越讲究。

二、网球的发展

14世纪中叶，法国的一位诗人把这种球类游戏介绍到法国宫廷，作为皇室贵族男女的消遣。当时玩这种游戏，场地是宫廷内的大厅，没有网也没有球拍，球是用布卷成圆形后再用绳子绑成的。场地中间架起一条绳子为界，以两手为球拍，把球从绳上丢来丢去，法语叫作"Tenez"，英语叫作"Take it! Play"，意即"抓住！丢过去"。今天的"网球"（tennis）一词即来源于此。不久，木板的球拍用来代替两手拍球。16世纪初，这项球类游戏被法国国民发现，很快传播到各大城市，同时得到改良。球制造得比较耐用，拍子由木板改为羊皮板，拍面面积放大，拍柄也加长。场地中间的绳子，增加无数短绳子，向地面垂下，球从绳子下面经过时，可以被明显地发觉。后来，这项球类运动被法国国王路易下令禁止，并规定这是宫廷中的特权游戏。

从1879年开始，出现了网球男女混合双打比赛。1878年，第一次网球男子双打锦标赛在英格兰举行。1879年，第一次网球女子单打和混合双打比赛在爱尔兰举行。1884年，温布尔登增加了网球女子单打和男子双打锦标赛；1913年又增加了网球女双和混双锦标赛。1881年，世界上出现了第一个全国性的网球协会，即美国全国草地网球协会（“全国”两字于1920年取消）。该协会于当年8月31日至9月3日，在罗得岛纽波特港举行第一届美国草地网球男子单打和男子双打锦标赛，采用了温布尔登的比赛规则，参加比赛的有26人。美国全国草地网球协会主席德怀特和美国男单冠军西尔斯，也是最早参加温布尔登锦标赛的海外运动员。1887年，开始举行美国草地网球女子单打锦标赛，女子双打和混合双打分别开始于1890年和1892年。1891年，法国首次举行网球男子单打和男子双打锦标赛，参加者限于法国公民，女子单打始于1897年。

1904年，澳大利亚草地网球协会成立，并于1905年开始主办澳大利亚锦标赛，设男子单打、男子双打两个项目；1922年又增加了女子单打、女子双打和混合双打三项比赛。法国网球锦标赛、英国温布尔登网球锦标赛、美国网球锦标赛和澳大利亚网球锦标赛合在一起是世界上最有声望的“大满贯”网球锦标赛。任何一名选手或一组双打选手能在同一赛季中赢得这四个锦标赛的冠军，便获得“大满贯”优胜者的荣誉。

1913年3月1日，澳大利亚等12个国家的网球协会代表在巴黎成立了国际网球联合会（ITF），协调国际网球活动，安排全年比赛日程表，修订网球规则并监督其执行。1919年，抽签采用“种子”制度。1927年，英国首创无缝网球，使球速加快。从1945年至20世纪60年代，网球趋向职业化。1963年，开始举办女子团体赛——联合会杯。1968年，温布尔登首先实行不区分业余选手和职业选手的参赛制度。1972年，国际男子职业网球协会成立。1973年，国际女子网球协会成立。1896年在雅典举行的现代第一届奥运会上，网球男子单打与双打被列为正式比赛项目。后来，由于国际奥委会和国际网球联合会在“业余运动员”问题上有分歧，已经连续进行了七届的奥运会网球比赛项目被取消。直到在1984年的洛杉矶奥运会上，网球才被列为表演项目。在1988年的汉城奥运会上，网球重新被列为正式比赛项目。

因为原始的网球运动起源于宫廷，所以计分方法就地取材是可以理解的。人们拿可以拨动的时钟来计分，每得一次分就将时钟转动四分之一，也就是15分，同理，得两次分就将时钟拨至30分。这就是15分、30分的由来。至于40分，比较怪异，它不是15的倍数。这是因为在英文中，15分念作“fifteen”，为双音节，而30分念作“thirty”，也是双音节，但是45分，英文念作“forty-five”，变成三个音节。当时英国人觉得有点儿拗口，也不符合方便的原则，于是就把45分改成同为双音节的40分（forty）。这就是看起来不合逻辑的40分的由来。虽然这样的计分方法看起来有些奇怪，但仍沿用至今，毕竟大家都已经习惯了这种来自宫廷的计分方法。

三、我国网球运动的发展

新中国成立后，我国网球运动在起点低、基础差、交往少的情况下逐渐发展：1953年在天津首次举办了包括网球在内的四项球类运动会（篮球、排球、网球、羽毛球）；1956年举办全国网球锦标赛；后来全国网球等级联赛定期举行，并实行升降级制度；还定期举办全国网球单项比赛、全国硬地网球冠军赛、全国青少年网球比赛；近年来又举办了巡回赛；另外，还举办老年网球赛、高校网球赛、少年网球赛。这些比赛对网球技术水平的提高起到了积极的推动作用。

2000年以后，中国网球取得了显著的成绩，在女子网球方面表现尤为突出。

在2004年雅典奥运会上，李婷、孙甜甜在女双比赛中夺得金牌。这是中国网球历史上的首枚奥运金牌。

在2008年北京奥运会上，郑洁、晏紫在女双比赛中获得铜牌，李娜在女单比赛中历史性地闯入四强。

李娜夺得2011年法网和2014年澳网女单冠军，成为中国乃至亚洲首位获得大满贯单打冠军的选手。

在2024年巴黎奥运会上，郑钦文在女单比赛中夺得金牌。这是中国网球历史上的首枚奥运会单打金牌。此外，王欣瑜、张之臻在混双比赛中获得银牌。

中国网球在2000年以后取得了显著的进步，尤其是在女子网球方面，李娜、郑钦文等选手在国际赛场上屡创佳绩。男子网球虽然相对落后，但也有张之臻等选手在ATP巡回赛和奥运会中取得突破。未来，随着更多青年才俊的崛起，中国网球有望在国际舞台上取得更大成就。

第二节　国际主要网球赛事介绍

一、男子比赛

（一）大满贯

由ITF主办的四大网球赛事，级别最高，奖金总额超过2000万美元，冠军可以获得1000分的排名积分。

1923年，ITF将澳大利亚网球公开赛、法国网球公开赛、温布尔登网球锦标赛和美国网球公开赛定为四大世界公开赛，俗称四大满贯赛。

1.澳大利亚网球公开赛

澳大利亚网球公开赛始创于1905年，是四大世界公开赛中最迟创建的赛事，但是每年最早开赛，于1月底至2月初在墨尔本举行。

2.法国网球公开赛

法国网球公开赛始创于1891年，比温布尔登网球锦标赛晚14年，通常在每年5月至6月举行。

3.温布尔登网球锦标赛

温布尔登网球锦标赛也称“全英草地网球锦标赛”，创办于1877年7月，是现代网球史上最早举办的比赛，每年6月底至7月初举行比赛。

4.美国网球公开赛

美国网球公开赛，其历史地位仅次于温布尔登网球锦标赛。它始创于1881年，为硬地球场。

（二）大师赛

由ATP主办的最高水平的9项网球大师赛，级别仅次于大满贯，冠军可获得500分的排名积分。网球大师赛是ATP设立的年终总决赛，只有当年排名前八的网坛顶尖好手才有资格参加这项奖金总额高达500万美元的赛事。

（三）黄金巡回赛

由ATP主办的较高水平的网球赛事，级别次于大满贯和大师赛，按奖金和排名积分分为两个级别。

（四）国际巡回赛

由ATP主办的普通级别的网球赛事，级别低于大满贯、大师赛和黄金巡回赛，按奖金和排名积分分为四个级别。

二、女子比赛

（一）大满贯

由ITF主办的四大网球赛事（澳大利亚网球公开赛、法国网球公开赛、温布尔登网球锦标赛、美国网球公开赛），级别最高，奖金总额超过2000万美元，冠军可以获得1000分的排名积分。

（二）WTA年终总决赛

WTA年终总决赛诞生于1972年，是女子网坛最高水平的赛事。刚开始时WTA总决赛采取16人的淘汰赛制，从1977年起改为8人小组循环赛制，进入90年代后再次改为淘汰赛制。2003年，这项横跨欧美大陆的赛事又恢复到类似大师杯的小组循环赛制。

第三节 网球基本技术

一、握拍方法

当球触到球拍弦线时，击球者的球感是通过握拍感受到的。不同的握拍方法具有不同的击球方式。正确的握拍方法会使击球者感到球拍是其手臂的延伸和手掌的扩大，并且能保证击球的效果和质量。没有最好的握拍，只有最合适的握拍，这取决于击球的需要。本节将介绍大陆式握拍法、东方式握拍法、半西方式握拍法、西方式握拍法、东方式单手反手握拍法和双手反手握拍法（以右手持拍为例）。

从球拍底部看，球拍可分成上、下平面，左、右侧面（竖面1、竖面2），以及4个斜面（见图10-1）。

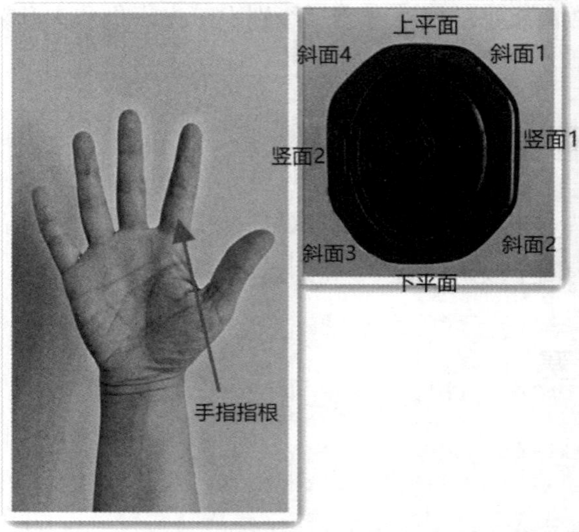

图10-1　食指指根、球拍底部截面

（一）大陆式握拍法

大拇指和食指形成的“V”字形虎口对准拍柄上平面，拇指环绕拍柄，与食指、中指接触，拍柄底部与手掌根部齐平，和我们与别人握手姿势一样（见图10-2）。拍面与地面垂直。大陆式握拍法适合发球、截击球、高压球、削球以及防守球。

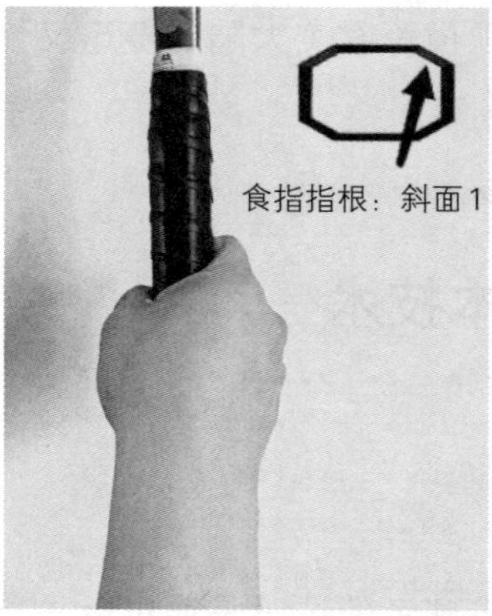

图10-2　大陆式握拍法

（二）东方式握拍法

使“V”字形虎口对准拍柄上平面与左上斜面的交界线处，手掌根部贴住右上斜面，把食指指根放在竖面1上（见图10-3）。东方式握拍法用于正手抽球。这种握拍法可以打出很大力量的穿透性平击球。东方式握拍法适用于初学者，可以更容易找到击球的感觉。

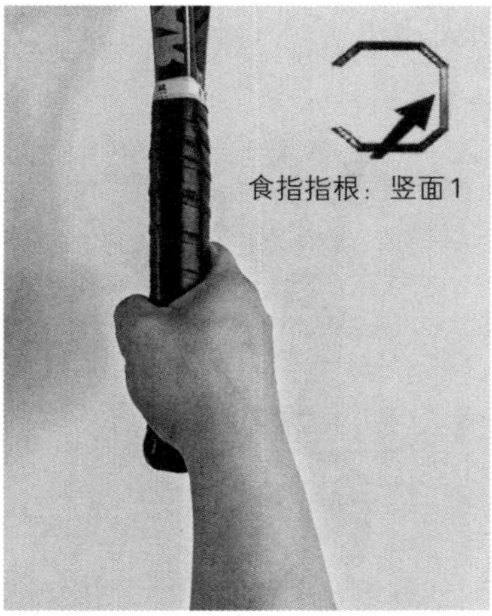

图10-3　东方式握拍法

（三）半西方式握拍法

把“V”字形虎口对准拍柄右上斜面与右垂直面交界线上，拇指指根在斜面2上（见图10-4）。在职业网球中，底线力量型选手多采用这种握拍法。相对于东方式握拍法，这种握拍法可以打出更多上旋球，更容易过网，路线控制较好，很适合打上旋高球和小角度的击球，也可以打出更远的平击球。这种握拍法在身体前部击球比东方式握拍法更高、更远，因此更有利于控制高球。

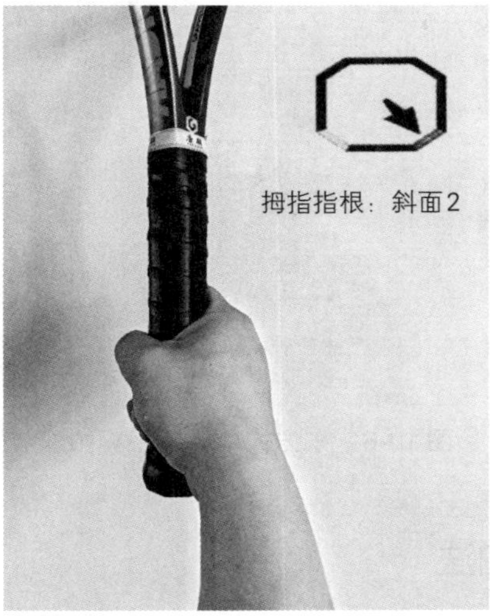

图10-4　半西方式握拍法

（四）西方式握拍法

把“V”字形虎口对准拍柄的右垂直面，食指指根放在下平面上（见图10-5）。这种握拍法有利于拍面强烈地击球的后部，使球向前冲劲较大，落地弹起较高，更容易回击击球点高的来球。

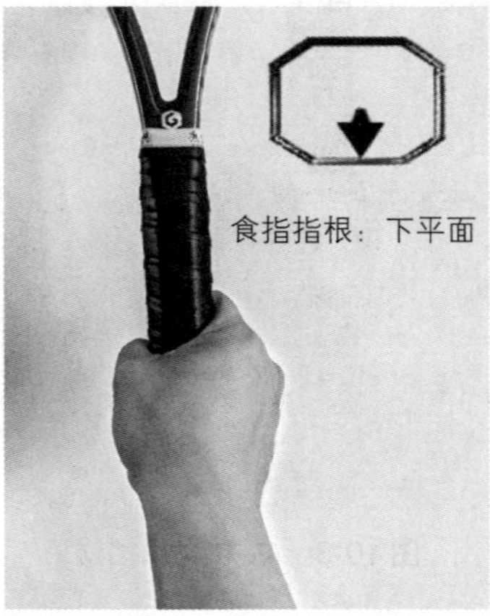

图10-5　西方式握拍法

（五）东方式单手反手握拍法

把“V”字形虎口对准拍柄左上斜面，食指关节放在上平面上（见图10-6）。这种握拍法可以给手腕提供稳定性，可以在回击时打出旋转球，或打出有穿透力的球。这种握拍法由大陆式握拍法稍做调整即可，削球或在网前截击时比较轻松。

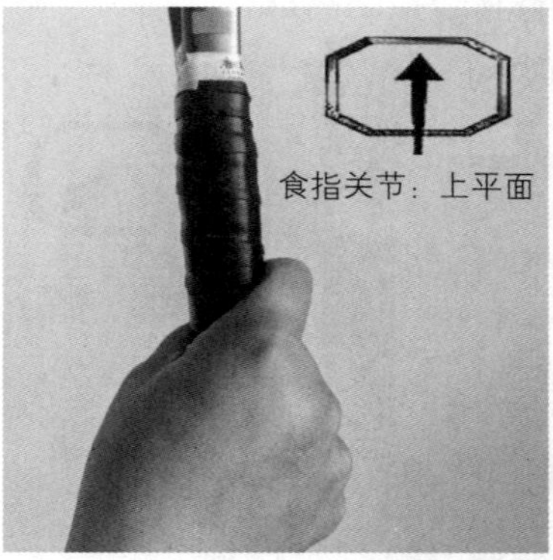

图10-6　东方式单手反手握拍法

（六）双手反手握拍法

右手握在拍柄底部，手掌根部与拍柄底部对齐，左手握在右手的上方（见图10-

7）。这种握拍法对手臂力量不足或双手协调性较差的球员来说击球比较容易，动作隐蔽性强，适合处理低球，回球力量较大。

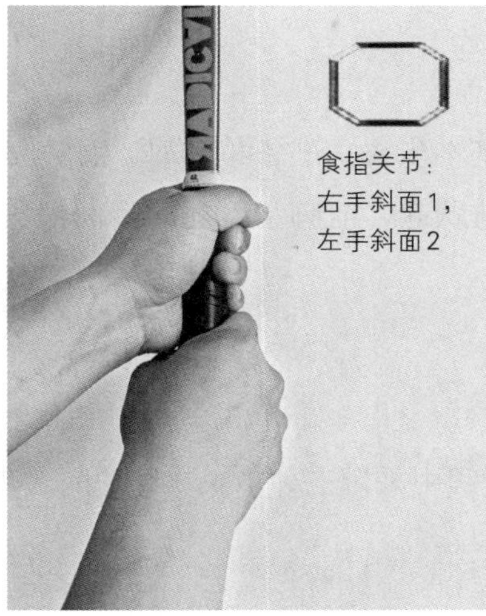

图10-7 双手反手握拍法

二、移动步法

移动步法在网球运动中占有非常重要的地位，技术动作都要有步法的配合。击球者要想进行准确、有效的击球，就必须依靠快速、正确、合理的移动步法，使身体快速移动到合适的击球位置，完成击球。网球移动步法讲究灵活、实用，主要包括跳步、交叉步、滑步、分腿垫步等。

（一）跳步

跳步用来保持身体灵活性，为身体向任何方向快速移动做好准备。双脚左右开立，膝关节弯曲，降低身体重心。双脚蹬地，稍微跳离地面，重心放在前脚掌上，保持肌肉适度紧张。

（二）交叉步

双脚呈交叉状向侧面跨步移动。向右侧移动时，先向右脚前跨出左脚；向左侧移动时，先向左脚前跨出右脚。此步法常用于处理距离较远而需要做出大幅度移动的球。

（三）滑步

两脚平行站立，向左滑步时，左脚先向左侧迈出一步，同时右脚蹬地迅速跟上，做滑步动作。滑步移动时，身体重心变化快而移动速度较慢，通常在来球距体侧较近或短距离回位时采用滑步移动。

（四）分腿垫步

分腿垫步属于击球的基本步法，准备移动时，身体呈两脚分立姿势，判断好球后，在吸气的同时双脚向前跃起，前脚掌着地的瞬间呼气，然后向移动的方向蹬地迈步。

三、击球步法

在击落地球和截击球过程中采用三种步法，即关闭式步法、开放式步法、半开放式步法。

（一）关闭式步法

做好准备姿势，以前脚掌为轴，身体右转，左脚向右前方45°跨步（见图10-8）。

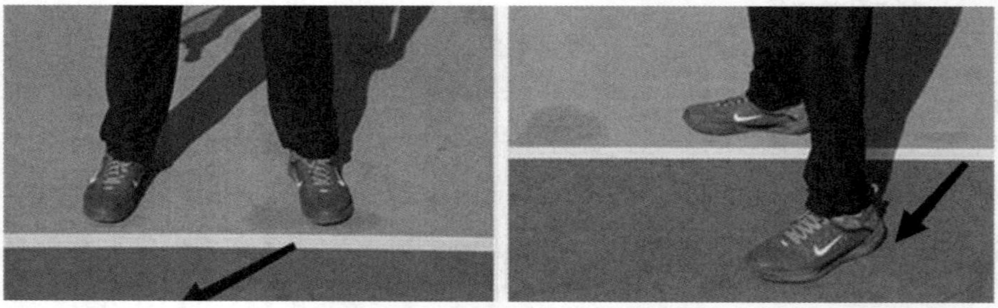

图10-8　关闭式步法

（二）开放式步法

做好准备姿势，以前脚掌为轴，身体右转，直接向右转髋、转肩（见图10-9）。

图10-9　开放式步法

（三）半开放式步法

半开放式步法调整脚步时，左脚介于关闭式和开放式之间；击球时，发力基本同开放式步法（见图10-10）。

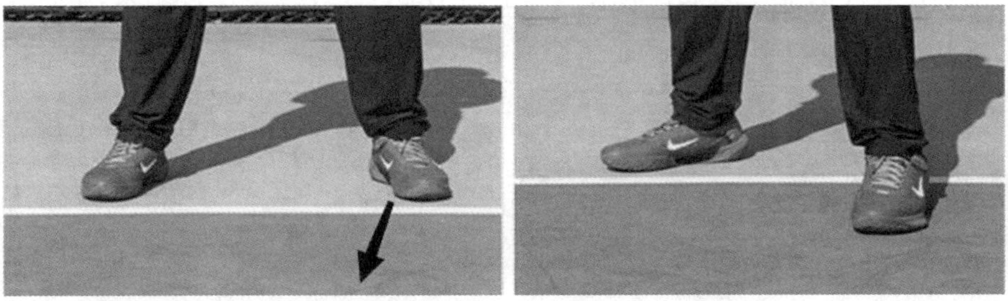

图10-10　半开放式步法

四、正手击球

正手击球是网球最基本、最主要的技术之一，是初学者最先学习的击球技术，是网球基本技术中最常用的击球方法。正手击球，击球有力、速度快，是最有利的进攻手段。

（一）基本技术

正手击球由准备姿势、转体引拍、挥拍击球和随挥4个基本环节组成。

1.准备姿势

面对球网，双脚向前自然分开，与肩同宽，双膝微屈放松，身体略向前倾，重心落在双脚的前脚掌上，右手握拍，左手轻托拍颈，双肘微屈，球拍自然地放在身前，拍头稍高于拍柄并指向前方，双眼注视着对方来球（见图10-11）。

2.转体引拍

判断来球方向，脚步移动到位，向右转肩，转髋带动球拍向后引拍，左肩对着来球方向。转体引拍时，肘部弯曲、自然下垂，拍头一般高于持拍手，手腕放松，左手伸向前方指向来球，保持身体平衡。后摆引拍时，重心移向右脚，将拍头指向场地后方（见图10-12）。

3.挥拍击球

击球时，右脚蹬地，转动身体，重心移至左脚，以肩关节为轴，带动手臂，手腕后伸并固定，沿着来球轨迹挥出（见图10-13）。

4. 随挥

球触拍后，挥拍沿着球飞行的方向向前送，重心向前移至左脚，身体随着转向球网，挥拍动作在左肩上方结束，肘关节向前，拍形固定不变。随挥结束，恢复预备姿势（见图10-14）。

图10-11　正手击球之准备姿势

图10-12　正手击球之转体引拍

图10-13　正手击球之挥拍击球

图10-14　正手击球之随挥

（二）正手击球类型

从球的旋转分类，网球正手击球有上旋球、下旋球、平击球等不同旋转打法。不同的击球方法会导致不同的飞行轨迹和反弹效果（见图10-15）。

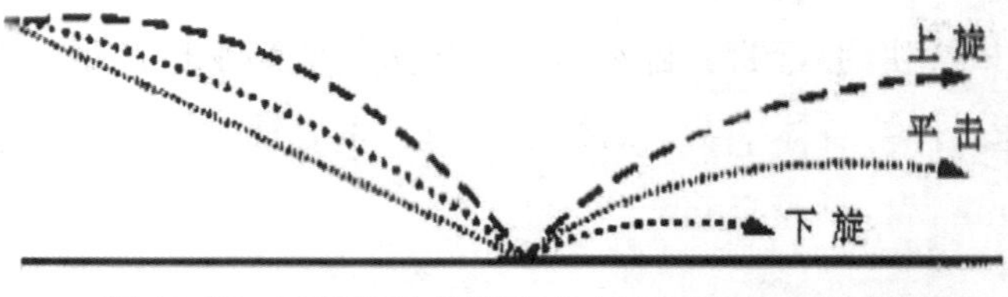

图10-15　不同打法的球在空中飞行及落地后示意图

1. 正手上旋球

正手上旋球的飞行轨迹先呈向上弧线，随后迅速下降，落地后反弹很高。正手上旋球的特点是飞行弧线高，下降快，落地后反弹高而远，前冲力较大。正手上旋球便于用力控制，是正手击球中既能发力，又能减少失误的击球方法。因此，正手上旋球是目前网球选手普遍使用的击球方法。

判断来球方向，快速转肩引拍，持拍手臂放松，向后引拍，球拍指向球场后端的挡网，拍底正对球网，拍头位置尽量低于击球点，开放式步法击球，左肩对着击球方向，尽量保持侧身击球，同时左手一定要随着侧身转体指向前方的来球。击球时应以肩关节为轴，用力蹬腿，转动身体，手腕固定，在身体右前方由下往上击球。击球时拍面与地面垂直，眼睛看着击球点，左手留在前面以获得左侧支撑，用大臂带动小臂。使球拍以较大的角度由下向上、向前提拉挥拍，击球后中部，挥拍至左肩后方（见图10-16、图10-17、图10-18、图10-19）。

图10-16　正手上旋球分解动作一

图10-17　正手上旋球分解动作二

图10-18　正手上旋球分解动作三

图10-19　正手上旋球分解动作四

动作要点：

（1）手腕与手背形成一定的角度，击球前拍头有明显的下降过程，能够充分向上提拉拍头。

（2）击球时，转肩向后引拍速度要快，挥动拍头速度要快。

（3）采用开放式步法，要加大转体力度，便于腰部发力。

2. 正手平击球

正手平击球的特点是旋转力度小、空中飞行弧度小、速度快，有较强的攻击力，球沿着垂直于拍面的方向飞出。

正手平击球动作方法基本同正手上旋球，迅速转体向后引拍，拍头对着身后，左脚向前迈出一步，击球时手腕固定，挥拍方向和出球方向一致，表现为推送球（见图10-20、图10-21）。

动作要点：

（1）东方式的推送动作更能体现出平击球的特点。

（2）正手平击球引拍位置基本平行于击球点的高度。

（3）充分利用蹬腿和腰部的力量及肩部积极前送。

图10-20　正手平击球分解动作一

图10-21　正手平击球分解动作二

3. 正手下旋球

正手下旋球的特点是使球从右后上方至前下方产生旋转，球过网低而平，球落地后弹起也较低，并伴有回旋。

正手下旋球一般采用大陆式握拍。当球来时，引拍转体，重心落在右脚，球拍高于击球点，拍面向上打开，由后上方向前下方挥拍，击球的后下方。击球后，球拍沿击球方向送出，拍头随球挥至身体左侧（见图10-22、图10-23、图10-24、图10-25）。

图10-22　正手下旋球分解动作一

图10-23　正手下旋球分解动作二

图 10-24　正手下旋球分解动作三

图 10-25　正手下旋球分解动作四

动作要点：

采用大陆式握拍法，尽早后摆引拍，控制拍面，绷紧手腕。

五、反手击球

反手击球是网球技术中最重要的击球方法之一。反手击球的许多动作要领与正手击球相似，只是方向相反。

（一）基本技术

反手击球分为单手反手击球和双手反手击球。击球技术由准备姿势、转体引拍、挥拍击球和随挥四个环节组成。

1. 准备姿势

面对球网，双脚自然开立，与肩同宽，屈膝，重心在前脚掌上，左手扶拍颈，拍面垂直于地面。

2. 转体引拍

判断来球方向，移动到位，转肩的同时，重心移至左脚，右脚随着身体向左后方转动，做向前上步动作，形成关闭式步法。

3. 挥拍击球

击球时，左脚蹬地向右转动身体，由下向上、向前挥拍。击球时，手腕固定，拍面垂直于地面，击球的后中部。

4. 随挥

反手击球后，球拍随球前送。单手击球的右手挥拍至头的高度，左手向后伸展，两臂展开，胸部朝向球场左前方，身体重心移至右脚。双手反手击球，挥拍至右肩上方。

（二）反手击球类型

1. 单手反手下旋球

俗称“削球”，属于防守性击球技术。它可以调整比赛节奏，可以打出平而低、落点多变的球，使对手不易还击。削球的动作小，控制范围大，主要是借对方来球之力将球削出。

反手下旋球的握拍采用大陆式握拍法。后摆引拍时，左手扶拍颈向左后引拍，拍头高于肩部，肘关节靠近身体，重心位于左脚。击球时右脚向左前方跨出，拍面后仰，向前下方挥拍击球的中部或后下部，重心前移，眼睛盯住球。让球拍随球击出的方向继续向前下方挥出，自然地将拍子挥到肩部或头部的高度，不要突然停止或把球拍提拉起来（见图10-26、图10-27、图10-28、图10-29）。

图10-26　单手反手下旋球分解动作一

图10-27　单手反手下旋球分解动作二

图10-28　单手反手下旋球分解动作三

图10-29　单手反手下旋球分解动作四

动作要点：

（1）转体、转肩迅速，拍头高于肩部。

（2）向下、向前挥拍，要有向前推送的动作。

（3）击球轨迹和身体重心由上而下。

2. 反手平击球

反手平击球与正手平击球的特点基本相同，球速较快，空中平直飞行，但失误较多。反手平击球一般采用东方式反手握拍法。反手平击球要求击球点判断准确，转体快，拍头低于击球点，快速挥拍击球的后中部。

3. 单手反手上旋球

单手反手上旋球的特点是空中飞行弧线较长，落地反弹力较强，便于落点控制。单手反手上旋球要求击球前引拍时拍头要低，形成较大的挥拍路线，向前、向上随球挥拍，动作完成时拍头指向天空。

4. 双手反手上旋球

双手反手握拍法具有准确、隐蔽、有力、动作变形小的特点，稳定性较好。双手反手击上旋球发力比较容易，可以弥补反手击球力量不足的缺点。双手反手上旋球的弱点是控制范围小，要求脚步移动更快。

反手击球时，快速转体引拍，使用关闭式步法，靠肩转动使手臂后拉，手腕要固定，身体重心移至左脚，双膝微屈。挥拍时，快速蹬腿转腰，击球的后中部，盯球。向前上方挥拍，重心前移至右脚。随挥动作是由转动上体、挥球拍到右肩上方组合的动作（见图10-30、图10-31、图10-32、图10-33）。

图10-30 双手反手上旋球分解动作一

图10-31 双手反手上旋球分解动作二

图10-32 双手反手上旋球分解动作三

图10-33 双手反手上旋球分解动作四

动作要点：

（1）双手反手的向后引拍简单，幅度小。手臂要随转体自然向后拉拍。

（2）向前挥拍时，重心前移。

（3）挥拍时，尽量保持拍面持续垂直于地面，并沿着由下向前、向上的轨迹挥动。

六、发球技术

（一）技术特点与作用

在网球技术中，发球是最重要的技术之一。它是网球比赛中唯一由自己掌握而不受对方影响的技术，发球的好坏直接影响发球分的得失。因此，掌握良好的发球技术对初学者来说非常重要。

（二）基本技术

1. 握拍

发球的握拍方法一般采用大陆式握拍法，也可采用东方式反手握拍法。

2. 准备姿势

全身放松，侧身站在底线处，左肩对着发球区，双脚分开，站距与肩同宽或略宽于肩，重心在两脚之间，左脚与底线约呈45°角，右脚与底线平行。右手持拍，拍子自然放于身前，左手持球，用左手拇指、食指及中指托住球，无名指和小指自然触球，掌心向上放于拍颈处（见图10-34）。

3. 抛球

抛球和后摆引拍同时进行，手持球自下而上将球抛起，手臂为直臂，掌心向上，以拇指、食指、中指将球平稳托起。身体做转体、屈膝、展肩动作，重心下降同时移至左脚。球抛起后，左手指向球，右手举拍，拍头指向天空，身体呈背弓状（见图10-35）。

球抛到空中的高度不低于持拍伸直手臂所触及的高度，具体高度根据个人情况而定。

4. 挥拍击球

球拍向上摆起，肘关节放松，身体向前转动，拍头下垂，指向地面。球下降接近击球点时，双脚蹬地，转体，身体和手臂充分伸展。击球时，手臂外翻，向内回转，形成“鞭打”动作（见图10-36）。

5. 随挥

击球后，身体及挥拍保持连续完整的向上、向前动作，在身体左侧结束。重心前移，保持身体平衡（见图10-37）。

图 10-34　发球之准备姿势

图 10-35　发球之抛球

图 10-36　发球之挥拍击球

图 10-37　发球之随挥

（三）常见的发球方法

1. 平击发球

平击发球是球速最快的发球法，以平行于球网的拍面击球的后中上部，使球平直飞行，发出的球力量大、速度快、威胁大，但是准确度要求高，多用于第一次发球（见图 10-38）。

动作要点：

（1）在身体的右前上方抛球，击球点在身体向上伸展的最高点。

（2）引拍时，身体呈背弓状。

（3）击球时前臂内旋，经身体前侧，到身体左侧结束。

2. 上旋发球

发上旋球过网弧度高，落地反弹高，发力越强，旋转幅度越大，弧度越大，命中率越高，可以限制对手回球，常用于第二发球（见图10-39）。

动作要点：

（1）抛球位置在头部后面偏向左侧，身体尽量后仰成弓形。

（2）球拍快速从左向右上方挥动，由下而上擦击球的后中部，让球旋转。

（3）手腕的扣击动作明显。

3. 切削发球

切削发球是经常被采用的发球方法。切削发球带有侧旋力，球落地后向外侧跳。发球球速较快，准确度很高（见图10-40）。

动作要点：

（1）抛球到右侧斜上方。

（2）快速从右侧中上方至左下方挥动，击球部位在球的中部偏右侧，使球右旋转。

（3）随挥充分。

图10-38　平击发球

图10-39　上旋发球

图10-40　切削发球

七、接发球

（一）技术特点与作用

接发球技术是指还击对方发球的技术。接发球是网球运动的基本技术之一，也是最难掌握的技术之一，是球员必须掌握的一项技术。接发球技术水平的高低直接影响比赛的胜负。在接发球中，球员要选择正确的击球方式，为自己创造有利条件，如果接发球质量差，会给对方得分的机会。

（二）基本技术

1. 握拍

要根据对手发球的技术特点来选择自己的握拍方法，身体放松，变换握拍方法要迅速。

2. 准备姿势

两脚自然开立，两膝微屈，上体稍向前倾，两臂屈肘，两手持拍置于腹前，将拍头向上，身体重心放在两脚前脚掌上。从对方抛球开始，眼睛盯住球，重心提高，两脚交替跳动，做出击球准备。接发球站位在左右落点连线夹角的分角线上，前后站位根据对方发球方式和力量大小确定，接一发或大力发球应在底线后部站立，接二发或其他发球可在底线靠前位置站立（见图10-41、图10-44）。

3. 击球

判断来球，及时移动，击球时，控制好球拍拍面，手腕固定，握紧球拍。击球后迅速回位，准备再次击球。球员在接发球时不要刻意发力，在放松状态下将动作做出来即可（见图10-42、图10-43、图10-45、图10-46）。

图10-41　正手接发球之准备姿势

图10-42　正手接发球之击球1

图10-43　正手接发球之击球2

图10-44　反手接发球之准备姿势

图10-45　反手接发球之击球1

图10-46　反手接发球之击球2

八、截击球

（一）技术特点与作用

截击球是对方来球没落地前，在空中将球击回对方场地。截击球技术是一种攻击性击球方法。截击球回球速度快，力量大，威胁大。

（二）基本技术

1. 握拍

截击球时一般使用大陆式握拍法。大陆式握拍法可以节省变换握拍方式的时间，提高自己的注意力。

2. 准备姿势

面对球网，双脚向前自然分开，与肩同宽，双膝微屈，上身保持前倾，采用大陆式握拍法，球拍放在身前，拍头向上，重心落在前脚掌，用垫步进行调整。

3. 转体引拍

转体迅速、幅度小。引拍时，手腕固定，拍头高于手腕。

4. 前挥击球

击球时，相反方向的腿向击球方向跨出，手臂伸展，重心前移，击球点始终在身前，拍面对着来球。击球时手腕、肘关节固定，利用身体转动和重心前移产生的力量击球。

5. 随挥跟进

击球后，手臂继续向前跟进，推送动作明显。

（三）常见的截击球技术

常见的截击球技术有正手截击球、反手截击球、高位截击球、低位截击球等。

1. 正手截击球

正手截击球时，采用交叉步法，重心移至右脚，同时转体引拍，手臂伸展，手腕固定，身体保持平衡。在截击过程中要控制好拍面，随着对方来球的高度进行变化，拍面垂直向前向下击球（见图10-47、图10-48、图10-49、图10-50）。

图10-47 正手截击球分解动作一

图10-48 正手截击球分解动作二

图10-49 正手截击球分解动作三

图10-50 正手截击球分解动作四

2. 反手截击球

反手截击球时，重心移至左脚，同时左手向后拉球拍，右手随着完成转体引拍，右手手臂伸展，手腕固定，身体保持平衡，拍头保持高于手腕。挥拍击球时，左手向后伸，球拍向击球方向做推送动作（见图10-51、图10-52、图10-53）。

图10-51 反手截击球分解动作一

图10-52 反手截击球分解动作二

图10-53 反手截击球分解动作三

3. 高位截击球

高位截击球是指来球较高，且低于高压球的高度时所采用的技术。击球时将拍头举起，高于头部，手腕固定，重心前移到击球方向，拍面进行短暂的撞击，保持身体平衡。

4. 低位截击球

低位截击球是指来球低于网带，接近地面时所采用的技术。击球时屈膝，降低身体重心，身体保持前倾，拍头平行或高于手腕，拍面向上倾斜，向击球方向推送，击球点在身体前方。

九、挑高球

（一）技术特点与作用

挑高球技术是防守技术，但对水平高的球员来说也是一种进攻技术。挑高球是将球向高空挑起，越过对方头顶，落到对方身后，让自己从被动中得分或过渡。挑高球技术具有弧度高、下坠急的特点，是破网前的有效手段。

（二）挑高球技术

1. 上旋挑高球

上旋挑高球动作与正反手上旋击球动作基本一样，完成引拍动作时手腕后屈，挥拍击球时拍面垂直于地面，拍头低于手腕，击球的中后部，利用手腕和手臂向上提拉（见图10-54、图10-55、图10-56、图10-57）。

图10-54 上旋挑高球分解动作一

图10-55 上旋挑高球分解动作二

图10-56 上旋挑高球分解动作三

图10-57 上旋挑高球分解动作四

2. 下旋挑高球

下旋挑高球飞行弧线高，比上旋挑高球容易控制。打下旋挑高球时拍面向上，重心下降，与正、反拍击下旋球动作基本一致，击球的中下部，随挥动作伸展充分（见图10-58、图10-59、图10-60、图10-61）。

图10-58　下旋挑高球分解动作一

图10-59　下旋挑高球分解动作二

图10-60　下旋挑高球分解动作三

图10-61　下旋挑高球分解动作四

十、放小球

（一）技术特点与作用

放小球技术是一种战术手段，当对方站在底线或远离底线时，将球击到对方网前，让其在没有准备、不能及时到位时，自己得分。另外的目的是，面对网前技术较差的球员，吸引对方来到前场创造自己得分的机会。通过放小球可以有效调动对方球员，造成对方被动，具有很好的隐蔽性和突然性。在比赛中掌握放小球技术可以让自己技术多样化。

（二）技术要领

放小球一般采用大陆式握拍法，用正反手引拍，增加隐蔽性，球拍后引，球拍高于击球点，击球的中下部，动作与截击球相同，拍面向上，随挥动作小（见图10-62、图10-63、图10-64、图10-65、图10-66、图10-67）。

图10-62　放小球分解动作一

图10-63　放小球分解动作二

图10-64　放小球分解动作三

图10-65　放小球分解动作四

图10-66　放小球分解动作五

图10-67　放小球分解动作六

十一、高压球

（一）技术特点与作用

高压球是针对挑高球的一项进攻性技术。高压球技术可以增强上网截击的信心，同时增强攻击威力。

（二）技术要领

1.准备姿势

高压球采用大陆式握拍法，双脚一前一后站立，选择最佳击球位置，左手向上指，右手持拍至头部，向后引拍，重心移至后脚，动作与发球动作大致相同，只是比发球动作更加简短（见图10-68）。

2. 挥拍击球

判断击球点移动到位，和发球击球时一样，击球点在头部上方，双脚蹬地、转体、收腹完成击球，手臂伸展，前臂向外转，扣腕（见图10-69）。

3. 随挥

高压球随挥动作与发球相同，击球后跟进，右脚向前跨出，准备截击（见图10-70）。

图10-68　高压球分解动作一

图10-69　高压球分解动作二

图10-70　高压球分解动作三

十二、反弹球

（一）技术特点与作用

反弹球是球落地刚刚弹起，抢先击球的技术。这是比赛过程中，球员来不及移动，球打在脚下，被迫还击的技术。反弹球击球点低，难度大，属于过渡球。

（二）反弹球技术类型

1. 正手反弹球

一般采用大陆式握拍法或东方式反手握拍法，判断来球，向右转体，迅速下蹲，降低重心，球拍放低，拍子与地面平行，当球反弹时击球的中后部，拍子由下向上击球，随挥动作幅度小（见图10-71、图10-72、图10-73、图10-74）。

图10-71 正手反弹球分解动作一

图10-72 正手反弹球分解动作二

图10-73 正手反弹球分解动作三

图10-74 正手反弹球分解动作四

2. 反手反弹球

一般采用大陆式握拍法或东方式反手握拍法，判断来球，向左转体，迅速下蹲，降低重心，与正手反弹球一样，同时必须保持身体平衡，击球时眼睛必须看球，拍子由下向上击球，球拍的速度逐渐减慢，随挥动作幅度小（见图10-75、图10-76、图10-77、图10-78）。

图10-75 反手反弹球分解动作一

图10-76 反手反弹球分解动作二

图10-77　反手反弹球分解动作三

图10-78　反手反弹球分解动作四

第四节　网球技术、战术练习

一、正反手击球练习方法

（一）单人练习方法

1. 对着镜子进行徒手挥拍练习，熟练掌握正反手挥拍技术。

2. 在底线站立，身体对着球网，自己抛球，当球落下弹起至腰部时，正手击球，练习一定次数。

3. 在底线站立，身体对着球网，自己抛球，当球落下弹起至腰部时，反手击球，练习一定次数。

4. 在底线站立，自己抛球，正手击球过网。

5. 对墙站立，距离稍远，正反手对墙进行连续击球练习。

（二）两人练习方法

1. 两人底线站立，一人抛球，一人进行正手击球练习，击球人左脚位置不能超过抛球落点，连续击打一定次数后两人交换。

2. 两人底线站立，一人抛球，一人进行反手击球练习，击球人右脚位置不能超过抛球落点，连续击打一定次数后两人交换。

3. 小场地练习，两人在发球区内隔网进行正反手练习，挥拍不发力，让球落在发球区内。

（三）发球练习方法

1. 在发球区线后站立，向对面发球区发球，体会向下挥拍击球的感觉。熟练后向后移动2—3米，继续练习，直至移动到底线处练习发球。

2. 距离墙壁6—8米，进行发球练习，主要体会动作，技术提高后移至11米处进行发球练习。

3. 在对面发球区的内角、外角和中间位置分别摆放物体作为目标。发球练习时，将球发向目标。

（四）接发球练习

1. 接发球脚步练习，当对手抛球至空中时，脚步小幅度跳动，转身挥拍击球。

2. 接发球人站在底线和单打线位置进行练习，对方发球不发力，让接发球方有准备时间，技术提高后增加发球力量。

3. 对面场地中设立三个目标，接发球练习时将回球打到三个目标的位置。

（五）截击球练习

1. 单人练习方法

（1）对着镜子进行正反手截击动作练习。

（2）对着墙练习，距离墙2—3米，进行正手截击练习，注意拍面和动作的规范性。

（3）方法同上，进行反手截击练习。

（4）技术提高后，增加与墙的距离，进行正反手截击球练习。

2. 两人练习方法

（1）两人距离3—4米，一人用球拍向上颠球三次后，将球传给同伴；同伴接到球后同样向上颠球三次，再传回。

（2）两人距离4—5米，进行正反手截击球练习，注意控制拍面和力量。技术提高后增加距离。

（3）一人位于网前，一人位于底线，网前人练习正反手截击，将球送向底线；底线人正反手不发力击球，将球送到网前，进行连续截击练习。

（六）高压球练习方法

1. 对着镜子练习高压球挥拍动作，注意左手充分上指。

2.练习高压球后退、侧后交叉步移动。

3.自己抛高球，球落地后进行高压球练习。

4.同伴抛球，球不落地，进行高压球练习。

（七）挑高球练习方法

1.站在底线，自己抛球，用正反手做挑高球练习。

2.一人站在网前，一人站在底线，进行挑高球和高压球练习，不发力，尽量连续。

3.两人都站在底线，进行挑高球练习，将球落点控制在对方底线位置。

（八）放小球练习方法

1.与墙相距3—4米，分别用正反手送球上墙，球弹回落地后，轻削送球上墙，反复练习。熟练后将距离拉开，进行放小球练习。

2.两人在发球区小场地，一人做推送，一人练习放小球，然后交换练习。

3.一人位于网前，一人位于底线，网前的人将球送至底线，底线的人进行放小球练习。

二、单打战术

（一）发球

1.一般情况

对自己发球具有信心，利用发球从一开始就控制局势，变换发球位置和目标，使对方捉摸不透。

2.一发

（1）通常将球发向对手弱的一侧，不要忘记发追身球。

（2）不要用力过大，通常用70%—80%的力量即可。如是大力发球，可考虑上网截击。如用中等力量发球，要有角度，球路明确，随即掌握场上主动权。

（3）发球要稳，力求达到70%的成功率。

（4）如一发很弱，留在后场，等候对手回球，对手会击向你控制最弱的一侧。

3. 二发

（1）二发要稳，要有100%的成功率。

（2）变换旋转和速度，用二发进行攻击，不要忘记发追身球。

（3）尽量发深球，不要发近网球。

（4）如发球好，向前移动或上网截击；如二发很弱，留在后场，等待对手回球，回球可能会击向你控制最弱的一侧。

4. 球路、旋转等

（1）根据场地类型采用旋转发球，并变换发球落点，使对手捉摸不透。

（2）发左区时，发外角侧旋球；发右区时，发中路侧旋球。

（3）发平击球时，发左右区的内角；发上旋球时，发左区的内角，发右区的外角。

5. 发球上网截击

（1）多数情况下，利用良好的一发上网截击得分。

（2）沿可能的回球线路移动上网截击。

（3）关键分时，又是二发，发球上网截击不失为出奇制胜的一招。

6. 发球后击落地球

发球后移至左侧和中央位置（右手握拍型选手），用正手进攻。

（二）接发球

1. 一般情况

（1）力求将球击入场地的一个特定位置（如对手控制的弱点）。

（2）变换接发球方式，尽可能改变接发球的速度和旋转。

（3）力求判断甚至“看穿”发球方的意图（注意抛球动作），并根据发球方的站位变换你接发球的位置。

（4）对付大力发球时，采用挡球式接发球，用一个正确的转髋和转肩动作向后引拍，动作要小。接力量小的发球时要提前准备，朝球的方向斜线移动，迎上去挥拍击球。接弹跳高的发球时，提前移动，做好准备，侧身正手击球。用削球接发球是一种备用方法。

2. 一发

（1）接一发时要稳，力求不让对手一发得分。

（2）如对手留在后场，接发球时用推挡方式击打一个深的直线球，或打有角度的球，或用上旋高球送至对手反手。根据接发球的类型，上网截击，或留在后场。

3. 二发

（1）当出现机会时，应有攻击二发的意识。攻击二发时，在球上升至肩高时击球，以保持场上主动权。

（2）用侧身正手攻或跑动中正手打直线球，偶尔打一个轻吊球。

（3）对手二发时，向前移动或向反手一侧移动，侧身正手进攻。

（4）如对手上网，用一个近网上旋斜线球或深的直线球攻击对手。根据接发球类型，上网截击或留在后场。如对手留在后场，接发球时用一个深的直线球或小斜线球攻击。

（三）双方都在底线

1. 一般情况

（1）通过连续施压，迫使对手出现失误；击球位置靠近底线；要利用整个场地。

（2）坚持打深，使用斜线对拉战术，以争取时间和控制球权。采用组合击球战术（如打深的直线球后，接打对角斜线球）。

（3）用平击球和上旋球进攻，对攻时要变换节奏，可以快慢结合、长短结合、各种旋转球结合。

（4）处于被动时，多打控制球，少发力。用高而深的慢速球变换速度，接打角度刁钻或速度快的来球。

2. 击落地球

（1）正手：在3/4的场地内用正手进攻和回击所有可能的来球。

（2）反手：打斜线是为了从底线对攻，打直线是为了随球上网得分。

（3）感到紧张时，勿放小球。

3. 处于进攻

（1）力求调动对手的积极性。

（2）使用轻吊球，令对手措手不及。

4. 相持

（1）要打高而深的球和斜线球，调动对手。

（2）如对手主动打你的反手，争取朝反手方向移动，用正手攻击。

5. 处于防守

（1）打调整球化解对手的优势。

（2）打高球、深球、角度刁钻的球。

（3）跑动救起任何可能救起的球。

6. 对手移动差

（1）力求用组合击球、低球、挑高球等打乱对手的步法。

（2）当对手在跑动中或从远距离击出直线球时，你可打小斜线球。

7. 对手是一个好的底线型选手

（1）使用发球上网截击战术。

（2）要有耐心。

（3）用角度刁钻的近网削球将对手吸引到网前。

8. 对手是技术全面型选手

（1）击落地球时要准。

（2）不要出现自杀式失误。

9. 对手是上网型选手

（1）打深球和角度大的球。

（2）将对手压在后场。

（四）随球上网或在网前

1. 一般情况

（1）从中场用力准确击球，或球在上升时击球，控制局面，威胁对方。

（2）上网，令对手措手不及。

（3）随球上网，把球击向对手控制弱的一侧。

（4）截击前先跨步。

（5）不要过多地使用轻吊或空中短击，使用它们是为了将对手调至网前，或作为出其不意的战术。

（6）中场截击球要深而低，网前区截击球应有角度，短而有力。

（7）随时防备对手挑高球。

2. 中场打法

（1）截击空位得分。

（2）始终将球击向对手控制弱的一侧。

（3）随球上网，朝空位截击。

（4）如果你打出深而高的球，等候对手反应，对手回球时，上去封住穿越球。

（5）如果你挑一高球，对手不用高球扣杀，此时你应上网，但要当心对手挑高球。

（6）如果你击出一轻吊球，对手上来救球，你应上网封死角度。

（7）如果来球是一个没有威力的中场高球，用空中截击、空中扣杀或空中抽杀攻击对手。

（8）如果来球是一个齐腰高的中场球，则打深的截击球，移动至网前。

（9）如果打到你脚下的是一个低的中场球，则击深的反弹球，或直线低截击，或让球弹起后击落地球。

3. 网前打法

（1）如果是一个齐腰高的球，用你的最佳截击打空当。

（2）如果是一个近网低球，用低截击球打空当或打追身球，也可打角度刁钻的轻吊截击球。

（3）防备对手的穿越球或挑高球。

（4）如果是一个很高的慢速球，用空中截击或高压击向空当。

（5）如果是一个很高的中场球，用空中高压打空当。

（6）被迫打反弹球时，要在身前击球。

（7）不必过早防备挑高球，观察对手击球时的拍面。

（五）穿越球

1. 所有的穿越球应是低球。

2. 避免冒险。让对手在不利的情况下（如打中路低球）截击，然后再打穿越球（2次穿越球战术）。

3. 斜线穿越球应角度更大。打直线穿越球时应发力，打深。

三、双打战术

（一）发球战术

发球员的发球对于得分有直接影响。双打发球以旋转和落点为主，因为相对于单打，每个人需要控制的面积缩小，不容易接发球抢攻得分，所以不必拼命发球。发球前要让同伴了解自己发球的落点，以便同伴有备于抢网。在双打比赛中发球技术好的球员应作为每队的第一个发球员。每次发球比单打更注重一发成功率，落点以内角和中路居多，以使对手无法击出大角度的回球，有利于同伴抢网得分。

（二）接发球战术

接发球有四种路线可供选择：第一种，打斜线给正向前跑的发球员；第二种，打直线穿越网前者或打网前者的脚下；第三种，挑高球过网前者头顶；第四种，打上网后发球方两人的中路。接发球最好的选择是打斜线球，如果发球方抢网很猛，可通过抽击直线抑制对手抢网，当发觉对手已形成双上网的态势，最佳选择是将球击向对手中路的脚下，这是最令双上网者头疼的战术。

（三）协同防守战术

如果同伴十分被动，自己要给予支援。当同伴被迫挑高球时，自己要立刻退后，使己方处于被动的防守位置。退回底线虽然被动了，但一旦出现浅球，两人可马上一起上网，回到网前。

如果被拉出边线，自己要立即向同伴靠近，给同伴以支援，否则在自己与同伴之间会留下很大空当，使对手很容易打出破网球。同时，根据被动局面，要适当后退，等待时机。

（四）抢网战术

发球前要做出是否抢网的决定。抢网是指网前者横向移动或向斜前方移动，拦截对方打来的斜线球。它要求网前者有敏捷的思维、准确的判断及快速的步法，所以是否抢网，两人要事先商定。一些双打配对队员喜欢用暗号。例如，网前者把手放到背后，用握拳或张开手指向发球员表示他抢不抢网，但最好要有口头上的交流。需要注意的是，千万不能让对手猜透你的意图或听见你们的交流，一旦做出决定就要坚决执行。

1. 防守空当区域

网前者抢网，很容易造成他的那半块场地空出来，无人防守。因此，发球员发球以后，不应直接向前冲，而应向前跑几步，然后向同伴留下的那半块场地跑去，并继续向网前移动。抢网球员在拦截后要进入发球员区域，两人交叉换位，防备对手可能回击直线球以及抢网者第一次截击没能得分后的回击球。

2. 抢网时机

抢网时，需要在对手击球的一瞬间开始，而不要在接球员击球前移动，把自己的行动意图暴露给对方，否则对手击出直线球便很有可能得分。同时，也不能开始得太晚，否则会抢不到球。

3. 抢网击球路线

如果能够抢到，最佳的击球路线是对方网前者的脚下。因为这样的球使对手十分难受，能直接置对手于死地，至少可使对手无法发动进攻。抢网时，如果对方接球员仍在底线，那么接发球方网前球员的背后也是他们的死穴。手感很好的网前者也可截击至接发球者一侧的小斜线。如果接发球者上网很快，他们的中路则是最薄弱的地方，是攻击的重点。

4. 扣杀高压球

无论对方是进攻性挑高球还是防守性挑高球，网前者都要尽力不让球落地，要在空中将球扣杀过网。因为双打有两人进行防守，所以会出现一两板高压球也不能得分的情况。这不能着急，要紧紧把握住网前的优势。高压球的战术与打落地球不同，要尽量压斜线球才有威胁，而不要像打落地球那样攻击对手的中路。

第五节　网球规则

一、网球场地

网球场是长方形的，大小类似篮球场。单打场地（长23.77米、宽8.23米）略窄于双打场地。球网中央低，两端高，把球场横隔为两个区。球场内划分为前场与后场。前场由中线划分为右发球区与左发球区。中线的假想延长线与端线交于中点。底线“T点”是长10厘米、宽5厘米的一条线段。球场除端线宽度为10厘米外，其余各线宽度为5厘米（见图10-79）。

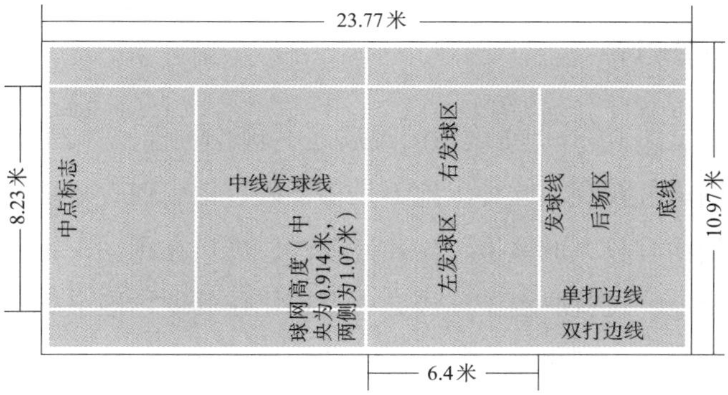

图10-79　网球场示意图

戴维斯杯团体赛及由国际网联主办的其他锦标赛规定端线以外至少有6.40米的空地，边线以外至少有3.66米的空地。网球场主要分为草地网球场、红土网球场、硬地网球场、地毯网球场等。以下介绍前三种网球场。

（一）草地网球场

草地网球场（见图10-80）是历史最悠久、最具传统意味的一种场地。因为其对草的特质、规格要求极高，而适宜的草籽又不具备良好的适应性，加之气候的限制以及需要极其周到、细致的保养，维护费用昂贵，所以这种球场（特别是用作正规比赛的草地网球场）很难被推广到世界各地。目前，每年几个草地职业网球赛几乎都是在英伦三岛上举行，时间集中在六七月。温布尔登锦标赛是其中最古老也是最负盛名的草地职业网球赛。

草地网球场的特点是球落地时与地面的摩擦小，球的反弹速度快，对球员的反应能力、灵敏性、奔跑速度、奔跑技巧等要求非常高，同时球员也利用这一特点大打“攻势网球”，发球上网、随球上网等各种上网强攻战术几乎被视为在草地网球场上制胜的法宝，底线型选手在草地网球场上常常无功而返。因草地网球场对草的特殊要求以及高昂的维护成本，从20世纪80年代后已逐步被地毯网球场取代。

图10-80　草地网球场

（二）红土网球场

红土网球场（见图10-81）更确切的说法是“软性场地”。红土场地网球赛最典型的代表就是法国网球公开赛。此种场地不是很坚硬，地表铺有一层细沙或砖粉末，特点是球落地时与地面有较大的摩擦，球速比较慢，球员在跑动中特别是在急停急回时会有很大的滑动余地。这就决定了球员必须具备比在其他场地上更优良的意志和更出色的奔跑、移动能力，否则很难取胜。在这种场地上比赛对球员是极大的考验，考验其在底线相持的功夫。球员在底线一般要付出数倍的汗水与对手周旋，获胜的往往不是频繁上网者，而是在底线的一方。值得一提的是，红土网球场虽然造价比较低，但保养和维护起来相当麻烦，平时需要浇水、拉平、画线、扫线，雨后需要平整、滚压等。

图10-81　红土网球场

（三）硬地网球场

硬地网球场（见图10-82）是使用最广泛的一种场地。经常打网球的人没有不熟悉此种场地的。硬地网球场被国际网联分为快速、中速、慢速三种，我们通常称之为色彩型（快速）、减震型（中速）和职业型（慢速）。硬地网球场一般由水泥和沥青铺垫而成，其上涂有红、绿等涂料，或铺有一层高级的丙烯酸塑胶，表面平整、硬度高，球的弹跳非常有规律，但球的反弹速度很快，平时易于清扫和维护。丙烯酸塑胶硬地网球场适用于各种气候环境，耐紫外线照射，颜色持久不褪，无毒无害，具有极佳的耐磨性能，使用寿命长。目前，国内大部分网球场都是丙烯酸塑胶硬地网球场。

图10-82　硬地网球场

二、网球比赛主要规则

（一）单打比赛

1. 发球选手与接发球选手

选手应该分别站在球网两侧，发球的选手称为发球选手，另一个选手称为接发球选手。

2. 场地和发球的选择

场地的选择以及在第一局中成为发球选手还是接发球选手由掷币来决定。掷币获胜的一方可以选择或要求他的对手来选择。

3. 发球

发球应该按照以下方式进行。发球选手在发球前应站立，即双脚站在底线后（远离球网的一侧），中心标志和边线的延长线之内。然后，发球选手应用手将球抛向空中的任何方向，在球触地前用球拍将球击出。在球拍与球接触的那一刻，发球即被认为结束。只能使用一只手臂的选手，可以用球拍抛送。

4. 脚误

在发球的整个过程中，发球选手应该遵守以下规则。

（1）不通过走动或跑动改变自己的位置。如果发球选手轻微地移动，没有从本质上影响到自己原来的站位，则不认为他通过走动或跑动改变了位置。

（2）发球选手的双足不能触及底线后、中心标志的假定延长线之间区域以外的任何地方。

5. 发球的程序

（1）每一局比赛发球时，发球选手都应该从场地右区开始，得（失）一分后，应换到左区发球。如果发球是从错误的半区发出的，并且没有被察觉，那么由错误发球引起的比赛结果都将有效。但是这个不正确的站位一旦被发现，应该立刻得到纠正。

（2）发出的球应该飞越球网，在接发球选手回击前触及对角发球区内的地面，或者落在组成发球区的界线上。

6. 发球失误

以下情况会被判定为发球失误。

（1）试图击球时没能击到。

（2）发出的球在触地前碰到固定物（不含球网、中心带或网带）。

（3）发球员违反上述第3、第4和第5条规定。

7. 第二发球

在一次发球失误后，发球选手应该从自己发球失误的同一半场后面的规定位置再发一次。

8. 何时发球

在接发球选手准备好以前，发球选手不得发球。如果接发球选手试图接发球，则认为他已准备好了。

9. 发球中的“重发”

（1）发出去的球碰到球网、中心带或网带，落在界内，或者在碰到球网、网带或网绳后，触地前碰到接发球选手的身体或他穿着、携带的任何东西。

（2）接发球选手还没有准备好，球即发出或发球失误。

10. 发球次序

在第一局结束后，接发球选手应该成为发球选手，发球选手应该成为接发球选手，并按此次序在整个比赛后面所有局中依次轮换。

11. 选手何时交换场地

选手应该在每一盘的第一局、第三局、第五局等单数局结束后，以及每盘结束后双方局数之和为单数时交换场地。如果一盘结束后双方局数之和为双数，则在下一盘第一局结束后再交换场地。

12. 活球

球从发出的那一刻（除了失误或重发）开始，至该局分胜负判定时止，为“活球”期。

13. 球员失分

如果出现以下情况，会被判定球员失分。

（1）活球状态下，在球连续两次触地前不能回球过网。

（2）球员在活球状态下的回球触到了对方场地界线以外的地面、固定物或其他物体。

（3）用球拍拖带或接住处于活球状态中的球，或故意用球拍触球超过一次。

（4）在活球状态下，球拍（无论是否在其手中）及球员穿戴或携带的任何物品触到球网、网柱、单打支柱、网绳或钢丝绳、中心带或对方场地的地面。

（5）球触到了球员手中球拍以外的身体或其穿戴的任何物品。

（6）抛拍击球并且击中球。

（7）在球过网前就截击。

14. 干扰对手

一名选手的任何举动妨碍了他的对手击球，如果这种行为是故意的，他将失分；如果不是故意的，这一分要重赛。

15. 压线球

落在线上的球被认为压线球。

16. 有效回击

下列情况属于有效回击。

（1）球触到球网、网柱、单打支柱、网绳或钢丝绳、中心带或网带，并且从上面越过后落在对方场地内。

（2）无论是发球还是回击球，当球落到有效区内又反弹或被风吹回过网时，该轮击球的运动员越过网击球，并且身体、衣物或球拍未触到球网、网柱、单打支柱、网绳或钢丝绳、中心带或对手场地的地面。

（3）回击的球从网柱或单打支柱以外，无论是高于还是低于球网的上部高度，即使触到网柱或单打支柱，只要落在有效的场地内。

（4）合法击球后，球拍随球过网。

（5）无论是发球还是回击球，运动员击球击到停在场内的另一个球。

17. 一局中的计分

选手获得了他的第一分，比分计为该选手15，他获得的第二分，计为30，他获得的第三分计为40，这名选手获得的第四分计为他赢得该局。但遇到双方各得三分时，则为平分，一名选手获得的下一分计为该选手占分，如果同一名选手又赢得了下一分，他就赢得了这一局；如果另一名选手获得一分，比分仍被记为平分。如此记分，直到有一名选手在平分后连续获得两分，则该选手赢得这一局。

18. 一盘中的计分

（1）一名选手先取得6局的胜利即赢得一盘，此外，他必须还要净胜对手两局。在这种情况下，一盘比赛有可能一直延续，直到达到净胜两局为止（通常称为“长盘”比赛）。

（2）假如在比赛前决定，也可以采用平局决胜局制的计分方式替代“长盘”比赛规则。在这种情况下，将按照下面的规则进行。当比赛的比分为局数6∶6时，采用平局决胜局制计分。除非事先声明，否则三盘两胜制的比赛第三盘，或五盘三胜制的第五盘，仍应按照普通的“长盘制”进行。

①先获得七分并且净胜两分的选手，即获得这一局的胜利。当比分达到6∶6时，这一局必须继续进行，直到有一方选手净胜两分为止。在决胜的这一局中，自始至终使用从“零”开始的阿拉伯数字来计分。

②该盘发球的选手首先发第一分球，对手接着发第二分和第三分，然后按照这个顺序双方轮流连续发两分，直至决出这一局或这一盘的胜负。

③发第一分球从右半场开始，之后发球都应该按照顺序轮流从右半场到左半场进行。

④选手应该在每六分后及决胜局结束后交换场地。

19. 比赛的最多盘数

一场比赛最多的盘数为男子5盘，女子3盘。

（二）双打比赛

单打的规则都适用于双打比赛，并附加以下规则。

1. 双打场地

双打场地的宽度是36英尺（10.97米），即比单打场地的每一边宽4.5英尺（1.37米），两条发球线之间的单打边线被称作发球区的边线。

2. 双打的发球次序

在每一盘开始前，发球顺序按照下面的方式决定。第一局先发球的那对选手应该决定哪一名选手先发球，他们的对手在第二局做同样的决定。第一局先发球选手的同伴在第三局发球，第二局发球选手的同伴在第四局发球。这一盘比赛都按照这样的顺序来发球。

3. 双打的接发球次序

在每一盘开始前，接发球顺序按照下面的方式决定。在第一局中先接发球的那对选手决定哪一名选手先接第一局，并在这盘单数局继续先接发球。对手在第二局开始时，对手决定谁先接发球，并在这盘双数局继续接发球。在每局的比赛中，搭档的两名选手轮流接发球。

4. 双打的发球次序错误

发球次序出现错误，要立即纠正，但是所有已经决定出来的比分都有效。如果在错误发现时该局比赛已经结束，此后发球次序就按照已经发生的变化来执行。

5. 双打的接发球次序错误

接发球的次序错误，发现后仍按已错误的次序进行，等到下一接发球局再纠正。

6. 双打中的击球

比赛时应该由搭档的两名选手轮流击球。如果一名选手在同伴击球后，再以球拍触球，则判对方得分。

第六节　网球运动常见损伤与预防

网球运动因为没有身体接触，受伤程度没有拳击、足球等那么严重。但无论是小得不起眼却很麻烦的水疱，还是需要人长期照料的严重扭伤，都会影响网球爱好者参与该项目。较严重的伤害甚至会影响个体的健康，并给生活带来不便。每一个参与网球运动的人都应重视预防运动损伤，把运动损伤的发生概率降到最低限度。

一、擦伤

擦伤可能是最常遇到的伤害。擦伤只是皮肤表层擦破，可用消毒水清洁患部，再以无黏性的绷带包扎。如果擦伤处没有渗出液体，让它外露，伤口会很快结痂。

二、水疱

皮肤下面长出的水疱，通常发生在手上和脚上，是因湿气、压力和摩擦力所致。用绒布缠拍柄，或在拍柄上抹粉，这样可以避免手心出汗。如有必要，用一根消过毒的针刺破水疱，再用纱布包住这个部位，以防进一步摩擦。

三、扭伤

网球运动员有时需要做大幅度的动作，这可能会导致关节受伤。一般而言，当关节受到压力作用时会产生扭伤，力度超过关节活动范围时，还会伤及韧带。踝关节内翻是网球运动中较常见的现象，起因可能是穿不适合场地的球鞋、急速变向、场地湿滑、脚踩到球等。

四、跟腱炎

其原因是跟腱负荷太重、足部韧带脆弱、击球时脚的位置不正确、鞋子不合适（多是鞋子太大）、网球场地面坚硬等。在网球运动前充分做好热身活动和伸展运动，挑选合适的鞋子，击球时检查脚的位置是否正确。患病后，可用冰块按摩、使用消炎注射剂、医用绷带包扎等方法。

五、跟腱断裂

其原因是突然发力，或剧烈运动时急停、变向，跟腱韧带劳损过度等。其表现为足部表面无异常现象，但有撕裂般疼痛感。采取的紧急措施是快速用冰块冷敷受伤部位，固定踝关节，抬高患肢，求助医生。充分做好热身活动可预防跟腱断裂。

第十一章　极限飞盘

第一节　极限飞盘概述

一、极限飞盘简介

极限飞盘（Flying Disc Ultimate，简称Ultimate）运动起源于美国。2001年，世运会已将其列为正式比赛项目。极限飞盘作为一项新兴的体育项目，集时尚、趣味、娱乐、竞技于一体。只要有一片空地和一个飞盘，就可以进行比赛，比赛形式更适合大学生。

极限飞盘运动融合了足球、篮球、橄榄球这几项运动的部分特点。

1.与足球的相似之处

极限飞盘和足球都有较大的场地，且在比赛过程中，选手需要在场地内不断地奔跑、移动，通过团队成员之间的配合创造进攻机会，将“球”（飞盘或足球）传递到对方的得分区域。

2.与篮球的相似之处

两者都注重团队配合和战术执行。在极限飞盘比赛中，队员之间需要通过各种传接配合推进飞盘，类似于篮球中的传切、掩护等配合。同时，在防守时，都需要有良好的位置感和防守意识，以阻止对方得分。极限飞盘也有中枢脚的规定。

3.与橄榄球的相似之处

极限飞盘在某些规则和对抗性上与橄榄球有相似点。比如，两者都有类似的得分方式，橄榄球是将球带入对方的阵区得分，极限飞盘是将飞盘传递到对方得分区由队友接住得分。此外，极限飞盘虽然没有橄榄球那样激烈的身体对抗，但在争夺飞盘时也存在一定程度的身体接触和对抗，需要具备较强的身体素质和对抗能力。

综上所述，极限飞盘运动在场地运用、团队配合、得分方式以及身体对抗等方面综合了足球、篮球和橄榄球的一些特点，因此可以说它是这几项运动的结合。

二、极限飞盘的场地

比赛场地为100米长、37米宽的长方形场地。比赛场地周围是界线，由两条与比赛场地等长的边线和两条与比赛场地等宽的底线组成。场上所有分界线的宽度为75—120毫米。

比赛场地可以分为中间的正式比赛场地（长64米、宽37米）和位于正式比赛场地两端的得分区（长18米、宽37米）。两条得分线划出正式比赛场地和两个得分区，得分线属于得分区。

标点是两条1米长的线交叉形成的点。在正式比赛场地中，其位置距离两条得分线的中点20米。

使用8个颜色鲜艳、质地柔软的物体（例如塑料角标）标示正式比赛场地和得分区的边角（见图11-1）。

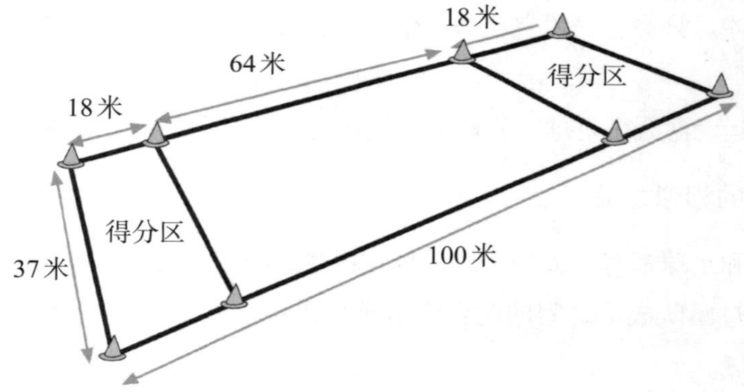

图11-1　极限飞盘比赛场地

三、极限飞盘的规则

1. 开盘

比赛双方各有7名队员。每局比赛开始时，双方队员在各自半场的得分区排成一队，然后由防守方把飞盘传递到进攻方的手中，比赛开始。

2. 传盘

进攻方持有飞盘的队员不可移动，但可以一脚为轴原地旋转，持盘队员可将飞盘传递给场地任意方向的队友。防守方队员只能有一人盯防持盘队员，其他防守队员要离持盘者3米以外。

3. 计时

进攻方持盘队员有10秒钟时间将飞盘传出，盯防持盘队员的防守队员要大声数出10个数。如果持盘者没能在10秒钟内将飞盘传出，则为进攻失败。

4. 失误

进攻方传盘没有成功（飞盘出界、触地、被防守方接到或超时），即视为进攻失误，此时攻守转换，改由之前的防守方进行进攻。

5. 得分

进攻方队员在对方半场的得分区接到飞盘，即得一分。

6. 犯规

若一方队员与另一方队员有身体接触，即被视为犯规。被判犯规的队员要立刻大声喊出“foul”。此时场上所有队员要停在自己的位置上，不得移动，直到比赛重新开始。犯规行为如果没有影响进攻方控制权，比赛继续进行；如果影响了进攻方控制权，则飞盘交还给进攻方，比赛继续进行；如果防守方认为自己没有犯规，可提出异议，此时飞盘交还给上一个持盘队员，比赛重新开始。

7. 裁判

比赛没有裁判，犯规、出界或传盘失误等都由场上队员自行裁决。

8. 比赛精神

飞盘比赛主张、强调的是体育精神和公平竞赛精神。激烈对抗的飞盘比赛必须建立在互相尊重、遵守规则和享受乐趣的基础上。

四、极限飞盘的专业术语

1. 极限飞盘的比赛精神（Spirit of the Game）

2. 比赛规则的改变（Variations）

3. 比赛场地（Playing Field）

4. 比赛装备（Equipment）

5. 全场比赛时间（Length of Game）

6. 参赛队（Teams）

7. 开始进行比赛（Starting a Game）

8. 发盘（The Pull）

9. 起盘（Putting the Disc into Play）

10. 延时计数（Stall Count）

11. 验盘（The Check）

12. 界外（Out of Bounds）

13. 接盘手和站位（Receivers and Positioning）

14. 失误（Turnovers）

15. 得分（Scoring）

16. 犯规（Fouls）

17. 违例（Violations）

18. 比赛继续的规定（Continuation Rule）

19. 暂停（Time-Outs）

20. 回合停顿（Stoppages）

第二节　极限飞盘的基本技术

一、反手握法

（一）基础手法

1. 第一种方法

食指贴于飞盘的外缘，中指伸开，指向飞盘的中心。这样做可以加强对飞盘的控制，使飞盘不摇晃。贴边框的食指用于把握方向，支撑飞盘的中指保证了飞盘飞行的稳定。在飞盘的底部，只有两根手指贴紧飞盘的边缘，因此这种握法与其他握法相比缺乏力度。握盘力度的大小取决于食指对飞盘的牵引力（图11-2）。

图 11-2　反手握法第一种方法

2. 第二种方法

同样地，食指贴于盘缘，但没有中指对飞盘的支撑，其他手指紧握盘沿，所以这种握盘方法更有力量。然而，如果失去对飞盘的控制，再大的力度也没有意义。用食指紧扣盘沿可以使握盘更有力量（见图 11-3）。

图 11-3　反手握法第二种方法

（二）强力握法

这种方法不仅在经验丰富的掷盘人群中最为流行，也是几乎所有飞盘高尔夫玩家都会使用的握法。所有手指都紧紧地握着盘缘，不使用任何手指支撑飞盘。由于出盘点很难把握，你可能会控制不好飞盘。经常练习可以帮助你掌握好对飞盘的控制。食指尾部对飞盘的拉动可以带来一股强大的力量。这种力量有利于克服飞盘不稳等问题。使用这种握盘方式很难扔反手高位飞盘，因为在出手之前飞盘缺少往上抬升的力量（见图11-4）。

有一部分控制力量在于拇指以及握盘力度。通常来说，握得越紧，越能使飞盘获得更多的旋转力量。这样有助于在有风的情况下把握好飞盘的飞行。无论是在飞盘的边缘，还是指向飞盘的中心，拇指可以放在它们之间的任何位置。如果考虑空气的阻力，让拇指指向飞盘的中心，可以将飞盘抓得更紧。用力紧握飞盘可以使飞盘保持平稳，有利于用反手掷高盘。

图11-4　反手握法强力握法

（三）混合握法

这种握法是基础握法和强力握法的结合。食指紧握盘缘，为掷盘提供动力。中指微微伸展开，支撑住飞盘。你可以使用这种握法去掷各种盘，包括反手高位盘，而且不需要改变握盘方式。这种握法与强力握法相比，掷盘力度会稍微欠缺（见图11-5）。

图11-5　反手握法混合握法

二、正手握法

（一）基础握法

这种握法类似于相对应的反手握法。中指置于盘的底部边缘，食指朝盘的中心伸展开支撑飞盘。这种握法的优点是可以很好地控制飞盘，缺点是力度不够。这是因为食指伸开的时候，手腕无法往后翻过来（见图11-6）。

图11-6　正手握法基础握法

（二）强力握法

这种握法有好几种版本。

第一种，食指紧靠中指，紧贴于飞盘内缘。这样手腕可以往后翻过来，给予飞盘更多的动力，出盘可以更有力。因为没有手指支撑，飞盘容易失去控制。如果出手时飞盘和腕的角度不一致，飞盘会上下摆动，导致其飞得不够远。

第二种，对第一种方法稍改进，食指和中指稍微弯曲。掷盘前，飞盘会在这两根手指的作用下保持平衡。在保持平衡的方式上，这种握法与下面要介绍的混合握法相似。这种握法适合掷正手高位盘。

跟反手掷盘一样，拇指应紧握飞盘。这样可以使飞盘更好地转动，有利于克服风的影响，在出手后，飞盘不易摇晃（见图11-7）。

图 11-7　正手握法强力握法

（三）混合握法

类似于反手的混合握法，但并不常见。不需要食指和中指平行，食指应弯曲。食指和中指的指肚要牢牢地压在飞盘内沿。食指的弯曲部分可以起到支撑飞盘的作用。手腕可以往后竖过来，增强出盘力量。准备掷盘时将飞盘握平，有助于掷出一个漂亮的正手高位盘（见图 11-8）。

图 11-8　正手握法混合握法

（四）其他握法

图 11-9 所示的握法是推荐给正手掷盘水平较弱的玩家的。中指侧面顶内缘，手掌朝上，出盘时不需要转换正手。这种握法的不利之处在于，指关节是出盘的发力

点，经常使用此法会受到损伤。因此，这种握法仅作为一种推荐，而非老玩家的常用方法。

在细微处稍做变化，我们可以摸索出各种各样的握法。大多数人会使用上面的某一种基础握法并进行调整。彻底颠覆这些方式，可能会不适用。当然，我们可以试着用一根、三根甚至四根手指置于飞盘内缘。少用手指似乎有利于控制飞盘并把握好准确度，但如果只用食指，过多的力就会被施于一根手指，这容易造成手指的损伤，因此并不常用。

图 11-9　正手握法其他握法

三、飞盘接法

飞盘接法主要分为双手接法和单手接法，根据动作也可以分为夹接法、拍接法、上手接法和下手接法。

（一）双手夹接法

双手夹接法是比赛中常用的接盘方法，是最稳定、最安全的接盘方法。五指微张，一手在上，一手在下，两手相距 20—30 厘米，接盘时要主动迎接飞盘，两手合力夹住飞盘。

（二）双手上手接法

双手抬起，五指自然张开，四指在上，大拇指在下，虎口对准来盘。一般情况下，双手上手接法用于接胸部以上的飞盘。接盘时，眼睛盯紧飞盘，伸手向前迎接。接盘瞬间，虎口合拢，五指扣紧。

（三）双手下手接法

与双手上手接法动作相反。双手抬起，五指自然张开，四指在下，大拇指在上，虎口对准来盘。一般情况下，双手下手接法用于接腹部以下的飞盘。接盘时，眼睛盯紧飞盘，伸手向前迎接。接盘瞬间，虎口合拢，五指扣紧。

（四）单手接法

相对于双手接盘，单手接盘稳定性稍微差一点儿，但防守面积较大，伸展幅度更大，在接高空盘和低位盘时以及在与防守者争夺飞盘的过程中，很多高水平选手更倾向于采用单手接盘法，所以比赛中随处可见。单手接法分为上手接法和下手接法，动作和要求与双手接法相同。

四、弧线掷盘

弧线掷盘可分为反手弧线掷盘和正手弧线掷盘。

反手弧线掷盘法和反手掷盘法相似，差异主要是在出手角度上。反手弧线掷盘的出手点高于反手掷盘，同时飞盘保持倾斜角度，盘头略高于握盘手。

正手弧线掷盘动作与正手掷盘相似，只是出手角度不同。

弧线掷盘法主要考虑三个方面：飞盘姿态（倾斜角度），出手时机（比正常传盘出手要早），力度（根据目标确定相应的用力程度）。

五、轴转和假动作

接盘时，通过腰部的转动，做轴转动作，让飞盘从不同角度飞出，甩开对手。假动作是为了甩开防守者。轴转和假动作需要身体有良好的协调性，可以做出动作，从而飞出飞盘。

第三节　简易趣味训练法

对于初级水平者或新队伍，其队长经常遇到的一个问题是，知道需要练习哪些技能，但不了解有助于培养这些技能的训练方法。下面我们列出8种简易的训练方法，有利于提升基础技能，可以让队友将这些训练内化为习惯，开始下意识地练习。

一、三人训练法

这是一种非常简单的训练方法，常用于热身。A和C相距10—15米。B防守A，延迟计数到5。A尝试掷盘给C，然后跟随者去防守C。C再尝试掷盘给B，然后跟随者去防守B，如此反复（见图11-10）。

着重技能：掷盘、防盘、突破防盘、轴转、弓步绕过防盘者。

图11-10 三人训练法

二、迎盘跑动训练法

这种训练方法需要一整块场地。A是掷盘者，B是跑动者。跑动者直线背向掷盘者跑15—20米，停下来，转身跑向掷盘者。掷盘者恰好在跑动者停下来时扔出飞盘。当跑动者转过身来时，飞盘恰好飞到那儿。跑动者接住飞盘，然后放下飞盘，再往远处跑15—20米，同时掷盘者扔完飞盘后就去捡起飞盘，准备重复一次掷盘。五六个回合后，到达前方得分区时，掷盘者和跑动者交换角色，返回来后往另一侧得分区推进（见图11-11）。

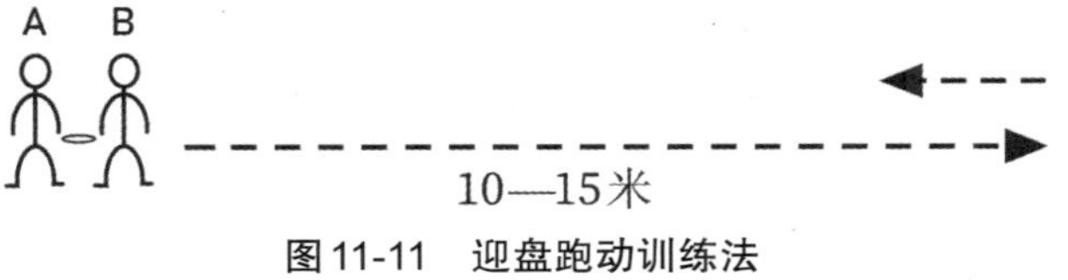

图11-11 迎盘跑动训练法

着重技能：掷盘、应对短程跑位时的传盘时机、迎盘跑动、身体调节。

小贴士：初学者和新手通常犯的一个错误是停下来等待空中飞行的飞盘。这种训练方法的重点在于迎着飞盘，正对着它跑动，直到它进入你的手中。

三、四人训练法

这种训练方法有助于练习快速接盘与出盘。A掷盘给D，D接盘后尽快回传。然后D转而去接B的传盘，尽可能快速接住并回传，然后转向C，去接盘并回传。然后D再转回到A的方向，如此反复。此处的重点在于快速，而且要让飞盘在接盘者一转过身来就飞抵掷盘者（不要花时间思考）。这要求我们即刻抓住到达的飞盘，然后迅速做好准备去掷盘，并将此练成一种习惯（见图11-12）。

着重技能：短传、快速接盘与出盘、专注、双手的敏捷性。

小贴士：进行这种训练方法时，强调带有旋转地“果断”传盘。这可以降低飞盘落地的可能性，并在有风的情况下保持飞盘的稳定性。

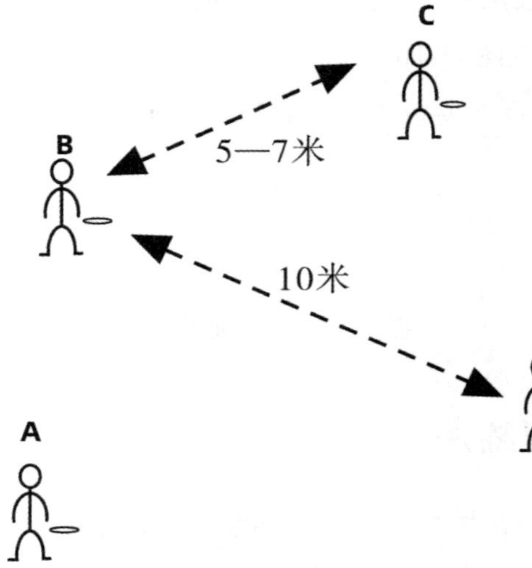

图11-12　四人训练法

四、笼子训练法

这种简单的训练方法是老游戏“守护球”的翻版。画一个边长10米的正方形“笼子”。在这个正方形区域内，两支队伍（每队两人）去控制飞盘，不让另一队拥有飞盘。如果飞盘落地，则为失分。连续完成四次传盘则得一分，得分方继续持有飞盘。

五、扔进盒子训练法

用角标标识出一个盒子（正方形区域），X队列的第一个人向外侧跑位，然后折向内侧，跑到盒子中心；O队列的第一个人将飞盘掷向盒子的正中，让X队列上的人去追接飞盘。O队列的第一个人向外侧跑位，然后折向内侧。X队列的第二个人将飞盘掷向盒子，如此反复。交换双方所站队列位置去练习。对右利手人而言，O队列掷正手，X队列掷反手（见图11-13）。

着重技能：掷盘、跑位、将飞盘掷向某一点去引导跑动者跑向飞盘。

小贴士：在这种训练方法中，可以进行许多细微的调整。比如，改变掷盘方式，练习内摆传盘，让每队的第二个人去做防盘者，调整盒子的大小，以提升传盘准确度，让跑位者采用卵石形的跑位方式，调整跑位距离，等等。

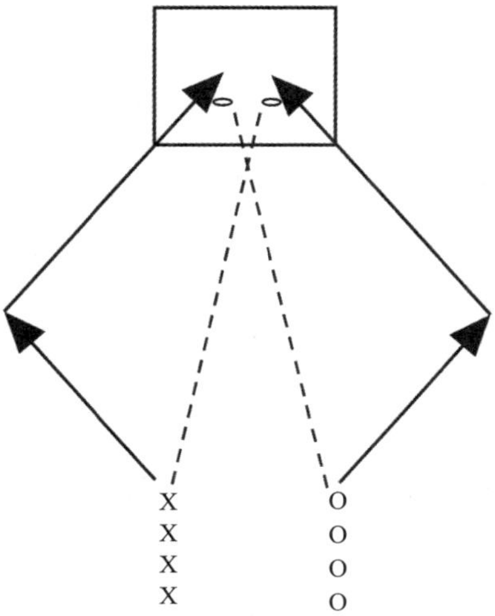

图 11-13　扔进盒子训练法

六、“环游世界”训练法

第一个X玩家将飞盘掷向第一个O玩家，然后背向他去跑位，再折返跑向他（这时第一个O玩家要回传飞盘给跑位的这个X玩家）。然后第一个X玩家传盘给第二个O玩家，重复跑位路线。第二个X玩家在第一位跑位者完成三次传盘后开始跑位。这样进行训练时，X队列的玩家掷反手，O队列的玩家掷正手。当X队列的每个人都跑完整个一圈，以同样方式往回跑。这时掷盘的方式要变换一下。结束之后，O队和X队两组人交换位置（见图 11-14）。

着重技能：掷盘、跑位、掷盘前站稳双脚、身体调节。

小贴士：新人采用这种训练方法时，要强调跑位的突然性，正对飞盘跑动，第二次传盘开始前站稳双脚。如果被训练队伍的水平比较高，可以着重练习在不站稳双脚、不走步前提下的传接盘技能。

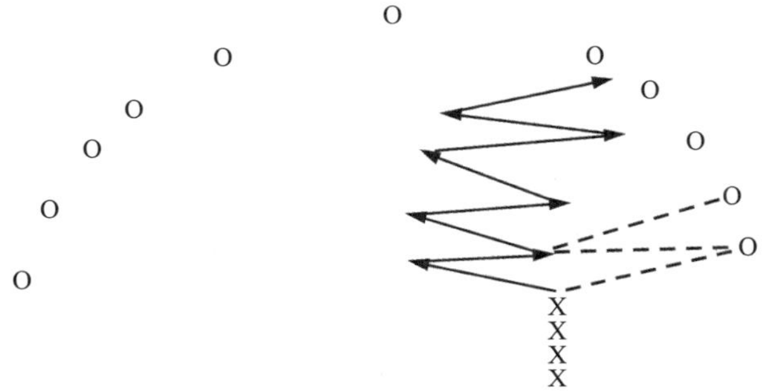

图 11-14　“环游世界”训练法

七、四角训练法

某一队列（见图11-15左下角队列）的第一个人从队列前端开始往外侧跑，然后再朝内侧跑。过一会儿，掷盘者向跑位者将要跑到的位置传盘（这种情况下是正手），然后站到跑位者离开的那个队列。下一队列前端的玩家进行同样的跑位，第一次传盘的接盘者用同样方式去传盘，然后站在第二队列。如此反复。

着重技能：掷盘、跑位、看准连续跑位的时机、将盘掷向某一位置。

小贴士：这种训练方法的变体也有很多，跑位时先内后外，卵石形跑位，练习内摆传盘。

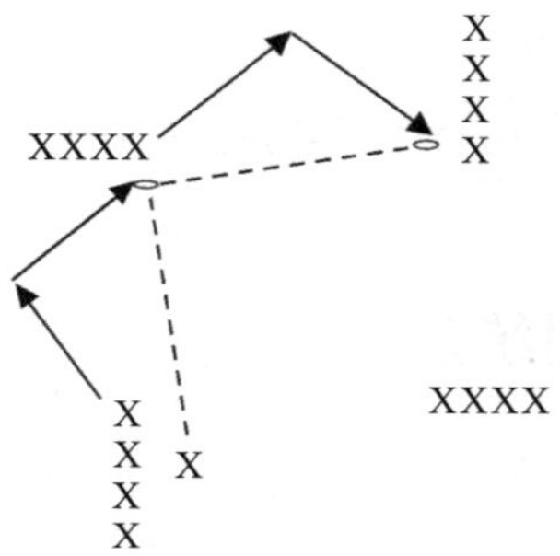

图11-15　四角训练法

八、“杯子”训练法

O玩家是环绕持盘的X玩家的杯子。持盘者用5秒钟将盘传给这个圆圈中的任何人(除了他右侧的第一个人)。如果O玩家中的任何一位阻断掉飞盘，掷盘者加入杯子。如果圆圈中的某人接盘失败，他就与圈中的某人交换位置（见图11-16）。

着重技能：练习杯子防守、破坏杯子去传盘、突破逼抢、身体调节。

小贴士：在练习开始或最后，这会起到热身或放松作用。

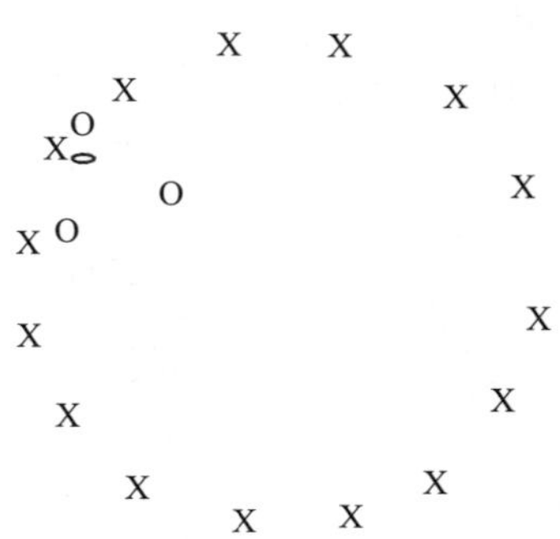

图11-16　“杯子”训练法

第十二章　团课技巧训练及创编

健身运动已成为人们健康幸福生活的重要组成部分。我们把掌握运动人体科学知识，具备健身运动指导知识、技术和技能，通过健康体适能测试评估，制订个性化的健身运动计划，在健身房以及适合运动的场所指导和帮助健身者系统性保持或提高健康及体适能水平的专业人员称为健身教练。健身教练在健身俱乐部里主要以团课教练和私教两种形式存在。

团课是主要存在于健身俱乐部的一种课程形式。它是在有氧健身操的基础上结合各种风格舞蹈、健身项目及其他辅助器械，逐步形成的课程体系。团课对心肺耐力、体重控制、减脂塑形、改善体形体态、提高协调性、培养韵律感等具有良好的效果，同时提高了健身的趣味性，锻炼了参与者团队协作的能力。

据不完全统计，60%—80%的会员在加入健身俱乐部时都会非常关注俱乐部开设团课课程的情况。同时，会员喜欢参加团课课程的程度与他们对俱乐部的忠诚度、续约率、推荐朋友入会的可能性、平均每周到访次数有直接的关系。可以说，团课和团课教练对俱乐部的发展至关重要。

第一节　团课的起源与发展

一、起源

团课是在有氧健身操的基础上发展起来的。它最早是由美国国家航空航天局的医生肯尼斯・H.库珀（Kenneth H. Cooper）博士为宇航员设计的体能训练内容。20世纪80年代初，随着遍及全球的健身热和娱乐体育的发展，有氧健身操以其强大的生命力风靡世界。影视明星简·方达（Jane Fonda）根据自己的健身体会和经验撰写了《简·方达健身术》一书。该书自1981年出版后，引起了世界的轰动。自20世纪70年代末、

80年代初兴起，团课以它强大的生命力迅速在全世界流行起来。到目前为止，团课不仅在欧美等发达国家蓬勃发展，而且在一些发展中国家和地区得到不同程度的开展，形成了很多完整的课程体系，如新西兰的莱美、拉丁美洲的尊巴、中国的民族风舞蹈、泰国的泰拳健身、耐克公司的健身训练系统等。各种健身场所均把团课作为必备的基础课程来吸引会员，人们也乐于选择团课作为自己主要的健身方式，团课在世界范围内形成了热潮。

20世纪80年代，电视时代来临，以简·方达为代表的团课视频被广泛传播。她将团课的娱乐性和家庭锻炼的便利性相结合，使团课突破了家庭锻炼的限制。团课的快速发展，使课程内容在创意和流行度上迎来双爆发。健身俱乐部开始为会员提供团课课程，团课也以不同形式出现在大众面前。精品团课健身工作室开始出现。精品团课健身工作室的流行，甚至带来了线上健身课程的风潮。美国以Peloton和ClassPass为模式的健身平台，通过设备、在线课程直播和课程预约，极大地拓展了健身用户的边界。正是在这样的时代，团课教练被当作明星般看待。

20世纪80年代初，世界性的有氧健身操热潮传到我国。国内专家将其定义为健美操。健美操首先在高校得到普及。那时，随着我国教育改革的不断深入，美育逐渐在学校教育中占有一席之地。因此，健美操的引进与兴起为我国美育提供了重要手段。1981—1983年，不少高校教师陆续在报刊上发表介绍健美操和探讨美育的文章，编排健美操，如青年韵律操、哑铃健美操、形体健美操等。从此，追求人体健与美的“健美操”一词迅速被广大体育工作者采用。1984年，北京体育学院成立了健美操研究中心，由其编排并推出的青年韵律操迅速传遍全国大专院校，无数青年学生投入学习青年韵律操的热潮。虽然青年韵律操动作简单，但它使许多人第一次认识了健美操，对健美操在我国的普及与发展起到推动作用。此后，许多高校将健美操列入教学大纲，为健美操的普及打下良好的基础。很多高校每年都组队参加各种形式的全国健美操比赛。由此，高校成为我国竞技健美操发展的基地和重要组成部分。20世纪80年代，从使馆路康华健身研究中心的有氧健身操培训，到第一家商业经营模式的健身中心北京利生健康城面向社会开放，首次把有氧健身操这项流行健身运动介绍给广大人民群众。其新颖的锻炼方式、良好的健身效果很快被人们接受，吸引了大批健身爱好者。随后，越来越多的以有氧健身操为主要形式的健身中心在市场上出现。尤其是在北京、广州、上海等大型城市，人们的思想观念更加开放，追求健康、追求美成为时尚。此外，随着生活水平的不断提高，为健康投资的观念逐渐深入人心。越来越多的人热衷于健身，热衷于有氧健身操。他们每周2—3次进行每次1—1.5小时的有氧健身操练习。另外，电视等媒体的有氧健身操节目大量出现也对有氧健身操热的持续发展起到了推动作用。目前，我国形成了高校有氧健身操普及，健身俱乐部各种团课课程百花齐放，广场舞在全国各地开花的繁荣局面。

二、团课运动的发展

随着世界经济的快速发展，物质条件的丰富，人们健康意识的不断提高，团课的练习方法和团课教练的市场管理逐步向国际化、科学化、规范化的方向发展。其主要表现在以下几方面。

（一）健身需求的增长使团课课程市场前景更加广阔

随着知识经济的到来和人们生活水平的提高，人们的生产和生活方式发生了巨大变化，表现为体力活动减少、脑力劳动增加、工作和生活压力加大。这种变化引发了各种“文明病”“都市病”的流行与蔓延，使人们逐渐意识到健康的重要性，对健身的需求日趋强烈。市场需求的增加加快了社会体育的发展，体育成为人们强身健体、调节心理的主要手段。

此外，随着生活水平的普遍提高，人们可以从日常开支中拿出一部分钱来投资体育活动，花钱买健康的观念逐渐深入人心，健身运动已成为人们的时尚消费。团课作为社会体育的重要组成部分，以其独特的魅力受到人们喜爱。

（二）器械创新使团课的种类和练习形式更加多样化

为了不断满足健身者的各种需求，团课课程的种类和练习形式呈现多样化的趋势。利用各种小工具的功能性团课不断涌现，如踏板、弹力带、壶铃、敏捷栏、敏捷梯、标志碟、悬吊绳、平衡半球、能量管、战绳、能量包、药球、瑞士球等；一些趣味性团课正在流行，如杠铃操、搏击操、有氧拉丁、健身瑜伽、健身街舞、健身爵士等。这些新兴练习形式的出现主要是因为每个参加锻炼的人的年龄、性别、身体状况、健康水平和所要达到的目的不同。团课要寻求自身的发展，最大限度地适应市场发展的需要，就必须不断地满足人们的不同需求。

在一些发达国家，随着健身行业的不断成熟，人们的健身需求更加个性化，集体练习的形式已不能满足一部分人的需求，小团体课程的健身形式应运而生，占据很大一部分健身市场。

（三）健康认知水平的提升促使团课内容的科学化程度不断提高

首先，科学化是保证团课练习效果的关键。不科学的练习方法不仅会导致锻炼没有效果，而且可能造成运动损伤。测定不同人群的体质，研究不同年龄段群体锻炼的最佳心率范围，能为锻炼者提供科学有效的运动处方。只有不断提高科学性，才能使参加团课练习的人真正达到锻炼身体的目的。

其次，科学化是团课自身发展的需要。随着人们健身认知的不断提高，人们不再满足于只是活动一下、出一身汗的锻炼形式，而是寻求更加科学化的健身方式。是否科学、能否真正达到锻炼身体的目的，是人们选择健身项目的重要考虑因素。只有科学化的锻炼才能得到人们的认可；只有不断提高科学化程度，团课项目才能有发展，才能有市场。目前，一些团课从业人员已经认识到了这一点，正在不断地探索团课科学化的方法和途径，相信今后团课的科学化水平将不断提高。

最后，知识经济和信息技术的发展提升了团课的科学化水平。知识经济时期，产业结构的变化和调整以知识学习和创新为前提。团课在知识经济背景下，在不断吸收运动解剖、生理基础、运动技术、运动营养、运动编排等专业知识的基础上，不断创新运动内容、提升运动效率，为健身者提供了多种多样的融趣味性和科学性为一体的运动方式。另外，信息技术的发展极大地便利了人们获取各种信息。部分健身者改变了以往以线下学习为主的模式，更多地通过筛选更为适合自身的团课课程视频或运动应用软件随时随地锻炼。健身内容提供者可将自己研发的课程内容在多种终端传播，扩大影响力。为了吸引更多的人参与团课训练，团课内容提供者必须不断地调整自己的课程内容和编排，以增强其科学性和趣味性。

三、团课运动的基本形式

经过20多年的发展，团课从最初的有氧健身操发展到现在多种多样的团课形式。根据练习难度不同，团课分为初级课、中级课、高级课；根据动作的冲击力不同，团课分为低冲击力课、高低冲击力课、高冲击力课；根据心率曲线的不同，团课分为单峰课、多峰课；根据人群的需求不同，团课分为儿童课、孕妇课、母子课、老年人课等；根据组织形式的不同，团课分为循环练习课、间歇练习课、交叉练习课；根据强度的不同，团课分为渐进练习课、间歇练习课、综合练习课；根据健身功能、内容及课程目标的不同，目前国际流行的团课基本形式分为舞蹈类课程、训练类课程、静态类课程（见表12-1）。

表12-1　团课的基本形式

舞蹈类课程	训练类课程		静态类课程
	徒手训练	使用器械	
综合舞蹈	有氧健身操	杠铃操	健身瑜伽
健身街舞	有氧搏击	室内单车	普拉提
有氧拉丁	高低冲击	踏板	太极禅
健身爵士	（徒手）交叉训练	（小器械）交叉训练	身体平衡
形体芭蕾	水中有氧	健身球操	形体伸展
健身民族舞	核心或控腹练习	健身蹦床	—

（一）舞蹈类课程

舞蹈类课程是在音乐伴奏下以有氧健身操的基本步法为基础，融合拉丁舞、街舞、爵士舞、民族舞等不同风格舞蹈的元素，以锻炼心肺耐力、提高身体的协调性为主的一类团课，包括综合舞蹈、健身街舞、有氧拉丁、健身爵士、形体芭蕾、健身民族舞等。它区别于竞技体育的练习方式，练习者很容易参与，对身体素质没有特殊要求。进行舞蹈类课程训练不一定要去舞蹈教室，在家也能跳，不受场地限制，易于开展，有较大的自由性。舞蹈类团课课程设计灵活多样，根据课程所要达到的不同目的或者练习者的情况，可以选取某种特定风格舞蹈，抽取其中的动作元素进行编排练习，也可以将多种风格混合在课程中分段设计练习动作，还可以编排完整的套路教学。这样既能充实教学的内容，又能激发学生的学习兴趣，给教与学两方面都带来更广阔的释放空间。舞蹈类课程内容不仅用于团课教学，也用于各种类型的表演，如团体操、文艺会演等活动，对于丰富人们的文化生活起到积极的作用。

（二）训练类课程

训练类课程是以自重训练为主，结合各种功能小器械，以锻炼心肺耐力，肌肉的力量、耐力与柔韧性，全面提升身体各项素质的团课。训练类课程分为两类：一类是以徒手训练发展体能为主的课程，包括有氧健身操、有氧搏击、高低冲击、（徒手）交叉训练、水中有氧、核心或控腹练习等；另一类是使用器械发展身体综合能力的课程，包括杠铃操、室内单车、踏板、（小器械）交叉训练、健身球操、健身蹦床等训练类课程。这些课程是遵循运动解剖学原理，运用腾、推、拉、移动等日常生活常用姿态，针对不同人群设计的安全有效的功能训练课程。在训练中，将中高强度间歇训练和功能性训练结合起来，能有效增强肌肉的力量、提高爆发力、发展速度、提升灵敏度、增强心肺功能、改善柔韧性。训练类课程的运动形式丰富，既可以利用自己的身体重量进行徒手训练，也可以利用杠铃、踏板、拳击手套、敏捷梯、哑铃、弹力绳等小器械进行训练，满足人们多元化的需求。

（三）静态类课程

静态类课程是以提高身体的柔韧性为主要目的，采用不同的体位，配合呼吸，强调身心结合的一类团课。它既可以在轻音乐的伴奏下完成，也可以在没有音乐的情况下完成，包括健身瑜伽、普拉提、太极禅、身体平衡、形体伸展等。

静态类课程在动作技术上具有特色：练习中强调动作与呼吸相结合，每个动作都规定了何时应该吸气和呼气；强调专注，练习前要集中精神；强调控制，激活神经系统，使深层肌群进行联合协同工作；强调核心，要求躯干的稳定；强调动作的精准，通过精准运动产生正确的肌肉募集顺序和骨骼排序；强调动作流畅、速度均匀，没有明显的开始和结束。

静态类课程通过体位训练、配合呼吸练习，对健身者大有裨益。首先，它使肌肉力量、耐力与柔韧性达到完美的平衡，形成正确的肌肉募集次序和骨骼排序。其次，它促使身体姿态保持平衡，使每一个关节、脊柱、肌肉、韧带和血管都处于良好的状态。再次，该训练能够净化血液，刺激内分泌系统，维持内分泌平衡。最后，静态训练通过消除疲劳、平静心境，使人保持一种舒畅宁静的状态，充分享受人生。

第二节　团课教练的职业素质与专业要求

团课教练是指组织、带领健身者以不同形式的团课课程进行科学健身的专业人员。目前团课教练可以选择的职业模式主要有健身俱乐部的专职或兼职团课教练、自由团课教练、团课教练公司。

一名优秀的团课教练需要具备丰富的理论知识与实践经验，具备良好的身体素质和专业所需的各种技能、充满激情的感召力，还应具有一定的个人魅力以及善于和会员沟通的能力。我们想要成为优秀的团课教练，必须在职业素质、专业知识技能、综合能力方面以高标准来要求自己，并通过不懈努力来实现。

一、职业素质要求

（一）遵守职业道德和专业界限

敬业是成为一名优秀团课教练的先决条件，是个人事业发展的基础。对会员的安全健康和雇主（俱乐部的负责人）高度的责任感体现了一名团课教练对事业的热爱。团课教练应该十分清楚自己的工作性质是为会员和雇主提供优质服务，要树立为会员服务的意识，要热情与真诚地为会员的安全和雇主的利益着想。团课教练具有多重角色，既是锻炼时的老师，也是生活中的朋友；既是运动健康的监督者，也是会员突破自我的支持者；既是健康管理的顾问，也是协商伙伴。团课教练虽然扮演着不同的角色，但不能做自己专业范围外的事。

（二）提供安全有效的课程

团课教练肩负着为会员打造安全且高效课程体验的重任。这涵盖多个关键层面。其一，团课教练需对课程进行合理编排，依据会员的身体状况和健身目标精心制订个性化的健身计划，确保课程内容既富有挑战性又切实可行。其二，在动作设计上，团课教练必须遵循科学原则，精准把控运动负荷，使会员在适度的强度下达到最佳锻炼效果。其三，正确技术的运用贯穿整个教学过程。团课教练要时刻留意并不断提示会员，帮助他们掌握正确的动作要领。

此外，损伤预防也是团课教练工作的重要一环。及时发现并纠正会员的错误动作，能够有效避免因技术不当引发的急性或慢性损伤。一旦会员出现损伤症状，团课教练应凭借专业知识迅速做出初步诊断与处理，并建议会员前往医院进行进一步的专业诊治，保障会员的健康与安全。

（三）注意个人形象，遵守行业规范

1. 形象要求

团课教练需拥有健美的形体、高雅的气质，保持充沛的精力以及良好的体能状态。毕竟团课教练作为健康的典范，象征着青春与活力，往往是会员心中的偶像。具备充沛的精力和健美的身材，不仅能为团课教练增添个人魅力，吸引更多会员投身健身，还能助力会员树立参与锻炼的坚定信心。

2. 行为规范

团课教练严禁在场地内吸烟，课前严禁饮酒，务必注重个人卫生与形象。若无特殊情况，不得擅自更改俱乐部既定的上课时间；若因特殊原因无法按时授课，需提前一天向俱乐部申请调课；上课期间，若无特殊情况，不得无故离开课堂。团课教练应使用文明用语，对所有会员和员工始终保持微笑，礼貌相待；对待会员需一视同仁，尊重每一位会员，绝不能对运动能力欠佳的会员冷嘲热讽；不得贬低同事或同行，也不可在背后议论会员。

3. 服饰规范

团课教练的服饰需保持干净整洁，授课时严禁穿着奇装异服。饰品搭配应以健康活力、积极向上为审美导向，且要确保安全，杜绝宣扬暴力、低俗等不良内容。

训练类课程，上衣应穿着紧身运动服，下身搭配紧身训练长裤或短裤。身心类课程需身着棉质或有弹性的瑜伽服，避免穿着宽松短裤和暴露型上衣。舞蹈类等时尚课程，可依据课程风格适度选择相应风格的服装，并搭配适宜的饰品和发型，以不影响运动、无安全隐患且不过于暴露为原则。

4. 授课规范

团课教练在授课过程中需遵循以下具体要求。

（1）提前15分钟到达场地，做好各项课前准备工作，如检查音响设备、音乐播放器材，进行安全检查等。

（2）课前主动与会员交流沟通，了解会员的情况，为授课做好充分准备。

（3）上课期间注意语言规范，多运用鼓励、赞许性语言，严禁使用不文明用语、攻击性语言和否定性语言。

（4）肢体语言要恰当，杜绝出现粗俗、不适宜的动作。

（5）始终保持活力满满，严禁做出高危动作。

（6）针对机械类项目，务必强调安全使用规范，防止意外伤害事故发生。

（7）课后积极与会员交流，分享课程感受，以便及时了解会员的反馈。

（8）课后关闭音响设备，并检查场地内是否有会员遗失的物品。

二、专业知识技能要求

（一）专业理论知识

专业技术的运用离不开专业理论知识的指导。因此，团课教练必须扎实掌握团课课程的专业理论基础知识，涵盖运动解剖学、运动生理学、运动生物力学、运动训练学、运动医学、运动心理学、教学法、基础音乐理论、营养学、保健学、美学等多个领域，并能将这些知识有效应用于实践。如此，团课教练才能确保指导的科学性，为会员提供安全、有效的健身服务。

（二）专业技术能力

团课教练应接受过正规的专业学习，熟练掌握操、舞、体能训练的基本动作和技术，同时具备使运动与音乐协调配合的能力。熟练的专业技术是团课教练的基本素养，技术水平的高低直接影响示范动作的质量。在实际教学中，会员会通过直观感受不自觉地模仿教练的动作，这是他们学习的开端。错误的技术动作不仅影响美观，还可能导致会员关节和肌肉损伤。所以，良好的专业技术是成为优秀团课教练的必要前提。对于需音乐配合的操舞类课程，团课教练在教学时要做到动作与音乐合拍，准确把握乐句，并且能够传递音乐情感。

（三）教学组织能力

参与团课的练习者在年龄、性别、职业等方面存在差异，体能状况和技术水平参差不齐，人员流动性较大，这给团课教练的课堂组织带来一定挑战。组织一堂成功的团课并非易事，团课教练需要将理论知识与实践相结合，动作设计要安全、合理、有效，课堂组织要条理清晰、生动有趣，还要正确运用音乐，与会员保持良好的关系，活跃课堂气氛。任何一个环节出现疏忽，都可能导致团课失败，甚至使会员受伤，影响教学质量和会员的健身效果。

1. 制订课程方案

俱乐部会员情况各异，健身目标也不尽相同。团课教练应根据会员的需求设计相应的训练方案，助力会员实现预设目标，制订的计划和目标必须切实可行。若会员锻炼效果不佳，团课教练应多与他们沟通，了解具体情况，找出原因并调整训练计划。

2. 做好课前准备

为保证和提升教学质量，团课教练要投入大量时间和精力，认真对待每一堂课，做好充分准备。每堂课都要有规划，针对课程对象设计动作和选择音乐。设计团课动作时，团课教练要在动作变化、运动强度和音乐速度等方面用心。无论何种课程，都应定期更新内容，保持课程的新鲜感。

3. 照顾到每一位会员

团课教练要关注不同能力层次的会员。目前，我国多数团课不分级，课堂上会员运动能力差异较大。即使是同级别课程，会员水平也可能有区别。在课堂上，团课教练应尽量照顾到每一位会员，如降低高冲击力动作强度，降低手臂动作高度，或仅完成步伐动作以降低难度，确保每个会员都能跟上课程进度。

（四）相关知识的运用能力

团课教练不仅要有扎实的专业理论知识，还需掌握相关领域知识。很少有健身项目像团课这样，要求教练同时掌握多种知识与技能并熟练运用于实践。这对团课教练来说虽困难但至关重要。

1. 音乐基础知识的运用

团课离不开音乐伴奏，改变音乐节奏可调节运动负荷，如在有氧拉丁、有氧搏击、健身街舞、有氧操等课程中。团课教练必须了解音乐基础知识和各类音乐风格，能根据音乐特点创造独特动作，在实践中能准确把握音乐节拍，边示范边讲解，并精准提示会员下一个动作时机。

2. 相关有氧运动项目的了解

随着时代发展和会员需求的增加，团课种类日益丰富，在有氧健身操基础上，结合其他有氧运动项目形成了一系列课程，如踏板操、单车、健身瑜伽、普拉提、有氧舞蹈、健身街舞、有氧拉丁、健身民族舞、综合训练、杠铃操、有氧搏击等。因此，团课教练不能仅局限于基础有氧健身操知识，必须不断学习，以跟上时代发展。

3. 营养、运动、健康知识的运用

健康与营养是现代人关注的重点。团课教练需了解会员的饮食习惯，指导会员认识正确的营养膳食结构，并给出合理建议。如今健身目的不再只是减肥或增肌，更是为了保持健康、预防疾病。此外，团课教练要结合会员的身体状况制定有效的运动处方，融入团课教学，教授会员正确的训练姿势和方法，预防运动损伤，及时处理意外导致的运动损伤问题。这就要求团课教练掌握人体测量与评价学、运动营养学、运动损伤及体育保健学等学科知识，提升理论与实践结合的能力。

三、综合能力要求

（一）良好的沟通能力和领导才能

在现代社会，交流与沟通是人们增进了解、建立友谊和信任的重要手段。对多人参与的团课而言，团课教练与会员之间的有效沟通更是实现良好课堂效果和健身成效的关键。参与健身活动的人员来自社会各个层面，团课教练需要频繁地与形形色色的人交流互动，热情地为他们服务，解答各类问题，让会员感受到亲切与自在，进而对教练产生信任。只有这样，会员才会及时反馈健身效果与感受，为团课教练优化训练计划和课程内容提供有力依据。此外，团课教练还需具备敏锐的观察力和出色的总结能力，及时梳理会员的意见和建议，并迅速给予回应，同时要拥有一定的领导才能。

1. 为会员提供科学规范的信息

会员的身体状况各异，对健身知识的掌握程度和获取途径也不尽相同。这就导致他们在健身过程中常常存在诸多疑虑和误区。比如，部分会员担忧停止健身运动后会发胖。实际上，只要让他们理解能量摄入与支出的关系，便能解释并消除这种顾虑。还有一些女会员因害怕失去柔美线条而不敢进行力量训练。所以，团课教练有义务为会员提供准确的信息，真诚地帮助他们树立正确的观念，掌握基础的健身知识，用科学的理念指导实践。

2. 正面引导及鼓励

团课教练服务时应热情、真诚、耐心，多给予鼓励，少进行批评，注重正面引导，切不可急于求成，要循序渐进地帮助会员转变观念。在我国，人们对终身健身的重要性认识普遍不足，往往在身体或体形出现问题时才开始锻炼。多数来俱乐部健身的人都期望在几个月内达成目标。团课教练应根据会员的身体状况耐心制订合适的训练计划，并结合饮食安排，达到最佳锻炼效果。同时，团课教练要鼓励会员持之以恒，向他们介绍坚持锻炼的其他益处，使其获取科学的健身知识，树立正确的健身观念。在团课中，教练要运用语言和形体技巧持续激励会员，调动会员的积极性，多从正面讲解动作要领，通过反复示范让会员逐步掌握，让他们在热烈又轻松的氛围中实现健身或减脂目标。

3. 选择恰当的沟通方式

团课教练可借助口头语言和肢体语言向会员传递信息，建立信任。团课教练要学会耐心、认真地倾听会员的诉求，用心解答问题，确保会员满意。在团课课堂上，团课教练正确的示范动作、身体姿势、手势以及眼神等，都是极为重要的沟通方式。

（二）形成课程的个人风格

能否充分展现团课的教学风格与个人魅力，是衡量团课教练个人水平的重要标准之一。这与教练的性格和个人风格紧密相关。多数人觉得，乐观、外向是团课教练较为理想的性格。事实上，外向型性格的团课教练确实占比较大，他们给人的印象通常是热情开朗、充满朝气，课堂气氛活跃，容易沟通。然而，其他性格类型的教练同样能够取得成功，关键在于打造具有个人特色的风格。

（三）了解行业最新发展趋势，制定自我发展目标

团课是时代的产物，会随着时代的发展而不断变化。因此，团课教练要有知识更新的意识，持续努力学习，尽可能多地了解健身领域的发展动态和最新科研成果，以便用最新知识指导自己的实践。此外，团课教练要不断为自身职业发展设定新目标，始终保持积极向上的状态，使自己成为始终站在时代前沿的优秀团课教练。

第三节　团课授课技能与课程组织

一、团课授课指导原则

团课授课指导原则是健身俱乐部长期教学实践经验的科学凝练与总结，反映了客观规律，是团课教学必须遵循的基本要求，也是团课教练必须恪守的行为准则。正确理解并贯彻这些原则，对指导团课教学流程、规范教学行为、提升教学质量意义重大。团课授课指导原则主要包括主体性原则、直观性原则、循序渐进原则、兴趣性原则、因材施教原则和创新性原则。

（一）主体性原则

在团课教学中，会员是学习的核心主体。团课教练应依据会员的需求和特点，合理安排教学任务、教学内容以及指导方法；会员则需在团课教练的引导下，积极主动

地参与教学活动，充分发挥自身的自觉性、独立性和创造性。在落实主体性原则时，团课教练需遵循以下基本要求：第一，树立以会员为中心的教学观念；第二，激发会员的主观能动性；第三，引导会员自主思考，培养其独立思考能力。

（二）直观性原则

直观性原则是指团课教练借助直观手段，帮助会员构建起对团课运动过程的清晰认知表象。常见的直观手段有生动形象的动作示范、教学图解、录像资料以及多媒体展示等。在践行直观性原则时，团课教练需遵循以下基本要求：第一，紧密结合教学实际，灵活选用直观手段，以满足不同教学场景的需求；第二，将演示与讲解有机结合，使会员更好地理解动作要领和运动原理。

（三）循序渐进原则

循序渐进原则要求在团课教学指导中，教学内容、指导方法以及运动负荷的安排都要具备系统性和连贯性，契合会员的身心发展特点。按照由浅入深、由简到繁、由小到大、由局部到全身的顺序，让会员系统全面地掌握基础知识理论，逐步提升和发展运动技术与技能。在贯彻该原则时，团课教练需遵循以下基本要求：第一，科学规划教学内容，确保知识体系的完整性和逻辑性；第二，教学内容的设置应呈现出渐进性，符合会员的认知规律；第三，合理把控运动负荷，避免过度训练或训练不足。

（四）兴趣性原则

在团课教学中，团课教练要致力于调动和激发会员学习团课的兴趣，并对会员的兴趣加以有意识地强化和引导，充分挖掘他们的学习潜力。在落实兴趣性原则时，团课教练需遵循以下基本要求：第一，充分利用团课项目的独特之处，激发会员的学习兴趣；第二，精心设计教学环节，从多方面强化会员的学习兴趣。

（五）因材施教原则

因材施教原则强调在团课教学中要依据每个会员的具体情况，实施有针对性的教学，让会员的运动技能在原有的基础上得以充分发展。在践行因材施教原则时，团课教练需遵循以下基本要求：第一，快速且全面地了解会员的身体条件、运动基础和学习特点等；第二，灵活运用各种指导方法，做到因人而异、因材施教。

（六）创新性原则

创新性原则要求在团课教学中，团课教练要树立创新意识，不断创新指导方式方法，以创新的理念对会员进行有效指导，让会员持续接触新事物、接受新观念，进而逐步培养自主创新能力。在贯彻创新性原则时，团课教练需遵循以下基本要求：第一，树立强烈的创新意识，不断提升自身的创新能力；第二，积极创新教学方法，为团课教学注入新的活力。

二、团课授课特殊指导方法

团课课程的指导形式具备连续性和集体性两大显著特点。为助力会员尽快掌握动作，收获良好的锻炼成效，团课教练需依据动作风格编排，结合自身优势与不足，灵活挑选并运用指导方法，让会员在锻炼身体的同时，实现身心的愉悦。在团课指导过程中，团课教练除了运用基础方法，还常采用与国际接轨的特殊指导方法，主要包括以下几种。

（一）递加循环法

递加循环法是指在团课教学里，每教授一个8拍动作后，便将其与之前的动作连接起来进行练习，以此形成递加式的循环练习模式。这种方法尤其适合指导健身初学者，每增添一个新动作，都要求会员重复一次前面的动作。递加循环法每次仅能增加一个动作，如A、A+B、A+B+C、A+B+C+D，无论教学进展到哪一段动作，运用递加法都需回到起始的A动作。在实际运用中，还可采用前置递加，如C+D、B+C+D、A+B+C+D。使用递加循环法时，务必做好提示工作，不仅要有清晰的口令提示，肢体语言的提示也不可或缺。此外，加入的动作数量不宜过多，因为动作过多会导致会员难以回忆起每段动作，也难以顺利回到起始的A动作，建议使用4—8个动作。只有会员熟练掌握一个8拍的动作后，才能进行下一个8拍动作的学习。若发现会员对某一8拍的动作掌握欠佳或无法掌握，应让其返回重新学习，以保障动作之间的衔接顺畅。这种方法常用于舞蹈类课程，能够有效增大练习密度，均衡运动负荷，对提升教学效果大有裨益。

（二）连接法

人们将组合动作连贯完成的方法称作连接法。连接法通常也被称为“部分到整体法”。一般以两组动作为一个练习单位，先分别教授A、B动作，随后将二者连接起来；接着教授C、D动作并连接；最后把A+B动作和C+D动作连接，从而形成一个包含4个动作的组合套路。在A+B+C+D的基础上，还能够进一步连接E+F和G+H，进而拓展出一个较长的组合套路。不过，在刚开始连接时，细分动作切忌过长，以免影响会员对动作的记忆。

（三）线性渐进法

线性渐进法是把单个动作按顺序串联起来时，仅改变动作之间一个因素的指导方法，是发展成套路的一种最为简单的自由式指导方法。这个因素可以是上肢动作、下肢动作，也可以是加入的其他变化因素。在线性渐进过程中，每次的变化都应是易于过渡的动作。所选择的动作应丰富多样，并注重动作类型的强度和均衡性，如此才能实现有效的线性过渡。从基本动作中挑选动作并加入变化因素，能让教练拥有无穷的创造力。运用线性渐进法时，必须确保前一个动作和后一个动作之间能够顺利过渡，同时做好预先提示，均衡地选择动作类型和身体平面，这样的线性过渡才是有效的。线性渐进法无法形成组合，在自由套路组合式教学过程中，它适用于热身环节或单个动作的教学。

（四）正金字塔法

正金字塔法呈现出上小下大的金字塔形状，是一种将动作次数逐渐增加的教学方法，动作强度或难度循序渐进，适用于有次数变化的单个动作的教学。重复次数由多到少的过程，能使会员更好地适应复杂或变化速度较快的动作，进而让教学过程更为顺畅。

（五）过渡动作法

在教学过程中，当一段动作教学结束、进入复杂动作教学阶段，或者需要进行调整时，以及当音乐进入弱拍区间时，可以适当加入过渡动作，以调整会员思路，讲解动作要领，缓和会员情绪，这便是过渡动作法。过渡动作法包括过渡保持法和过渡动作去除法。

1. 过渡保持法

过渡保持法是指在复杂动作和新的动作组合之间插入一个简单的过渡动作的方法。其主要目的有三个：一是维持会员的心率水平；二是给予会员足够时间看清动作并跟上节奏；三是让团课教练有时间稍做放松或调整情绪。过渡动作一般采用同类型动作的原型动作，如踏步、侧并步等。过渡动作的选择应与所要教授的复杂动作的结构一致，如此能让会员在学习复杂动作连接时拥有充足的时间思考和反应，从而更易于掌握动作。

2. 过渡动作去除法

与过渡保持法恰恰相反，过渡动作去除法要求去掉插入的过渡动作。当教授复杂动作时，过渡动作可被视为“舒适时段”。但如果组合中过渡动作过多，会让会员感到疲倦和枯燥，所以在最后完成整套组合前，必须去掉过渡动作，这样才能使组合完整。

合理且巧妙的指导方法能够让课堂气氛变得生动活泼，同样的教学内容采用不同的指导方法会产生不同的效果。上述几种指导方法各有特点和功能，且彼此紧密相连。在团课教学过程中，团课教练应依据课程目标，灵活运用各种方法，让每一种方法的运用都成为整个教学过程的有机组成部分。同时，团课教练也要持续在指导方法上探索、改进，激发会员学习的积极性和主动性，让会员在练习中始终充满新鲜感和趣味感，进而提升教学效果，促进会员身体素质的全面发展。

三、团课授课指导技巧

团课授课指导技巧是指在教学活动中为营造出良好的教学氛围，切实有效地调动会员的积极性与参与性，同时树立起团课教练的专业形象，所采用的一系列起到调节、控制作用的行为措施。授课指导技巧具有指导性的特征，而非规定性，这意味着不存在一种能适用于所有情形的授课技巧。不过，在特定的教学情境之下，运用恰当的教学技巧，能够达到最佳教学效果。

团课教练可借助多种教学技巧来启发会员开展练习，能够让会员在学习进程中切实体验到成功带来的喜悦。通常来讲，授课指导技巧包括示范技巧、声音运用技巧、提示技巧、沟通与激励技巧。

（一）示范技巧

示范作为团课教学的显著特点之一，贯穿于整个课堂教学进程。在团课中，团课教练大部分时间都在台上进行示范与领做，会员则在台下跟随、模仿，所以，示范与领做是团课教练必备的重要能力。团课教练的示范动作务必准确优美、干净利落且充满活力，通过对动作的完美诠释与激情演绎，最大限度地激发会员的热情，让他们产生强烈的锻炼欲望和表现欲望。基于示范与领做的可视性要求，团课教练需要正确选择示范点与示范面，学会巧妙运用多种示范点以及灵活转换示范面来引领会员，从而助力会员收获良好的锻炼效果。

1. 示范点

团课教练的肢体语言应以让会员看清动作为最基本的教学要求。因此，需选择一个能让大多数会员全面观察到的点作为示范点，这样便于团课教练观察到每一位会员。会员的站位不必追求整齐和规则，要依据场地条件和练习需求来确定，通常可站成等腰三角形。

2. 示范面

合理选择示范面对会员掌握正确的动作十分有益。常用的示范面主要有镜面示范、背面示范和侧面示范三种。

（1）镜面示范

团课教练面向会员进行示范，示范时始终左脚开步，而会员则用右脚开始做动作，这是团课教学中运用最为频繁的示范方式。对于转体变化较少的简单动作，多采用面向会员的镜面示范，便于通过声音传递和眼神交流与会员互动沟通。

（2）背面示范

团课教练背对会员，与会员同向，会员开始移动的脚与教练一致。背面示范常用于复杂动作（组合动作）的教学，尤其是在面对复杂的、转体多、初学者多以及场地空间有限的情况时，常采用这种示范方式。

（3）侧面示范

是指以侧面朝向会员方向进行的示范，多用于帮助会员观察身体前后的动作。

在教学过程中，团课教练应根据不同的动作结构选用不同的示范面。例如，走3步吸腿、迈步后屈腿、转体类等动作采用背面示范；侧并步、迈步吸腿、侧点地等较简单且无方向变化的动作采用镜面示范；一字步、前后点地等动作采用侧面示范。团课教练授课时不应局限于一种示范面，而应根据课堂实际需要灵活选用不同示范面，以实现以下两方面效果。

第一，减少混淆因素。在练习复杂动作或组合动作时，会员常因跟不上团课教练动作而产生动作混淆和挫败感。此时，团课教练应先采用背面示范进行分解动作示范，待会员熟悉这一组合后，再采用镜面示范或面向会员观察动作。

第二，沟通和目光交流。面向会员的镜面示范可直接与会员进行语言沟通或目光交流，给予他们鼓励，以建立和谐融洽的关系。

3.示范面转换

合理转换示范面能够提升练习效果，帮助会员及时跟上示范动作。团课教练采用镜面示范时左脚起步，会员则右脚起步。在带操过程中，随着音乐节拍，团课教练需流畅地转身换腿，同时确保起步脚正确，与会员完成的动作保持一致。这种从镜面向背面示范的转换，要求团课教练的起步脚也随之转换，因此也被称为左右脚转换法。当然，转换示范面时，不仅要换脚，上肢动作也需相应改变。在一堂课中，团课教练采用镜面示范的比例约占70%。左右脚转换法在实际运用时，常用以下三种方法。

（1）重心变化法

在转换示范面时，将身体重心从原主力腿转移到另一腿。可运用这类方法的基本动作有并步、迈步后屈腿、迈步吸腿和交叉步。例如，4个并步的常规步伐是左脚并步、右脚并步、左脚并步、右脚并步，运用左右脚转换法可变为左脚并步，右腿迈步的同时转体180°，重心移到左腿；接着右脚并步、左脚并步，从而完成从镜面示范到背面示范的转换。

（2）重复变化法

即转身时重复相同腿的动作的方法。这类方法适用于踏步、前点地、侧点地、后点地、吸腿等基本动作，但要注意避免重心过多压在支撑腿上，可通过小跳来解决这一问题。如原地4次踏步的常规步法是踏步、踏步、踏步、踏步，用左右脚转换法可变成踏步、点地转身、踏步、踏步，使示范面的转换与会员的动作方向保持一致。

（3）中间脚法

即保持身体重心在两腿之间的转身方法。这类方法可借助开合跳、半蹲或提踵来实现，转起来轻松便捷。中间脚法要做到快捷流畅，契合音乐节奏。此外，也可采用“停下—讲解—转身”法，即团课教练在教学过程中先停下来，用语言引导会员，指示后续动作，再转身背对会员一起练习。要让会员熟悉教学示范的概念，然后指导会员共同练习。

（二）声音运用技巧

团课教练的声音堪称极为宝贵的教学资源，是传递教学信息、与会员沟通交流的关键工具。拥有洪亮且富有穿透力的嗓音，便为教学赢得了一个良好的开端。所以，团课教练务必高度重视声音的运用。其主要包括正确发音、语气和音调的使用、语速的把控以及耳麦的调试等方面。

1.正确发音

课堂气氛的调动与组织在很大程度上取决于团课教练声情并茂的授课表现。无论是授课、提示、指导会员，还是激发会员的练习兴趣，都离不开声音的运用。因此，了解发声原理、掌握发声技巧，以及采用正确方法保护声带，对于延长团课教练的职业寿命意义重大。在团课教学中，常用的发声方式有说话、喊口令（数数）和提高音量进行提示。这三种方式各有不同。说话时，声音较为平稳，音调适中；喊口令时，声音响亮，音调偏高；提高音量提示时，声调升降幅度较大，音量也较大。正确的发音并非依靠嗓子，而是运用气息，即胸腹联合式呼吸法。具体而言，借助有控制的胸腹联合式呼吸，让气流带动声带振动，使胸、口、喉、鼻、头部产生共鸣从而发声。其要领是，收缩腹肌，压迫小腹，让声音自下而上依次经过背部、胸部、喉部、口腔、鼻腔，直至头部，由各个共鸣腔共同发声，同时要注意发声时喉部保持放松状态。

2. 语气和语调的使用

语气和语调是声音运用的重要技巧。团课教练应依据学习内容和教学阶段的不同状况，灵活调整语气和语调。在需要引起会员重视或关注的地方，如关键的动作名称、动作转换、强调动作技术，以及会员精力下降或感到枯燥时，可采用高音调。但不能一味地使用高音调，有时适当压低声音，反而能激发会员的好奇心，使其注意力更加集中。团课教练的说话风格应独具特色，有力且富有韵律，所有提示都要与音乐节奏相契合，为营造课堂气氛服务。总之，在教学过程中，团课教练巧妙运用抑扬顿挫的声调，不仅能展现个人教学风格，还有助于有效把控课堂气氛，让会员从语气和语调中感受到教练的风趣、幽默与耐心。

3. 语速的把控

在团课教学里，务必留意说话、提示和纠错的语速。语速过快，会员容易听不清楚；语速过慢，则会使课堂气氛沉闷，难以激发会员的兴趣。所以，语速要与所用音乐的速度和课程内容相配合，以此更好地调动课堂氛围。

4. 耳麦的调试

耳麦作为一种万向型声音接收器，是团课教练的得力助手。团课教练要正确使用耳麦，调整好接收器的有效距离，防止将呼吸等无信息价值的声音传送出去；调节耳麦音量，使其与音乐音量相匹配。音乐音量过高会掩盖教练的讲解，音量过低则不利于营造课堂氛围。因此，团课教练在课前应仔细调试耳麦音量与音乐音量，以提升授课效率。

（三）提示技巧

提示是指运用特定手段，在会员进行下一个动作前，告知他们具体的行动方式。成功的提示能让全体会员动作整齐，在同一时间完成相同动作，使会员获得成就感，觉得投入时间和精力体验这一健身过程是值得的。提示主要分为语言提示和非语言提示两类。

1. 语言提示

语言提示是团课教学中，团课教练通过语言向会员传递教学信息的方式。会员接收这些信息后，能正确完成动作、提升动作质量、准确跟上节奏并获得激励，从而收获最佳锻炼效果。语言提示技巧包括提示内容、提示时机和提示技巧。要做到有效提示，团课教练首先得熟悉动作组合和动作技术，能准确把握音乐节拍，熟练掌握使口令与音乐、口令与动作节拍相契合的技巧。课前，团课教练必须充分准备，牢记动作名称，反复练习动作组合。通常30%的备课时间用于思考教学内容，70%的时间用于琢磨教学方法。

（1）提示内容

包括要做什么、向什么方向做、何时开始做、重复次数以及激励话语。在团课教学中，主要提示内容有讲述、口令、练习次数、剩余动作次数（倒数）、动作名称、运动方向、动作要领、纠正错误以及激励性语言等。

（2）提示时机

团课教练应在合适的时间给予恰当提示，让会员始终按照正确的音乐节奏连贯完成动作，保障动作完成的连贯性和运动强度。一般在团课教学时，对动作名称及动作变化的提示应提前2拍或4拍进行。

（3）提示技巧

以第一拍节提示为例。依据团课课程中的音乐乐段（4×8）、乐句（1×8）及单拍（1拍），对每一拍子都进行精准提示，如“1、2、3、4、5、6、7、8”“4、2、3、4、5、6、7、8”。按拍节提示常用于初学者，助力其掌握正确音乐节奏，培养动作与音乐的合拍能力。

倒数法是每位团课教练都应掌握的基本语言提示法。在动作开始前或换动作前，用从后向前数的方式提示会员，如“4、3、侧并步”“4、3、2、换动作”“3、2、向前走”等。相比顺数，倒数法能让会员明确何时换动作，形成心理预期并做好准备。利用倒数法可传达练习的关键信息，如做什么、向什么方向做、何时开始做和重复次数等，如“4、3、向右4次吸腿”。语言提示通常提前4—8拍进行，以保证效果，且提示节奏要与音乐节拍一致，复杂节奏需数出来。语言提示还可用于提示动作质量和技术，如“加大动作幅度”“手臂伸直”“抬高腿”等；也能提示练习强度、速度、节奏或身体状态和站位，如“膝部放松”“两腿分开”“重心提高”等。

2. 非语言提示

非语言提示是指在团课教学中，运用除语言提示外，对教学有帮助的所有身体行为进行提示的教学技巧。非语言提示有时比语言提示效果更佳，更易被会员接受。优秀的团课教练应具备丰富的非语言提示经验和娴熟技能，让课堂中不同训练水平的会员都能领会意图，掌握动作组合。

（1）手势提示

利用手势提示动作是团课教练常用的指导方法和必备教学技能。运用手势可降低教练声带受损风险，即便在音响设备不佳或会员众多的情况下，也能与会员进行良好沟通，甚至让听力障碍者也能参与练习。手势提示内容包括动作内容、运动方向、图形等。

动作内容包括动作名称、动作次数、动作改变（组合、从头开始、动作减半、保持现状）等；运动方向包括向上、向下、向前、向后、向侧、前侧、后侧、原地转身、转圈等；图形包括“L”“A”“V”“U”“O”“□”“◇”等。

目前，有一些通用手势，如用手臂指示运动方向，用手指表示次数，用拍手、竖大拇指表示赞许等。每个教练在教学实践中会形成独特的手势指导方式，只要在课堂上反复运用，会员便能适应。运用手势提示时，手势要清晰明确，如显示下肢动作可轻拍腿，通过展示动作差别帮助会员区分移动和方向变换。手势的提示内容应与口令提示内容一致。熟练运用手势并与语言提示结合是上好团课的重要保障。

（2）视觉提示

视觉提示是团课教练与会员沟通的重要部分。教练通过正确的动作示范、恰当的身体位置，提前4—8拍向会员展示新的动作方向变换、计时变化或形体纠正，让会员在进行下一组练习前清楚知晓动作要领。运用视觉提示能营造轻松的课堂氛围，不同教练对准确视觉提示的选择各有差异。清晰一致的提示有助于会员正确理解动作，在开始下一个动作前，教练要在音乐中预留足够时间进行提示。

（3）面部表情及眼神提示

教练的面部表情变化和眼神，如微笑、睁大眼睛、吃惊、挑眉毛、点头等，不仅能提升会员学习的积极性和自信心，还能让会员感受到教练的亲切与真诚。这是团课教练与会员沟通的良好方式，也体现了教练的风格。优秀的团课教练应根据课堂情况灵活运用面部表情和眼神。真诚的微笑、鼓励的眼神、赞许的目光等非语言提示都有助于提升教学效果。

（4）触觉提示

触觉提示又称身体提示，如通过触摸会员的肌肉，提示运动肌群如何发力，帮助会员纠正动作，体会正确姿势并做出调整，在会员疲劳时协助其进行肌肉收缩，防止受伤等。这种提示方法多用于静态类和器械类课程。教练在会员反复练习过程中，应适时走到会员身边，及时纠正发力方式和用力部位，以实现最佳锻炼效果。

（四）沟通与激励技巧

1. 沟通技巧

在团课教学里，沟通指的是团课教练与个体会员之间，或者教练与全体会员之间相互传递信息的过程。这是一个既发送信息又接收信息的双向互动。教练通过与会员交谈、观察会员在练习中的表现，了解他们的感受和需求，进而总结教学中存在的问题，以便日后不断修正和完善教学。善于和会员沟通，是一名优秀教练的重要技能。无论教练自身专业性多强，都应坦诚待人，从与会员交谈时的表情、举止、方式，甚至语言措辞等方面，塑造一种平易近人的个人形象。团课教练与会员沟通的方式主要有口语和身体语言两种。从实际沟通效果和教练工作特点来看，良好的沟通中，10%靠措辞实现，40%通过语气达成，50%借助身体语言，包括举止行为和衣着装扮等来完成。对教练而言，沟通技巧是其专业能力、个人职业素养和沟通意识的外在体现，沟通工作贯穿于课前、课中与课后。

（1）课前沟通

教练可在课前主动与会员互动交流，了解会员的学习需求、练习动机和练习水平等，为选择教学内容和指导方法提供依据，从而制订合适的课堂教学计划。经验丰富的教练会根据当天上课会员的具体情况，及时调整练习内容和教学方法，力求最大限度实现锻炼目的。

（2）课中沟通

团课教学通常以集体授课形式开展，教练可采用与会员互动的沟通方式，为会员加油鼓劲，共同克服困难。比如，教练问会员“累不累啊”，会员一般会回答“累”。这时教练可以说：“你们很棒，进步很大！那再巩固一遍，好吗？”会员往往会回答“好”。通过这样的对答，会员能自我鼓励，更集中精力把练习完成得更好。在团课教学过程中，教练要留意观察会员，遵循因材施教原则，针对会员的练习情况适时沟通。对于个别练习完成不太好的会员，教练可单独与其交流，交流时尽量使用正面语言，肯定会员的努力和准备情况，建立起与会员的友好关系，以委婉、易于接受的方式解决问题。例如，教学中常有跟不上进度的会员，此时教练不能不管不顾，而要放慢学习速度，多练习几遍，及时给予提示等，帮助会员跟上；若会员依旧无法很好完成，可在休息时间或课后多与他们交流，给予鼓励或单独辅导。不过，对于初次练习时特别紧张的会员，存在特殊情况，不可过度关注，可采用“忽略”的方法，让他们先随意跟练，等稍微熟悉后再交流与关注。

（3）课后沟通

课程结束后，教练通过与会员交谈，了解他们对课堂氛围的感受，询问他们在练习中遇到的问题以及对教学的期望。这不仅有助于教练及时调整和完善后续教学，还能通过沟通进一步增进师生关系，从而取得良好的教学效果。

2. 激励技巧

激励是一项充满乐趣且意义重大的工作，同时也是一门艺术。它能帮助会员竭尽全力实现自我目标。有效的激励能让会员在每个学习阶段都认真积极地练习，从而获得成就感，提升自信心，增强坚持下去的决心和勇气。以下是几种激励技巧。

（1）及时给予肯定

运用语言和非语言方式，对会员学习的每个阶段及时给予肯定和表扬。比如，点头、兴奋地睁大眼睛，说一些鼓励或肯定的话语，这些积极有效的表达能给予会员更大信心，提高他们学习的积极性。

（2）使用有效的反馈

教练主动了解会员参加团课的动机后，应对会员的点滴进步和努力给予反馈，以增强他们练习的主动性。像“你的脂肪正在燃烧，让我们再多做几次”“就这样做，你的动作完成质量会更高”等话语都能起到很好的激励作用。

（3）适时地使用幽默

团课以身体练习为主要手段，会员既要耗费脑力，又要承受一定的生理负荷。若教练缺乏幽默感，就很难激发会员的学习兴趣；当会员感到疲惫时，容易产生抵触情绪。教练在教学中可通过自嘲、使用有趣的标题或名言，以及设立课堂幽默标志等方式展现幽默。教练的幽默感能为双方良好的情感沟通奠定基础，使师生关系更加融洽。

（4）树立教练个人形象

教练可以通过语言或非语言形式言传身教，认真解答会员提出的问题，让会员感受到自己的专业能力和个人魅力。例如，对于遇到学习困惑或练习瓶颈的会员，教练可分享个人相关经历，引导会员寻找自身与练习内容的联系，主动成为会员的良师益友，用科学、健康的人生理念激发会员的学习热情。

（5）鼓励会员自我激励

教练应鼓励会员进行自我激励，帮助会员通过阶段性的学习跟踪记录，设定个人学习目标，从内心肯定自己取得的进步，提高自我效能，从而激励会员更好地坚持学习。

四、教学应变能力

因材施教在团课教学中尤为关键。相较于其他体育项目，团课教学的动态性更为显著。教练不仅在备课阶段需要周全考虑可能出现的各类问题，而且在实际教学过程中还会遇到诸多突发状况。这就迫切要求团课教练具备出色的随机应变能力，以此确保教学能够顺畅开展。

教学应变能力具体是指教练凭借对会员的表情、动作以及眼神的细致观察，及时洞察会员心理变化的能力，同时还包括在变化发生的瞬间，能够机智、灵活地实施有效引导和教育的能力。

教练要充分发挥随机应变能力。首先，需要对教学内容了如指掌，达到烂熟于心的程度。其次，必须拥有敏锐的观察力，能够及时察觉会员细微的心理变化。再次，还需具备迅速且准确的判断力。这种判断力既依托于大量的实践经验，涵盖逻辑判断，也包括直觉判断。无论运用何种判断方式，教练都要有机智果断采取适当措施的能力，拥有解决实际问题的方法，并能依据会员的实时反应，及时调整措施。

第四节　时尚操舞创编

一、音乐基础知识

音乐是声音的艺术。作为一种完备的艺术形态，它拥有独特、系统且完整的表达方式。在健身过程中，音乐是一股强大的驱动力。健身过程中有音乐相伴，不仅能提升健身的频率，延长每次健身的时长，还能加大练习的强度。此外，为收获更佳的健身成效，在聆听音乐的同时，还应尽情领略健身过程中自我沉醉的愉悦。

健身音乐专为激发健身者运动而作，在运动进程中发挥着独特作用。在音乐的映衬下，团课动作更显生机与艺术魅力，可谓音乐赋予了团课项目腾飞的力量，拓展了其表现空间。若将动作视作团课的架构，那么音乐则为其注入了灵魂，让练习者得以释放内心的情感。

音乐的节奏与速度对动作的节奏与速度起着严格的把控作用，进而在很大程度上决定了运动负荷的强度。仅从节奏与速度层面来看，在相同时间内，节奏越繁复、速度越快捷，运动强度就越大；反之则越小。音乐风格深受时代、民族、地域、环境以及创作者等诸多因素影响，它决定了动作的风格走向。因此，我们必须尊重音乐风格，唯有如此，动作与音乐才能相得益彰，音乐才能为动作提供有力支撑。

音乐的强弱变化为动作的力度与起伏奠定了基础，使动作与音乐在结构上紧密相连。曲调与节奏的变化，加之动作的起伏，共同催生了韵律感，提升了团课的韵律美与美学价值。音乐具有激发脑细胞兴奋的功效，所以在音乐伴奏下锻炼，能够延缓疲劳的产生。音乐所蕴含的情绪能够感染人的情绪，这便是团课常选用曲调欢快、节奏强劲的音乐作为伴奏的重要缘由。

团课教练必须熟知音乐基础知识，了解各类音乐，并且能够依据音乐风格创作出独具特色的动作。在实际教学中，团课教练能够准确把握音乐节拍，边示范动作边进行讲解，还能精准提示会员开启下一个8拍的动作。

（一）音乐的基本概念

1.旋律

旋律也就是我们常说的曲调。它的构成要素包括音的高低、长短以及强弱。创作者按照自身意图，将这些要素巧妙组织起来，便形成了一系列富有特定意义的音乐线条，这就是旋律。旋律堪称塑造音乐形象最为关键的手段，最容易吸引人们的注意力。

旋律具有方向性，主要通过音的高低来区分。其方向大致可分为以下5种：上行，即音从低向高行进；下行，即音由高向低行进；环绕，指旋律围绕一个音或一定音区，上下反复出现，或者在一定区域内循环往复；平行，是音在同一高度持续进行；波浪，即音先由低到高，再从高到低，形成起伏的旋律线。

音乐拥有不同的音区，低音区的声音低沉而浑厚，中音区柔和又舒缓，高音区则明亮且华丽。如此一来，便造就了丰富多样的声音变化，从低沉到明亮，从急促到舒缓，从弱到强，起伏有致。我们在编排团课动作时，可以依据音乐的风格以及旋律的起伏变化特点进行创作。

2. 节奏与拍子

节奏是指时间长短的组织关系，它不仅存在于音乐之中，世间万物的运动也都蕴含着节奏。在音乐里，节奏赋予了音乐活力与动力。拍子则是音的强拍与弱拍的组合方式。音乐中最基础的拍子组合形式有单拍子、复拍子、混合拍子，其他拍子组合大多是由这几种演变而来，也被称为混合拍子或复拍子，如4拍子就是由2个二拍子组合而成。

团课动作的节奏必须与音乐节奏相契合，尤其是在重拍的处理上。通常，音乐的重拍会对应一些特殊步伐，像踏步时脚触地的瞬间，恰好就是重拍出现之时。一些常见的音乐，如流行音乐，也具有类似模式，其节奏与人体自身节奏较为适配。倘若团课教练打算采用常规音乐，就务必确保所选音乐的节律（BPM，Beat Per Minute，每分钟跳动次数）与心脏节律一致，这是因为有氧音乐的节拍密度应当与训练者的心率相匹配。计算音乐BPM的方法和测脉搏类似，记录下10秒钟内音乐的节拍数，再乘以6即可。不同的音乐，节奏也截然不同。旋律段的快慢取决于音乐的风格。基本规则是，尽量不要选用BPM高于160的音乐，因为对跟随音乐进行团课练习的会员来说，这样的节奏过快。团课教练需要清楚知晓音乐的强拍位置，如此才能让动作与音乐配合默契。通常团课教练会选用节奏模式为强—弱—次强—次弱的音乐，借助音乐激励会员，帮助他们克服训练过程中可能产生的挫败感，使其能够坚持到课程结束。

3. 句法

音乐如同表达思想感情的语言，也有自己的“字、词、句、段、章”，即乐汇、乐节、乐句、乐段和乐章。

（1）乐汇

乐汇是音乐语言的基本结构单位。由于音乐是时间的艺术，为展现音的运动，乐汇的构成需要一个逻辑强拍和一个逻辑弱拍，至少包含两个音。具有代表性的典型乐汇被称作乐汇动机。在团课音乐中，一个乐汇通常指两拍。

（2）乐节

乐节是音乐语言的基本组织单位，一般由两个乐汇组成。在操课音乐里，一个乐节通常为4拍。

（3）乐句

乐句是构成乐曲的具有特征的基本结构单位。在歌曲中，尤其是结构规整的歌曲，乐句比较容易理解，如4句歌词往往对应4个乐句，句与句之间有呼吸停顿。在团课音乐中，一个8拍即为一个乐句。乐句能够表达相对完整的意义，恰似文章中的一句话。单独一句话成不了一篇文章，一个乐句也无法构成一首乐曲，但它们都能传达一定的意思，任何乐曲都是由实际存在的乐句构成。

（4）乐段

乐段由若干乐句组成，乐段内的各乐句相互关联。通常相邻乐段之间区别较为明显，但后一乐段可能会沿用前一乐段的动机或其他音乐材料。在团课音乐中，一个乐段通常指4个8拍。

4. 过渡与衔接

大多数音乐都是按照乐句、乐段前后对应排列的。不过，在部分乐曲的段落之间会存在衔接或过渡的部分。这些过渡一般呈对称状态，但有时也会按照作曲家的意愿，出现一些不对称或特殊的处理方式。遇到这种情况时，我们需要反复聆听，感受音乐传达的感觉。在团课中，为了让动作与音乐节奏完美契合，团课教练通常可以在过渡音乐时段安排一些呼吸，以调整动作。要是遇到难以处理的过渡部分，团课教练也可以进行简单的步伐练习，同时着重从口头上对动作要求和讲解进行强化。

5. 音乐的其他表现手段

音乐除了上述几种表现手段，还可以借助其他方式变换表现形式，如速度变化、力度变化、音区变化、演奏形式变化、表情手段变化以及对比等。这些表现手段对音乐作品的形象和意境有着极为显著的影响。在音乐作品中，各种基本表现手段通常是综合运用的。倘若了解并掌握了这些表现手段，在设计和编排团课动作时，团课教练就能将动作与音乐完美融合，让动作更具生命力。

（二）常见音乐风格

1. 爵士乐

爵士乐诞生于19世纪末20世纪初的美国，是欧洲文化与非洲文化相互交融的独特产物。它主要源自黑人社会的劳动歌曲，以及婚丧仪式、社交场合中演唱、演奏的散乐，其和声手法借鉴自欧洲音乐。爵士乐最初以即兴演奏为主要特色，独特的切分节奏贯穿全曲。其主要特点如下：旋律由一连串的切分节奏构成，这种别具一格的形式对流行音乐产生了深远影响；即兴演奏是其核心魅力之一；配备强有力的打击乐器，这一特征在当今流行音乐中依然十分突出；节奏变化丰富多样；音色鲜明且强烈；和声丰富饱满。爵士乐常常营造出欢乐喜悦的氛围，“just fun”（只是为了欢乐）是它的座右铭。

2. 迪斯科

迪斯科（Disco）音乐脱胎于爵士乐，多带有演唱部分，追求快节奏，重音不断重复出现，相比之下，歌曲内容并非重点表现主题。迪斯科音乐起源于美国，于20世纪六七十年代在欧美地区流行开来。它的主要特点是，旋律继承了爵士乐的切分节奏，并且更加注重打击乐的运用，多采用单拍子，节奏不间断地重复，展现出旺盛的活力。

3. 摇滚乐

摇滚乐，又称滚石乐，同样是从爵士乐中衍生出来的音乐类型。它的节奏有快有慢，常常以某一种节奏型反复呈现，带有摇摆的律动感。摇滚乐继承了爵士乐演奏的即兴性、打击乐的多样性。

4. 豪斯乐

豪斯乐（House）是20世纪80年代从迪斯科发展而来的跳舞音乐，由芝加哥的DJ创造。它将德国电子乐团Kraftwerk的一张唱片与电子鼓有规律的节奏，以及黑人蓝调歌声混合在一起。豪斯乐一般被译为“浩室”舞曲，是电子舞曲最基本的形式，采用4/4拍的节奏，一拍一个鼓声，搭配简单的旋律，常常伴有高亢的女声演唱。迪斯科流行之后，一些DJ试图让迪斯科摆脱商业化，使贝斯和鼓的声音变得更加深沉，逐渐演变成纯音乐作品，即便有演唱部分，也大多是跳舞女歌手演唱的简短语句，歌词往往不明确。后来，有人融入拉丁、雷鬼、说唱、爵士等元素。到20世纪80年代后期，豪斯乐走出小众圈子，成为芝加哥、纽约及伦敦流行榜单上的热门音乐。

5. 节奏布鲁斯

R&B的全称为 Rhythm & Blues，一般译为“节奏布鲁斯”。从广义上讲，R&B可被看作“黑人的流行音乐”，它源自黑人的蓝调音乐，是西方流行乐和摇滚乐的根基。*Billboard*杂志曾将R&B界定为除爵士和蓝调之外的所有黑人音乐，由此可见，其涵盖范围之广。在黑人音乐领域极为盛行的Hip-Hop和Rap都起源于R&B，并且保留了许多R&B的元素。

6. 雷鬼

雷鬼（Reggae）起源于牙买加，是西印度群岛的一种舞曲，在20世纪70年代传入美国。它融合了非洲、拉丁美洲流行的呼应式歌唱方法，以及强劲有力的摇滚乐音效。

7. 灵魂乐曲

灵魂乐曲是由布鲁斯、摇滚乐与黑人福音歌融合而成的黑人流行音乐，演唱时乐器演奏较少。詹姆斯·布朗（James Brown）、雷·查尔斯（Ray Charles）、奥蒂斯·雷丁（Otis Redding）等都是灵魂乐曲领域的著名歌手。

8. 轻音乐

轻音乐包含多种类型，如新世界音乐、民歌、室内管弦乐等。轻音乐至今没有一个固定的定义，现在所说的轻音乐通常指那些轻松愉悦、生动活泼且通俗易懂的音乐。轻音乐一般不表达重大的主题思想和复杂的戏剧性内容，大致可分为5类：轻松欢快的舞曲，电影音乐、戏剧配乐，通俗歌曲、流行歌曲，日常生活中的舞蹈音乐和民间曲调。

（三）音乐与动作的关系

音乐的节奏与旋律对动作的快慢和风格起着决定性作用。动作的强拍需与音乐的强拍精准对应，动作的弱拍也应契合音乐的弱拍，而音乐的旋律及其风格则主宰着动作的起伏与整体风格走向。音乐作为团课不可或缺的组成部分，在创编过程中绝不容忽视。

首先，团课音乐要契合团课的特性，应当是节奏清晰明快、热烈激昂且洋溢着蓬勃向上精神的音乐。其次，团课教练要依据创编目的来挑选音乐风格，凸显个性，同时能对锻炼者产生积极的带动作用。团课教练既可以按照成套动作的结构或具体要求来确定音乐的长短和起伏变化，也能够依据音乐的时长、起伏去规划成套动作的结构与具体动作。

当选定一首乐曲后，团课教练需要反复聆听，从中筛选出符合需求的部分。团课教练要用心去感悟音乐，尤其要充分发挥想象，思考如何用身体动作来诠释音乐。成功的创编应当能够让人体会到音乐所传递的情感。主体部分的音乐乐句务必完整，还要有精彩的开场与收尾。在创编时，团课教练要周全考虑开始、主体、结束以及各个段落之间的衔接与过渡，按照自己的构思将各个部分巧妙地连接起来。

二、团课创编的基本原则

团课的成套动作是团课教练为健身会员提供技术指导服务的核心内容。整个授课过程涵盖多个环节，包括动作示范、基本动作教学、会员指导以及心理交流沟通等。这些环节都与团课教练自身的专业技能水平，以及课下在创编套路时所投入的心血密切相关。团课的套路创编应当遵循以下七项原则。

（一）安全性原则

会员参与团课的初衷是锻炼身体、增进健康，若在练习过程中发生任何损伤，便违背了这一初衷。因此，在挑选和编排动作时，安全必须放在首位。有些动作虽然锻炼效果显著，但存在一定的安全隐患。比如，过度背伸动作对拉伸腹部肌肉效果明显，但会给脊柱带来极大压力，极有可能引发腰部损伤，属于不适宜动作，应当避免采用。在动作编排中，安全性原则还体现在左右肢体动作的平衡、高低冲击力动作的平衡，以及原地动作与移动动作的平衡等方面。

（二）有效性原则

团课练习的主要任务是提升心肺功能、改善人体心血管系统的机能，这就要求在锻炼过程中，练习者的心率需达到特定的目标范围。在设计动作时，团课教练可以通过增大动作幅度和力度来实现这一目标。比如，用大的移动步伐替代原地动作，用交叉步替换原地侧并步，用向前走3步吸腿替换一字步及原地踏步。如此一来，动作特征虽未改变，但力度和幅度增大，有助于提高心肺功能。除了下肢动作设计，改变上肢动作同样能有效提升心肺功能。上肢动作通常要求在心脏水平线以上，如斜上举、上举、单双臂绕环等。不过，团课教练要注意在课程开始的前5分钟，避免出现超过8拍且连续重复的这类动作，同时此类动作的使用时间不宜过长，否则会使心率持续处于较高水平，超出练习者的承受能力，应按照运动负荷逐渐递增的教学原则，逐步增加动作强度。另外，在基本动作中融入不同方向的变化和移动也很关键。例如，将迈步吸腿单调的前后移动变为4个对角线的移动；将交叉步脚的左右移动变成“L”形甚至正方形；将3步吸腿和交叉步这两个基本动作结合起来，围成正方形。需要着重强调的是，开始动作的位置与结束动作的位置应保持在同一点，这样能避免在室内授课时会员拥挤在一起，既无法达到锻炼效果，还容易引发运动损伤的情况。

（三）针对性原则

动作的选择与编排，要充分考虑会员的健康状况、身体素质和技能水平，同时遵循不同级别课程分别编排的原则，确保会员能够跟上节奏。通过练习，会员不仅能从中获得乐趣，还能实现锻炼身体的目标。无论进行何种团课的创编，团课教练都不能忽视会员的水平，否则可能导致创编工作功亏一篑。具体可从身体条件、专业技能和表演能力这三方面进行考量。在编排组合动作时，团课教练一定要对会员的现有水平做到心中有数，尤其要了解协调性、方向性、平衡感、身体肌肉力量等影响动作完成质量的关键因素。

（四）流畅性原则

依据人体解剖结构，动作之间的搭配要合理、科学，衔接要自然、流畅。有时将两类不同动作编排在一起，由于动作变化过于突然，重心难以控制，对身体平衡能力欠佳的人来说，容易引发运动损伤。例如，迈步后屈腿接脚跟前点地，前后动作幅度较大，容易失去平衡，若改成接并步，重心就更易控制；又如，迈步后屈腿接迈步吸腿，难度比接脚跟前点地更大，初学者很难完成，在编排初级班动作时，必须充分考虑这一因素。团课的动作设计是否连贯、自然、流畅，直接关系到会员的锻炼效果以及整堂课的教学成效。

（五）全面性原则

在当今社会，团课除了要具备健身功能，观赏性也已成为重要目标之一。很难想象人们会对平淡无奇、缺乏变化的事物产生兴趣。因此，团课教练在编排动作时应尽量减少动作的重复，仅在需要呼应时，才采用重复动作。动作的多样性并非毫无目的的动作堆砌，而是在风格统一的基础上，使动作呈现出丰富且有序的变化。此外，团课教练还可借助空间、节奏和路线的变化，通过人员的组织与调动，充分展现团课多样性的特点。

（六）艺术性原则

艺术性是团课的主要特征之一。在把握团课项目特点的基础上，团课教练应充分发挥创造力，通过不同项目全面展示团课的艺术魅力。音乐是团课不可或缺的组成部分，它为团课注入活力，为团课动作的创编提供了广阔的空间与灵感。音乐主题的表达是展现艺术性的重要手段之一。在团课创编中，要想准确传达音乐的意境，团课教练需要具备一定的音乐素养。在必要设备的支持下，团课教练可先根据自己的构思创作出所需音乐，再进行动作创编，这样能使动作与音乐的融合更加完美、生动，让成套动作充满蓬勃生机。在创编团课时，团课教练可以突出某一种风格，如街舞、拉丁舞等，也可以将其他项目融入表演，还能把不同风格与不同的健身器械融入成套表演操中，但编排时一定要注意与音乐的协调性。

（七）娱乐性原则

娱乐是人类追求快乐、缓解生存压力的本能。人们在运动过程中除了追求健身效果，还希望愉悦身心。因此，在创编团课时，团课教练需遵循娱乐性原则，让课程内容既富有成效又充满趣味。

三、团课创编的基本流程及方法

优秀的团课创编有助于团课教练充分展现个人特色。掌握创编流程及方法，目的在于让团课教练在授课时能够将注意力从单纯的动作展示转移到授课指导以及舞台般的精彩表演上。团课教练在职业生涯的起始阶段，授课往往显得生硬、不够自然。随着教学实践的不断积累，以及对健身行业工作本质理解的逐步加深，团课教练会逐渐洞悉其中的规律与奥秘，自然而然地将团课以表演形式精彩呈现。

一名出色的团课教练，堪称集编剧、导演和演员于一身的复合型专业人才，具备高超的技能与卓越的智慧。其个人魅力会在具体的指导工作中自然散发。在课堂上，他无疑是耀眼的明星，也是健身俱乐部中极具个人魅力的核心人物。能够从繁杂的动作演示中解放出来，把时间和精力投入成就成功教学的其他关键要素上，引领健身者尽情享受优美的音乐、富有节奏的运动及酣畅淋漓的出汗体验，让其在激情与快乐中不知不觉地达成健康目标，这才是团课取得成功的关键所在。

（一）团课创编流程

为了让每一位参与团课的会员既能实现健身目标，又能享受娱乐体验，针对不同水平的健身人群，进行切实有效的课程创编至关重要。无论采用何种操课形式，团课教练都需要充分发挥创造力创编课程，通过精心规划教学，达到最佳教学效果。

1. 明确方向

首先，要确定课程形式，是预制套路、半预制套路还是自由风格套路，明确方向后再着手创编。在进行团课创编时，团课教练应挑选自己最为熟悉的项目和音乐类型。然后，依据课程要求，先反复在脑海中构思本次课程的开场、发展与结尾，待对大致框架有清晰思路后，便可展开具体操作。

2. 选择音乐

有了整体构思后，就能有针对性地选择音乐。自由风格课程可选用串烧形式的音乐，以4个8拍完整乐段连续推进，完成一整节课程；预制套路或半预制套路课程需要挑选单首完整音乐进行创编。拿到一首音乐时，首先，要考量它能否打动自己，若能调动自身情绪，尤其是激发想象与灵感，那便是非常合适的选择。其次，要反复聆听音乐，感受其意境，留意音乐的起始、发展与结束方式，特别关注不同乐句之间的过渡衔接。最后，要对音乐进行段落划分，确定所需音乐段落后，思考如何使这些段落自然、流畅且富有特色地衔接，以及怎样编排出新颖且激动人心的开场与结尾。

3. 编排动作

在获取心仪的音乐并通过反复分析了解其内容后，就可以考虑编排动作了。首先要思考那些具有代表性、风格鲜明的动作，接着挑选主体动作，将这些动作组合成一个个动作组，需注意这些组合要与音乐段落一一对应。完成这些步骤后，便得到了一个动作组合，其他段落以此类推。授课套路编制完成后，要仔细分析音乐，记住音乐中有利于表演、饱含情感的部分，并在授课过程中进行展示。需要强调的是，团课教练的授课过程绝非简单的动作重复与机械的动作传授，而是要让会员感受到团课的艺术魅力与趣味，在不知不觉间达成预先设定的健身效果。

4. 修改完善

有了初步的套路后，团课教练还需反复审视，排查是否存在不合理或不完美之处，经过修改后即可定稿。一名优秀的团课教练不仅要指导会员掌握复杂的动作组合，更要让会员充分体会到团课的乐趣，这就要求团课教练掌握一定的教学技能与指导技巧。例如，学会如何将脸部表情、语言和身体语言相结合，用以诠释音乐和动作，把自己塑造成兼具指导能力的“演员”，这是团课教练持续提升授课技能的方向。

（二）团课创编方法

当前，团课主要有预制套路、半预制套路、自由套路这三种课程形式，它们的设计流程大体一致，但创编方法存在差异。

1. 音乐分析法

音乐分析法主要应用于预制套路或半预制套路课程。首先，将音乐结构依据不同乐句及乐段进行细致划分，并标注对应的符号或文字说明。然后，把与音乐节奏、旋律相匹配的动作融入音乐结构中，如此便能完成一个简单套路的创编工作。

2. 排序法

排序法通常用于传统健身操课程和自由套路课程创编，主要以基本动作及其变化形式为内容，有规律地编排套路动作。一般以32拍为一个单位，也就是4个8拍的动作为一组，这与音乐结构完全一致。

（1）选择动作

要熟悉基本动作的拍节。比如，1个踏步占1拍，1×8拍可做8次；1个侧并步占2拍，1×8拍可做4次；1个侧交叉步占4拍，1×8拍可做2次；1个一字步占4拍，1×8拍可做2次；1个吸腿占2拍，1×8拍可做4次；1个开合跳占2拍，1×8拍可做4次。

（2）创编组合（32拍）的组合方式

在一个32拍的组合里，可以包含数量不等的基本步伐，步伐种类越多，可能的组合方式也就越丰富。一般而言，由2—4种步伐构成的组合动作适合初学者，5—6种步伐的组合属于中等难度，还能适当加入一些变化。但要注意，如果一个组合中编排的步伐过多，会员很容易跟不上节奏，进而丧失锻炼信心，影响锻炼效果。例如，由A、B两个动作完成一个组合创编，会出现AABB、BBAA、ABAB、BABA、ABBA、BAAB等形式；由A、B、C三个动作完成组合创编，会出现ABCC、BCAA、ACBB、CABA、ABCA、BCAB等形式；由A、B、C、D四个动作完成组合创编，会出现ABCD、BADC、CADB、ACDB、BCDA等形式。

（3）16拍的动作设计组合方式

①8拍完整的组合方式

无论动作如何组合，都要确保每个8拍动作的完整性，绝大多数团课具体动作设计都采用这种8拍完整的组合方式。

②8拍交叉的组合方式

在32拍的组合中，有1—2个动作是跨8拍进行的，一般采用2个动作5—8或1—4的组合方式，像侧并步和侧交叉步，就可采用这种方式组合。运用8拍交叉的动作组合方式时，要遵循“16 拍规则”，即8拍交叉只能在16拍中进行，可以通过16拍加16拍形成一个32拍的组合，但不能每个8拍都交叉。比如，若第2个8拍和第3个8拍也交叉，会使整个动作编排显得杂乱无章，给教学带来困难。这种动作组合方式较为复杂，只适用于中高级别的课程，而且课前需要精心准备，课上也要及时、清晰地进行提示。不过，如果能巧妙运用8拍交叉的动作组合方式，可使课程更具趣味性和挑战性。

3. 左右对称法

通过次数变化或节奏变化，动作组合从右脚开始转变为左脚开始。通常在一个组合中，根据难度的不同，可以出现1—3次转换脚的动作。

（1）次数变化

在动作模式中，左右方向交替各做1次后，再在起始方向做2次或者重复4次的动作，都能够实现方向转换。交叉步完成1次或3次，也可进行方向转换。

（2）节奏变化

完成2拍1动或者2拍3动的奇数动作时，即可转换方向。

4. 团课创编中需考虑的变化因素

（1）方向变化

由于身体正面朝向不同，存在10种不同方向，分别是正面、后面、左侧面、右侧面，对角线中的左前对角线、右前对角线、左后对角线、右后对角线，以及顺时针（包括90°、180°、360°）和逆时针（包括90°、180°、360°）。

（2）节奏变化

节奏变化与音乐节拍及动作速度的改变相关。常见的动作可由半拍或两拍节奏完成。比如，跑步通常1拍1动，可放慢成2拍1动，也能加快为1拍2动。如今国外流行的街舞、拉丁舞等的特殊舞蹈动作有特定节奏，节拍变化更为显著，有些甚至达到1拍3动。

（3）动作重复次数的变化

指重复单侧身体动作后再换到另一侧。重复次数通常有1次、2次、3次、4次甚至6次。例如，在一个16拍的动作组合中，左腿后屈腿1次（2拍）+右腿后屈腿2次（4拍）+左腿后屈腿3次（6拍）+左腿1个V字步（4拍），然后换成反方向动作。此时后屈腿就出现了1次、2次、3次的变化，对培养节奏感十分有利。

（4）动作移动的变化

指身体从原地出发，移动到不同方向的其他点。常用的移动方式包括向前、向后、向侧、旋转。此外，还可以不移动而改变动作方向，如4个V字步，每个V字步转90°；也可以不改变动作方向而移动，如交叉步接4步跳，始终面朝前，却向侧共移动了8步。这里特别提到，旋转是指在原地或朝某一点移动时，身体绕着中心轴转动，常用于前、侧、后移动组合动作中。360°转体由4个90°或2个180°转体组成。需注意，在1个1拍或2拍的动作中完成360°转体存在潜在危险，应当避免。在进行所有加旋转的移动时，要清楚正在练习的身体部位不应承受过大压力，这一点至关重要。团课教练有责任选择安全的转体动作和转体形式（安全完成转体需要足够的节拍数、合适的音速及正确的提示方法）。

（5）动作杠杆的变化

指手臂和腿长度的变化。改变手臂长度，可以将大幅度的侧平举变为小幅度的侧平举；改变腿长度，可以将提膝变为直腿踢腿。当然，随着动作杠杆长度的增加，在加大动作幅度的同时，也会相应加大练习强度。

（6）单、双侧动作的变化

单侧动作是指一次只练习一侧上肢和腿部动作，双侧动作则是一次同时练习双侧上肢和腿部动作。例如，单、双侧混合的上肢动作可以是左手臂屈肱二头肌2次，右手臂屈肱二头肌2次，然后双臂同时屈肱二头肌2次。同样类型的腿部动作可以是左腿提膝2次，右腿提膝2次，然后进行4次开合跳。

（7）动作模式的改变

指冲击力步的难度水平，既可以是无冲击力步或低冲击力步，也可以是高冲击力步，运用不同冲击力步伐能够改变难度水平和练习强度。比如，把低冲击力步的脚跟前点地改为高冲击力步的向前踢腿跳，运动强度就会增大。

（8）动作平面的改变

指上肢和腿部运动时所属的运动平面，常用的有水平面、额状面、矢状面。例如，脚跟前点、脚尖侧点、脚尖后点的运动平面各不相同。

第十三章　瑜伽

第一节　瑜伽的起源与发展

一、瑜伽的起源

瑜伽是一种古老的健身术，起源于印度河流域，迄今已有5000多年的历史。在漫长的岁月里，瑜伽不仅在印度蓬勃发展，拥有众多练习者，还逐渐在世界其他国家广泛流传。如今，在世界的各个角落都能看到瑜伽练习者的身影。

“瑜伽”（Yoga）一词源于梵文，其字根原意是将牛马套在车辕上，引申为“相印”“结合、合一”，也蕴含着核心和真髓的含义。瑜伽融合了哲学、科学与艺术。它以古印度哲学为基础，历经数千年，其在心理、生理和精神层面的戒律，已成为印度文化中不可或缺的重要组成部分。古代的瑜伽信徒不断发展瑜伽体系，他们坚信，通过身体的运动和呼吸的调控，能够实现对心智和情感的完全掌控，进而保持身体的长久健康。

瑜伽姿势运用古老且易于掌握的技巧，从生理、心理、情感和精神等方面改善人们的状态，是一种实现身体、心灵与精神和谐统一的运动方式。它涵盖调身的体位法、调息的呼吸法以及调心的冥想法等，旨在达成身心合一的境界。

二、瑜伽的发展

现代学者将瑜伽的发展历程划分为四个时期。

（一）前古典时期

从公元前5000年起，一直到梨俱吠陀出现，这一时期长达3000多年，是瑜伽的原始发展阶段，彼时缺乏文字记载。在这漫长的岁月里，瑜伽从一种原始的哲学思想逐步演变成修行的法门。其中，静坐、冥想和苦行是瑜伽修行的核心内容。

（二）古典时期

自公元前1500年《吠陀经》对瑜伽有了笼统记载，到《奥义书》对瑜伽进行明确记载，再到《薄伽梵歌》问世，完成了瑜伽行法与吠檀多哲学的融合，使瑜伽从民间的灵修实践步入正统之列，其理念也从单纯强调行法转变为行为、信仰、知识三者并重。

大约在公元前300年，印度大圣哲帕坦伽利（Patanjali）创作了《瑜伽经》，至此，印度瑜伽才真正形成完整的体系，瑜伽行法被正式确立为完整的八支体系，帕坦伽利也因此被尊称为瑜伽之祖。

一般认为，瑜伽之祖帕坦伽利诞生于公元前500—公元前200年的印度拉尔地区。传说，帕坦伽利的母亲哥妮卡是一位学识渊博的瑜伽行者，她一直期望能将所学传授给一位贤能之人，却始终未能如愿。哥妮卡感觉生命即将走到尽头，便向太阳神祈求，希望能赐予她寻觅已久的贤者。她双手捧水，闭眼向太阳神祷告，当她正要献水时，睁眼发现手中有一条小蛇，小蛇瞬间化作人形，对她说："我想做你的孩子。"哥妮卡答应了，并为他取名 Patanjali。Pat意为掉落，anjali意为双手合十，因为帕坦伽利就像从天而降落入她手中的人，故而得名。

还有传说称，帕坦伽利是蛇神Adisesa为了撰写大法和献身神圣之舞，在主湿婆（Shiva）的祝福下转世人间，成为瑜伽之祖。

（三）后古典时期

《瑜伽经》诞生之后，便进入了后古典瑜伽时期。这一时期主要涵盖"瑜伽奥义书"、密教和哈他瑜伽。"瑜伽奥义书"共有21部。在这些奥义书中，单纯的认知、推理、冥想都不再是达到解脱的唯一途径，还需借助苦行修炼技术带来的生理转化和精神体验，才能实现梵我合一的境界。因此，节食、禁欲、体位法、七轮等修行方式应运而生，再加上咒语、手印、身印与上师的结合，构成了后古典时期瑜伽的精华。

19世纪的克须那摩却那被尊为现代瑜伽之父。其后，爱恩加、第斯克佳成为圣王瑜伽的引领者。此外，印度锡克族的拙火瑜伽、湿婆阿兰达瑜伽也是两个重要的瑜伽派别。

（四）瑜伽的现代发展

如今，瑜伽已成为一种在全球广泛传播的身心锻炼方法。它从印度传至欧美、亚太、非洲等地，因其在心理减压和生理保健等方面的显著功效而备受推崇。同时，衍生出各种瑜伽流派，如阿斯汤加瑜伽、艾扬格瑜伽、流瑜伽、阴瑜伽、热瑜伽、昆达里尼瑜伽等。

在现代，涌现出一批在全球具有广泛影响力的瑜伽大师，如室利·阿罗频多、艾扬格、斯瓦米·兰德福、张蕙兰等。由斯瓦米·兰德福担任首席大师的印度帕坦伽利瑜伽学院有限公司，是当今世界上历史最为悠久、最具权威性的瑜伽学院和瑜伽教练资质等级认证机构。

第二节 瑜伽的功能与优势

一、瑜伽的功能

（一）增强心肺功能

瑜伽练习能够促使心肌收缩更为有力，让心脏输出的血量增多，同时加快血流速度。这一系列变化对心脏而言是一种良性锻炼，在一定程度上有助于预防冠心病。

（二）调节新陈代谢

瑜伽练习可使人体的新陈代谢率提高60%—80%。对于糖尿病、肥胖症等疾病，瑜伽能够发挥防治作用；对于超重人群，瑜伽能助力减肥。

（三）平衡人体节律

瑜伽并不只是机械地摆出某种姿势，还需要练习者不断探索和领悟，最终实现动力与阻力之间的平衡。心是连接身体与意识的关键纽带，只有内心平静且专注的人，才能充满知觉、具备辨别能力，自信地生活。长期坚持练习瑜伽，能够调整人体生物节律，使其恢复平衡状态，对身心健康十分有益。

（四）安定神志

瑜伽练习能够有效缓解神经肌肉的紧张，进而发挥镇静功效。尤其是对长期伏案工作的人来说，瑜伽可以让紧张的大脑皮质细胞得到充分放松，从而获得最佳的休息效果。

（五）带来轻松舒畅之感

每天坚持练习 1 小时瑜伽，身体不仅不会感到疲惫，而且会产生轻松、舒畅的愉悦感受。

（六）提高记忆力

在瑜伽练习中，经常伴随着呼吸进行身体伸展，这能让思维更加灵活，有效消除脑力疲劳，进而提高学习和工作效率。据相关专家测试，每周进行3次瑜伽练习，每次1小时，连续坚持4个月的人群与不爱运动的人相比，前者反应更为敏锐，在视觉与记忆力方面均占据优势。

（七）实现全身肌肉伸展

瑜伽运动由屈、伸、旋转等多种动作构成，较为复杂。受试者在完成某个动作时，动作幅度的大小决定了其柔韧素质的高低。良好的柔韧素质对人体健康益处多多，不仅能提升机体动作的协调美感，还能有效降低运动损伤的发生概率，使人在日常生活和运动中不易感到疲劳。在瑜伽练习过程中，缓慢、有节奏的呼吸配合体位动作，能够让全身肌肉和韧带得到充分伸展。

二、瑜伽的优势

作为一种备受追捧的时尚运动方式，瑜伽正吸引着越来越多的人投身其中，这得益于它自身所具备的诸多独特优势。

（一）聚焦内心修炼

瑜伽练习非常注重意识的深度参与。在练习时，练习者需摒弃一切杂念，让意识高度集中，身体在特定体式下保持静止并持续一段时间，以此实现身心的和谐统一。有过瑜伽练习经历的人都会深切体会到，不仅身体素质大幅提升，内心也在不知不觉中得到了修炼与升华。

（二）动作轻柔舒缓

瑜伽动作轻柔舒缓，在练习瑜伽体式的过程中，身体各部位依次自然舒展，或伸展，或倾斜，或弯曲，或扭转，动作变化多样而和谐流畅。相较于其他运动，瑜伽更注重维持运动的最终状态，在最后成型的动作上保持若干次呼吸。这样不仅能有效锻炼全身肌肉群，还能让练习者更精准地掌握运动力度，灵活调整运动时间，真正做到在运动过程中避免受伤。

此外，轻柔舒缓的瑜伽动作还有助于培养耐性和情商，让人拥有平和心境。许多以竞技为目的的运动过于追求速度、力度与胜利，瑜伽则截然不同，它始终追求自身的和谐统一。

瑜伽和其他运动一样具有瘦身功效，但其瘦身效果独具特色。不少力量型运动减脂效果显著，然而一旦停止练习或练习频率降低，减去的体重很快就会反弹，尤其是针对局部瘦身的运动。瑜伽通过锻炼全身各个部位，注重整体减肥，瘦身效果更为持久。

（三）练习趣味盎然

瑜伽动作轻柔舒缓，体式丰富多变，能够满足零基础练习者的需求。初学者可以从简单动作开始，逐步提升运动强度，在挑战中收获成就感。再加上瑜伽球、瑜伽砖、瑜伽绳等道具的辅助，既能帮助练习者降低动作难度，又能为练习过程增添无尽乐趣。因此，相较于其他运动，瑜伽具有十足的趣味性。

另外，学习瑜伽几乎没有门槛，无须天赋与特殊技能，只要有一颗热爱瑜伽的心，再秉持持之以恒的精神，每个人都能轻松入门。这也是瑜伽深受大众喜爱的重要原因。

瑜伽具有独特的功效，能够缓解神经紧张、让大脑保持平静、抚慰并振奋心灵。瑜伽练习并非年轻人和健壮者的专属，实际上，对于40岁以上、身体自我恢复能力衰退、抵抗力减弱的人群，瑜伽尤为有益。瑜伽不是消耗能量，而是产生能量，让人充满活力，用最小的付出收获最大的益处。瑜伽不仅用于预防疾病，还能辅助治疗。瑜伽旨在发展身体的对称性、协调性和耐力，激活内部器官功能，使其协调运作。

第三节　瑜伽呼吸法

一、基础调息法

在瑜伽体系中，“调息法”用梵语“Pranayama”表示。其中，“Prana”意为“生命之气”或者“生命的能量”（在宇宙中，它被称作“宇宙通报物质”，是一种生命素。人类通过空气、食物、水土、日光等摄取这种生命素。它能够驱动体内的生命力，让经脉保持通畅，使身心健康达到更高层次）；“yama”则是“控制”的意思。

瑜伽调息法通过有规律地吸气、呼气，以及有意识地屏息，刺激并按摩所有内脏器官，进而唤醒潜藏于体内的能量（生命之气），使其得以保存、调理与提升。在瑜伽理论里，人掌控了生命之气，就能够进一步掌控宇宙中的其他能量。尽管瑜伽调息法带有一定神秘色彩，但它的确是一套行之有效的健身方法。

呼吸本是人的一种生理本能，是无意识的自然律动。在瑜伽对呼吸的定义中，一般人的呼吸方式被称为“肩式呼吸”，也就是仅使用肺的上半部进行呼吸。长期采用这种呼吸方式，会使胸部、肩部肌肉紧张，脊柱变得僵硬，大脑供氧不足，久而久之，就容易出现头晕、头痛等不良症状。正确的调息法可以增加氧气吸入量，净化血液，提高肺活量。它还能促进人体消化器官的活动，对内分泌腺的分泌活动产生影响，并且能够消除疲劳、减轻焦虑、改善精神状态。

瑜伽修行者认为，呼吸是连接身体与精神的纽带。呼吸方式与人类的感情和心态有着本质关联，平稳且有节制的呼吸能够增强人的力量与活力。有意识地控制呼吸，可以平复情绪波动，帮助人们找到强大、平静的内在自我。因此，所有瑜伽经典理论都认定“呼吸是瑜伽实践的源头”。

二、胸式呼吸

（一）健身功效

胸式呼吸，呼吸时起伏的主要区域集中在胸部。在情绪处于不稳定状态时，尝试进行几次胸式呼吸，能够对失衡的心态起到良好的调节作用，帮助恢复内心的平静。实际上，我们在日常生活中采用的呼吸方式基本属于胸式呼吸，只不过平时的呼吸较为浅短。有意识地经常练习这种深长的胸式呼吸，能够有效地将体内积攒的废气、浊气彻底排出体外，促进身体的气体交换，让身体内部环境更加清爽、健康。

（二）动作要领

首先，找一个让自己感觉最舒适自在的坐姿稳稳坐定，要时刻留意保持腰背挺直，让脊柱沿着垂直方向向上充分伸展，尽可能地拔高，展现出一种挺拔向上的姿态。其次，将双手轻柔地放置在胸部两侧的肋骨位置，这样在呼吸过程中，便能直观地通过手部触感，清晰感受到胸部的隆起与凹陷变化，以此更好地掌握呼吸节奏和动作幅度。

准备就绪后，开始进行呼吸节奏。深深吸气，在吸气的过程中，用心去感受胸部的逐渐隆起。此时，我们可以明显察觉到肋骨在向外、向上扩张，如同花朵绽放一般。当吸气达到饱满状态后，再缓缓地呼气。呼气时要注意让肋骨沿着相反的方向，向内向下自然放松，仿佛花朵慢慢闭合。如此这般，吸气与呼气交替进行，重复数次。随着练习次数的增加，当对这个呼吸节奏足够熟练，能够精准把握呼吸节奏和身体的感觉时，我们便可以将手从肋骨处放下，继续进行胸式呼吸练习。这时我们会发现即使没有手部的辅助感知，也能很好地完成胸式呼吸节奏，让呼吸更加流畅自然。

三、腹式呼吸

（一）健身功效

腹式呼吸作为一种基础且极为重要的呼吸法，在调节身心方面有着独特的作用。当我们有意识地放缓呼吸节奏，采用腹式呼吸时，奇妙的变化便会悄然发生。我们将双手轻轻放置在腹部，在呼吸过程中能够真切地感受到腹部的起伏运动。这种身体与呼吸的深度连接，不仅有助于我们集中注意力，排除外界干扰，还能让我们更敏锐地感知身体内部的变化。与此同时，双手仿佛成为能量的传递媒介，我们集中的意识所产生的能量，能够顺着双手传递至腹部，促进腹部区域的气血运行，增强腹部脏器的功能，进而对整个身体的健康产生积极影响。长期坚持腹式呼吸练习，能够有效提升呼吸效率，为身体各器官提供更充足的氧气，提高身体的代谢水平，增强身体的活力与耐力。

（二）动作要领

首先，我们将两手的拇指和食指相互触碰，巧妙地摆出三角形的形状，然后把这个由手指构成的三角形稳稳地放置在肚脐中心位置。这一动作不仅能够帮助我们找准位置，还能在一定程度上引导我们的注意力集中在腹部。然后，通过两个鼻孔缓缓地吸气，在吸气的过程中，我们要刻意地放松腹部肌肉，让腹部处于一种舒展的状态。这时我们能够感觉到空气正源源不断地被吸入腹部，放置在腹部的手能够切实地感受到腹部在逐渐抬高。从生理原理来讲，这是因为横膈膜在吸气时下降，形成了一定的空间，从而将空气有效地压入腹部底层。当吸气达到饱满状态后，便进入吐气环节。

吐气时，要缓慢且有控制地收缩腹部肌肉，随着腹部肌肉的收缩，横膈膜逐渐上升，对肺部形成一定的压力，从而将肺部内的空气顺利地排出体外。特别需要注意的是，为了达到更好的呼吸效果，吐气的时间应当控制为吸气时间的2倍。这样的时间比例设置，能够让呼吸更加深沉、平稳，有助于身体充分地进行气体交换，提升呼吸的质量与效果。

四、完全呼吸

（一）健身功效

完全呼吸是一种全面且深度的呼吸方法。它要求练习者有意识地调动腹部、胸部、肩部乃至喉咙等身体部位协同参与呼吸过程，实现对肺的下部、中部、上部全方位的气息运用。在练习完全呼吸的进程中，奇妙的身体体验会随之而来。练习者能够明显感知到，那些长久滞留在肺部深处的陈旧能量正逐渐被释放出去，就像是打开了一扇窗户，让肺部积压的沉闷之气得以消散。与此同时，清新且充满活力的新鲜能量如同一股清泉源源不断地涌入肺部，使整个呼吸系统焕然一新，充满生机与活力。这种呼吸方式不仅能显著提升肺部的气体交换效率，为身体各器官提供更为充足的氧气，还能有效增强呼吸肌的力量，改善呼吸功能，进而促进身体的新陈代谢，让人在精神上也能感受到前所未有的舒畅与轻松，仿佛为身体注入一股强大的能量源泉，助力身体和精神达到更好的状态。

（二）动作要领

开始练习时，首先我们要将肺部内的气体彻底吐尽，让肺部处于一种相对排空的状态，为后续的吸气做好充分准备。紧接着，我们以缓慢且均匀的速度往腹部吸气，在这个过程中，要想象自己的腹部如同一个正在被充气的气球，逐渐胀满，让空气尽可能地充满腹部的每一个角落，感受腹部的膨胀与充实。当腹部吸气达到一定程度后，我们便要开始将腹部的空气缓缓提升到胸腔。在这个转换过程中，我们要一边持续吸气，一边慢慢提起肩部，仿佛在引导着空气不断上行，直至将空气成功吸到喉咙处，让整个呼吸通道都充满新鲜的空气。完成吸气动作后，便进入呼气阶段。此时，我们要让腹部慢慢地瘪下去，就像气球在缓缓放气，腹部肌肉逐渐放松。与此同时，收缩胸部，感受胸部的收缩与下沉，然后轻轻放下肩部，使其恢复到自然状态，将肺部的气体徐徐呼出。整个呼气过程同样要保持缓慢、平稳，确保气体均匀地从肺部排出，完成一次完整的完全呼吸。如此反复练习，我们便能逐渐熟练掌握完全呼吸的技巧，充分体验到这种呼吸方式带来的身心益处。

第四节　瑜伽休息术

瑜伽休息术作为古老瑜伽中一门卓有成效的放松艺术，蕴含着独特的魅力。在练习时，练习者需将意识高度集中，同时彻底放松身体，让其充分休憩。不过，这种休息与普通睡眠有着本质区别。在正确的练习过程中，练习者能够凭借意识去掌控自己的身体，并且还能从意识层面苏醒。

对那些生活忙碌、睡眠不足的人而言，15分钟左右的瑜伽休息术宛如一场及时雨，能迅速帮他们恢复精力。在睡前练习瑜伽休息术，直至自然入睡，能显著提升睡眠质量。在瑜伽课程里，无论是每个动作的间隙，还是课程结束之时，加入休息术都对练习者大有裨益，能助力肌体和精神实现超量恢复。

一般来说，人们都深知放松是实现身体健康和内心稳定的关键要素之一。身体摆脱紧张状态，行动自然轻松自在，长期坚持，在健康状况、身体灵活性和舒适度上都会远超常人。拥有放松的身体，头脑也更加清醒、沉稳，办事效率会大幅提高。

可惜的是，很多人从未真正体验过放松的美妙。放松并非睡觉，也不是那种昏昏沉沉或带有醉意的状态，而是一种安宁的感觉，是在清醒状态下的休憩。

一、休息术训练方式

休息术的训练方式主要有两种：其一，在教练的专业引领下开展练习；其二，由练习者在内心深处自我诱导。通常情况下，人们需要先经历第一种方式的学习与实践，积累一定经验后，才能够尝试进行第二种。

在练习瑜伽休息术时，有一些关键要点需要注意：要规避直接吹风，光线也不宜过强，周围环境应保持安静，尽量避免在练习时出现剧烈声响，以免干扰内心的宁静。按照多数瑜伽课程的习惯，课程结束后的休息术时间加上收功，一般控制在10—15分钟。

为了更好地练习，我们可以在网上找一段完整的瑜伽休息术引导词。练习者、同学或是家人将其朗读出来，轮流带领大家进行瑜伽休息术练习。一人朗读时，其他人仰卧，跟随引导词去做。要是没有足够空间躺下，练习者也可以坐在有直靠背的椅子上，不过此时领做者需要对引导词稍做调整。另外，练习者也可以直接选用蕙兰瑜伽休息术的音频文件，这种方式极为便捷，随时随地都能聆听。一段时间后，练习者记住基本步骤，不管是日间需要短暂休憩，还是夜间上床准备入睡之前，都能够自行在心里默默进行瑜伽休息术练习，让身心得到深度放松。

二、休息术的体式

（一）仰卧放松式

仰卧放松式堪称最具效果的瑜伽休息体式。它常见于瑜伽课程的结束部分，巧妙地为课程画上宁静的句号；也可用于从坐立动作向仰卧动作的自然衔接，让练习者的身体平稳过渡。睡前进行仰卧放松功练习，能有效提升睡眠质量。

练习时，背部需完全贴合地面仰卧，记得解开头上的发饰，以免影响颈部的舒适放置。下巴微微内收，让颈项后侧充分拉伸并贴近地面。手臂自然放在身体两侧，微微斜向下，掌心朝上。同时，展开腰骶部，臀部稍向外移动，大腿、膝盖和双脚都轻轻向外翻转，使全身自然而然地缓缓下沉。最后，闭上双眼，全身心放松，保持平静且自然的呼吸。

仰卧放松式之所以备受推崇，是因为它能轻松让人进入放松状态。它能使呼吸变得缓慢而顺畅，有效安抚神经，让心灵重归平静，让全身的能量得以恢复，身体随之产生和谐之感。它有助于治疗失眠、神经衰弱、身体机能紊乱等病症，也适合高血压、心脏病和癌症患者练习，助力他们舒缓身心。

（二）俯卧放松式

俯卧于地面，将手臂向前上方自然伸展，头部轻轻偏向一侧，注意不要将头枕在手臂上，而是让头部轻轻地倚靠在手臂的侧面。此时，让整个躯干彻底放松下来。下肢的放置有两种方式：其一，双脚并拢，保持脚尖固定，将脚跟向外翻转，使小腿外侧能够自然下沉；其二，将双脚大幅度分开，脚跟朝内，脚尖朝外，让大腿内侧与小腿内侧缓缓下沉。在呼吸时，用心体会腹部与地面之间轻微的挤压感。在放松过程中，适时将颈项转向相反的另一边。

俯卧放松式能够给予人们全方位的休息体验。它可以有效伸展肩背，对于消除颈部的僵硬状态效果显著，还能辅助治疗落枕。对那些存在含胸驼背问题，或是腰椎有疾患的人而言，这个体式是放松身心的不错选择。同时，相关研究表明，心理安全感较为缺乏的人群，往往更倾向于选择这个放松体式，或许是在俯卧的姿态中，他们能寻得一份独特的安心与舒适。

（三）婴儿式

婴儿式是一种模仿胎儿在子宫内姿势的瑜伽体式，充满了回归本真的安宁感。开始练习时，先跪在地面，双臂自然垂放在身体两侧，随后臀部缓缓向后，稳稳坐在脚跟上，身体向前倾，将额头轻轻贴于地面。此时，双臂在身体两侧自然下垂，手背与地面接触，肩部位于膝盖正上方，完全放松下沉。

倘若臀部难以顺利接触足跟，或是身体前倾感过于强烈，可尝试将手臂向前伸展并下沉，以此调整身体的舒适度。要是因身体脂肪较多致使头部无法触及地面，或是患有严重眼部疾病，不妨双手握拳，将一个拳头叠放在另一个拳头上，再把额头置于两个拳头上。需特别注意的是，孕期女性练习时，应将膝盖向外分开，以确保安全与舒适。对于患有静脉曲张或膝盖有严重问题的患者，我们不建议尝试这个体式。

婴儿式能够深度放松整个脊柱，尤其是腰部，还能让神经系统平静下来，帮助身体进行恢复与调整，使身心在宁静中得到滋养。

第五节　瑜伽体式概述

一、瑜伽体式分类

不同的瑜伽体式对身体有着不同的影响。从生理层面来看，瑜伽体式能有效强化血液循环系统、呼吸系统、消化系统、排泄系统、生殖系统、内分泌系统以及神经系统，维持这些系统的平衡，让身体各机能和谐运作。人的身体与精神紧密相连，瑜伽体式还能改善精神状态，以积极的精神反哺身体，促进身体健康。

瑜伽体式分类多样，按重心高低，可分为站立、坐立、蹲起、跪立、俯卧、仰卧、侧卧；从脊柱活动角度，分为脊柱左右、前后、扭转体式；依据难度，分为柔韧、力量、平衡、倒转；还可分为静态体位和动态体位。

二、瑜伽基础体式：站姿和坐姿

（一）站姿瑜伽

站立与行走是人类区别于其他动物的显著标志之一。正确的站立姿势能让我们感到舒适且稳定。站立时，它能强化下肢肌肉力量，让腿部与踝部更为坚实有力。同时，通过收缩臀部肌肉，稳固髋关节，进一步增强平衡感，使人站立时既能保持平衡，又能轻松自在。瑜伽练习常常从站立姿势开启，通过站立姿势的练习，人们能深切体会到自己如大树般挺拔、稳固。

山式站姿是所有瑜伽站立姿势的基础。它要求练习者的身体既放松又稳定，既保持平和的状态，又充满生机活力。开始练习时，先将双脚并立，脚趾用力抓地，双腿并拢伸直，收紧腹部与臀部，这能有效固定身体，增强上下肢的平衡能力。接着，充分伸展脊柱，挺直胸膛，微微收起下颌，让肩部自然下沉，两臂自然垂于体侧，指尖向下伸展。呼吸保持自然，运用意念引导，感受双脚如同树根般深深扎入泥土中，头部则向上充分顶起，仿佛身体在不断拉长，身高也在逐渐增加。体会一条垂直线贯穿耳、肩、臀、膝和踝，想象自己如同巍峨大山般稳固。在进行山式练习时，既可以采用双脚并拢的姿势，也可以选择双脚开立的姿势（见图13-1、图13-2）。

图13-1　山式站姿正面

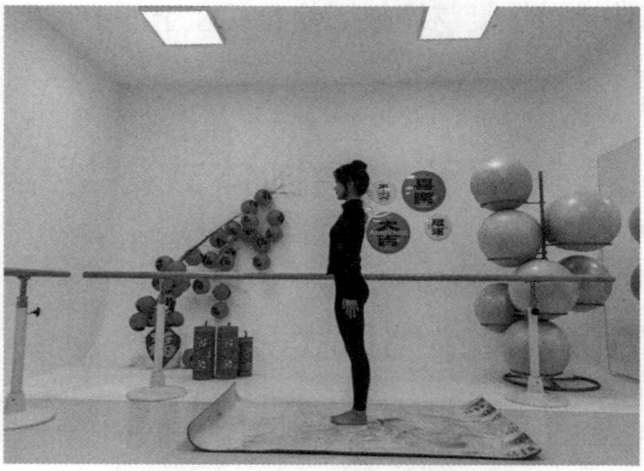

图13-2　山式站姿侧面

（二）坐姿瑜伽

坐姿是瑜伽练习中经常采用的姿势。瑜伽练习中利用坐姿进行调息、冥想、放松及体式练习。坐姿是瑜伽各种练习的基础。下面介绍瑜伽的基本坐姿及练习方法。

1.至善坐

直角坐姿，右腿弯曲，将右脚足跟放于会阴处，脚心贴近左大腿，屈左腿，将左脚叠放在右脚上，左脚跟紧贴耻骨，脚掌放于大小腿之间，脊柱向上延展（见图13-3）。

2. 半莲花

屈左腿，将足跟放于会阴处，屈右腿，将右脚放于左大腿腹股沟处，脊柱向上延展（见图13-4）。

图13-3 至善坐

图13-4 半莲花

3. 全莲花

直角坐姿，屈左腿，将左脚放于右大腿上，屈右腿，将右脚放于左大腿上，双手放于膝上，脊柱向上延展。

4. 金刚坐

跪立准备，足跟并拢，臀部落于足跟上（见图13-5）。

图13-5 金刚坐

5. 雷电坐

跪立准备，大脚趾上下叠摞，足跟外展，臀部坐于足跟上（见图13-6）。

6. 英雄坐

跪立准备，双膝并拢，两小腿外摆打开，臀部坐于两腿之间的垫子上（见图13-7）。

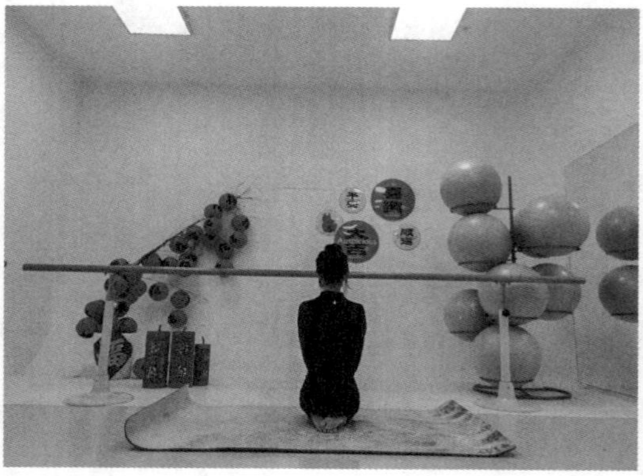

图 13-6　雷电坐

图 13-7　英雄坐

三、瑜伽热身

热身是开启一切身体运动的关键前奏。进行热身练习具有诸多重要作用。它能有效提高肌肉温度，克服肌组织的黏滞性，让肌肉、韧带的伸展性和弹性得以增强，从而极大限度地预防运动损伤的发生。同时，热身练习还能提升内脏器官的机能水平，让身体提前适应即将到来的剧烈运动。它能够提高神经系统的兴奋性，使大脑皮质达到最佳兴奋状态，此时投入运动锻炼，往往能收获事半功倍的效果。

在瑜伽领域，热身练习通常从活动关节入手，如腕、踝、颈、肩等部位的练习。此外，瑜伽中的不少体式也能当作热身练习，如手臂伸展练习、单臂风吹树练习、腰躯旋转练习等。其中，拜日十二式热身练习被公认为瑜伽中效果颇佳的热身方式。总而言之，在开展瑜伽练习之前，务必认真做好热身运动，为后续的练习筑牢安全与高效的基础。

（一）关节热身练习

1. 头颈练习

舒适坐姿准备，吸气，脊柱向上延展；呼气，头颈垂向前方；吸气，还原；呼气，头颈倒向后方；吸气，还原；呼气，头颈缓慢倒向左侧；吸气，还原；呼气，头颈倒向右侧。反复练习。

2. 肩部练习

金刚坐准备，吸气，双臂侧平举，掌心向上；呼气，屈肘，指尖轻搭肩头。配合自然呼吸，使手肘向前向后做圆圈旋转练习（向前时手肘相触，向后时手背相触），几次过后，反方向。

3. 肘部练习

吸气，手臂侧平举，掌心向上；呼气，指尖轻搭肩头（重复）。吸气，双臂前平举，与地面平行，掌心向上；呼气，手指尖轻搭肩头（重复）。

4. 腕部练习

双手握拳，向内向外绕环。反方向。

5. 手指练习

双手指张开，握紧。重复练习。

6. 腰部练习

双脚打开，略比肩宽，手臂体前上举。吸气，脊柱向上延展；呼气，后弯；吸气，还原；呼气，向前向下弯曲；吸气，还原。结合呼吸做3—5组。

7. 髋部练习

坐在垫子上，双脚脚底心相对，足跟尽量收靠会阴处，背部保持延展，双手抓握双脚，配合呼吸双膝上下抖动。

8. 膝部练习

直角坐姿准备，屈右膝，双手十指交叉放于右大腿之后，双臂伸直。吸气，伸直右腿；呼气，弯曲。做8—12次。以右膝为支点，右小腿向左向右旋转画圈（反方向）。放松还原，再放松另一侧。

9. 踝部练习

直角坐姿准备，腿伸直，脚并拢，双手放于臀部两侧，上身后倾，双膝不屈，双脚足跟紧贴地面。双脚向左向右旋转（反方向）。

10. 脚趾练习

直角坐姿准备，腿伸直，脚并拢，双手放于臀部两侧，双臂伸直，上身后倾，两脚伸直，做勾绷脚练习。

（二）拜日十二式热身练习

拜日十二式，又称向太阳致敬式，是经典的瑜伽姿势循环练习法，也是最佳的热身运动。我们在练习之初开启拜日十二式，如同唤醒了沉睡的身体，使其瞬间充满活力。它更是一种能够全方位伸展与调理整个身体和脊柱的高效方法。下面，我们就为大家详细介绍其具体做法。

站立于瑜伽垫的一端，以山式做好准备姿势。双脚微微打开，腿部肌肉收紧，双肩保持平展，手臂自然下垂，下颚微微内收，双眼平视前方。双手在胸前合十，拇指轻轻相扣。吸气时，将手臂缓缓向上举高，大臂紧紧贴近耳根；呼气时，脊柱向后弯曲，感受身体的舒展；吸气，还原至直立状态；呼气，身体向前弯曲，双手自然落在双脚两侧。

再次吸气，延展脊柱；呼气，放松上半身，同时屈起双膝，右脚向后迈出一大步，让膝盖和脚背紧贴地面，左小腿保持垂直于地面（注意膝盖不要超过脚踝）。吸气，抬头，手指尖轻轻点地；呼气，腰部和髋部下沉，保持3—5次呼吸，充分感受身体的拉伸。

吸气，头部还原；呼气，放松上半身，双手手掌撑地，右脚回勾，膝盖离地，左脚向后迈出，双脚打开至与臀部同宽。吸气，伸直双腿；呼气，翘起臀部，下沉肩部，头部放松，保持3—5次呼吸。

双膝落地，将胸部放置于双手中间。吸气，重心向前移动，伸直手臂；呼气，头颈自然向后仰起，保持3—5次呼吸。吸气，头部还原；呼气，放松上半身。

双脚回勾，微微翘起臀部，抬起上半身和膝盖，腰部和髋部下沉，保持3—5次呼吸。吸气，将臀部抬高，伸直双腿；呼气，塌下腰部，下沉肩部，保持3—5次呼吸。慢慢抬起头，眼睛望向双手中间，右脚落于双手中间，左膝盖和脚背贴地，右小腿垂直于地面（同样注意膝不过脚踝）。吸气，抬头，手指尖轻点地；呼气，腰髋下沉，保持3—5次呼吸。

吸气，头部还原；呼气，放松，双手掌撑地，左脚回勾，向前并拢双脚，伸直双腿。吸气，延展脊柱；呼气，上半身慢慢靠近双腿，头部放松，保持3—5次呼吸。缓慢放松，双手在头顶上方合十，伸直双臂。吸气，还原至直立状态，调整2个呼吸；呼气，脊柱后弯；吸气，再次还原直立；呼气，手臂下落放松，双脚打开，闭上眼睛进行调息，让身心在这一系列动作后回归平静。

四、瑜伽体式

（一）呼吸伸展式

功效：使肩关节更加灵活；修长手臂，消除蝴蝶袖；提高肺活量，丰胸；提升气质，缓解压力。

功法：山式站姿准备，吸气，双臂自体侧上举，掌心相对呼气，双臂经体侧向下还原（见图13-8）。

放松：山式调息放松。

练习时长：不低于8次。

要点：手臂起落完全结合呼吸，吸气时起，呼气时落。

图13-8 呼吸伸展式

（二）摩天式

功效：有助于治愈便秘，用于洁肠瑜伽；有助于脊柱疾病的康复；有助于锻炼肩背。适用于办公室一族。

功法：双脚打开，与肩同宽站立，双手于胸前十指交握。吸气，手臂上举，同时足跟抬离地面；呼气，足跟落地，放松手臂（见图13-9）。

练习时长：5—12次呼吸。

放松：山式调息放松。

要点：练习过程中脊柱向上延展，全身呈向上延展状态，尾骨内收，不要出现过度塌腰翘臀的情况。

变体：双手在头上翻掌；双手互抱肘关节，站立；双手互抱肘关节，吸气，脊柱向上延伸；呼气，上体前倾与地面水平时保持；吸气，快速抬起上体，同时提足跟；呼气，双臂侧平举；调息一次，呼气放松。练习3—5次。

图13-9 摩天式

（三）蹲式

功效：使髋关节更加灵活，滋养骨盆，对妇科有益，加强双踝、双膝、两大腿肌肉力量。

功法：双脚打开一肩半宽，脚尖向外，双手于体前自然交叉垂落。吸气，脊柱向上延展；呼气，屈膝下蹲，膝盖向外侧舒展，至大腿与地面保持平行。吸气起，呼气落（见图13-10）。

放松：自然站立放松。

练习时长：5—8次呼吸。

要点：下蹲时上体保持与地面垂直，膝盖尽量外展。不要塌腰撅臀。

图13-10 蹲式

（四）风吹树式

功效：修长手臂，促进胸肋部位血液循环，预防缓解乳腺疾病，减少腰部多余赘肉，使脊柱更加灵活。

功法：山式站姿准备，双手于胸前合十，拇指轻扣，手臂上举贴耳，脊柱向上延展。调息，吸气，脊柱向上延展；呼气，上体向左侧弯曲；吸气，还原站立；呼气，上体向右侧弯曲；吸气，还原站立；呼气，放松手臂（见图13-11）。

放松：山式调息放松。

练习时长：5—8次。另一侧同上。

要点：第一，侧弯时下巴与锁骨始终保持在同一水平线上；第二，侧弯时不推髋向外，身体保持在同一平面上。

图13-11 风吹树式

（五）顶峰上抬腿

功效：有助于去除臀部及大腿的皮下脂肪，缓解坐骨神经痛，消除肩肘关节炎，促进头部血液循环，消除疲劳。

功法：在顶峰式一的基础上，双脚并拢，将右腿向后伸直摆高，保持深呼吸。呼气，落右腿，屈膝还原。另一侧同上（见图13-12）。

要点：手臂、背部呈一条直线，髋不外翻。

禁忌：高血压、眩晕症、心脏不适的人酌情做这个体式。

图 13-12　顶峰上抬腿

（六）战士一式

功效：加强大腿肌肉力量，瘦腿；扩展胸腔，提高肺活量，丰胸；增强平衡感；提升注意力。

功法：山式站姿，双脚打开至两肩宽以上，右脚外转 90°，左脚内扣，转身向右侧，双手在胸前合十，上举贴耳。调息，吸气，脊柱向上延展；呼气，屈右膝，大腿与地面水平，小腿垂直于地面，保持。调息，吸气，右腿伸直；呼气，落手臂，转回身体山式放松（见图 13-13）。

练习时长：5—8 次呼吸。另一侧同上。

要点：上体转动要充分。

图 13-13　战士一式

（七）鹿式侧弯

功效：滋养骨盆，有助于消除盆腔炎症；增强腹背肌肉力量，瘦腰；冥想前的预备功和冥想后的放松功。

功法：在动物放松功一的坐姿基础上，右臂放于体侧，左臂上举。吸气，脊柱向上延展；呼气，右侧弯；吸气，上体还原；呼气，放松（见图13-14）。

练习时长：5—8次呼吸。另一侧同上。

要点：上体、手臂尽量保持在同一平面上，不含胸、低头。保持良好的姿态。

图13-14 鹿式侧弯

（八）树式

功效：集中意识，缓解压力；强化双脚双腿力量；拉伸脊柱，增强平衡感。

功法：山式站立，重心移至右侧，屈左腿，将脚踩于右大腿内侧，双手于胸前合十上举，眼睛注视前方一点，关注呼吸，静态保持（见图13-15）。

练习时长：8—12次呼吸。另一侧同上。

要点：主力腿收紧，整个身体向上延伸；练习过程中注意力完全集中在自我。

图13-15 树式

（九）站立扭转

功效：锻炼肩膀、背部、腰部肌肉，刺激脊神经，防止腰背疼痛，有助于脏器排毒。

功法：双脚打开，与肩同宽，双臂侧平举。吸气，脊柱向上延展；呼气，向右后方扭转。左手轻搭右肩，另一只手放于体后，静态保持（见图13-16）。

练习时长：5—8个呼吸。

要点：充分扭转脊柱，脚趾朝向正前方。

变体：左脚放于右脚外侧，手臂体侧平举。吸气，脊柱向上延展；呼气，左后方扭转。右手轻搭于左肩，左手放于体后，静态保持5—8个呼吸。

图13-16　站立扭转

（十）虎式

功效：滋养脊柱；缓解坐骨神经痛；提臀瘦腿；调节内分泌，滋养骨盆；紧致面部及颈部肌肤；适合产后恢复。

功法：四脚爬行式准备，双臂、大腿垂直于地面。吸气，抬头，塌腰，左腿向后伸直摆高；呼气，低头，拱背，左膝寻找额头，脚尖离地；吸气，还原四脚爬行式（见图13-17、图13-18）。

放松：大拜式放松。

练习时长：动态5—8次；静态3—5次呼吸。另一侧同上。

要点：练习中，手臂、大腿垂直于地面；大腿高摆时，髋关节保持与地面水平。

图13-17　虎式一

图13-18　虎式二

（十一）鹰式

功效：伸展大腿、臀部、肩膀以及上背部；增强平衡感；提升注意力；预防小腿肌肉痉挛。

功法：山式站姿，双手合十，屈双膝，移动重心向左侧，右腿经左腿前侧向后环绕左腿，脚背勾住小腿，手臂经体侧向后向上打开，同时抬头、塌腰、翘臀，保持。吸气，上体直立；呼气，放松双腿（见图13-19）。

练习时长：5—8次呼吸。另一侧同上。

禁忌：膝部受伤者不宜练习。

图13-19　鹰式

（十二）猫平衡式

功效：强化关节力量，增强身体平衡感。

功法：四肢爬行准备，双臂、大腿垂直于地面，右腿向后伸直，左臂向前平举，深呼吸，保持，呼气，放松（见图13-20）。

练习时长：5—8次呼吸。

要点：异侧手臂和腿抬起时保持与地面平行，髋不外翻。

图13-20　猫平衡式

（十三）蹬自行车式

功效：锻炼腰腹部力量，美化臀形，瘦腿。

功法：仰卧，调息，吸气，双腿向上90°；呼气，模仿蹬自行车蹬转起来（见图13-21）。

练习时长：8—12次。正反方向。

放松：婴儿式放松。

要点：腿向下时与地面平行。

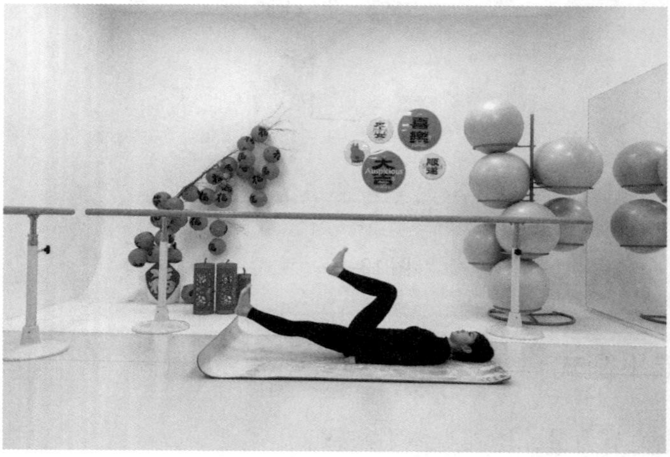

图13-21　蹬自行车式

（十四）船式

功效：收腹束腰，按摩腹内脏器，排毒，刺激消化系统。

功法：仰卧准备，双腿并拢，双手置于大腿上。调息，吸气，上体、双腿抬离地面约30°，双手朝向脚趾的方向，头顶与脚趾尖在同一高度上。呼气，仰卧调息放松（见图13-22）。

练习时长：5—8次呼吸，练习3次。

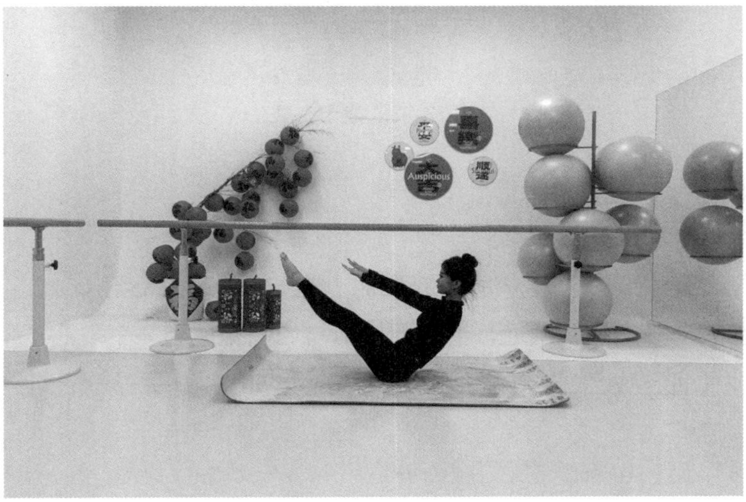

图13-22　船式

（十五）战士二式

功效：提升大腿力量，瘦腿；预防腿部痉挛（抽筋）；增强毅力，提高自控能力。

功法：山式站姿，双脚打开至两肩宽以上，右脚外转90°，左脚充分内扣。双臂体侧平举。调息，吸气，脊柱向上延展；呼气，右腿弯曲至大腿与地面水平，小腿与地面垂直，转头向右看，保持。吸气，右腿伸直；呼气，还原自然站立放松（见图13-23）。

练习时长：5—8次呼吸。另一侧同上。

要点：保持上体垂直于地面。

图13-23 战士二式

（十六）战士三式

功效：提高身体平衡能力，提升专注力，增强双腿力量，瘦腿。

功法：在战士一式的基础上，上体前倾，与后侧腿成为一个平面，重心前移，左脚离地，右腿伸直，成“T”形，深呼吸，保持。吸气，还原站立；呼气，放松（见图13-24）。

练习时长：5—8次呼吸。另一侧同上。

要点：保持时，支撑腿伸直。

图13-24 战士三式

（十七）三角伸展式

功效：滋养骨盆，促进排毒；提高双腿柔韧度；瘦腰，缓解坐骨神经痛。

功法：双脚打开至两肩宽以上，左脚外转90°，右脚内扣60°，双臂侧平举。调息，吸气，脊柱向上延展；呼气，上体向左侧弯，左手抓脚踝，右臂上举，转头向上看，静态保持。调息，吸气，还原站立；呼气，落手臂，放松（见图13-25）。

放松：站立闭目调息放松。

练习时长：5—8次呼吸。另一侧同上。

要点：静态保持时，保证双腿伸直不屈，手放于可以触及的位置。

图13-25 三角伸展式

（十八）桌式

功效：锻炼强化全身肌肉力量；丰胸提臀瘦大腿。

功法：直角坐姿准备，双腿弯曲约90°。双脚打开，与肩同宽，双手置于臀后约一掌处。调息，吸气，臀部向上抬起，上体及大腿呈一平面；呼气，头向后垂落，放松，深呼吸，保持。调息，吸气，头抬起；呼气，臀部落地（见图13-26）。

放松：婴儿式放松。

练习时长：5—8次呼吸，可练习1—2次。

图13-26 桌式

（十九）舞蹈式

功效：有效锻炼腿部、臀部、臂膀处肌肉，消除多余脂肪；提高身体平衡能力，提升整体气质。

功法：山式站姿，移动重心向左侧，屈右腿，右手抓脚踝，左臂上举。吸气，脊柱向上延展；呼气，上体前倾，右腿向上伸展，保持。吸气，上体直立；呼气，放松（见图13-27）。

练习时长：5—8次呼吸。另一侧同上。

要点：练习时上身微前倾，支撑腿保持伸直，大小腿的夹角尽量打开大一些。

禁忌：膝部有伤的不做此体式。

图13-27　舞蹈式

（二十）坐立扭转

功效：活化滋养脊柱，扩张胸部，对双肺有益，按摩挤压腹部脏器，改善消化功能。

功法：直角坐姿准备，将右脚放于左膝外侧，右手放于体后延长线上，左肘抵于右膝外侧，左手放于大腿上。吸气，脊柱向上延展；呼气，上体向右后方扭转，保持腹式呼吸。吸气，还原；呼气，放松（见图13-28）。

练习时长：5—8次呼吸。另一侧同上。

要点：脊柱向上延展。

图13-28　坐立扭转

（二十一）侧角伸展式

功效：按摩脊柱神经，增强腿部力量，瘦腿，促进肠胃蠕动，刺激消化系统，减少腰围多余脂肪。

功法：山式站立，双脚打开至两肩宽以上，右脚外转90°，左脚充分内扣，双臂体侧平举。调息，吸气，脊柱向上延展；呼气，右腿弯曲，大腿与地面水平，小腿与地面垂直。吸气，脊柱向上伸展；呼气，右手放于右脚的外侧，左臂上举，转头向上看。吸气，身体还原直立；呼气，放松（见图13-29）。

练习时长：5—8次呼吸。

图13-29　侧角伸展式

（二十二）门闩式

功效：消除腰围线上的脂肪；增强腹部肌肉力量；缓解背部僵硬。

功法：跪立垫子一端，右腿向右侧打开，足弓与左膝在一条直线上，双臂体侧平举。吸气，脊柱向上延展；呼气，右侧弯，右手放于脚踝处，左臂上举，保持。吸气，上体还原；呼气，收回右腿（见图13-30）。

练习时长：5—8次呼吸。另一侧同上。

要点：大腿垂直于地面，髋朝前。

禁忌：膝盖有伤的尽量不做此体式。

图13-30　门闩式

（二十三）上伸腿式

功效：减少腹部赘肉，刺激消化系统，缓解便秘。

功法：仰卧准备，双腿并拢，双臂放于身体两侧，掌心向下。调息，吸气，双腿抬离地面30°、60°、90°；呼气，双腿慢慢落回地面（见图13-31、图13-32、图13-33、图13-34）。

放松：婴儿式团抱，闭目调息放松。

练习时长：单次练习每次10—15秒。连续练习3—5次。

禁忌：腰椎有疾病的不宜做此体式，生理期的女士不宜做此体式。

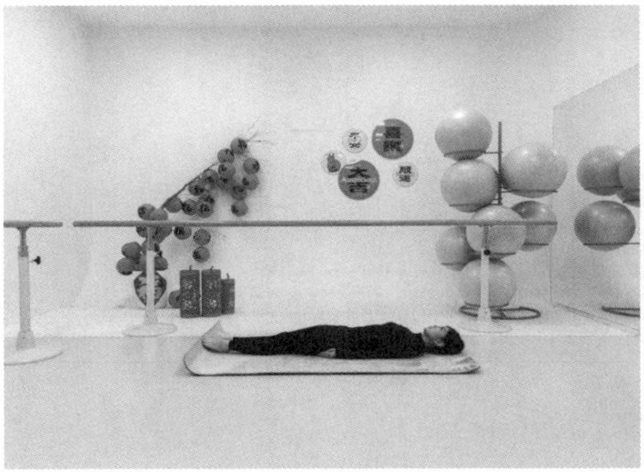

图13-31 上伸腿式一

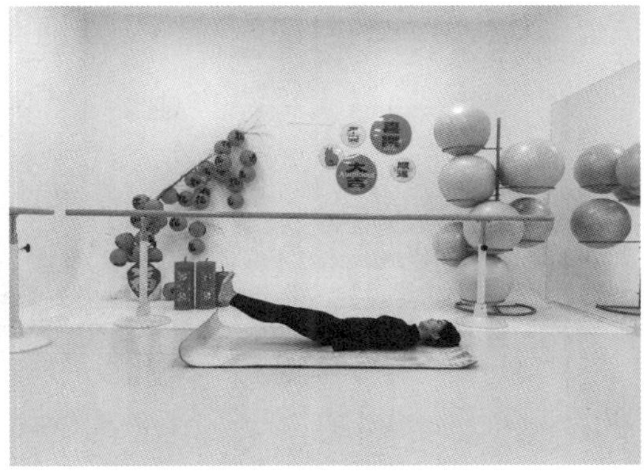

图13-32 上伸腿式二

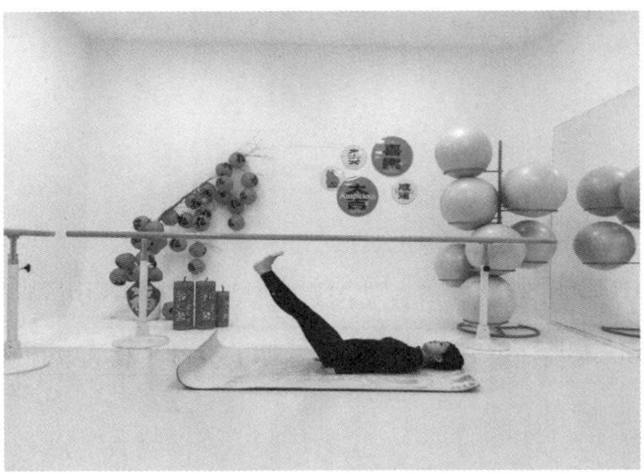

图13-33 上伸腿式三

图13-34 上伸腿式四

（二十四）半月式

功效：锻炼双髋以及腿部肌肉群；消除腰围线上过多的脂肪；增强平衡感；提升注意力。

功法：山式站姿，双脚打开至与肩同宽，右脚外转90°，屈右膝，右手放于右脚外侧延长线上（25—30厘米处）。吸气，伸直右腿，同时左腿向上抬起。稳定后左臂上举，保持。呼气，放松（见图13-35）。

练习时长：5—8次呼吸。另一侧同上。

要点：注意力集中。

禁忌：膝部、颈部受伤，血压不稳定或眩晕症者不宜练习。

图 13-35　半月式

（二十五）腿旋转式

功效：锻炼腰腹，滋养骨盆，瘦腿瘦腹。

功法：仰卧在垫子上。抬右腿，上举 90°。调息，结合均匀的呼吸，右腿向右贴近地面，向下靠近左腿，向左、向上还原。以大腿根处为支点，右腿直腿画最大的圆圈（见图 13-36、图 13-37）。

练习时长：5—8 圈。另一侧同上。每一侧分正反两个方向。

要点：脊柱及髋部尽量贴紧地面。练习过程中双腿伸直。腿尽量画最大的圆圈。

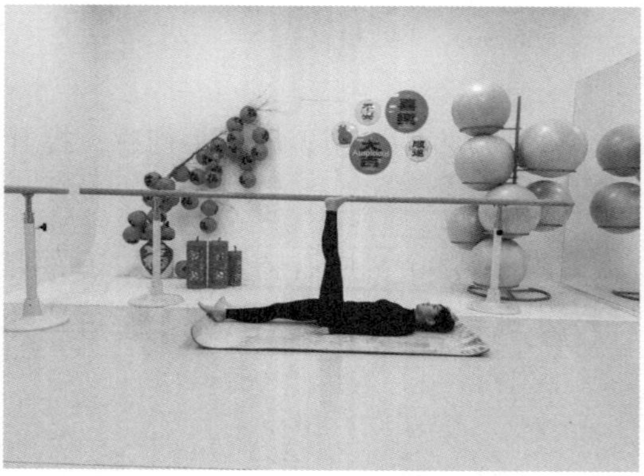

图 13-36　腿旋转式一

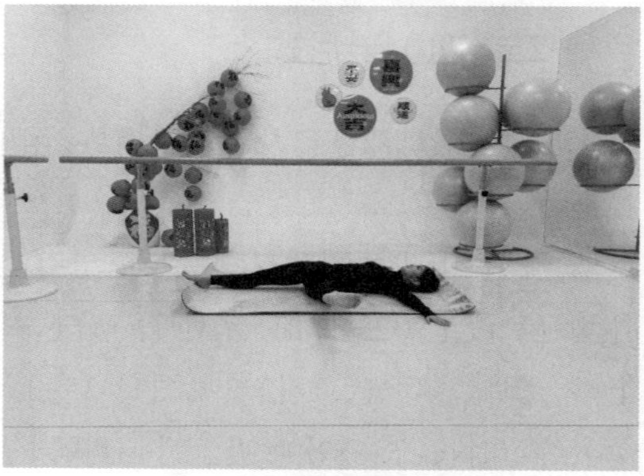

图 13-37　腿旋转式二

（二十六）韦史奴式

功效：减少腰围线上的脂肪，对骨盆区域有益；有助于消除背痛，防止疝气。

功法：右侧卧准备，右手托头，屈双腿，左手抓左脚，伸直左腿，调息，保持变体。随着身体柔韧性、平衡能力的提高，可以将贴近地面的腿伸直（见图13-38）。

要点：髋摆正，垂直于地面。

图13-38 韦史奴式

（二十七）肘板撑

功效：强化腹直肌等腹部肌肉群，加强骨盆底肌、下背肌、臀肌等核心肌群的肌肉力量，同时锻炼手臂和腿部肌肉。

功法：俯卧准备，小臂支撑于胸前，双手十指交握，双脚脚尖回勾。吸气，腹部和双腿抬离地面，收紧腹直肌，夹紧臀大肌，感觉身体像一块板一样，同地面平行。深呼吸，保持；呼气，放松（见图13-39）。

练习时长：1分钟以上。

图13-39 肘板撑

（二十八）侧板式

功效：强健手腕，锻炼腿部，增强腰部和尾椎区域的力量。

功法：左侧髋贴地，双腿伸直，双脚上下叠摞，左臂垂直于地面，手掌充分打开，指尖朝向体侧的方向。调息，吸气，髋、腿离开地面，右臂上举，保持。呼气，落（见图13-40）。

练习时长：5—8次呼吸。另一侧同上。

放松：直角放松。

图13-40　侧板式

（二十九）直角式

功效：纠正驼背，消除溜肩，提升气质，加强并且放松两腿肌肉。

功法：山式站立，双手在胸前交握，高举过头。调息，吸气，脊柱向上延展；呼气，上体前倾90°，保持。吸气，上体立起；呼气，放松（见图13-41）。

练习时长：5—8次呼吸。

图13-41　直角式

五、瑜伽体式串联

在瑜伽领域，不同类型的体式对习练者的身体会产生不同作用，与此同时，也会对其意识和情感造成影响，这一点习练者在实践过程中都能有所体会。体式顺序的确定取决于习练者当时的意识状态。因为学员存在习性、能量水平及经验等方面的差异，所以并不存在一套适用于所有人、每一天的通用体式顺序。这些因素都是在决定体式顺序时需要重点考虑的。

体式之间存在着复杂的关联，一个体式会对另一个体式产生影响，相同的体式以不同顺序组合，产生的效果也会大相径庭。一套完整的瑜伽习练包含诸多要素，如何合理安排这些要素，使习练具有可持续性，同时最大程度地促进习练者的身心转变，是瑜伽研习中的关键问题。基于此，围绕瑜伽体式串联展开探讨具有重要意义。对瑜伽教练而言，其意义是如何通过巧妙的体式串联，让学员在习练中洞察最真实的自我；对习练者来说，其意义是怎样借助体式串联，实现自我练习效果的最大化。

瑜伽体式的复杂程度各不相同，习练过程中能量也会有起伏。在瑜伽哲学里，这种能量状态被称作激性与惰性。尽管不同的瑜伽课程有所区别，但习练者摊尸式起身时，应达到能量平衡的悦性状态。瑜伽是一项需要终身坚持的练习，若体式串联恰当，契合每一位学员的情况，无论是瑜伽教练还是习练者，都能够将瑜伽习练的可持续性发挥到极致。以登山作比，无论是习练者规划自身练习，还是瑜伽教练为学员设计课程，都需先了解自身或学员的身体状况，如同了解地形一般，然后依据这些条件设计合适的路径，既要保证有充足时间享受探索顶峰的乐趣，又要确保整个过程安全，让习练体验富有意义。

（一）根据人生轨迹串联

将所有瑜伽体式按照坐姿、跪姿、站姿、跪姿、坐姿、俯卧、仰卧等顺序进行串联，这种串联方式与人的生老病死和生命轨迹相呼应。这类串联方式相对简单，适合刚毕业的新教练。不过，即便操作简便，仍建议新教练在代课之前自行按照这种串联方式练习几遍，以确保课程流程流畅、习练者体验舒适。

（二）根据脉轮的打开顺序串联

人体存在七个脉轮，自下而上依次为海底轮、脐轮、太阳轮、心轮、喉轮、眉心轮、顶轮。脉轮的平衡状态对人的情绪和感知具有积极的影响。体式的串联可以依据脉轮的打开顺序进行，通常是从下往上。例如，一些开髋、稳定骨盆的体式有助于打开海底轮和脐轮，核心类练习能够打开脐轮，后弯类体式则可以打开心轮等。

（三）根据抛物线原理串联

抛物线原理通俗易懂，按照此原理进行课程串联，如同抛物线一般，要为课程设置一个高潮部分。这个高潮可以是一个高难度体式，也可以是能量较强的体式，使会员在课程结束后能获得酣畅淋漓的感受。

（四）根据体式的难易度串联

这里所指的体式难易度，以普通大众的水平作为衡量标准。任何练习都应遵循循序渐进的原则，所以按照体式的难度系数进行串联是瑜伽体式串联的依据之一。将所有瑜伽体式按照1—5星级别的难易程度进行分类，也可根据实际情况细分到10级。在实际课堂中，再依据授课对象的基本情况，挑选不同难度的体式进行组合串联。

（五）根据体式的强度串联

将所有瑜伽体式按照1—5级不同强度进行分类，然后根据授课对象的实际情况，选择不同强度的体式进行组合串联。

（六）根据课程主题串联

瑜伽课程根据不同的练习目的可分为多种主题，如肩颈主题、腰椎主题、女性调理主题、减脂塑形主题、孕期护理主题、产后恢复主题等。以串联一节肩颈主题课程为例，需围绕肩颈主题选取相关的瑜伽体式进行归类，然后结合其他方法（比如，根据人生轨迹串联等），对不同的肩颈主题体式进行二次分类，最后进行选择组合。

（七）根据授课的对象具体情况串联

以授课对象的实际情况为根本依据，这是体式串联最基本、最重要的原则，也是最难把握的环节。瑜伽教练首先要深入了解授课对象，可以通过瑜伽馆的课程顾问获取信息，也可以提前到教室与早到的学员交流，或者在课后与学员沟通，全面掌握授课对象的需求以及希望解决的主要问题；带着这些信息，再依据上述体式串联方法编排课程，这样既能更好地满足学员的需求，也能使课程更受学员喜爱。

第六节　瑜伽体式教学方法

一、示范法

基于瑜伽的特点，在瑜伽教学过程中，瑜伽教练应着重运用整体示范法和多媒体教学法，帮助学员全面了解动作的整体结构。为达成更为理想的教学效果，瑜伽教练需要留意以下几个要点。

（一）示范突出重点

示范需具有明确的目标，依据教学任务、教学步骤以及学员的实际情况，合理安排示范的时间、速度与重点内容。比如，在新授教学阶段，一般先进行一次完整且常速的示范，让学员构建起完整的动作概念，形成正确的动作表象。如果教学目的是让学生掌握动作的某一部分，便可以进行重点示范，同时放慢示范动作的速度。若要展示动作的关键之处或难点，可以采用分解示范的方式，将动作拆解，逐一展示，帮助学员更好地理解。

（二）示范动作规范

示范动作务必正确、熟练、优美且合理，同时富有感染力。这一基本的要求意味着示范动作要严格按照规格标准完成，尽可能做到准确无误、熟练流畅、轻快自然、姿态优美，为学员塑造一个完美的动作形象，使学员能够直观感受到瑜伽动作的魅力，激发学员的学习兴趣和积极性。

（三）示范位置与方向恰当

为了让每一位学员都能清晰地看到示范动作，瑜伽教练示范时必须留意所站位置和示范方向。在教学中，可选择正面、侧面或斜面示范。示范位置的选择要依据学员人数及具体动作的特点确定。例如，在介绍完整动作时，瑜伽教练面向学员采用镜面示范，这样学员既能清晰地看到瑜伽教练的示范动作，瑜伽教练也便于观察学员的学习情况。又如，带领学员共同完成练习时，瑜伽教练采用背面示范，方便学员在模仿过程中顺利完成所学动作。另外，对于一些动作结构格外复杂的动作，瑜伽教练可以采用多面示范进行教学，同时要格外注意示范面的转换方式和时机，确保学员能够全面、准确地理解和掌握动作。

二、讲解法

讲解法是教学活动中运用最普遍的形式。在瑜伽教学里，它指的是瑜伽教练通过语言，向学员阐述动作名称、锻炼功效、练习方法、动作顺序、呼吸配合、意念引导以及注意事项等内容，以此指导学员掌握瑜伽技能。在运用讲解法时，瑜伽教练需要关注以下要点。

（一）讲解需有针对性

瑜伽教练要依据所教授动作的特点以及学员的实际情况，有针对性地展开讲解。比如，在教授瑜伽姿势时，瑜伽教练首先要清晰地讲解动作的名称与渊源，以及完成动作的具体方法和练习时呼吸配合的关键要领。当学员掌握了动作方法和呼吸配合后，瑜伽教练应进一步讲解在完成动作过程中，如何运用意念引导动作，让学员切实体会到呼吸、姿势与意念相互融合的美妙感觉。发现普遍性问题，瑜伽教练可进行集体讲解，遇到个别问题则开展个别辅导。

（二）讲解内容科学且贴合实际

以讲授瑜伽各轮穴的冥想与调理为例，瑜伽教练必须从人体科学的角度出发，讲述各轮穴的功能，把那些较难理解的内容以由浅入深、深入浅出的方式，简单且科学地传授给学员，确保讲解内容既符合科学原理，又能被学员轻松接受。

（三）讲解应精简并正确使用术语

由于瑜伽教学主要侧重于身体练习，讲解时间不宜过长，要秉持精讲多练的原则，着重讲解学习的重点、难点与关键之处。语言要做到精练准确，表述清晰明了，力求在最短的时间内达成最佳的讲解效果。

（四）讲解形象生动且富有启发性

例如，在讲授瑜伽树式时，瑜伽教练可以引导学员想象树根深深扎入泥土的感觉，脚趾分开、用力抓地，脚跟使劲向下，让学员明白躯干要像树干一样挺拔、坚固。通过这种形象生动的讲解，瑜伽教练启发学员更好地理解和完成动作。

（五）注重讲解的时机和效果

在瑜伽教学中，大部分时间用于组织学员练习。瑜伽教练要根据具体情况，在恰当的时机，用简短而精准的语言给予提示，让讲解与练习紧密配合，提升教学效果。

（六）提示语柔和缓慢

考虑到瑜伽课堂上所采用的音乐通常较为柔和、缓慢，在练习过程中，瑜伽教练也应采用轻柔、缓慢的语言进行提示，营造出一种宁静、舒缓的教学氛围，帮助学员更好地沉浸在瑜伽练习之中。

三、分解法

分解法，即将完整的动作依据其特性，合理拆分为若干部分或段落，随后按部分依次展开教学，直至学员能够较为完整地掌握动作。在运用分解法时，瑜伽教练需留意以下方面。

首先，动作分解要依据动作结构特点，在不破坏动作结构与连贯性的前提下，精准划分成合适的部分，同时兼顾学员的水平和接受能力。比如，复杂的瑜伽体式要根据肢体的运动逻辑拆分，确保初学者能够理解。

其次，要让学员清晰了解动作各部分在完整动作中的位置、作用，以及与其他部分动作的关联，为顺畅衔接下一个动作做好准备。

最后，运用分解法的时间不宜太长，应与完整法配合使用。这样可以防止因分解时间过长，使学员形成局部的动力定型，进而破坏整个动作的连贯性，阻碍对完整动作的掌握。

四、完整法

完整法是一种从动作起始至结束，不做部分与段落划分，完整连贯地开展教学的方法。在运用完整法教学时，瑜伽教练需要关注以下要点。

首先，当教授简单易掌握的瑜伽动作时，瑜伽教练可带领学员进行完整的练习。这种方式能让学员快速建立起对动作的整体认知，熟悉动作流程。

其次，面对较为复杂的瑜伽动作，要突出重点。瑜伽教练先帮助学员掌握动作的基础部分，再引导他们关注动作细节。教学伊始，瑜伽教练让学员初步了解整个运动过程，随后着重强调动作的主要环节，最后要求学员留意细节，从而精准掌握动作。

这就要求瑜伽教练清晰把握动作的主要环节与细节，在学员完整练习过程中，适时提出针对性要求。比如，在教授高难度的瑜伽扭转体式时，瑜伽教练先让学员了解扭转的大致方向和幅度，再强调脊柱的延展和呼吸的配合等细节。

最后，适当降低动作难度，简化动作要求。在开展完整瑜伽教学初期，瑜伽教练可降低动作完成速度、放慢节奏，或在口令辅助下完成动作，帮助学员逐步适应。

完整法与分解法在实际教学中相辅相成。运用分解法时，瑜伽教练要为学员完整掌握动作创造条件，也可针对动作的某个环节进行分解教学。两种方法相互交融，分中有合，合中有分，形成完整—分解—完整的教学过程。瑜伽教练应依据教材的特点、学生的情况及学习时间等因素，合理选用这两种教学方法，以达到最佳教学效果。

第七节　特色瑜伽

瑜伽热潮正悄然融入我们的生活。传统瑜伽结合现代人的身体状况、生活习惯、心理特征及市场需求，衍生出了茶熏瑜伽、球瑜伽、阴瑜伽、高温瑜伽、涅涕法、洁肠瑜伽、流瑜伽、双人瑜伽、烛光瑜伽、空中瑜伽、孕产瑜伽等多种新颖的瑜伽形式。

一、茶熏瑜伽

茶熏是一种利用茶蒸汽熏蒸面部的中医熏蒸疗法。在这一过程中，散发着茶因子的蒸汽会渗入毛孔，起到循环排毒、美容养颜的功效。茶熏瑜伽则是将茶道与瑜伽完美融合的养生活动。茶熏使瑜伽的内涵得以升华，瑜伽让茶香沁人心脾、润泽肌肤、疏通经脉，让人回归本真，收获自在与喜乐。人们身处弥漫着茶清香的室内时，身心会处于一种升华后的享受状态，性情也能得到一定的熏陶。这种既新兴又古老的养生健体方式，把身体排毒与面部排毒相结合，能够有效提亮面部肤色，因此深受广大爱美女士的喜爱。

二、球瑜伽

球瑜伽是在传统瑜伽体式的基础上，融入健身球的弹性和滚动性而形成的一种新兴练习方式。球瑜伽课程主要针对腹部、背部、腰部等核心部位进行塑形练习，能够强化身体肌肉和骨骼力量，快速消耗脂肪。与传统瑜伽相比，球瑜伽的趣味性更胜一等。它不仅可以辅助锻炼身体的平衡感，增强对肌肉的控制能力，还能提升身体的柔韧性和协调性。借助健身球，练习者可以进行多种伸展身体的运动。当人与球充分接触时，球会对肌肉进行有效的按摩与放松，从而提升身体机能。同时，球瑜伽还能提高专注力，提升关节的稳定性，改善身体姿势，预防运动损伤。

三、阴瑜伽

阴瑜伽着重强调对骨骼及筋膜的锻炼。阴瑜伽注重整个身体的放松，要求练习者清空一切杂念，结合缓慢自然的呼吸，长时间保持动作。在肌肉完全放松的状态下，阴瑜伽能够锻炼骨骼及其连接组织、调节神经系统、增强耐力，进而达到身心合一的境界。阴瑜伽堪称对全身经络的深度按摩，能够促使气血、阴阳达到平衡，对于改善气滞血瘀、手脚冰凉等症状效果显著。此外，阴瑜伽大幅降低了阳瑜伽的动作难度，尤其适合瑜伽初学者练习。

四、高温瑜伽

高温瑜伽最显著的特点便是在38℃—42℃的高温环境下进行练习。这种热环境使热瑜伽在减肥、排毒、塑身等方面都有较好的效果。在常温状态下，肌肉和肌腱往往比较僵硬，而在高温环境中，练习者会惊喜地发现自己的身体柔韧性超乎寻常地好，从而极大地增强信心。长期坚持练习热瑜伽，除了能够实现减肥目标，还能对偏头痛、腰背痛、颈椎痛和肠胃疾病起到一定的缓解作用。

五、涅涕法

涅涕法是一种古老的瑜伽洁净技法，其核心是用盐水清洗鼻腔。这种方式可以洗去附着在鼻腔黏膜上的污垢，使鼻腔保持通畅和干净，促使鼻腔分泌新鲜洁净的黏液，有效过滤空气中的杂质。随着空气质量的恶化，雾霾现象日益增多且危害不断加重，流感等呼吸道疾病越发高发。鼻子作为人体的空气过滤器，每天都会接触到空气中飘浮的粉尘、烟尘、尘螨及各种有害物质。当脏空气停留在鼻腔时，瑜伽涅涕法便成为预防感冒、鼻炎、咽炎的绝佳方法。

六、洁肠瑜伽

洁肠瑜伽具有重建体内循环、排除毒素、清除宿便的强大功效。毒素在我们身体中长期积压，会引发各种病变。轻微的可能导致身体浮肿、皮肤暗沉，严重的甚至会使身体患病。因此，定期为身体排毒至关重要。洁肠瑜伽能够彻底清理肠道，预防和治疗肠炎、痔疮，改善便秘状况。同时，它还能改善长期排泄不畅导致的面色晦暗和面部斑点等问题，具有排毒养颜功效。

七、流瑜伽

流瑜伽非常注重伸展性、力量性、柔韧性、耐力、平衡性和专注力。体式之间的衔接流畅自然，给人一种一气呵成的感觉，故得名“流瑜伽”。流瑜伽强调运动与呼吸的和谐统一，每个动作都需要练习者停留更长时间，以便仔细体会身体的感受，从而更好地实现身心的连接与平衡。

八、双人瑜伽

双人瑜伽，从名字就能看出是两个人共同进行的瑜伽练习。参与练习的双方并没有严格的年龄与性别限制。双人瑜伽强调两人共同协作，彼此协助完成一些单人难以进行或实现的瑜伽动作。与单人瑜伽相比，双人瑜伽更注重分享、交流和互助，这极大地增强了瑜伽的趣味性。双人瑜伽不仅能让练习者收获瑜伽本身带来的功效，还能促进双方在身体和心灵上的深度融合；不仅有助于自身的身心健康，还能增进两人之间的情感，让练习者在练习过程中深切体会到对方的信任与关爱。

九、烛光瑜伽

烛光瑜伽中的凝视练习益处多多。凝视可以加快眼部的血液循环，流出的眼泪能够排出眼中的杂质。通过凝视烛光并在脑海里捕捉火焰的影像，练习者能够逐渐进入冥想状态。这种练习方式不仅可以提升自信心，练就炯炯有神的双目，让人能够坦然面对他人的注视，目光坚定不游移，还是一种极佳的放松冥想方法。经常练习烛光瑜伽，能够缓解压力，让心灵更加平静、精神更加饱满，自信心也会在无形中得到增强。练习结束后，练习者会明显感觉到眼部疲劳得到缓解，视力得到增强，眼睛变得明亮而灵敏，同时还能有效治疗各种眼睛疾病。

十、空中瑜伽

空中瑜伽也被称为反重力瑜伽，它借助绳索、吊床完成瑜伽体式。在练习过程中，练习者能够真切地感受到身体的重量，这有助于加强体式的伸展、阻力和正位能力，具有较好的放松、疗愈、瘦身效果，而且充满了趣味性和互动性。空中瑜伽并非仅仅依靠反重力原理，它是顺重力、向心力、反重力这三大原理相结合的新型瑜伽方式，这些力量原理源自物理运动学。与传统地面瑜伽不同，空中瑜伽巧妙地将传统哈他瑜伽的体位法、中医按摩手法、太极的圆融、普拉提的力量、舞蹈的优雅与瑜伽体式融合在一起，帮助练习者更高效地完成所有空中瑜伽体式。

十一、孕产瑜伽

孕产瑜伽是专门为孕产妇设计的瑜伽动作。它能够增强孕产妇的体力和肌肉张力，增强身体平衡感，提高整个肌肉组织的柔韧度和灵活度。同时，孕产瑜伽还能刺激控制激素分泌的腺体，加速血液循环，帮助孕产妇更好地控制呼吸。此外，针对腹部的练习有助于孕妇产后重塑身材。孕产妇可以根据自身的需要和舒适度，选择不同的瑜伽姿势进行练习。需要注意的是，瑜伽并非确保怀孕和分娩安全顺利的唯一方式，练习瑜伽可以让这一过程变得更加轻松，有助于孕妇在产前保持平和的心态。普通瑜伽中存在脊柱扭转、折叠、腹部挤压等动作，孕产瑜伽会尽量避免。孕产瑜伽的训练重点集中在腹式呼吸、姿势纠正、平衡感训练、上下肢肌肉力量训练等方面，它除了能够缓解怀孕后的腰背酸痛，还能稳定情绪、放松肌肉、改善水肿，为今后的生产做好准备。

图书在版编目（CIP）数据

实用休闲体育教程 / 尹立波，郑焕然，刘艳欣著.
北京：中国国际广播出版社，2025.5. --ISBN 978-7-5078-5737-5

Ⅰ. G811.4

中国国家版本馆CIP数据核字第2025KY1693号

实用休闲体育教程

著　　者	尹立波　郑焕然　刘艳欣
责任编辑	霍春霞
校　　对	张　娜
版式设计	邢秀娟
封面设计	赵冰波

出版发行	中国国际广播出版社有限公司［010-89508207（传真）］
社　　址	北京市丰台区榴乡路88号石榴中心1号楼2001 邮编：100079
印　　刷	北京汇瑞嘉合文化发展有限公司

开　　本	787×1092　1/16
字　　数	580千字
印　　张	28.5
版　　次	2025 年 5 月　北京第一版
印　　次	2025 年 5 月　第一次印刷
定　　价	88.00 元